浙 江 智 库 研 究 成 果

中国城市科学研究系列报告

中国公用事业发展报告

2022

王俊豪　等著

中 国 建 筑 工 业 出 版 社

图书在版编目(CIP)数据

中国公用事业发展报告. 2022 / 王俊豪等著. — 北京 : 中国建筑工业出版社，2023.10

(中国城市科学研究系列报告)

ISBN 978-7-112-28995-0

Ⅰ. ①中… Ⅱ. ①王… Ⅲ. ①公用事业—发展—研究报告—中国—2022 Ⅳ. ①F299.24

中国国家版本馆 CIP 数据核字(2023)第 143011 号

《中国公用事业发展报告 2022》全面概括了中国公用事业投资与建设、生产与供应、基本成效、数字化监管，并分供水、排水与污水处理、垃圾处理、天然气、电力、电信、铁路运输等行业进行了介绍。本报告还就公用事业综合性及各行业的主要法规政策做了解读，并提供了行业典型案例分析。

责任编辑：石枫华　李　杰　张　瑞

责任校对：姜小莲

校对整理：李辰馨

中国城市科学研究系列报告

中国公用事业发展报告 2022

王俊豪　等著

*

中国建筑工业出版社出版、发行（北京海淀三里河路 9 号）

各地新华书店、建筑书店经销

北京红光制版公司制版

北京市密东印刷有限公司印刷

*

开本：787 毫米×1092 毫米　1/16　印张：25¼　字数：492 千字

2023 年 10 月第一版　　2023 年 10 月第一次印刷

定价：**110.00** 元

ISBN 978-7-112-28995-0

(41735)

电话：(010) 58337283　QQ：2885381756

（地址：北京海淀三里河路 9 号中国建筑工业出版社 604 室　邮政编码：100037）

指 导 委 员 会

主　　任：仇保兴

副 主 任：胡子健

委　　员：（以姓氏笔画为序）

刘贺明　张　悦　邵益生　徐文龙　章林伟　谭荣尧

撰稿单位和主要撰稿人

撰稿单位：浙江财经大学中国政府管制研究院

主要撰稿人：王俊豪　王　岭　李云雁　王建明　朱晓艳　张　雷

甄艺凯　陈　松　张肇中

支 持 单 位

住房和城乡建设部城市建设司

中国城镇供水排水协会

中国城市燃气协会

中国城市环境卫生协会

中国城镇供热协会

中国城市科学研究会城市公用事业改革与监管专业委员会

中国工业经济学会产业监管专业委员会

中国能源研究会能源监管专业委员会

资 助 单 位

浙江省新型重点专业智库“浙江财经大学中国政府监管与公共政策研究院”

浙江省2011协同创新中心“浙江财经大学城市公用事业政府监管协同创新中心”

浙江省重点创新团队“管制理论与政策研究团队”

服务国家特殊需求博士人才培养项目“浙江财经大学城市公用事业政府监管博士人才培养项目”

序

公用事业是由为企事业单位和城乡居民生产生活提供必需的普遍服务的众多行业组成的集合，行业涉及面广、行业间跨度较大。本书主要研究城市供水、排水与污水处理、燃气、垃圾处理、供热、电力、电信、铁路运输等公用事业中最为重要的基础设施行业。公用事业在经济发展和社会生活中具有基础性地位，主要表现在：公用事业所提供的产品和服务是城市生产部门进行生产和人们生活的基础性条件，不但为制造业、加工业、商业和服务业等各行业的生产活动提供必要的供水、供气、垃圾处理、电力、电信、铁路等基础条件，也为城市居民提供必要的生活基础。同时，公用事业所提供的产品和服务的价格构成了其他行业产品和服务的成本，其性能和价格的变化，必然对其他行业产生连锁反应。因此，公用事业的基础性，意味着公用事业具有先导性，要发展城乡经济，提高城乡居民文化、生活水平，就要求优先发展公用事业。

改革开放以来，伴随经济高速增长和城市化快速推进，我国公用事业也在不断深化改革过程中取得了快速发展。特别是近年来，我国注重新型城市化和新农村建设，对公用事业的发展既提出了数量要求，也强调质量要求。为了从动态上反映我国公用事业发展的实际情况、法规政策环境和行业企业所做的改革探索，我们从 2016 年开始撰写出版《中国城市公用事业年度发展报告（2015）》，2020 年在原有报告基础上增加了电信、铁路运输两个行业，并撰写出版《中国公用事业发展报告 2019》，2022 年《中国公用事业发展报告 2021》在对公用事业投资与建设、生产与供应、基本成效的基础上，对公用事业数字化监管进行了分析。希望对城市公用事业相关政府部门、研究机构及其研究人员提供参考。

本报告的结构框架可分为以下四部分：

第一部分为总论（第一章），从总体上分析了七个主要公用事业投资与建设、生产与供应、基本成效以及数字化监管水平。

第二部分为行业报告，由第二章至第八章组成，是本报告的主体，详细讨论了供水、排水与污水处理、垃圾处理、天然气、电力、电信、铁路运输七大行业投资建设、生产供应和发展成效，同时分析各行业的数字化监管水平。

第三部分为第九章，是一个相对独立的部分，主要是对 2021 年公用事业主要法规政策进行解读，内容包括公用事业综合性（跨行业）法规政策解读和重要行业的法规政策解读。最后，还对综合性（跨行业）法规政策和重要行业的法规政策名称做了列表，以便读者查阅。

第四部分为第十章，也是一个相对独立的部分，专题分析七个行业中的公用事业典型案例，对政府有关部门和研究人员具有较好的参考和借鉴价值。

本书是集体智慧的结晶和多方支持的成果。本人首先对撰写并出版本书提供建议和要求，对本书的框架结构和重要内容提出修改意见。住房和城乡建设部城市建设司胡子健司长对本书大力支持，并担任了本书指导委员会副主任。中国城市燃气协会刘贺明理事长、住房和城乡建设部城市建设司原巡视员张悦、中国城市规划设计研究院原党委书记（副院长）邵益生研究员、中国城市环境卫生协会徐文龙理事长、中国城镇供水排水协会章林伟会长、国家能源局原监管总监谭荣尧研究员等指导委员会委员也对本书大力支持，并提出了不少建设性的意见和建议。撰写本书需要大量的文献资料和调研工作，本书的顺利完成还得益于中国城镇供水排水协会、中国城市燃气协会、中国城市环境卫生协会等单位的大力支持，提供了许多实际资料。一年多来，浙江财经大学中国政府管制研究院在王俊豪教授的带领下，十多位研究人员为本书调研、撰稿、修改、定稿做了大量的工作，投入了许多时间和精力，没有大家的通力合作就不可能完成本书。最后，本书能在较短的时间内高质量出版还得益于中国建筑工业出版社的大力支持。

本书是浙江省新型重点专业智库“浙江财经大学中国政府监管与公共政策研究院”、浙江省 2011 协同创新中心“浙江财经大学城市公用事业政府监管协同创新中心”、浙江省重点创新团队“管制理论与政策研究团队”的资助成果。同时，本书也是住房和城乡建设部支持的服务国家特殊需求博士人才培养项目“浙江财经大学城市公用事业政府监管博士人才培养项目”的研究成果。

本书中各省（区、市）数据暂未统计我国港澳台地区。

由于本书涉及的行业较多，研究内容十分丰富，而完成时间相对较短，许多工作具有探索性，尽管我们做了最大努力，但难免存在疏漏和不足，敬请专家学者和广大读者批评、指正。

国际欧亚科学院院士

住房和城乡建设部原副部长

2022 年 12 月 25 日

目　录

第一章　总　　论

改革开放40多年来，随着中国城市化进程的快速推进，公用事业无论是数量还是质量都呈现出跨越式发展，其中基础设施的投资与建设、生产与供应取得了显著进展，推动了公用事业成效的提升。同时，近年来随着智慧城市的推进，公用事业的数字化监管水平取得了显著提升。总量上，中国公用事业基础设施的发展十分迅速，但在区域之间、城市内部依然存在发展不平衡、不充分等问题。为了解决这些问题，需要创新体制机制，通过多种制度体系创新，促进公用事业的总量发展与均衡布局。

第一节　公用事业投资与建设

一、供水行业投资与建设

改革开放以来，供水行业固定资产投资总额持续增长，由 1978 年的 3.4 亿元增至 2020 年的 749.42 亿元。2020 年我国东部地区供水行业固定资产投资占比约为 52%，中部和西部地区供水行业固定资产投资占比分别为 27%和 21%。2020 年我国东部地区供水行业固定资产投资额为 392.65 亿元，相比 2019 年增长 103 亿元，占比 52%，基本与 2019 年持平；中部地区固定资产投资额为 163.47 亿元，相比 2019 年增长 11.23 亿元，占比为 22%；西部地区的固定资产投资额为 193.30 亿元，相比 2019 年增长了 63.6%。

改革开放 40 多年来，供水行业建设取得了巨大成就。其中，1978 年到 1985 年间，我国供水行业综合生产能力由 2530.4 万 m^3/d 增至 4019.7 万 m^3/d，年平均增长 8.41%。1986 年以后我国城市供水综合生产能力增速进一步提升，1986 年至 2020 年 30 余年间城市供水综合生产能力总体增长 11.67 倍，2020 年城市供水综合生产能力达到 32072.65 万 m^3/d。我国城市供水综合生产能力较高的省份主要集中在东部地区。1996 年我国城市供水管道长度为 202613km，到 2020 年已增长至 1006910km，首次突破 100 万 km。

二、排水与污水处理行业投资与建设

2020 年是“十三五”收官之年，全国各地对照“十三五”规划目标，着力解决城市排水与污水处理行业发展不均衡、不充分的矛盾，加快补齐排水与污水处理设施建设短板。2020 年，我国城市排水与污水处理行业的固定资产投资总额达 3195.04 亿元，其中排水设施投资占比最高，达 2114.78 亿元，较 2019 年增加了 552.42 亿元，排水设施投资始终保持着较为稳定的增长。污水处理设施投资基本稳定，主要以改造更新为主。2020 年，污水处理和再生水利用设施投资总额达 1043.4 亿元，较 2019 年增加了 239.71 亿元。污泥处理设施投资占比下降较大，2020 年污泥处理设施投资 36.86 亿元，较 2019 年的 58.12 亿元下降了 21.26 亿元，说明各地经过前期大幅度的投资，污泥处理设施已加快补齐短板，配备较为完善。

从各类投资的地区间分布看，东部地区①的固定资产投资占比较大，排水、污水处理、污泥处理、再生水利用等设施的投资额分别为1096.62亿元、616.71亿元、19.85亿元和10.67亿元，分别占到了全国各类投资总额的51.87%、60.88%、53.85%和35.18%。对比2018年，各项投资占比总体呈下降趋势，降幅分别为3.01%、0.81%、28%、36.3%。中部地区②在排水、污水处理、污泥处理、再生水利用方面的投资分别为559.32亿元、215.45亿元、4.89亿元、9.53亿元，分别占全国各类投资总额的26.25%、21.27%、13.27%和31.43%。对比2018年，污泥处理、再生水利用投资占比有不同程度的上升，增幅分别为4.98%、14.37%，排水和污水处理投资占比减少了4.33%、2.83%。西部地区③在排水、污水处理、污泥处理、再生水利用方面的投资分别为458.41亿元、180.91亿元、12.12亿元和10.13亿元，占全国各类投资总额的21.68%、17.86%、32.88%和33.39%，不论绝对数还是相对数都较小，对比2018年，排水、污水处理和污泥处置投资占比均有不同程度的上升。

2020年，全国共建成排水管道总长80.3万km，建成污水处理厂2618座，日均处理能力达1.93亿m^3，较2019年分别增长了5.9万km、147座和0.14亿m^3。再生水利用量增速显著，2020年全国再生水利用量达146亿m^3，较2019年增长了25.78%。在区域分布上，与投资情况类似，城镇排水与污水处理设施建设也是东部地区占比较大，中部地区和西部地区略少。东、中、西部地区已建成排水管道分别为46.15万km、19.24万km和8.03万km，建成污水处理厂分别为1310座、675座和633座。

三、垃圾处理行业投资与建设

随着我国城市人口的不断增长和经济社会的不断发展，城市生活垃圾总量以每年5%～8%的增速累计，全国2/3的城市深陷“垃圾围城”的困境。世界银行发布的全球固体垃圾前瞻性报告中提到：2025年垃圾年产量将达22亿t，垃圾管理年成本增加到3750亿美元。④ 城市生活垃圾堆积的过程中，微生物分解垃圾后会产生甲烷、二氧化碳等温室气体，垃圾中的重金属等固体废弃物可能引发土壤污染。有害物质随降水进入水源后又可能引发水资源污染，城市垃圾已成

① 东部地区包括辽宁、北京、天津、河北、山东、江苏、上海、浙江、福建、广东、广西、海南。
② 中部地区包括山西、内蒙古、吉林、黑龙江、安徽、江西、河南、湖北、湖南。
③ 西部地区指陕西、甘肃、青海、宁夏、新疆、四川、重庆、云南、贵州、西藏。
④ 世界银行《全球固体垃圾的前瞻性报告》。

为社会生活的公害，严重影响人民日益增长的优美生态环境需要。党的十九大报告明确指出“我们要建设的现代化是人与自然和谐共生的现代化，既要创造更多物质财富和精神财富以满足人民日益增长的美好生活需要，也要提供更多优质生态产品以满足人民日益增长的优美生态环境需要。”

《“十三五”全国城镇无害化处理生活垃圾的设施建设规划》指出，“十三五”期间，国家在无害化处理城镇生活垃圾的设施建设的投资总额达到了 2518.4 亿元。其中，投资建设无害化处理设施的资金累计达到了 1699.3 亿元，投资建设收运、转运体系的资金累计达到了 257.8 亿元，在专项餐厨垃圾工程的投入资金累计达到了 183.5 亿元，投资于存量整治工程的资金累计达到了 241.4 亿元，投入到垃圾分类示范工程的资金累计达到了 94.1 亿元，投资建设监管体系建设的资金累计达到了 42.3 亿元。我国用于环保的固定资产投资继续稳步增长，2019 年全国城市市容环境卫生固定资产投资额为 557.36 亿元，同十年前的 301.6 亿元相比有较大增幅。2019 年，垃圾处理领域的城市固定资产投资额为 406.8 亿元，2019 年城市垃圾卫生填埋场数量为 652 座，比 2018 年减少了 11 座，比 2009 年新增 205 座。

同时，“十三五”期间，全国新建垃圾无害化处理设施 500 多座，城镇生活垃圾设施处理能力超过 127 万 t/d，生活垃圾无害化处理率达到 99.2%，全国城市和县城生活垃圾基本实现无害化处理。全国共建成生活垃圾焚烧厂 254 座，累计在运行生活垃圾焚烧厂超过 500 座，焚烧设施处理能力 58 万 t/d，全国城镇生活垃圾焚烧处理率约为 45%，初步形成了新增处理能力以焚烧为主的垃圾处理发展格局。

从我国各省市运营中的垃圾填埋场分布情况可知，垃圾填埋场主要集中分布在人口相对集中、密度较大的地区，如广东、河北、河南、山东等地；发达城市有逐渐减少的趋势。北京、上海等经济相对发达的城市制定了原生垃圾“零填埋”的指导目标，并在建造大量的垃圾焚烧设施。2020 年底，我国已建成城市生活垃圾焚烧设施 463 座，比 2019 年新增 74 座。随着城市垃圾处理行业投资的加快，城市垃圾处理行业基础设施的服务能力和服务水平大幅提高。垃圾焚烧设施全部投入运行后，预计国内未来的焚烧能力将大幅提升。相对地，垃圾填埋处理方式占比将大大降低。当然，目前我国生活垃圾处理仍以垃圾填埋方式为主，填埋方式所占比例约为 50.04%，焚烧方式所占比例约为 35.98%，而其他堆肥等方式只占 13.99%。

此外，国家进一步鼓励创新运营模式和体制机制，鼓励公众、社会资本参与垃圾处理基础设施建设，创新模式协同发展。财政部于 2020 年 2 月 6 日发布《关于疫情防控期间开展政府采购活动有关事项的通知》（财办库〔2020〕29

号），其中指出：作为紧急采购项目，按照财政部办公厅《关于疫情防控采购便利化的通知》（财办库〔2020〕23号）的规定执行，有力推进了PPP投资项目前期项目立项（备案、核准、审批）、招标采购等流程的进度，为投资项目的实施提供了高效、积极的保障，力争最大限度降低疫情对投资项目前期工作以及后续投资运行的影响。

四、天然气行业投资与建设

2021年我国稳步推进天然气体制改革，市场需求保持增长，石油企业持续加大勘探开发力度，勘查、开采投资增长较快，天然气产量继续快速提升。上游油气资源多主体、多渠道供应、中间统一管网高效集输、下游销售市场充分竞争的“X＋1＋X”油气市场新体系基本确立，不断催生新的市场投资机会。

全国油气勘查、开采形势稳中向好，油气勘查开采投资稳中有增，全国油气（包括石油、天然气、页岩气、煤层气和天然气水合物）勘查投资超750亿元，开采投资接近2300亿元。2021年12月31日当日施工的钻机数达到1404台，同比增长12.0%。积极探索“净矿出让”，完善油气区块退出机制，多渠道鼓励社会资金开展油气勘探开发，2021年完成了新疆地区3批18个油气探矿权的挂牌出让。从2010年到2020年，中国油气勘探开采投资总体保持增长势头，2019年投资大幅增长与我国社会经济快速发展相对应。2020年受到新冠疫情的影响，油气勘探投资下降13.5%，油气开采投资下降29.6%，2021年，我国天然气新增探明地质储量1.63万亿m^3，创历史新高。页岩油气勘探取得战略性突破，页岩气勘探突破4000m深度，海域油气勘探持续呈现新局面。

“十四五”期间，天然气基础设施建设加快，碳达峰、碳中和战略目标顶层设计出台，推动天然气“全国一张网”体系加快完善；省间管网改革成为未来油气行业重点改革方向。截至2021年底，我国建成油气长输管道里程累计达到15.0万km，其中天然气管道里程约8.9万km，占比59.33%。原油管道里程约3.1万km，占比20.67%，成品油管道里程约3.0万km，占比约20%。从油气管网新建里程来看，2021年天然气管道新建成里程约3126km，较2020年新增里程减少了1858km；原油管道新建成里程1690km，较2020年增加1594km；成品油管道新建成里程598km，较2020年增加598km。截至2019年底，我国已建成LNG（液化天然气）接收站22座，接收能力为9035万t/年。2020全年，我国国内没有新建投产LNG接收站，LNG接收能力的增长源于现有LNG接收站改（扩）建项目。根据公开的信息，2021年我国LNG接收站设计接收能力为2162万t/年，实际可用剩余能力570.7万t，占接收站设计能力的26.4%。

城市燃气近年来投资逐渐趋于平缓。面对新能源的竞争压力，城市燃气企业逐步由过去单一的燃气公司向智慧型综合燃气公司转变。以新奥能源、华润燃气、港华智慧能源和昆仑能源为例，四家企业均布局综合能源业务，并成为增长潜力最大的板块。由于各家企业综合能源业务的布局时间起点不同、业务重点有所差异，发展程度不一。2021 年，中国燃气生产及供应行业营业收入为 9376.7 亿元，同比增长 1.3%；中国燃气生产及供应行业企业营业利润为 718.4 亿元，同比增长 5.3%。

五、电力行业投资与建设

改革开放后，电力行业以前所未有的速度发展，电力投资力度持续加大，电源建设不断迈上新台阶，电网建设速度逐年加快。

回顾近 20 年全国电力行业投资状况，总体上保持增长的势头。2021 全国电力工程投资总额已超过万亿元，同比增长约 5.4%，与 2020 年相比，增长有所放缓，但投资总额刷新了历年的纪录。2021 年，全国主要电力企业合计完成投资 10786 亿元，比上年增长 5.9%。全国电源工程建设完成投资 5869 亿元，比上年增长 10.9%。其中，水电完成投资 1173 亿元，比上年增长 10.0%；火电完成投资 707 亿元，比上年增长 24.6%；核电完成投资 539 亿元，比上年增长 42.0%；风电完成投资 2589 亿元，比上年下降 2.4%；太阳能发电完成投资 861 亿元，比上年增长 37.7%。从投资占比看，火电工程投资从 2008 年的 49.3%下降到 2021 年的 12.0%，占比降幅近 38 个百分点；风电投资占比大幅提升，从 2008 年的 15.5%，提升到 2021 年的 44.1%，占比增长近 30 个百分点。2021 年，全国电网工程建设完成投资 4916 亿元，比上年增长 0.4%。其中，直流工程 380 亿元，比上年下降 28.6%；交流工程 4383 亿元，比上年增长 4.7%，占电网总投资的 89.2%。

自 2002 年我国电力行业实行厂网分开以来，电源建设速度获得前所未有的增长，新增装机容量和电网建设规模均维持在较高水平。截至 2021 年底，全国全口径发电装机容量 237777 万 kW，比上年增长 7.8%。其中，水电 39094 万 kW，比上年增长 5.6%（抽水蓄能 3639 万 kW，比上年增长 15.6%）；火电 129739 万 kW，比上年增长 3.8%（煤电 110962 万 kW，比上年增长 2.5%；气电 10894 万 kW，比上年增长 9.2%）；核电 5326 万 kW，比上年增长 6.8%；并网风电 32871 万 kW，比上年增长 16.7%；并网太阳能发电 30654 万 kW，比上年增长 20.9%。全国发电设备容量继续平稳增长，且新能源发电装机容量占比不断提高。全国全口径非化石能源发电装机容量为 111845 万 kW，占全国发电总装机容量的47.0%，比上年增长13.5%；2021年，非化石能源发电量为28962亿kW·h，比上年增长12.1%；达到超低排放限值的煤电机组约10.3亿kW，约占全国煤电总装机容量的93.0%。2021年，全国发电新增装机容量17629万kW，同比下降1515万kW，但与2018年和2019年相比，仍然是大幅度的增长。2021年全年新增交流110kV及以上输电线路长度51984km，比上年下降9.2%；新增变电设备容量33686万kV·A，比上年增长7.7%。全年新投产直流输电线路2840km，新投产换流容量3200万kW。

六、电信行业投资与建设

2010～2020年我国电信行业固定资产投资累计完成40991亿元，年均增长3.16%，历年投资规模处于3022亿～4525亿元。2010～2020年间，我国通信光缆建成长度保持较快平稳增长，年均增加417.3万km，平均增速达40%以上。截至2020年，全国光缆线路建成长度达到5169.2万km，大约为2010年的5倍。同期，我国移动电话基站建成数量保持较快增长，平均增速达21%以上，年均建成79.12万座。截至2020年末，移动电话基站建成数量达到931万座，其中4G移动通信基站544.1万座。2020年当年新建5G基站数量超60万座，建成并开通5G基站数量超过71.8万座。2020年，我国xDSL宽带接入端口数量仅为700万个，而FTTH/O宽带接入端口就达到了8.8亿个，表明我国在2013～2020年基本完成了从xDSL向FTTH/O互联网传输技术的全面升级过渡。

七、铁路运输行业投资与建设

2021年，铁路运输行业坚持以习近平新时代中国特色社会主义思想为指导，全面落实党中央、国务院决策部署，坚持稳中求进工作总基调，立足新发展阶段，贯彻新发展理念，构建新发展格局，着力推进铁路科技创新，着力推进铁路运输市场化改革，着力推进铁路治理体系和治理能力现代化，持续强化铁路常态化疫情防控，坚决维护铁路安全稳定，推动铁路高质量发展，为“十四五”开好局、起好步作出积极贡献。2021年，投产新线4208km，其中高速铁路2168km，铁路新开工项目28个，累计在建项目180个、在建总里程2.3万km。截至2021年底，全国铁路营业里程达到15万km，比上年末增长2.5%，其中高铁营业里程达到4万km，铁路复线率为59.5%，电化率为73.3%，覆盖95%以上的百万以上人口城市。铁路网覆盖范围不断扩大，新增25个县开通铁路，中老铁路、张吉怀高铁、京港高铁赣深段等铁路新线开通运营，沿江高铁武宜段等一批服务国家重大战略的项目开工建设。

全国铁路固定资产投资完成 7489 亿元，其中国家铁路固定资产投资完成 6616 亿元。铁路总体技术保持世界先进水平，组织研制复兴号高原内电双源动车组，西藏高原拉林铁路投入运营，历史性地实现“复兴号”高速列车对 31 个省（自治区、直辖市）的全覆盖。高速、高原、高寒、重载铁路技术达到世界领先水平，推进智能高铁技术全面实现自主化，复兴号高速列车迈出从“追赶”到“领跑”的关键一步。拓展脱贫攻坚成果同乡村振兴有效衔接成为未来铁路建设的重点，西部地区铁路营业里程 6.1 万 km，全国铁路路网密度 156.7km/万 km^2，相比上一年增加 4.4km/万 km^2。铁路已经覆盖了全国 81%的县，高铁通达 93%的 50 万人口以上城市。“四纵四横”高铁网提前建成，“八纵八横”高铁网加密成型，基本形成了布局合理、覆盖广泛、层次分明、安全高效的铁路网络。近年来，我国城市轨道交通建设发展取得突破性进展。2021 年，中国城市轨道交通运营里程 8708km，是 2015 年的 2.4 倍。

第二节　公用事业生产与供应

一、供水行业生产与供应

改革开放以来，我国供水总量快速增长，1978 年为 787507 万 m^3，到 2020 年增长到了 6295420 万 m^3。1978～2020 年，我国供水总量总体增长约 6.99 倍，城市供水总量保持了快速增长的趋势。2020 年，我国东部地区供水总量为 3543422.79 万 m^3，占全国的 57%，中部和西部地区供水总量分别为 1457393.12 万 m^3 和 1277773.82 万 m^3，占比分别为 23%和 20%。总体来看，我国 2020 年东部地区供水综合生产能力以及供水总量仍超过中、西部地区总和。人均供水量方面，2020 年我国东、中、西部地区人均供水量分别为 126.47m^3/人、107.97m^3/人和 110.64m^3/人。尽管 2020 年我国中、西部地区人均供水量略有回落，但考虑到东部地区人均供水量连续下降，我国区域间供水行业生产和供应能力不平衡的现状得到了一定的缓解。

2020 年，规模及以上供水企业数量达到 2755 家，当年水生产和供应行业规模以上企业用工人数总数达到 51.5 万人，供水行业中规模及以上企业总资产增至 21240.2 亿元，资产负债率稳定在 59.09%，规模以上企业流动资产为 6441.1

亿元，营业收入增至 3551.5 亿元，利润额达到 417.2 亿元。

二、排水与污水处理行业生产与供应

截至 2020 年底，全国设市城市建成投入运行污水处理厂 2618 座，其中二级、三级污水处理厂 2441 座；全国污水处理率高达 97.53%，污水处理能力达到了 1.93 亿 m^3/d，年处理量 547.23 亿 m^3。分地区看，东、中、西部地区污水处理厂的分布极不均衡。截至 2020 年底，东部地区各省拥有的污水处理厂数量平均超 110 座，但中、西部地区各省平均拥有的污水处理厂数量分别为 75 座和 57 座。

随着各地对污泥处理处置工作的日益重视，全国污泥处置率不断提升。2020 年，累计产生干污泥 1162.77 万 t，污水的干污泥产生量为 2.09t/万 m^3，处置干污泥 1116.02 万 t，干污泥处置率为 95.98%。与 2019 年相比，干污泥产生量和处置量均有所提高，分别增长了 60.04 万 t 和 52.2 万 t。从地区情况来看，东、中、西部地区干污泥产生量和处置量极不平衡。2020 年，东部地区干污泥产生量平均为 727.11 万 t，是中部地区的 2.10 倍，是西部地区的 3.44 倍。而东部地区的干污泥处置量平均为 725.27 万 t，分别为中、西部地区的 2.21 倍和 4.18 倍。

我国污水再生利用规模不断扩大。2020 年，全国污水再生利用规模已增至 6095.16 万 m^3/d，再生利用总量增长至 135.38 亿 m^3，较 2019 年分别增长了 37.62%和 16.62%。

东部地区的再生水利用规模和利用量明显优于中、西部地区。其中，东部地区的再生水利用规模约为中部地区的 2.85 倍，是西部地区的 5.53 倍；在再生水实际利用量上，东部地区更是远高于中、西部地区，其再生水利用量是中部地区的 2.88 倍，是西部地区的 6.45 倍。

三、垃圾处理行业生产与供应

中国城市生活垃圾总量已位于世界高产国前列，增长率居世界首位。这对垃圾处理能力是极大的考验，而垃圾处理行业的生产与供应直接决定垃圾处理能力。

我国城市垃圾无害化处理能力和处理量均在逐年增加。2020 年城市垃圾无害化处理能力达到 963460t/d，同比增长 10.76%。2020 年，城市垃圾无害处理量为 23452.33 万 t，降幅为 2.33%。具体来说，2020 年城市生活垃圾卫生填埋无害化处理能力为 337848t/d（占城市垃圾无害化处理的 35.07%），生活垃圾焚烧无害化处理能力为 567804t/d（占城市垃圾无害化处理的 58.93%），垃圾堆肥/综合处理无害化处理能力为 57807t/d（占城市垃圾无害化处理的 6%）。另外，2020 年城市垃圾无害化处理量为 23452.33 万 t，城市垃圾卫生填埋无害化处理量为 7771.54 万 t，垃圾焚烧无害化处理量为 14607.64 万 t，垃圾堆肥/综合处理无害化处理量为 1073.15 万 t。

从 2009～2020 年城市垃圾卫生填埋无害化处理能力和处理量的发展状况可以看出，我国城市垃圾卫生填埋无害化处理能力从 2009 年的 273498t/d 提升到 2020 年的 378483t/d，增长了 23.53%，城市垃圾卫生填埋无害化处理量由 2009 年的 8898.6 万 t 下降到 2019 年的 7771.54 万 t，下降了 12.6%。

从 2009～2020 年国内城市垃圾焚烧厂的无害化处理能力和焚烧垃圾量的发展看，国内的城市垃圾焚烧厂无害化处理能力实现将近 6 倍的能力扩充，从 2009 年的 71253t/d 发展到 2020 年的 567804t/d，且每年的垃圾处理增长率也在逐步提升，近年来一直保持着较高的增长率，2020 年增长率达到了 24.4%；国内的城市垃圾焚烧厂无害化垃圾处理量也由 2009 年的 2022 万 t 增长到 2020 年的 14607.64 万 t，保持了较高的增长速度，2020 年增长率也达到了 19.9%。

浙江、江苏、福建、天津、海南、安徽、云南 7 个省市的生活垃圾无害化焚烧占比超过 50%，焚烧已成为上述地区垃圾无害化处理的主要方式。截至 2019 年底，全国 30 个省（区、市）垃圾焚烧发电累计装机容量达 1202 万 kW，较 2018 年增长 31%。累计装机容量排名前五的省份分别是：广东省（16.3%）、浙江省（14.5%）、山东省（11.7%）、江苏省（10.8%）、安徽省（5.5%），合计占全国累计装机容量的 58.9%。垃圾焚烧发电量前十的省市（浙江、广东、江苏、山东、安徽、福建、四川、上海、湖南、北京）总发电量为 378 亿 kW·h，占全国总上网电量的 78%。其中，浙江省以上网电量 77.6 亿 kW·h 位列榜首。此外，浙江省在垃圾焚烧发电各省项目数量排名、垃圾焚烧发电各省装机容量排名均列第一。

四、天然气行业生产与供应

2021 年，我国天然气表观消费量达到 3726 亿 m^3，同比增长 12.7%，天然气占一次能源消费总量的比例升至 8.9%，较上年提升 0.5 个百分点。在国际油气价格剧烈波动的不利形势下，国内天然气市场总体实现量增价稳。市场化、合同化保供机制深入人心，合同内保供、合同内调节稳定行业发展和资源保供基本盘。国产气和进口长协气源发挥保供稳价压舱石作用，大企业特别是国有企业发挥天然气保供稳价主力军作用。

随着我国经济发展的不断恢复，2021 年，天然气产量达 2052 亿 m^3，同比增长 6.4%，年增量约 163 亿 m^3，连续第五年增产超过 100 亿 m^3。产量增长仍主要集中在西南、长庆、塔里木等三大主产区，合计占全国新增天然气产量的 70%左右。2021 年，液化石油气的产量是 4757 万 t，比 2020 年增长 6.9%。2021 年中国煤气产量为 15589.5 亿 m^3，同比下降 1.3%。

2021 年，国内四大天然气生产商中石油、中石化、中海油和延长石油天然气产量均实现同比增长。中国天然气供应总量达到 3752 亿 m^3，连续 5 年增产超过 100 亿 m^3，国产气供应首次超过 2000 亿 m^3。2021 年我国天然气进口量 12136 万 t，同比增长 19.9%，进口金额 3601 亿元，同比增长 56.3%，天然气对外依存度为 46%。

国家石油天然气管网集团有限公司（以下简称“国家管网集团”）在 2021 年加快重组整合，进入正式运营，推进管网互联互通和 LNG 接收站等重点工程建设，中俄东线中段投产后与东北管网、华北管网、陕京管道系统及大连 LNG、唐山 LNG、辽河储气库等互联，青宁天然气管道与长沙连通、福州联络线建成。截至 2021 年底，国家管网集团油气管道总里程 9.64 万 km，管网覆盖全国 30 个省（区、市）和香港特别行政区，地下储气库 8 座，储气库注采气量 42.4 亿 m^3，投运并经营 LNG 接收站 7 座，“全国一张网”进一步织密织牢。

随着天然气供给能力的不断上升，城市燃气供应中天然气的用气人口、管道长度和供气量都在不断增长，人工煤气和液化石油气的占比不断下降。从燃气管道来看，2021 年城市燃气管道总长度达到 86.45 万 km，其中天然气管道长度占比达到 95.09%。从供气总量来看，2020 年人工煤气、液化石油气、天然气供气总量分别为 23.14 亿 m^3、833.7109 万 t、1563.70 亿 m^3。从需求端来看，2020 年城市燃气普及率达到 97.87%。

我国天然气行业生产与供应在“十四五”期间取得良好开局，呈快速增长的趋势，这得益于上游勘探能力和生产能力的提升。随着我国碳达峰碳中和行动进一步推进落实，对天然气的需求将继续增加，在“十四五”期间仍然需要进一步提高供应能力和强化供应保障。

五、电力行业生产与供应

改革开放以来，我国电力行业生产与供应能力飞速发展，特别是 2002 年电力体制改革之后，电力供应短缺局面迅速扭转，电力生产运行安全也在快速增加。

回顾近二十年全国电力行业生产状况，发电量增长迅猛，累计发电量维持在较高的增速水平，但近几年也有所放缓，且分区域发电情况差异较大，电力生产安全仍然不容忽视。2021 年，全国全口径发电量为 83959 亿 kW・h，比上年增长 10.1%，增速比上年提高 6.0 个百分点。其中，水电 13399 亿 kW・h，比上年下降 1.1%（抽水蓄能 390 亿 kW・h，比上年增长 16.3%）；火电 56655 亿 kW・h，比上年增长 9.4%（煤电 50426 亿 kW・h，比上年增长 8.9%；气电 2871 亿 kW・h，比上年增长 13.7%）；核电 4075 亿 kW・h，比上年增长 11.3%；并网风电 6558 亿 kW・h，比上年增长 40.6%；并网太阳能发电 3270 亿 kW・h，比上年增长 25.2%。2021 年我国各省（区、市）发电量均实现正向增长。其中增速 20%以上的地区有 2 个，增速在 10%～20%的地区有 11 个，其余地区发电量增速在 0～10%。虽然 2021 年全国没有发生重大及以上电力人身伤亡事故，但电力人身伤亡事故仍有 13 起、死亡 13 人，电力生产安全形势依然严峻。

近年来，随着特高压电网建设提速，城市配电网以及农网升级改造稳步推进，全国建设新增变电容量及输电线路长度持续增加，电力供应能力及可靠性不断增强。2021 年，全国发电设备平均利用小时数 3817h，同比上升 1.6%。水电设备平均利用小时数为 3622h，比上年同期减少 205h；全国火电设备平均利用小时数为 4448h，比上年同期上升 232h；全国核电设备平均利用小时数为 7802h，比上年同期上升 349h；全国风电设备平均利用小时数为 2232h，比上年同期上升 159h。2006～2021 年，供电煤耗水平逐步下降，下降幅度逐步减小。其中，2017 年以前，年度同比降幅在 3g/(kW・h) 以上，2021 年供电煤耗率达到 301.5g/(kW・h)。截至 2021 年底，全国电网 220kV 及以上输电线路回路长度 84 万 km，比上年增长 3.8%；全国电网 220kV 及以上变电设备容量 49 亿 kV・A，比上年增长 5.0%；全国跨区输电能力达到 17215 万 kW。2019～2021 年连续 3 年线路损失率在 6%以下，分别为 5.90%、5.62%和 5.26%。2021 年，全国人均用电量 5899kW・h/人，比上年增加 568kW・h/人。全国电力供需形势总体偏紧。

六、电信行业生产与供应

2010～2020 年，我国电信行业累计完成 455228.2 亿元业务量，年均增加 31.6%，2020 年当年业务总量达 128813.7 亿元。固定电话通话业务量以年均 −15.6%的速度逐年迅速减少，到 2020 年下降至 1026 亿 min，较 2010 年减少了 80%以上。2010 年，我国移动电话去话时长为 21129 亿 min，2014 年增加到

59012.7 亿 min 后开始逐年下降，到 2020 年通话时长降低至 22448 亿 min。我国移动电话通话量经过 2007～2013 年快速增长后，在 2015 年开始缓慢负增长，显现出增长乏力的迹象，这表明移动电话通话可能遭受了互联网通信的冲击。

2010 年，我国移动短信业务总量为 8277.5 亿条，到 2017 年下降至 6641.4 亿条，随后 2018～2020 年移动短信业务量开始快速增加，年均增速达 40％以上，2020 年当年增加至 17796 亿条。2012 年，我国移动互联网接入总流量仅为 8.8 亿 GB，人均接入流量 0.649GB，到 2020 年总量达到 1656 亿 GB，增长 180 倍以上。

2010～2020 年，我国电信业固定电话用户以年均 4.8％的速度持续减少，到 2020 年固话用户规模缩减至 1.82 亿户。而同一时期内，我国移动电话用户规模以年均 8％的速度持续快速扩大，累计增加 7.35 亿户，至 2020 年达到 15.94 亿户。2010～2020 年，我国互联网宽带接入用户逐年快速增加，年均增速达 15.2％，累计增加 3.57 亿户。FTTH/O 技术开始投放市场后，其用户占比急剧扩大，截至 2020 年达到 93.9％，表明 FTTH/O 互联网接入技术在我国已基本实现普及。同期内，农村互联网宽带用户逐年扩大，2010 年该类用户为 0.25 亿户，2020 年增加至 1.42 亿户，相应其占比则从 2010 年的 19.6％增加至 2020 年的 29.6％，共增加 10 个百分点。

七、铁路运输行业运输与服务能力

在新冠疫情防控常态化的背景下，2021 年铁路运输客运量开始回升，同时货运量依旧维持增长趋势。客运方面，2021 年全国铁路旅客发送量为 26.12 亿人，比上年增加 4.08 亿人，增长 18.5％。其中，国家铁路 25.33 亿人，比上年增长 16.9％；全国铁路旅客周转量完成 9567.81 亿人公里，比上年增加 1301.62 亿人公里，增长 15.7％。其中，国家铁路 9559.09 亿人公里，比上年增长 15.8％。货运方面，2021 年，全国铁路货运总发送量完成 47.74 亿 t，比上年增加 2.21 亿 t，增长 4.9％。其中，国家铁路 37.26 亿 t，比上年增长 4.0％。全国铁路货运总周转量完成 33238.00 亿吨公里，比上年增加 2723.54 亿吨公里，增长 8.9％。其中，国家铁路货运总周转量完成 29950.01 亿吨公里，比上年增长 9.3％。从我国铁路运输货运市场来看，2021 年我国铁路货运总发送量为 47.74 亿 t，其中国家铁路货物发送量为 37.26 亿 t，市场占比达 78.05％，大秦铁路货物发送量为 6.92 亿 t，市场占比为 14.5％。国家铁路单日装车数、集装箱单日装车数、电煤单日装车数、货物单日发送量等多项指标接连创历史新高。铁路运输的服务能力和服务质量不断完善，凸显了现代铁路运输服务的便捷化，打造了中国铁路独特的服务品牌。

第三节 公用事业发展的基本成效

一、供水行业基本成效

供水行业民营化改革不断推进，2020 年我国水供应和生产行业规模以上企业中，国有控股企业数量已降至 1650 家，全国供水行业国有控股企业占所有规模以上企业比例也降至 59.89%。2020 年，全国供水行业私营企业总数增长至 423 家，占比达到 15.35%，供水行业外资企业和中国港澳台投资企业数量增至 267 家，占比相比上年基本维持不变。供水行业中企业数量的变化趋势一定程度上反映了我国供水行业民营化的过程，国有控股企业数量不断减少，私营和外资企业不断增多，表明供水行业中非国有资本的占比正在逐渐上升。

此外，近年来我国供水行业中私营企业以及外商和中国港澳台投资企业规模不断扩大。2020 年，私营供水企业员工数增至 3.23 万人，外商和中国港澳台投资供水企业员工数增至 4.31 万人。尽管国有控股企业在供水行业中仍占据支配地位，供水企业员工数的增长与缩减，也一定程度上反映了我国供水行业民营化的成效。相比国有控股企业，我国供水行业中私营企业与外商投资企业总资产增速更快，2020 年，私营企业总资产增至 825.59 亿元，相比上年度增长了 43.66%；外商及中国港澳台投资企业总资产增至 2217.69 亿元，相比 2004 年增长超过 21 倍。国有控股企业资产占比也在逐步下降，2020 年我国供水行业国有控股企业总资产占比 81.46%。2020 年，私营企业资产占比增至 3.89%，外商和中国港澳台投资企业总资产占比增至 10.44%。

二、排水与污水处理行业基本成效

中国污水处理行业快速、持续、稳定发展，取得了显著成效。污水排放标准和生产工艺不断提高，二级、三级污水处理厂的座数和处理能力双双大幅增长。全国二级、三级污水处理厂的座数从 2006 年的 689 座增加到 2020 年的 2441 座，增幅达 254.28%，污水处理能力也相应地从 2006 年的 5424.9 万 m^3/d 增长至 2020 年的 18344.59 万 m^3/d，增幅达 238.16%。

人均污水处理能力出现了较大幅度的增长。2020 年，人均污水处理能力为 0.17m^3/（d·人）。分区域看，北京、上海、辽宁、广东、西藏、天津、江苏、湖北和吉林地区的人均污水处理能力超过 0.2m^3/（d·人），位于全国前列。其中，辽宁省以 0.27m^3/（d·人）居全国之首，除了河北、甘肃和河南的人均污水处理能力为 0.1m^3/（d·人），其他省（区、市）的人均污水处理能力均超过 0.1m^3/（d·人）。

污水处理厂的出水水质稳定达标。氧化沟、AAO、SBR 等处理工艺在全国得到了普遍应用，出水水质标准为一级 A 的污水处理厂数量占比逐年增大，部分发达地区污水处理厂的出水水质仍在不断提高，甚至优于一级 A 标准。2020 年，出水水质为一级 A 标准的污水处理厂已占到全国污水处理厂总数的 68.24%，特别是出水水质高于一级 A 的企业，占比已达 17%。至此，全国有 99.37%的污水处理厂的出水水质达到一级 B 以上标准。

化学需氧量（COD）出水浓度稳步下降。2020 年，全国污水处理厂 COD 削减 1475.73 万 t，较 2019 年减少了将近 60 万 t，降幅 3.91%。这主要得益于源头减排的政策实施效果，排入污水处理厂的 COD 总量下降，因此削减量同比下降。2020 年，全国污水处理厂 COD 的进水浓度平均为 238.58mg/L，较 2019 年降低了 15.8mg/L。与进水浓度相对的，全国污水处理厂的出水浓度不断降低，2020 年的出水浓度已控制至 17.71mg/L。

污水处理资产产出比总体呈上升趋势，但近几年有所下降。2020 年，我国污水处理行业资产产出比为 2.32m^3/（d·万元），较 2019 年的 2.95m^3/（d·万元）下降了 21.36%。从各地的情况看，辽宁的资产产出比最高，为 3.58m^3/（d·万元），随后是山东和河南，分别为 3.35m^3/（d·万元）和 3.29m^3/（d·万元）。资产产出比最低的是北京、贵州和西藏，分别为 1.60m^3/（d·万元）、1.26m^3/（d·万元）及 1.22m^3/（d·万元）。

三、垃圾处理行业基本成效

垃圾清运量（密闭车清运量）是反映垃圾处理行业基本成效的关键指标之一。近十年来我国城市垃圾清运量（密闭车清运量）逐年上升，2020 年城市垃圾清运量达到 23512 万 t，较 2019 年下降 694 万 t；城市道路清扫面积和机械化清扫面积是反映一个城市垃圾处理行业基本成效的重要构成指标。我国城市道路清扫保洁面积和机械化清扫面积整体上保持上升趋势，在 2020 年清扫面积达到 975594.7 万 m^2，较 2019 年的清扫面积（922124 万 m^2）增长了 5.8%；生活垃圾无害化处理率也是反映一个城市垃圾处理行业基本成效的重要指标。随着垃圾行业的蓬勃发展，我国生活垃圾无害化处理率达到了相当高的水平。2009～2020年城市生活垃圾处理量和无害化处理量逐年上升。

2020年，我国在垃圾分类和收集管理上也取得较大成效，2020年固废产业研究中心对46个重点城市的垃圾分类标准进行了统计分析，40个城市明确提出将易腐垃圾（或餐厨/厨余垃圾）作为分类垃圾之一，占比高达87%，其中25个明确立法（出台管理条例或管理方案）的城市100%将易腐垃圾单独进行划分，对居民而言，厨余垃圾的分类成为"违法必究"的义务，而餐厨垃圾的分类收运、合规处理已更早一步成为餐饮企业、单位食堂等地的规定动作。本轮垃圾分类的全面推广，使过去区域性、运动式的"试点型"垃圾分类得以升级，成为影响整个有机固废行业，尤其是城镇地区有机固废（餐饮、厨余垃圾）全产业链发展的重大机遇。2021年，《"十四五"城镇生活垃圾分类和处理设施发展规划》提出：到2025年底，全国城镇生活垃圾焚烧处理能力达到80万t/d左右，城市生活垃圾焚烧处理能力占比65%左右。在人口增长、城镇化等因素的驱动下，加之行业内部分公司仍有较高规模的未投运项目，未来垃圾焚烧行业投运产能有望稳步提升，支持业绩进一步增长。

四、天然气行业基本成效

2021年，面对更趋复杂的外部环境和能源发展改革的新形势、新要求，天然气行业以产供储销体系建设为工作指引，统筹发展和安全，立足行业保供稳价，系统谋划、综合施策，不断夯实国内资源基础，加快设施投资建设，提升科技创新能力，深化体制机制改革，完善市场体系设计，努力推动行业高质量发展。

天然气行业产供销体系日臻完善。随着油气勘探开发七年行动计划推进，我国天然气行业自主创新能力持续增长，创新发展深层页岩气钻井提速技术，实现长水平段高效快速钻进，天然气增储上产步伐加快，产量稳步提升。2021年，全国天然气新增探明地质储量16284亿m^3。天然气供应保障能力不断增强。四大进口战略通道全面建成，国内管网骨架基本形成，干线管道互联互通基本实现，气源孤岛基本消除。天然气多元供应体系不断完善。截至2021年底，在役储气库15座，形成储气调峰能力超过170亿m^3，已建成的LNG接收站共22座（含转运站），接收能力为10800万t/年。国家管网集团在2021年基本完成了对全国油气主干线的整合，进一步实现了管网的互联互通，加速打造"全国一张网"，有助于打破行政性、区域性垄断，建设全国天然气产供储销体系。同时省级管网陆续以市场化方式融入国家管网，促进天然气在市场的自由流动和灵活调配。

天然气行业体制改革不断深化。天然气行业深入贯彻落实习近平总书记重要指示批示精神，落实党中央、国务院《关于深化石油天然气体制改革的若干意见》，市场活力进一步增强，油气管网体制改革成效显著。油气管网基础设施的独立、透明和高效运行是促进油气商品供需双方有序竞争和有效衔接的基础，管网设施运行相关信息的及时发布有利于供需双方高效互动，提升市场发现油气价格的效率。2021 年，随着国家管网集团资产重组交易全部完成，进一步推动了“X+1+X”油气市场体系形成。同时，国家管网集团已与多个省份签署合作协议建立省级管网公司，天然气“全国一张网”全面铺开。进一步完善天然气管道运输价格形成机制，适应“全国一张网”发展方向，完善天然气管道运输价格形成机制，制定出台新的天然气管道运输定价办法，进一步健全价格监管体系，合理制定管道运输价格。

天然气行业监管体系逐步完善。2021 年 6 月 7 日，国家发展和改革委员会印发《天然气管道运输价格管理办法（暂行）》和《天然气管道运输定价成本监审办法（暂行）》，在 2016 年两个试行办法基础上进一步完善了天然气管道运输价格管理体系。新办法符合国家管网集团成立后管道运输行业主体重构新形势的要求，适应“全国一张网”的发展方向，是天然气市场“管住中间”的进一步深化，顺应了天然气市场化改革的需要。2021 年 5 月 31 日，国家能源局印发《天然气管网和 LNG 接收站公平开放专项监管工作方案》，组织开展天然气管网和 LNG 接收站公平开放专项监管。2021 年 11 月 24 日，国务院安全生产委员会印发《全国城镇燃气安全排查整治工作方案》，部署开展为期一年的全国城镇燃气安全排查整治。

五、电力行业基本成效

改革开放以来，随着经济体量的迅速扩大，我国电力行业开始高速发展，在发展速度、发展规模和发展质量方面取得了巨大成就，发生了翻天覆地的变化。在全国联网、解决无电人口等方面取得了举世瞩目的成绩。

我国电力行业运行成效突出。改革开放以来，我国电力工业从小到大，从弱到强，实现了跨越式快速发展。电力供应能力持续增强。截至 2021 年底，我国装机容量达到 2.378 亿 kW，发电量 83959 亿 kW · h，分别是 1978 年的 41.6 倍和 32.7 倍以上；电网规模稳步增长。截至 2021 年底，全国仅 220kV 及以上输电线路回路长度达到 84 万 km，220kV 及以上变电设备容量已接近 50 亿 kV · A；跨区输电能力大幅提升。2021 年，全国跨省跨区输电能力达 1.7 亿 kW；电网电压等级不断提升。截至 2021 年，我国共建成投运 32 条特高压线路；电源结构迈向多元化和清洁化。截至 2021 年底，全国火电装机容量 12.97 亿 kW，在全国装机容量中占比 54.56%；水电装机容量 3.91 亿 kW，占比 16.44%；核电装机容量 0.53 亿 kW，占比 2.24%；风电装机容量 3.29 亿 kW，占比 13.82%；太阳能发电装机容量 3.07 亿 kW，占比 12.90%；电力科技水平、生产安全性不断提升；电力消费持续增长，由粗放型高速增长向中高速转变。

我国电力市场建设成效显著。我国坚持市场化的改革方向不动摇，市场作为资源配置的主导地位不断提升，也是推动电力工业快速发展的强大动力。在改革开放的大背景下，电力行业不断解放思想、深化改革，经历了电力投资体制改革、政企分开、厂网分开、配售分开等改革。电力体制机制改革既是我国经济体制改革的重要组成部分，也是我国垄断行业走向竞争、迈向市场化的一种探索。电力领域每一次改革，都为电力行业以及社会经济激发出无穷活力，产生深远影响。在售电侧改革与电价改革、交易体制改革、发用电计划改革等协调推动下，2021 年，电力市场建设加快，电力市场交易更加活跃，电力普遍服务水平显著提升。

我国电力行业节能减排力度持续加大。改革开放以来，我国电力行业持续致力于发输电技术以及污染物控制技术的创新发展，目前煤电机组发电效率、资源利用水平、污染物排放控制水平、二氧化碳排放控制水平等均达到世界先进水平，为国家生态文明建设和全国污染物减排、环境质量改善作出了积极贡献。截至 2021 年底，全国 6000kW 及以上火电厂供电标准煤耗 301.5g/(kW・h)，比 1978 年降低 169.5g/(kW・h)，煤电机组供电煤耗水平持续保持世界先进水平；全国线损率 5.26%，比 1978 年降低 4.38 个百分点，居同等供电负荷密度国家先进水平。全国电力烟尘、二氧化硫、氮氧化物排放量分别约为 12.3 万 t、54.7 万 t、86.2 万 t，分别比上年降低 20.7%、26.4%、1.4%；单位火电发电量烟尘、二氧化硫、氮氧化物排放量分别为 22mg/(kW・h)、101mg/(kW・h)、152mg/(kW・h)，分别比上年下降 10mg/(kW・h)、59mg/(kW・h)、27mg/(kW・h)。

六、电信行业基本成效

2009 年，我国电信行业完成了第二次拆分重组后，奠定了移动、电信、联通“三足鼎立”的基本行业格局。经过十多年发展，我国电信行业在资产投资积累、行业经济效益以及业务普及等各个方面，均取得了长足进步和显著成效。

在经济效益方面，2010～2020 年我国电信业业务总量保持快速增加，累计完成 446553.6 亿元业务量，年均增加 31%。2020 年，电信业务总量达到 128813.7 亿元。与此同时，我国电信业收入以 4.3%的年均速度逐年增加，并累计实现收入 137807.9 亿元，2020 年全年实现收入 13564 亿元。

在固定资产方面，不同固定资产指标规模均以较快增速逐年扩大。2009～2019 年间，我国电信行业固定资产原值、固定资产总值以及固定资产净值分别以 5.5%、3.2%和 3.2%的年均增速逐年增加。2019 年，三项固定资产规模指标分别为 40431.7 亿元、33575.3 亿元和 15604.4 亿元。2009～2019 年，我国电信行业固定资产折旧速度加快，新增固定资产占比持续下降。

在业务普及方面，2010～2020 年我国移动电话普及率快速大幅提高，2013 年我国移动电话普及率达到 90.3 部/百人，达到基本普及。2020 年，普及率进一步增加至 114 部/百人，接近于 2010 年普及率的 2 倍，这表明移动电话在我国居民中已达到完全普及并接近饱和的状态。同期内互联网固定宽带和移动互联网业务规模迅速扩大，互联网普及取得显著发展成效。移动电话和移动互联网通信的相继大规模普及，快速取代传统固定电话业务，到 2020 年固话普及率已下降至 13.0 部/百人，较 2010 年下降近一半。

七、铁路运输行业基本成效

2021 年，铁路行业坚持市场化改革方向，助力铁路高质量发展。在深入推进铁路资产资本化股权化证券化方面，2021 年，国铁集团完成大秦公司可转债发行上市，金鹰重工、中铁特货股改上市，铁路基础设施 REITs 试点项目有序实施，推进沪昆客运专列浙江省和武广客专广东省路地股权调整。此外，国铁企业改革三年行动方案明确的改革措施全面实施，总体完成率超过 80%，完成国家规定的年度任务。

2021 年，铁路科技创新能力不断提升，铁路科技创新成果突出，技术标准不断完善，铁路装备制造技术水平不断提升。国铁集团编制实施“十四五”铁路科技创新规划、网络安全和信息化规划，制定发布了 83 项技术标准和 26 项重要标准性技术文件。同时，在技术装备、运输服务、智能铁路、安全控制系统等领域大幅度提高自身核心竞争力，形成具有独立自主知识产权的高铁建设和装备制造技术体系，为将来中国铁路走出去打下更加坚实的基础。

“十四五”期间，铁路行业坚持绿色发展理念，持续助力绿色交通体系建设，进一步发挥大运量、高能效、低排放的运输优势，构建绿色运输通道，实现社会效益与经济效益双增长。2021 年，全国铁路电化率提至 73.3%，国家铁路的能源消耗折算标准煤 1580.74 万 t，比上年增加 85.86 万 t，铁路单位运输工作量综合能耗下降 3.9%。主要污染物排放量降低，国家铁路化学需氧量排放量 1611t，比上年减排 12t，降低 0.7%。二氧化硫排放量 0.2 万 t，比上年减排 0.1 万 t。

2021 年，铁路行业落实法治政府建设要求，持续推进法规制度和标准体系建设，夯实依法行政履职基础。修订《中华人民共和国铁路法》、推进落实新《中华人民共和国安全生产法》、出台《铁路营业线施工安全管理办法》等进一步完善了制度体系；编制发布《"十四五"铁路标准化发展规划》、制定《铁路标准体系建设方案》和框架结构图明细表等，进一步健全了标准体系。

第四节　公用事业数字化监管

一、供水行业数字化监管

在新一轮科技革命和产业变革的背景下，随着物联网、大数据、区块链、人工智能等新一代信息技术的发展，供水行业迎来"数字化"的新时代。供水行业数字化监管由水源地智能监控系统、水厂/泵站无人值守系统、管网信息化管理系统、分区计量管理系统、二次供水信息化监管系统、城市生态用水计量管理系统等组成。供水行业数字化监管要从水源、水厂和管网等各个供水环节，对水量、水质、水压等主要供水参数和供水设施设备运行状况实施自动化监控，在此基础上，提升城乡供水信息化、数字化、智能化水平，实现高效化生产，智能化预报、预警，智能化维护管理，故障精确诊断，全链条动态监管。供水行业数字化监管主要包括供水数字化 PPP 项目监管、城市供水全链条的数据监管、城市供水安全监管、城市供水信息安全监管、信息充分披露监管五方面内容。

当前，初步形成供水行业数字化建设顶层设计，各地高度重视智慧水务建设，数字化建设成效初显，云计算、移动物联网、物联网、大数据、AI 人工智能、数字孪生、BIM 技术等为供水行业数字化变革提供了技术支撑。但当前供水行业数字化监管依然存在标准规范体系不健全、数据基础相对薄弱、技术融合不深入、供水行业数字化监管人才队伍建设较为薄弱等问题。为此，需要完善监管体制、扩大数字化监管范围、强化数字化监管人才队伍建设。

二、排水与污水处理行业数字化监管

排水与污水处理行业的数字化改革有利于行业的规范化和智能化管理，为推动排水与污水处理行业发展和提升系统效率提供重要的技术支撑和决策支持。党的十八大以来，党中央高度重视数字化改革与发展，先后出台相关政策文件指导排水与污水处理数字化改革，重点集中在排水管网和污水处理设施地理信息系统建设和智能化管理平台建设等方面，要求全面提升排水防涝数字化水平，积极应用地理信息、全球定位、遥感应用等技术系统，强化数字信息技术对排水防涝工作的支撑。重点城市和有条件的城市要尽快建立城市排水防涝数字信息化管控平台，实现日常管理、运行调度、灾情预判和辅助决策，提高城市排水防涝设施规划、建设、管理和应急水平。地级及以上城市依法有序建立管网地理信息系统并定期更新。在此基础上，提出重点城市要率先构建城市污水收集处理设施智能化管理平台，利用大数据、物联网、云计算等技术手段，逐步实现远程监控、信息采集、系统智能调度、事故智慧预警等功能，为设施运行维护管理、污染防治提供辅助决策。

地方积极开展数字化改革实践。各地在编制地方“十四五”规划时基本都有涉及智慧排水建设与监管。在具体实施的层面，各地结合自身排水与污水处理行业发展的短板和产业特点，提出了数字化监管的重点内容和主要举措。在实践中，各地行业主管部门结合已有的管理系统和数字设备，将数字化监管融入智慧城市和数字政府建设中统筹推进，主要是整合辖区内各类排水与污水处理设施信息资源，构建全行业、全过程、全覆盖的信息系统，为行业管理提供数据支撑。在整合了行业海量基础数据资源的基础上，依据排水系统和行业管理的特点，将排水规划、排水许可、污水处理、污泥处置、排水监测、排水收费、水量调度、排水执法、应急排水等业务设计应用功能，运用先进的新兴技术或数据处理模型，对信息系统中实时运行数据进行筛选、分析和处理，辅助决策管理层做出相应决策，并通过 Web 服务、GIS 服务、移动应用服务等，提供可视化的信息应用发布、业务流程处理等功能支持。

排水与污水处理行业数字化监管是基于互联网、大数据等信息化技术方法获取和处理排水与污水处理信息，有效地监管排水与污水处理全过程。数字化监管旨在通过信息化技术和排水与污水处理监管的深度融合，建立覆盖排水与污水处理全过程的感知网络，为排水与污水处理监管提供及时动态的数据基础，借助大数据、信息共享和人工智能等技术，为行业发展评价与预判、资源调度、突发事件预警及应急处置等监管决策提供可视化支持服务，其主要内容包括：数据管理、规划建设、考核评估、资源调度、应急管理等。排水与污水处理行业智慧化监管面临的主要问题是：智慧污水平台建设缺乏顶层设计及相应的标准规范、污水智慧平台重建设而轻应用、部门间缺乏数据有效联动机制。

三、垃圾处理行业数字化监管

随着数字技术的发展，城市垃圾处理行业数字化监管已经成为城市管理与城市公共数字化服务中的主要组成部分。在数字化技术的带动下，生活垃圾处理数字化监管成为现阶段城市垃圾处理工作的主要内容，可以高效提升生活垃圾处理效果。垃圾处理行业的数字化包括垃圾处理装备的数字化和垃圾处理管理系统的数字化。一方面，垃圾处理装备与互联网等相结合，可以推动行业技术变革，同时也可以大幅削减成本；另一方面，数字化管理系统采用物联网、云计算、大数据、移动互联网、空间地理信息集成等新一代信息技术，把各种硬件设备应用到垃圾处理管控对象中，通过云技术将不同垃圾处理领域物联网整合起来，可以改变传统垃圾处理组织架构管理模式。同时借助移动互联网技术，以更加精细和智慧的方式实现环境管理和决策的数字化。

为推动垃圾处理行业数字化升级、实现“一网统管”，近几年国家出台了一系列相关政策，特别是对垃圾分类收集、运输转运、处理处置等产业链上下游驱动等提出了具体要求。通过国家自上而下的政策驱动，我国垃圾处理行业数字化水平和数字化监管水平均得到显著提升。2017 年 3 月 18 日，国家发展和改革委员会、住房和城乡建设部联合发布《生活垃圾分类制度实施方案》（国办发〔2017〕26 号），提出：加强垃圾分类收集、运输、资源化利用和终端处置等环节的衔接，形成统一完整、能力适应、协同高效的全过程运行系统。加快城市数字环卫系统研发和建设，通过“互联网＋”等模式促进垃圾分类回收系统线上平台与线下物流实体相结合。2018～2020 年，国家重点研发计划“固废资源化”重点专项中均有提出“数字化回收与分类技术”方面的研发任务。重点围绕着“生活垃圾分类回收模式与数字环卫关键装备”“基于大数据的互联网＋典型城市再生资源回收技术”等方向，研发城市环卫数据采集传输与人工数字分类收运集成技术，开发基于物联网、大数据与云计算技术的城镇环卫作业数字耦合系统化平台。2019 年 6 月 11 日，住房和城乡建设部、国家发展和改革委员会、生态环境部等九部门联合印发《住房和城乡建设部等部门关于在全国地级及以上城市全面开展生活垃圾分类工作的通知》（建城〔2019〕56 号），提出：到 2020 年，46 个重点城市基本建成生活垃圾分类处理系统；到 2025 年，全国地级及以上城市基本建成生活垃圾分类处理系统。垃圾分类战略的提出推动了环卫产业的升级，不仅对分类投放设备、收集车与垃圾处置厂等提出更高的要求，环卫产业体制与商业模式的变革也迫在眉睫。2021 年 5 月 6 日，国家发展和改革委员会、住房和城乡建设部印发《“十四五”城镇生活垃圾分类和处理设施发展规划》，要求以提高城镇生态环境质量为核心，以保障人民健康为出发点，以推进生活垃圾减量化、资源化、无害化为着力点，补短板强弱项，着力解决城镇生活垃圾分类和处理设施存在的突出问题。依托大数据、物联网、云计算等新兴技术，加快建设全过程管理信息共享平台，通过数字终端感知设备进行数据采集，进一步提升垃圾分类处理全过程的监控能力、预警能力、溯源能力。垃圾处理数字化相关标准、规范及产业平台的搭建，以前瞻性的视角，为垃圾处理行业的数字化发展指明了方向。数字环卫系统及关键装备等相关政策的出台，对垃圾处理产业数字化提出了更高的要求，也为垃圾处理行业数字化监管提供了重要支撑。

四、天然气行业数字化监管

我国天然气行业数字化监管促进油气企业转型升级。各油气企业纷纷引进了大数据技术，天然气产业链发展中不断应用人工智能、物联网、BIM 等尖端新技术，如通过 2/3D 数字孪生技术搭建天然气站 3D 可视化系统、显示、监控、警报模式功能，天然气产业发展向着信息化、可视化、绿色化环境保护方向前进，这将大大提高监管效能。近年来，通过数字化智慧化燃气建设的不断推进，大大提高了我国城市燃气安全水平。

通过数字化建设夯实我国天然气行业数字化监管的基础。数字化使石油公司及时有效地了解、分析油藏性状，远程采集现场数据，优化工作流程和物流，实现解放员工、提高效率、降低成本。在天然气交易中，通过交易中心整合零散的数据，集成到一个平台上，实现信息的透明化，是天然气价格市场化的重要一环。各交易中心通过市场机制促进油气勘探开发企业公开数据，获取上游企业的生产数据和下游燃气企业的数据，整合中游管网披露的数据，建立市场需求和价格预测模型。构建以数字化为主导的智慧燃气。一方面，智慧燃气要融合于城市大系统的发展，要与城市特色和优势以及城市信息化基础条件相结合；另一方面，智慧城市发展还应与企业发展思路、业务场景实情，以及资金实力、研发能力相结合。推进智慧燃气发展需要政府明确的政策导向、补贴性的智慧燃气政策、在标准体系建设方面的共识。

通过数字管网建设，将基于云架构建设数据、平台和应用服务，形成统一的共享服务平台。未来，平台将在信息发布、综合监督、辅助决策等方面发挥重要作用，推动信息采集和信息披露发展。建立智慧燃气安全监管云平台运用信息化手段，对所有瓶装液化石油气储配站和液化天然气储配站充装站进行视频监控、气瓶流转数据、用户实名制、从业人员规范化管理，从而实现瓶装液化气“来源可查、去向可追、责任可究”的监管目标，提升行业治理质效。管道燃气在城市燃气中的占比越来越高，通过数字化提升管道燃气安全监管效率势在必行。通过硬件升级构建数字化基础，将燃气公司、行业主管单位、城市大脑三级机构作为智慧燃气管理的三级平台，利用智能设备和物联网技术，将实时数据分等级上传至三级平台，实现信息共享和行业闭环治理。

五、电力行业数字化监管

伴随着电力行业的数字化变革，传统的电力监管模式也在发生改变，与之而来的是以“云计算、移动物联网、物联网、大数据”为手段的数字化监管，实现从电力生产到电力消费的全流程监测信息采集与传输、供电相关信息集合管理与可视化供电安全指标监测预警等，从而实现智能感知、广泛互联、深度融合、业务协同、决策科学、服务主动的智慧供电监管平台。

传统电力产业“发—输—变—配—用”各节点彼此孤立，难以协同，导致电力生产效率低，难以产生高经济效益。5G、AI、大数据、IoT 等数字化技术与日常生产、经营、管理等各环节融合，不仅能有效助力电力企业减少各生产环节的冗余性，构建安全可控、绿色低碳、高效敏捷的综合性能源基础设施，最终还能实现绿色能源运用；电力行业数字化监管是为了建立现代电力系统，实现安全、高效、绿色、低碳的电力生产与供应。同时也成为能源生产结构、存储形式、分享机制及消费模式变化背景下的破局之道。

2021 年，中国电力数字化核心软件及服务市场规模为 414 亿元，2021～2025 年复合增长率为 19.3%，预计 2025 年市场规模将达 839 亿元。在“十四五”期间，国家电网、南方电网数字化转型投资额合计值将达到 1090 亿元，复合年增长率 17.0%，其中国家电网占比约 82.6%、投资额约 900 亿元，南方电网占比约 17.4%、投资额约 190 亿元。随着 5G 通信、人工智能、大数据、云计算、数字孪生和区块链等技术在电力行业中的应用，电力行业数字化监管水平将得到极大提升。

数字化监管为电力行业创新升级提供了全新机遇，但同时也面临着巨大挑战。清洁能源和分布式技术的发展加速了电力供给形式分化，新能源的大规模推广应用依然存在诸多考验，如长时间稳定供给及恶劣突发性调控；同时，数字化监管作为电力企业数字化技术融合应用的重大实践，在监管思路和转型方式上都是全新探索，如何衡量企业数字化监管带来的电力价值变现和商业价值提升均是转型成果的重大挑战。面对考验与挑战，电力行业数字化监管应做好顶层设计，科学制定转型路径规划，学习借鉴国内外成熟方案，理论指导实践，构建系统转型蓝图及数字化转型提升目标，明确数字化监管发展的优先级，构建企业核心数字化监管部门，共享标准数据信息，从而最终作用于电力企业商业服务创新和价值创造，提供专业化、差异化电力服务体验。同时，重视电力行业数字化监管中的潜在风险，利用人工智能等技术搭建风险模型，建立电力行业智慧生态体系。

电力行业数字化监管具有重要意义，需要加强相关技术的研究和开发，同时需要加强监管体系的建设和完善，以保证数字化监管在电力行业的高效实施。要制定科学的监管政策和标准，确保数字化监管具有公正、透明、可靠的特点。

六、电信行业数字化监管

电信业由于具有显著的规模经济、范围经济、网络外部性，从而属于典型的需要管制的自然垄断行业，这是传统的电信行业需要监管的基本理论逻辑①。而随着数字技术的进步，电信行业有了需要监管的新理由，本书将着重从数据资源的非竞争性、数据使用中所面临的隐私保护问题、数据用于公共物品生产可能带来正外部性三个方面来探讨，随着大数据技术的进步，电信行业所面临的新的监管逻辑。

七、铁路运输行业数字化监管

近年来，互联网、大数据、云计算等技术加速创新，数字经济、数字技术给生产生活带来广泛而深刻的影响。习近平总书记在中共中央政治局第三十四次集体学习时强调，要促进数字技术与实体经济深度融合，赋能传统产业转型升级，催生新产业新业态新模式，不断做强做优做大我国数字经济。中国铁路是规模庞大的实体产业，已建成并运营世界上最现代化的铁路网和最发达的高铁网，拥有海量的建设、运营数据和丰富的应用场景，具备推动数字经济和铁路产业深度融合的基础条件和发展潜力。党的十八大以来，铁路部门认真贯彻落实党中央决策部署，全面提升铁路信息化建设水平，积极推进数字技术与铁路业务融合发展。

① 关于此点更具体的介绍请参阅王俊豪主编的《管制经济学原理（第 2 版）》第十二章中的相关内容。

智能技术体系、智能客货运输服务与铁路建设安全智能管控等一系列关键举措构建起了铁路数字经济新生态。2020 年，“深化铁路网和互联网双网融合，发展铁路数字经济和网络经济”被写入《新时代交通强国铁路先行规划纲要》，与数字经济的深度融合成为推动新时代铁路高质量发展的重要内容。

第二章　供水行业发展报告

作为市政公用事业的传统部门和重要组成部分，供水行业同时也是城市和国民经济发展的重要基础设施，对于城市工商业发展和居民生活都具有重要意义。改革开放以来，伴随经济快速发展和城镇化进程的推进，城市用水需求也日益迫切，不断提升的城市用水需求，对供水行业的建设水平以及生产、供应能力都提出了更高要求。我国供水行业一直以来都存在融资渠道单一、竞争激励机制缺乏、企业生产效率低下、服务质量偏低等现实问题。近年来，随着民营化和市场化进程的推进，我国供水行业融资渠道得以逐步拓宽，供水行业生产供应能力显著提升，区域间供水行业投资、建设以及生产供应能力的不平衡也得到了一定程度的缓解，随着数字技术的引入，智慧供水也逐步成为行业发展的全新动力。本章将分别从供水行业的投资与建设、供水行业的生产与供应、供水行业发展成效和供水行业数字化监管等方面对我国供水行业的发展、改革和创新进行梳理和评价。

第一节　供水行业投资与建设

本节分别从供水行业投资、供水行业建设、供水行业的生产供应等角度对我国供水行业的发展进行概述。在供水行业发展的各项要素中，行业投资是供水行业发展的经济基础，在充足的行业投资基础上，供水行业建设则为行业发展提供了基础设施。在城市用水的各项用途中，生活用水是最基本的用水需求，近年来，随着我国经济的快速发展和城市化进程的不断推进，我国城市用水需求也越发迫切，从而对供水行业的生产和供应能力提出了新的挑战。

一、供水行业投资现状分析

我国供水行业投资经历了早期基本完全依靠政府财政资金补贴到供水行业民营化、多渠道融资的变化历程。随着供水行业投资持续增加，依托于多种渠道的投资，我国城市供水设施建设也得以持续推进。本部分将主要通过总量时间变化趋势以及空间区域差异等角度，对我国供水行业的投资与建设现状进行分析。

（一）我国供水行业投资增长时序分析

改革开放以来，我国供水行业固定资产投资以及市政设施建设固定资产投资总额持续增长。由图 2-1 可以看出，1978～2020 年，我国供水行业固定资产投资由 1978 年的 3.4 亿元增至 2020 年的 749.42 亿元，增长近 160 倍。改革开放以来，我国供水行业固定资产投资经历了阶段式增长，1978～1991 年间行业投资主体主要是各级地方政府，在此阶段供水行业投资增长较慢（增长了 5 倍左右）；自 1991 年开始，地方政府逐渐退出了行业的投资和运营，截至 2005 年，我国供水行业固定资产投资达到 225.6 亿元，在这一阶段中供水行业固定资产投资总体增长 6.47 倍，相比第一阶段增速并没有明显提高；自 2005 年开始，我国供水行业市场化进程进一步推进，固定资产投资在这一时期实现了快速增长。2020 年，我国供水行业固定资产投资相比 2019 年增长 33.81％，为近年来增长幅度最大的一年。

与此同时，我国总体经济快速增长也带动了整个市政公用事业建设的发展，1978～2020 年，我国市政设施固定资产投资总额由 11.99 亿元增至 22283.93 亿元，增长超过 1800 倍。因此，尽管改革开放以来我国供水行业投资的总体水平持续上升，且供水行业早期作为城市工业生产和居民生活的基本需求在整个市政公用事业中占据重要地位，但随着我国市政设施建设的多样化和人民生活水平的不断提高，城市交通、燃气、供水处理、园林绿化、集中供热等市政公用行业快速发展，从而导致供水行业固定资产投资占整个市政设施建设投资额比例持续下降。1978 年，我国供水行业固定资产投资占整个市政建设投资额比例为 39.2%，此后在 1980 年达到峰值 46.53%，1981 年迅速降至 21.5%，此后一直稳定在 20%左右，在 1990 年后供水行业固定资产投资占市政设施建设投资额比例开始持续下降，再没有过显著提升。截至 2020 年，我国供水行业固定资产投资占比也仅为 3.36%，略高于 2019 年的 2.78%。

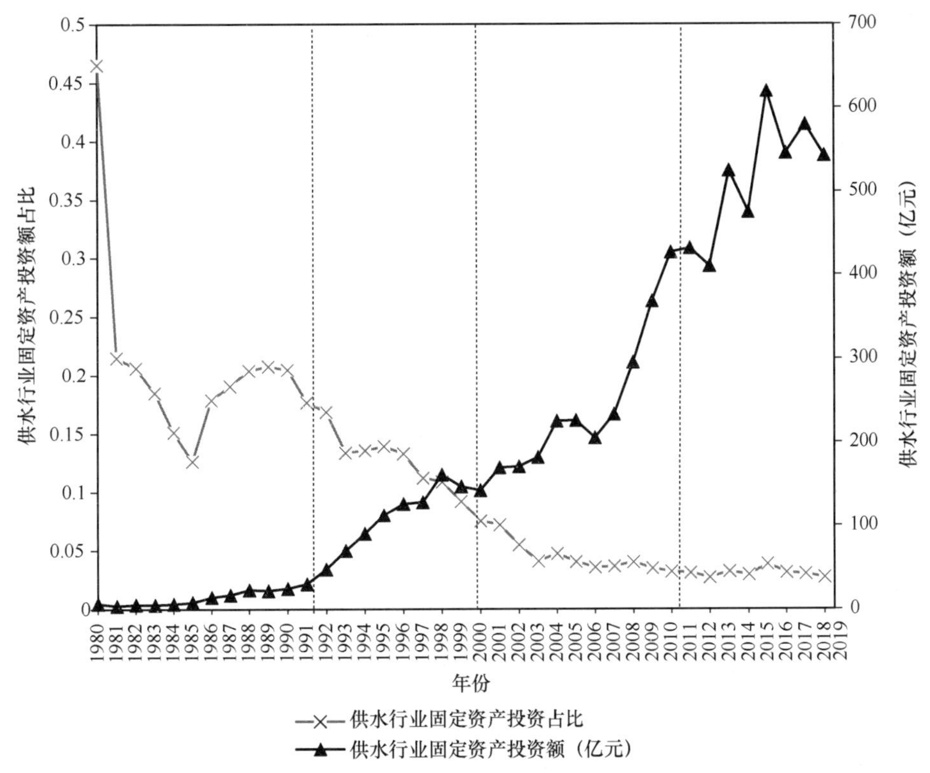

图 2-1　历年供水行业固定资产投资占市政设施建设投资额比例

数据来源：《中国城市建设统计年鉴 2020》，中国统计出版社，2021。

为了进一步说明供水行业固定资产投资在我国市政公用事业固定资产投资中的比例，图 2-2 将供水行业固定资产投资与市政公用事业当中的轨道交通、排水、园林绿化、燃气和集中供热进行了对比。由图 2-2 可以看到，早在改革开放之初，我国供水行业固定资产投资占整个市政设施建设投资额的比例远远领先其他行业，但其后，城市轨道交通、排水、园林绿化、燃气等行业固定资产投资占比均有所上升。其中，城市轨道交通固定资产投资增长幅度最大，这主要因为在我国近年来城市化不断推进、城市人口快速扩张的背景下，地铁等城市轨道交通的发展大幅迈进。1990 年，我国供水行业固定资产投资占比约为 20.46%，城市轨道交通固定资产投资占比为 7.51%，排水行业固定资产投资占比为 7.92%，园林绿化固定资产投资占比为 2.39%，集中供热行业固定资产投资占比为 3.71%，供水行业固定资产投资占比仍明显高于其他行业。2020 年，供水行业固定资产投资占市政公用设施建设投资比例降至 3.36%，而城市排水资产投资占比则上升至 9.49%，城市轨道交通固定资产投资占比达到 28.81%，约为供水行业固定资产投资的 10 倍，园林绿化固定资产投资占比达到 7.30%。目前，我国供水行业固定资产投资占比已低于排水、轨道交通、园林绿化等行业，2020 年供水行业固定资产投资占比仅高于燃气行业和集中供热行业。以上数据反映出我国城市居民生活质量不断提高，城市发展需求转型，轨道交通、园林绿化等行业逐步成为市政公用事业发展的重点，但也反映出我国供水行业投资不足的现状。

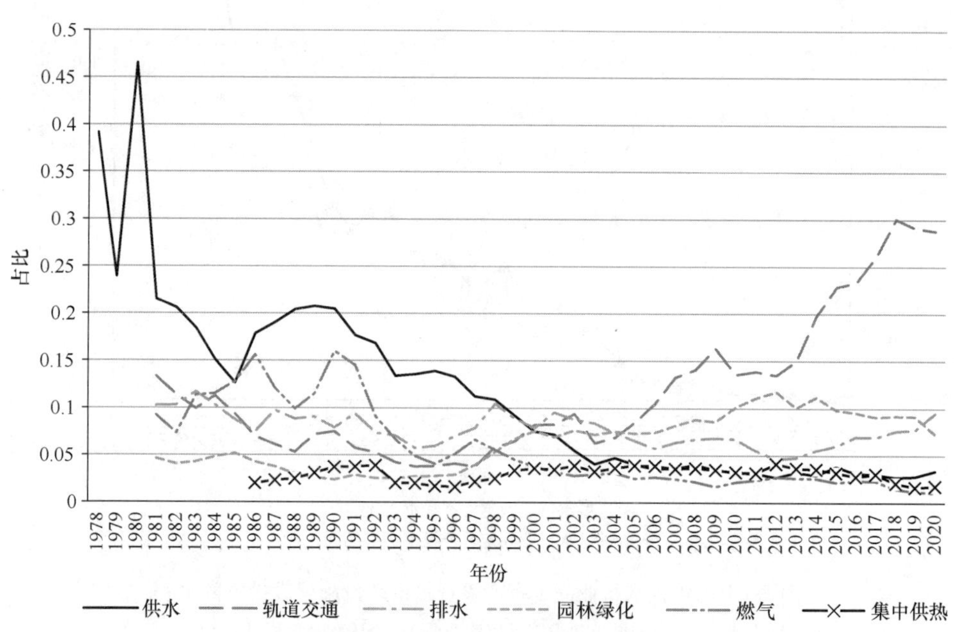

图 2-2　历年供水行业固定资产投资占比与其他市政公用事业行业比较

数据来源：《中国城市建设统计年鉴 2020》，中国统计出版社，2021。

图 2-3 将 1978～2020 年我国供水行业固定资产投资额与单位用水人口固定资产投资进行了比较。由图 2-3 可以看到，1978～2020 年，我国单位用水人口固定资产投资基本与供水行业固定资产投资额保持相同的增长态势。图 2-3 说明

我国供水行业投资的增长主要满足了不断增长的城市用水人口的需求，因此当供水行业固定资产投资下降的年份，单位用水人口固定资产投资也呈现出下降的趋势。

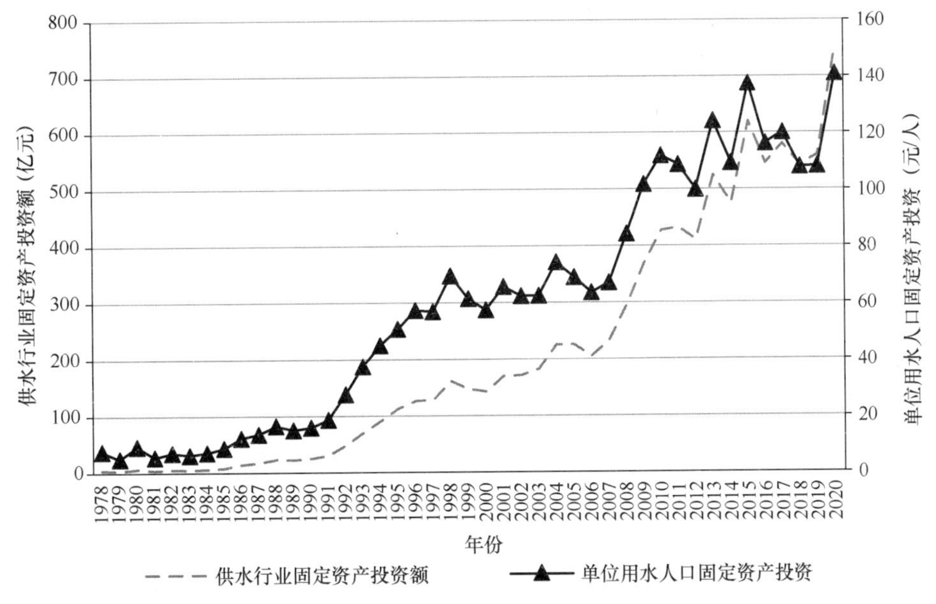

图 2-3 历年供水行业固定资产投资额与单位用水人口固定资产投资比较

数据来源：《中国城市建设统计年鉴 2020》，中国统计出版社，2021。

图 2-4 将我国供水行业固定资产投资占 GDP 比例与城市化率进行了对比。前者反映了我国城市化的进程，后者则反映了我国供水行业固定资产投资与经济增长速度的相对关系。由图 2-4 可以看出，改革开放 40 多年来，随着我国经济的快速发展，我国城市化率也呈现不断上升的趋势。1978 年，我国城市人口占我国总人口的比例仅为 17.92%，到 2020 年已增至 63.89%。城市化进程的不断推进对城市用水提出了更高的要求，尽管我国供水行业固定资产投资一直持续增长，但从 2000 年以来我国供水行业固定资产投资占 GDP 比例却呈现出整体下降的态势，供水行业的投资增长速度也越来越不能满足城市化发展的用水需求。

结合图 2-1、图 2-2、图 2-3 和图 2-4 可以看出，尽管改革开放以来我国供水行业固定资产投资实现了快速增长，但与市政公用事业的总体投资增速以及排水、园林绿化、轨道交通等其他行业增速相比，都略显滞后。供水行业固定资产投资增长主要是为了满足不断增长的城市人口用水需求，但当前我国供水行业投资仍然相对不足，投资主体和投资渠道相对单一等问题，也在一定程度上制约了我国城市供水设施建设和行业的进一步发展。

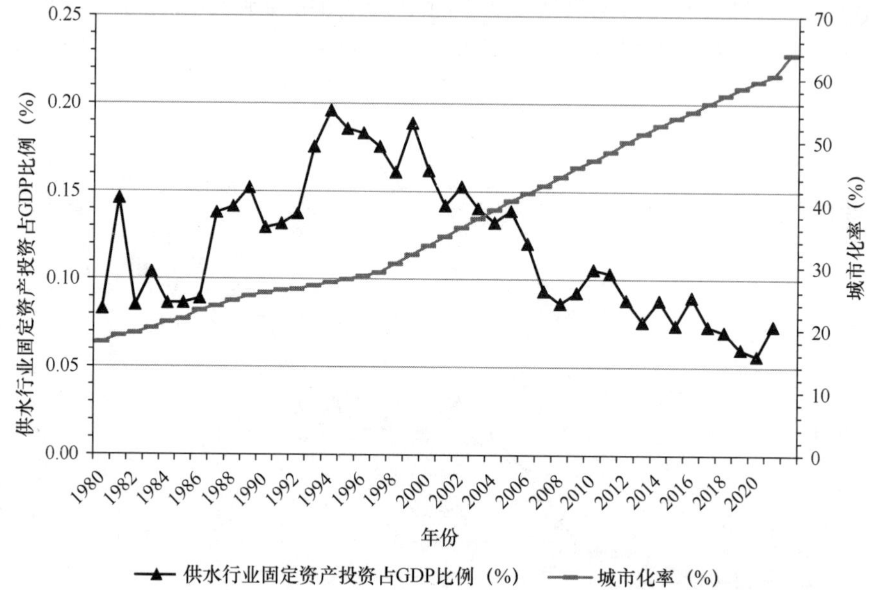

图 2-4　历年供水行业固定资产投资占 GDP 比例与城市化率比较

数据来源：《中国城市建设统计年鉴 2018》《中国统计年鉴 2020》，中国统计出版社，2019。

（二）供水行业投资区域分析

供水行业投资一方面取决于地区的经济发展水平，另一方面也取决于地区用水人口和用水需求。由于地区发展不均衡，我国供水行业投资一直也存在着区域发展不平衡的问题。图 2-5 对比了 2019 年和 2020 年我国东、中、西部地区供水行业固定资产投资额。如图 2-5 所示，2019 年，我国东部地区供水行业固定资产投资占比约为 52%，相较上一年的 61%有所下降，中部和西部地区供水行业

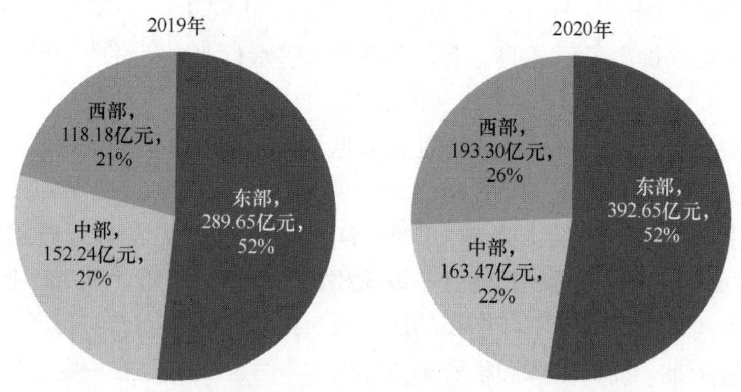

图 2-5　2019 年和 2020 年我国东、中、西部地区供水行业固定资产投资额

数据来源：《中国城市建设统计年鉴》（2020），中国统计出版社，2021。

固定资产投资占比分别为27%和21%。2020年，我国东部地区供水行业固定资产投资额为392.65亿元，相比2019年增长103亿元，占比52%，基本与2019年持平；中部地区供水行业固定资产投资额为163.47亿元，相比2019年增长11.23亿元，占比为22%；西部地区供水行业固定资产投资额为193.30亿元，相比2019增长了63.6%。由图2-5可以看出，2019～2020年，我国东部地区供水行业固定资产投资占比大幅下降，中部地区和西部地区供水行业固定资产投资增幅均超过东部地区，占比明显上升；此外，2020年西部地区供水行业固定资产投资大幅增长，占比已超过中部地区，中、西部地区的快速发展和投资规模的不断扩大进一步缩小了我国供水行业投资的区域间差距。

尽管我国东、中、西部地区供水行业固定资产投资差距继续缩小，但区域间不平衡仍是当前我国供水行业投资面临的严重问题，而投资的不平衡则进一步导致了中、西部地区供水行业设施建设水平和行业发展落后于东部地区。

图2-6展示了2020年我国供水行业固定资产投资额排名前列（超过30亿元）的省份，依序分别为江苏、山东、广东、浙江、重庆、四川、黑龙江、福建、安徽和湖北。2016～2020年，除2019年外，江苏省均为历年我国供水行业固定资产投资最多的省份，2020年江苏省供水行业固定资产投资额为108.48亿元，另外一个供水行业固定资产投资超过50亿元的省份为山东省，固定资产投资为57.09亿元，此外广东省2020年供水行业固定资产投资额为49.46亿元，位列第三。

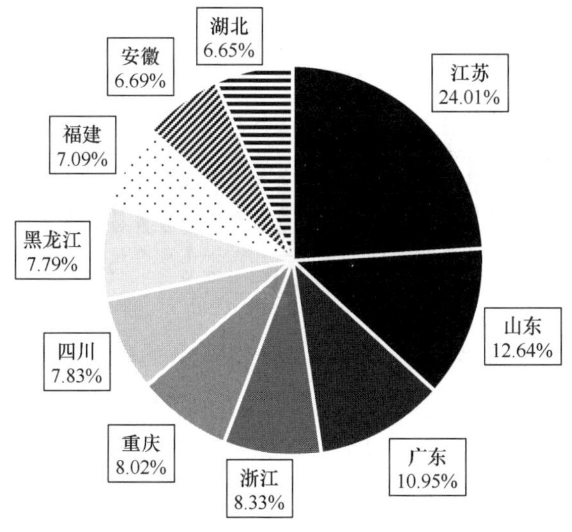

图2-6 2020年我国供水行业固定资产投资额排名前列省份

数据来源：《中国城市建设统计年鉴2020》，中国统计出版社，2021。

2020 年，供水行业固定资产投资最低的省份和地区分别为海南、青海和西藏，均未超过 1 亿元。2018 年，我国供水行业各省平均固定资产投资额为 22.42 亿元，其中江苏、山东、广东、浙江、重庆、四川、黑龙江、福建、安徽、湖北、上海、北京 12 个省市的固定资产投资额均超过平均值，其中有 7 个省份来自东部地区，3 个省份来自中部地区，2 个省份来自西部地区，从供水行业固定资产投资的区域分布来看，我国供水行业固定资产投资区域不平衡的问题在 2020 年得到了进一步的缓解。

图 2-7 主要报告了 2020 年我国各省份供水行业固定资产投资占市政设施建设投资总额的比例情况，宁夏供水行业固定资产投资占比为全国最高，达到 23.53%，值得注意的是，2019 年宁夏供水行业固定资产投资占比为全国最低，尚不到 1%，因此，2020 年宁夏的供水行业固定资产投资额有了大幅增长，我们将在后文中进一步予以说明。此外，黑龙江和新疆的供水行业固定资产投资占比也均超过了 10%。2020 年，山西、青海、湖南、海南和西藏的供水行业固定资产投资占比均低于 1%。

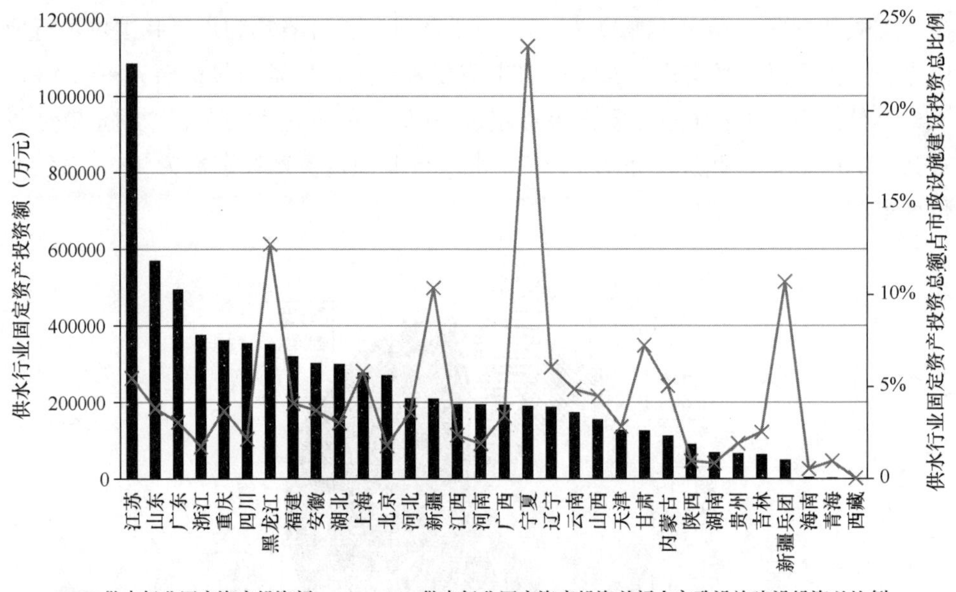

图 2-7　2020 年各省（区、市）供水行业固定资产投资额及投资额占市政设施建设投资总额比例

数据来源：《中国城市建设统计年鉴 2020》，中国统计出版社，2021。

图 2-8 进一步分析了 2020 年我国各省（区、市）供水行业固定资产投资相比上年的变化情况，并将其与 2019 年各省（区、市）供水行业固定资产投资的

变化幅度进行了比较。江苏省继 2018 年和 2019 年连续两年成为供水行业固定资产投资额降幅最大的省份后，2020 年供水行业固定资产投资大幅上升，位居全国第一，增幅为 62 亿元，达到上一年的 133.52%。此外，黑龙江、上海、宁夏、重庆、山东、新疆、广东、湖北、河北、云南的供水行业固定资产投资增幅均超过 10 亿元。所有省（区、市）中，共有 22 个省（区、市）在 2020 年实现了供水行业固定资产投资增长，仅有 8 个省（区、市）2020 年供水行业固定资产投资相比上一年有所下降。所有省（区、市）中，2019 年供水行业固定资产投资有所下降，但在 2020 年实现提升的除江苏外，还包括宁夏、湖北、河北、天津、甘肃、北京和河南；而陕西、青海、贵州和湖南在 2019 年度供水行业固定资产投资有所增长，2020 年出现一定程度的回落。实现供水行业固定资产投资增长的省市或地区中，共有 8 个来自东部地区，6 个来自中部地区，8 个来自西部地区，也再次说明在 2020 年我国供水行业固定资产投资区域间不平衡的问题得到一定程度的缓解。

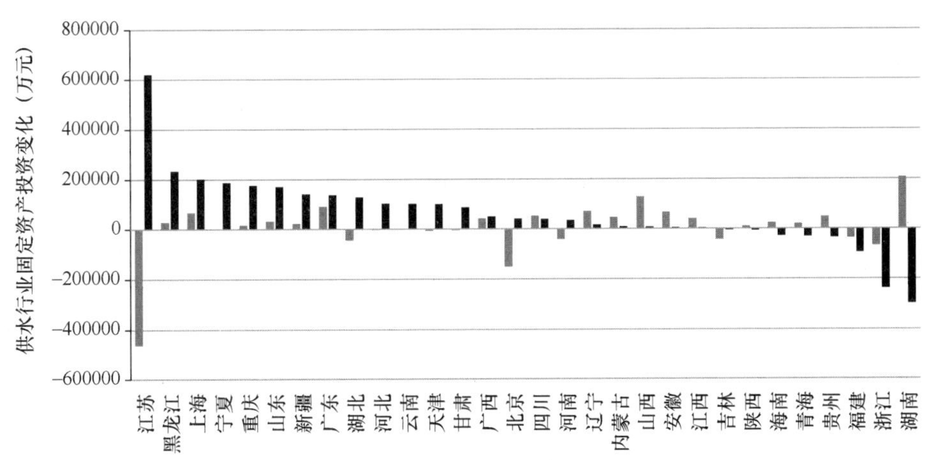

图 2-8　2020 年各省（区、市）供水行业固定资产投资相较上年变化

数据来源：《中国城市建设统计年鉴 2020》，中国统计出版社，2021。

地区的供水行业投资总额一定程度反映了该地区的用水需求，因此固定资产投资总额与用水人口直接相关，图 2-9 报告了 2020 年我国各省（区、市）单位用水人口供水行业固定资产投资情况，可以进一步反映各地区的实际投资效率。由图 2-9 可以看到，2020 年单位用水人口供水行业固定资产投资额最高的地区为宁夏，也是 2020 年我国唯一单位用水人口供水行业固定资产投资额超过 500 元的地区，位列其后的是新疆兵团、江苏、新疆、黑龙江、重庆和福建。可

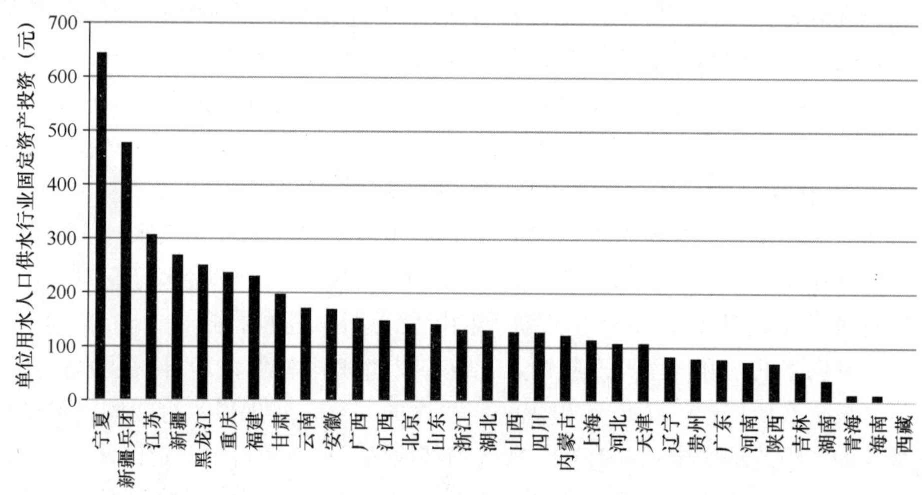

图 2-9　2020 年各省（区、市）单位用水人口供水行业固定资产投资

数据来源：《中国城市建设统计年鉴 2020》，中国统计出版社，2021。

以看到，江苏省无论是供水行业固定资产投资总额还是人均投资额均位列全国前列，而青海、西藏等地考虑用水人口情况下的人均固定资产投资额仍然较低，反映出以上地区供水行业固定资产投资额不足的现状。

随着我国经济快速发展和城市化进程的不断推进，城市用水需求不断增长，客观要求城市水务行业的相应发展，这也对行业融资提出了更高要求。近年来，我国供水行业市场化成效较为显著，各种民间资本和外资被逐渐引入供水行业，供水行业投资不断增加，尽管目前我国供水行业中国有企业仍占据主导地位，但行业投资主体已由单一的政府投资、国有控股转变为国有资本、民营资本以及外资共同主导，经营模式也由单一的政府所属事业单位直接经营转变为包括特许经营模式在内的不同经营模式。

我国供水行业的融资问题集中体现为融资渠道相对单一，融资成本高，投融资效率不高。以上问题一方面源自城市供水设施供给不足与经济社会发展、城市化进程加快引起需求快速增长之间的供需矛盾；另一方面也是在供水行业发展中，经营者一定程度忽视供水行业的经济属性，缺乏经营意识，导致项目运营经济效率偏低导致的。

二、供水行业的建设情况

本节将主要通过城市供水综合生产能力及供水管道长度等指标分析我国供水行业建设现状。

（一）城市供水综合生产能力

图 2-10 报告了历年我国城市供水综合生产能力及单位用水人口供水综合生产能力。由图 2-10 可以看出，改革开放以来，我国城市供水综合生产能力不断提升，但供水综合生产能力的增速低于用水人口增速，导致单位用水人口供水综合生产能力近年来一直呈下降趋势。由于从 1986 年开始供水综合生产能力的统计口径发生变化，因此本书以 1986 年作为分界线分别对 1986 年前后两阶段我国城市供水综合生产能力进行比较。1978～1985 年，我国供水行业综合生产能力由 2530.4 万 m^3/d 增至 4019.7 万 m^3/d，年平均增长 8.41%。1986 年以后，我国城市供水综合生产能力增速进一步提升，1986～2020 年城市供水综合生产能力总体增长 11.67 倍，2020 年供水综合生产能力达到 32072.65 万 m^3/d。1986 年，改变统计口径后，我国单位用水人口供水综合生产能力呈现下降趋势，1986～2004 年，我国单位用水人口供水综合生产能力一直维持在 0.8～0.9$m^3/(d \cdot 人)$，2004 年以后随着我国城市化进程的进一步加快，城市用水人口快速增长，单位用水人口供水综合生产能力逐渐降至 0.6～0.8$m^3/(d \cdot 人)$。单位用水人口供水综合生产能力的下降说明我国当前的供水行业建设水平仍然无法完全满足城市化和用水人口增长的需要。

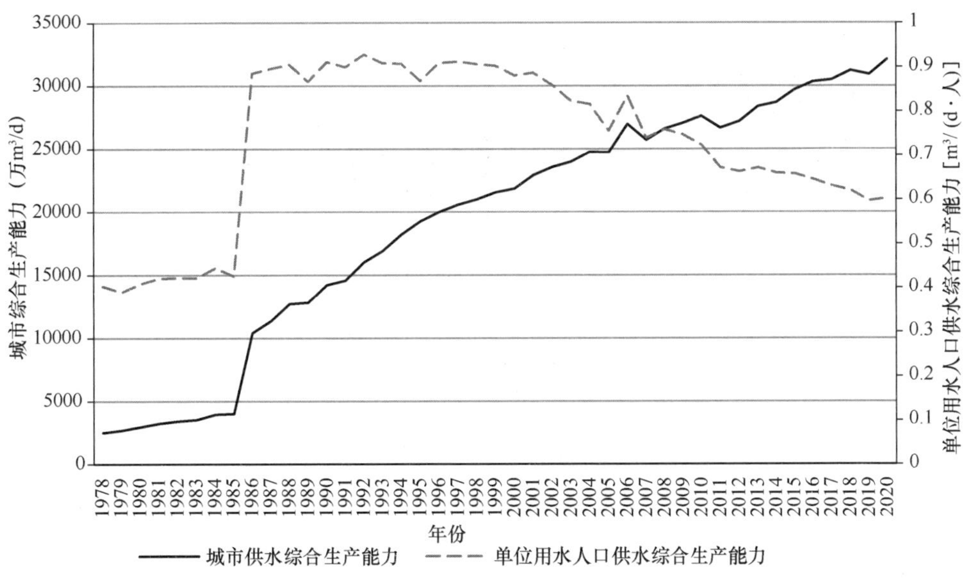

图 2-10　历年我国城市供水综合生产能力及单位用水人口供水综合生产能力

数据来源：《中国城市建设统计年鉴 2020》，中国统计出版社，2021。

注：1979～1985 年综合供水生产能力为系统内数据。

图 2-11 反映了 2020 年我国各省（区、市）城市供水综合生产能力的区域间差异。供水行业投资水平决定了供水行业建设水平和生产能力，因此我国城市供水综合生产能力较高的省份也主要集中在东部地区。2020 年，我国城市供水综合生产能力排名前五位的省份也均来自东部地区，分别为广东、江苏、浙江、山东和北京，其中广东和江苏两省的城市供水综合生产能力超过 3000 万 m^3/d，广东为 3949.1 万 m^3/d，江苏为 3490.41 万 m^3/d，浙江位列第三，为 2039.12 万 m^3/d，山东和北京城市供水综合生产能力分别为 1908.07 万 m^3/d 和 1788.16 万 m^3/d。供水行业综合生产能力排名后三位的分别是海南、青海和西藏，分别为 198.96 万 m^3/d、140.8 万 m^3/d 和 68.45m^3/d，供水综合生产能力均低于 200 万 m^3/d。2020 年，全国共有 12 个省（区、市）供水综合生产能力超过 1000 万 m^3/d，其中东部地区 7 个，中部地区 4 个和西部地区 1 个。

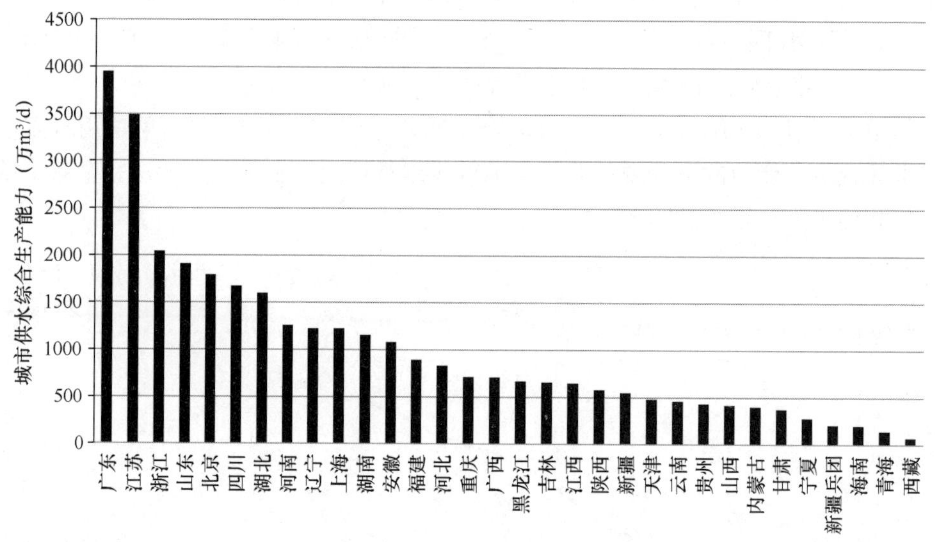

图 2-11　2020 年我国各省（区、市）城市供水综合生产能力

数据来源：《中国城市建设统计年鉴 2020》，中国统计出版社，2021。

图 2-12 报告了 2020 年我国各省（区、市）单位用水人口供水综合生产能力。所有省（区、市），新疆兵团单位用水人口供水综合生产能力最高，为 1.97m^3/(d·人)，此外江苏、北京、宁夏单位用水人口供水综合生产能力也均超过 0.9m^3/(d·人)。共有 13 个省（区、市）单位用水人口供水综合生产能力高于全国平均水平，其中包括新疆、宁夏、西藏、青海等用水人口较少的地区，同时也包括江苏、北京、浙江、福建、广东等。在考虑了用水人口因素后，山西、天津、河北、内蒙古等地呈现出供水综合生产能力不足的问题。

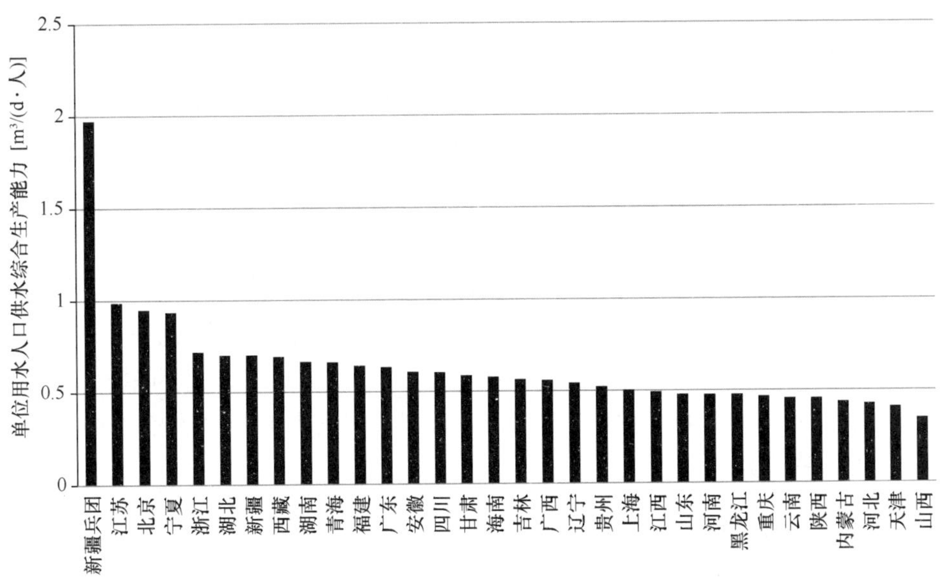

图 2-12 2020 年我国各省（区、市）单位用水人口供水综合生产能力

数据来源：《中国城市建设统计年鉴 2020》，中国统计出版社，2021。

图 2-13 报告了 2020 年我国各省（区、市）供水综合生产能力相较上一年的变化情况，并与 2019 年各省（区、市）供水综合生产能力变化情况进行对比。

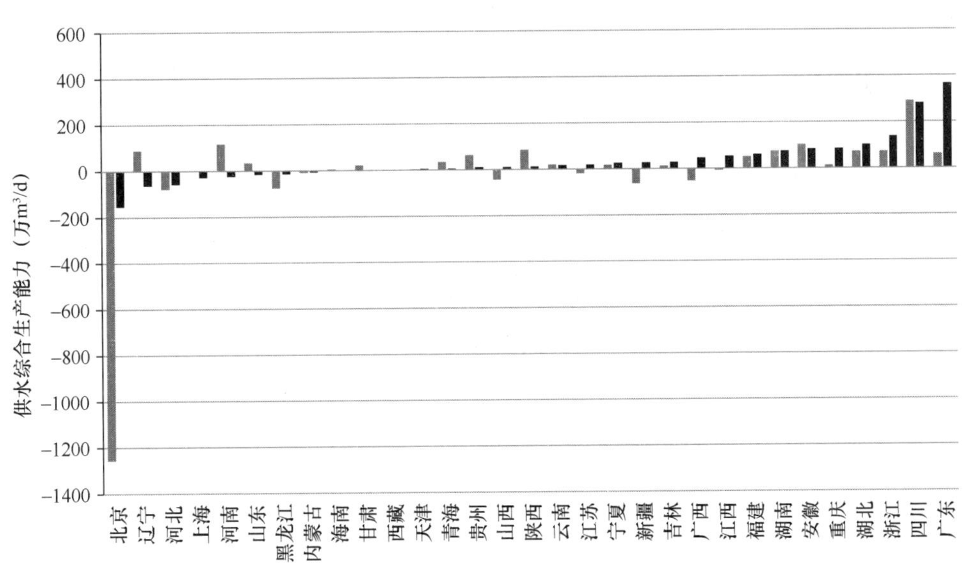

图 2-13 2020 年我国各省（区、市）供水综合生产能力相较上年变化

数据来源：《中国城市建设统计年鉴 2020》，中国统计出版社，2021。

2020 年，广东省城市供水综合生产能力提升幅度最大，共提升 365.02 万 m^3/d，其次为四川和浙江，增幅均超过 100 万 m^3/d。北京市继 2018 年供水综合生产能力涨幅最大后，连续两年成为供水综合生产能力下降幅度最大的地区，2020 年再次下降 154.4 万 m^3/d。除北京外其他各省（区、市）供水综合生产能力下降幅度均不超过 100 万 m^3/d。2020 年，共有 10 个省（区、市）城市供水综合生产能力相比 2019 年有所下降，其中 2 个来自西部地区，2 个来自中部地区，6 个来自东部地区。所有省（区、市）中，江西、新疆、江苏、山西和西藏在上一年供水综合生产能力下降后，于 2020 年实现了供水综合生产能力提升；辽宁、河南、海南和甘肃在 2019 年供水综合生产能力增长后，2020 年出现了供水综合生产能力的下降。总体而言，2020 年我国各省和地区供水综合生产能力的区域性差异相比上一年度有所缓和。

（二）城市供水管道建设情况

本节将进一步通过城市供水管道建设里程来反映我国供水行业的基础设施建设情况。如图 2-14 所示，由于 1996 年供水管道里程统计口径发生变化，本书以 1996 年作为分界线分析我国城市供水管道里程的变化趋势。1978 年我国城市供水管道总长度为 35984km，1995 年增长为 138701km，共增加 2.85 倍。在新统

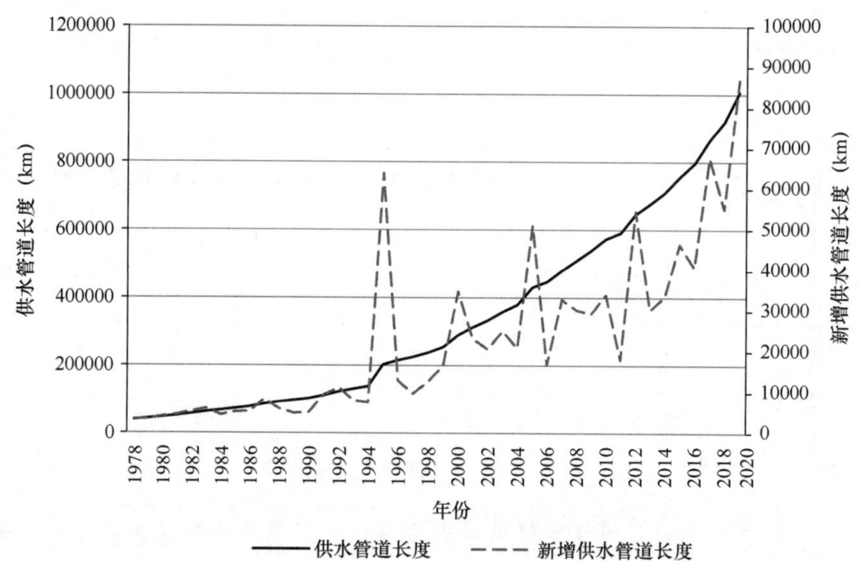

图 2-14　我国历年供水管道长度与新增供水管道长度

数据来源：《中国城市建设统计年鉴 2019》，中国统计出版社，2020。

注：1979 年至 1995 年供水管道长度为系统内数据。

计口径下，1996 年我国城市供水管道总长度为 202613km，到 2020 年已增长至 1006910km，首次突破 100 万 km，相比 1978 年总体增加 26.98 倍，平均每年增加 22579.67km；相比 1996 年增长 3.97 倍，平均每年增加 32171.88km。图 2-12呈现了我国历年城市供水管道长度与新增供水管道长度的情况，由图亦可以看出，除了 1996 年统计口径变化导致的供水管道长度大幅增长外，其他年份我国新增供水管道长度也一直保持着稳定的增长态势，仅个别年份增速有所放缓。通过我国城市供水管道里程数的快速增长，可以看出我国供水行业建设改革开放 40 多年来取得的巨大成就。

图 2-15 报告了历年城市新增供水管道长度占管道总长度的比例，以此进一步反映供水行业建设的增长幅度。40 多年来，我国城市新增城市供水管道长度占管道总长度的比例一直处于较为稳定的水平，我们仍以调整统计口径的 1996 年为界，1996 年以前，我国平均每年城市新增供水管道长度占管道总长度的比例约为 7.62%，1996 年以后，在我国城市化水平快速提高的背景下，城市新增供水管道长度占管道总长度的比例却并未有显著提升，甚至在一些年份呈现出下降趋势。在城市用水需求快速增长的情况下，我国城市供水管道新增速度却逐步放缓，新增城市供水管道建设仍未能满足城市生产生活用水以及城市化发展需求。

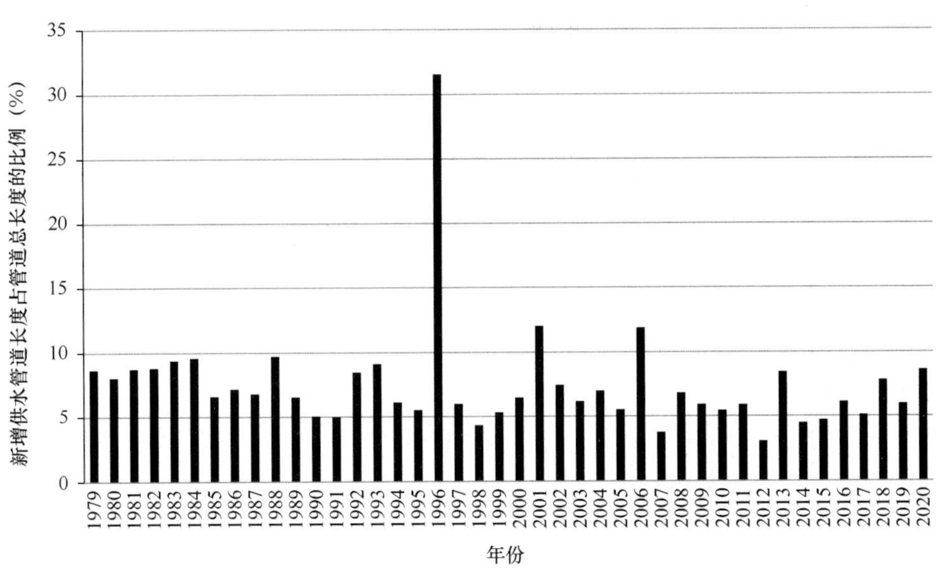

图 2-15　历年城市新增供水管道长度占管道总长度的比例

数据来源：《中国城市建设统计年鉴 2020》，中国统计出版社，2021。

注：1979～1995 年供水管道长度为系统内数据。

我国供水行业建设也存在着区域间不平衡问题，图 2-16 展示了我国东、中、西部地区间供水管道建设方面的差异。2020 年，我国东部地区供水管道长度为 581076.69km，相比上一年增长 7.13%；中部地区供水管道长度为 236089.79km，相比上一年增长 14.90%；西部地区供水管道长度为 189743.54km，相比上一年增长 10.20%。2018 年和 2020 年两年中，我国中部地区供水管道长度实现了大幅增长，2019 年和 2020 年两年中我国西部地区供水管道长度增长幅度均超过 10%。总体而言，近年来尽管我国东部地区供水管道长度超过中、西部地区总和，供水行业建设区域间发展不平衡现象仍较为显著，但中、西部地区供水行业建设增速较快，一定程度上缩小了与东部地区之间的差距。

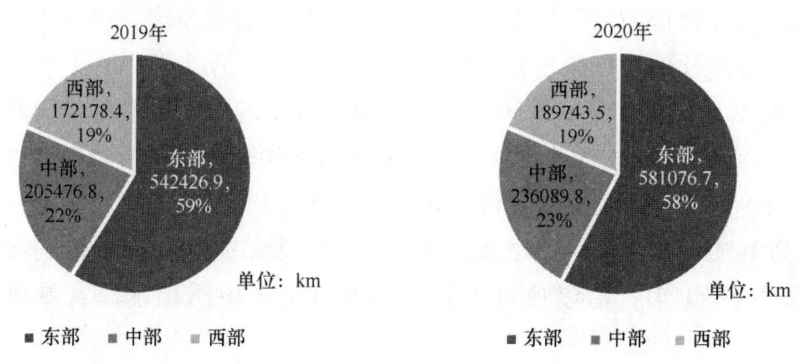

图 2-16　2019 年和 2020 年东、中、西部地区供水管道长度

数据来源：《中国城市建设统计年鉴 2020》，中国统计出版社，2021。

图 2-17 反映了 2020 年我国各省（区、市）供水行业管道建设的区域间差异。截至 2020 年，全国共有 6 个省（区、市）供水管道长度超过 50000km，除

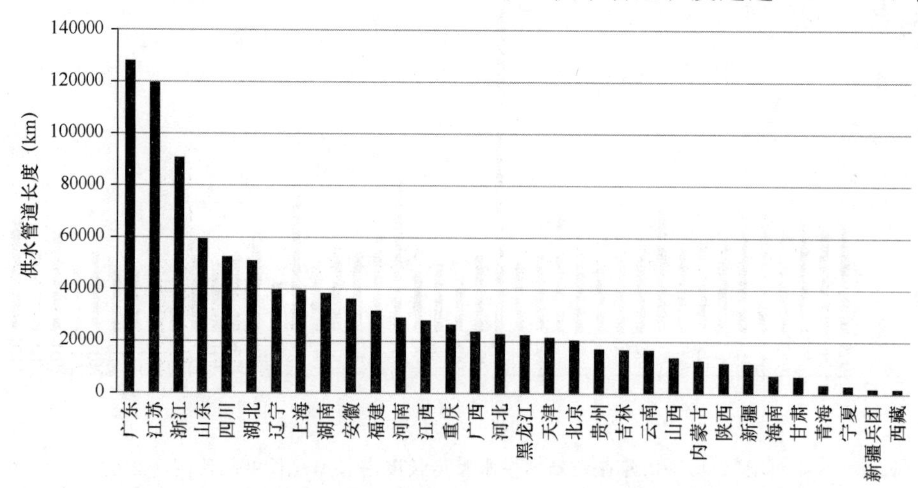

图 2-17　2020 年我国各省（区、市）供水管道长度

数据来源：《中国城市建设统计年鉴 2020》，中国统计出版社，2021。

广东、江苏、浙江和山东外，四川和湖北两地于 2020 年供水管道长度跨入 50000km 以上区间。供水管道长度位列前四位的省份全部为东部地区省份，其中广东和江苏供水管道长度超过 100000km，浙江供水管道长度为 90784.64km，新增的两个供水管道长度超过 50000km 的省份为中部地区和西部地区省份。截至 2020 年，共有海南、甘肃、青海、宁夏、西藏和新疆兵团 6 个省（区、市）供水管道长度不足 10000km，其中新疆 2020 年供水管道长度首次超过 10000km。以上数据均说明，我国东、西部之间供水管道建设仍存在着较大差距，但区域间差距在不断缩小。

图 2-18 报告了 2020 年我国各省（区、市）的新增供水管道长度，并将其与 2019 年供水管道建设增量、2020 年供水行业固定资产投资额进行对比。2020 年，我国新增供水管道长度最多的为浙江省，新增供水管道长度为 14669.94km，其次为江苏省，新增供水管道长度也超过 10000km。新增供水管道长度超过 5000km 的省份还包括湖北和重庆。湖北和江苏已经连续两年新增供水管道长度超过 5000km。通过图 2-18 可以看出，我国供水行业供水管道建设仍体现出较为明显的区域间差异，但这种区域间差异在 2019～2020 年间有所缓和，诸如北京、上海在内的东部地区省市，新增供水管道长度相对较少，而湖北、四川、湖南、安徽等中、西部地区省份在 2019 年和 2020 年连续两年新增供水管道长度均处于全国领先地位。供水行业固定资产投资是行业建设的经济基础，从图 2-18 可以看出，新增供水管道长度与当年供水行业固定资产投资额呈现出较为明显的正相关关系，江苏和黑龙江两地 2020 年新增供水行业固定资产投资位列全国前两位，2020 年新增供水管道长度也位列全国前五，是 2020 年供水行业投资和建设增幅较大的两个省份。

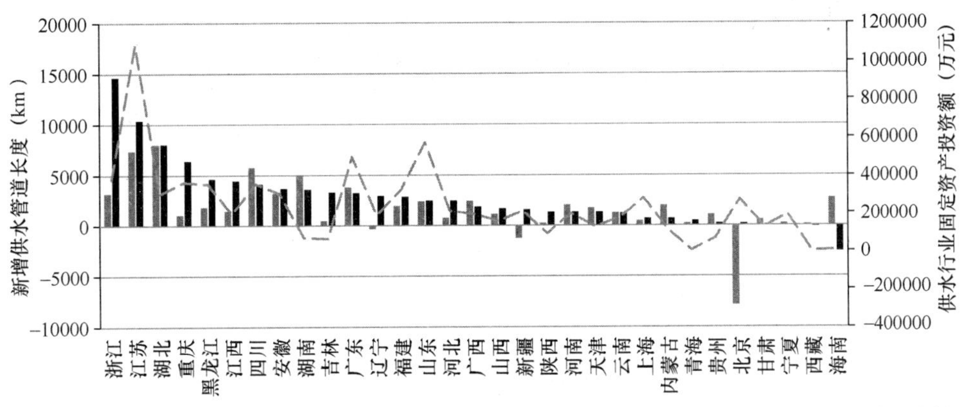

图 2-18　2020 年各省（区、市）新增供水管道长度及供水行业固定资产投资额

数据来源：《中国城市建设统计年鉴 2020》，中国统计出版社，2021。

前文中采用单位用水人口供水行业固定资产投资以及单位用水人口供水综合生产能力等人均指标反映我国供水行业投资和建设成效，在本部分中，考虑到各省地域面积差异较大，单纯通过供水管道长度无法全面准确地判断该省份的实际供水行业建设水平，本书将城市供水管道密度定义为单位建成区面积的供水管道长度，通过建成区供水管道密度进一步分析各省供水行业建设情况。如图 2-19 所示，上海、浙江、福建、江苏、天津等近年来城市供水管道密度一直位居全国前列。2020 年，上海供水管道密度仍为全国最高，为 31.950km/km^2，也是全国唯一供水管道密度超过 30km/km^{2}的地区。由于考虑了建成区面积，全国各省供水管道密度分布相对集中，2020 年供水管道密度超过 20km/km^{2}的仅有上海和浙江两地，超过 10km/km^{2}的共有 18 个省（区、市），建成区供水管道密度低于 10km/km^{2}的省（区、市）则包括山东、吉林、河北、山西、内蒙古、河南、贵州、新疆、陕西、甘肃、宁夏、海南 12 个省（区、市），其中包括 3 个东部省份，3 个中部省份和 6 个西部省份。可以看到，考虑到区域面积因素后，我国各省（区、市）供水管道密度的区域间差异仍然比较明显，东部地区供水管道密度明显领先于中、西部地区。

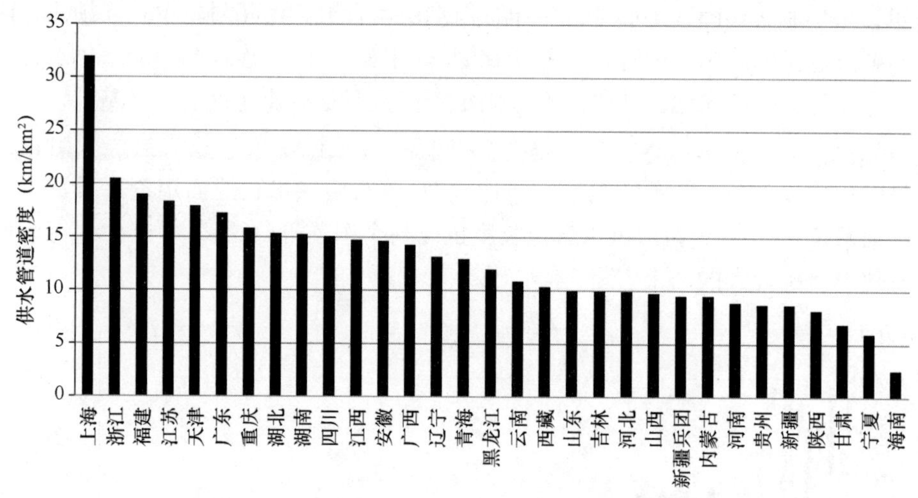

图 2-19　2020 年各省（区、市）建成区供水管道密度

数据来源：《中国城市建设统计年鉴 2020》，中国统计出版社，2021。

第二节　供水行业生产与供应

本节首先从供水总量角度对我国供水行业的生产与供应能力予以分析，进而分别采用供水企业资产规模、负债规模、营业收入以及利润总额等指标，从供水企业的经营状况角度对我国供水行业的生产和供应情况做进一步分析。

一、供水行业生产和供应的基本情况

通过前文的总结可以看出，改革开放 40 多年来我国供水行业的投资规模和建设水平不断提升，但也存在着融资渠道有限、投资和建设区域间差异明显等问题。随着我国供水行业投资和建设力度的不断加大，城市供水企业的生产供应能力也逐步提高。本部分将分别从我国城市供水量总体情况、供水量的空间差异、供水量基本构成及使用情况、用水情况以及供水的普及情况等角度对我国供水行业的生产和供应能力进行分析。

（一）供水量总体情况

充足的水源是城市供水的先决条件，本部分首先从我国水资源总量和人均水资源量出发，对我国供水行业生产和供应的资源基础予以分析。由图 2-20 可以看出，由于水资源量主要取决于地区自然条件，因此 2000～2020 年的二十年来，我国水资源总量未有显著增长。2000 年，我国水资源总量为 27700.8 亿 m^3，2020 年为 31605.2 亿 m^3，共增长 14.09%，其中地表水资源量由 2000 年的 26561.9 亿 m^3增长至 2020 年的 30407.0 亿 m^3，地下水资源量由 2000 年的 8501.9 亿 m^3增长至

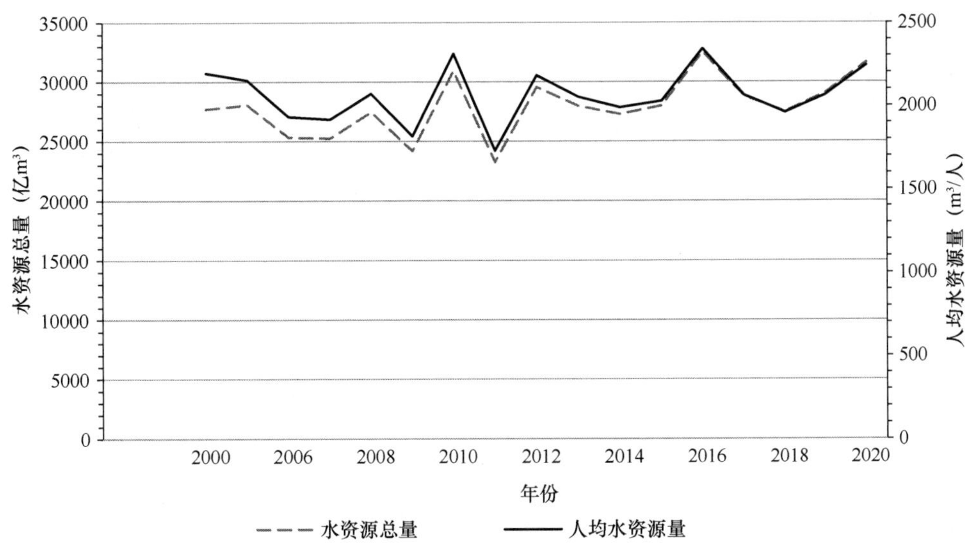

图 2-20　2000～2020 年我国水资源总量和人均水资源量

数据来源：《中国统计年鉴 2020》，中国统计出版社，2021。

2020 年的 8553.5 亿 m^3，水资源总量的增长主要来自地表水资源。人均水资源量由 2000 年的 2193.9 亿 m^3 增长至 2020 年的 2239.8 亿 m^3，增长 2.1%。

本部分中首先用我国城市供水总量和人均供水量来反映供水行业的总体供给情况。如图 2-21 所示，由于供水行业投资和建设的不断推进，改革开放以来，我国供水总量实现了快速增长。1978 年，我国供水行业供水总量为 787507 万 m^3，到 2020 年增长到了 6295420 万 m^3。1978～2020 年，我国供水行业供水总量总体增长约 6.99 倍，城市供水总量保持了快速增长的趋势。与此同时，以单位用水人口供水量衡量的我国人均供水量则呈现出下降趋势，自 1985 年统计口径调整后，我国单位用水人口供水量在 1989 年达到 266.24m^3/人的峰值后，开始逐年下降，到 2020 年单位用水人口供水量已降至 118.30m^3/人，说明我国供水行业供水总量的增长速度低于城市化和城市用水人口的增长速度，供水行业生产和供应能力的增长难以满足城市用水人口快速增长的需要。

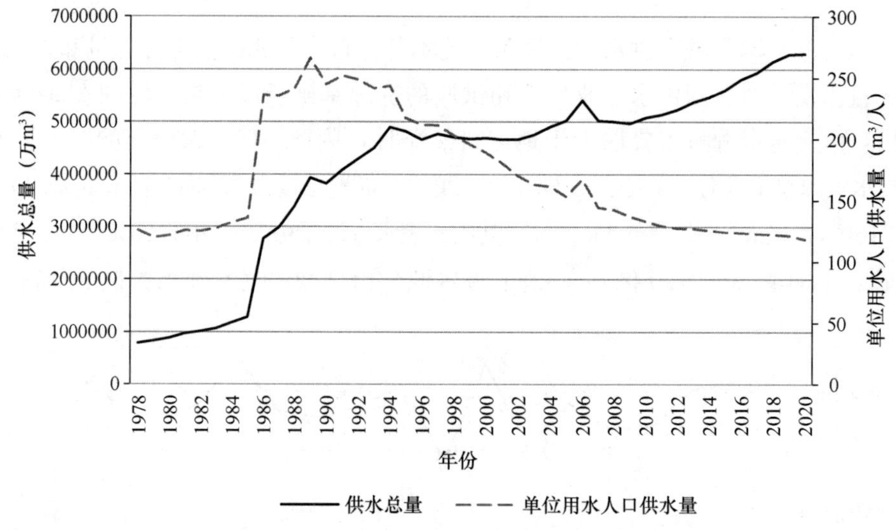

图 2-21　1978～2020 年我国供水行业供水总量情况

数据来源：《中国城市建设统计年鉴 2020》，中国统计出版社，2021。

图 2-22 进一步通过比较我国城市用水人口增长率和城市供水总量增长率来分析城市供水总量的提升能否满足城市人口增长带来的城市用水需求。由图 2-22可以看出，改革开放以来，我国城市供水总量增长率基本与城市用水人口增长率保持一致的变化趋势，但城市供水总量增长率在大多数年份均低于城市用水人口增长率。在一些年份中，城市供水总量的增长相比城市用水人口增长略有滞后，反映出我国供水行业的投资、建设也在针对城市人口和用水需求的增长进行动态调节。自 1995 年开始，我国城市供水总量开始多次出现负增长，此后

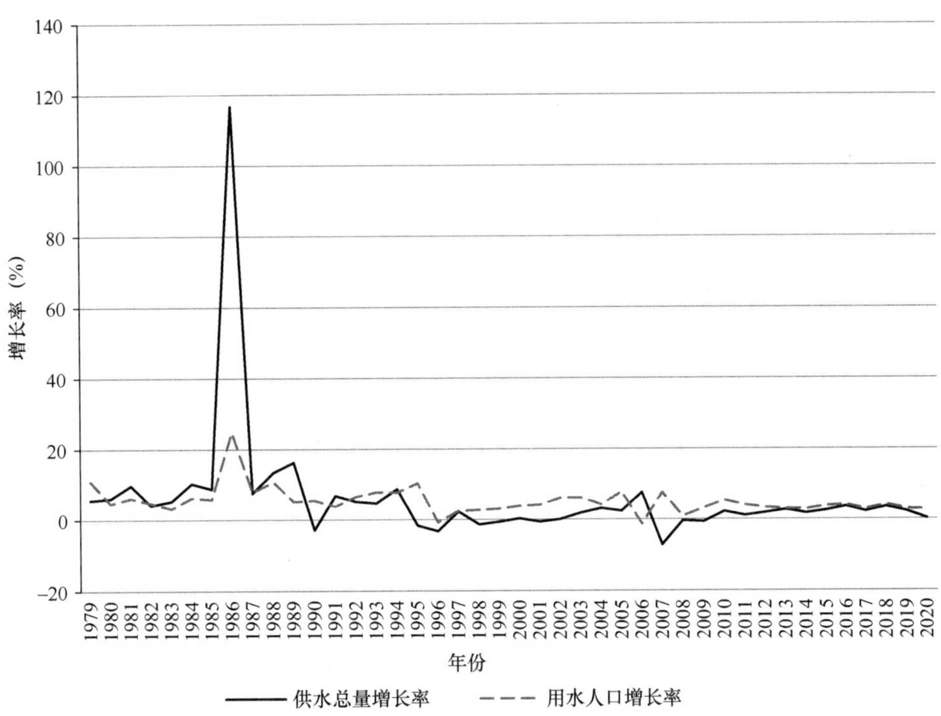

图 2-22　1979～2020 年我国城市用水人口增长率及城市供水总量增长率

数据来源：《中国城市建设统计年鉴 2020》，中国统计出版社，2021。

我国城市供水总量增速一直落后于城市用水人口增速，2020 年，我国城市用水人口增长率约为 2.78%，城市供水总量增长率仅为 0.20%，再次说明我国供水行业的建设已无法完全满足城市用水需求，呈现出明显的供给不足趋势。

为了进一步反映我国供水行业的生产和供应能力是否能够满足经济发展和城市化需要，我们将城市供水总量增长率与 GDP 增长率和城市化增长率进行了对比。如图 2-23 所示，由于城市供水主要是为了适应经济发展与城市生产生活用水的基本需求，改革开放以来我国城市供水总量增长率也基本与 GDP 增长率、城市化率增长率的变化趋势保持一致。三者相比，城市化率增长率总体较为稳定波动并不明显，GDP 增长率总体水平最高，但波动幅度也相对最大，供水总量增长率则介于二者之间。但 GDP 增长率明显高于城市化率增长率和供水总量增长率。1979 年，我国城市化率增长率为 5.8%，为历年最高，2020 年城市化率增长率为 5.4%，40 年多来城市化率增长率平均为 3%。1979 年，我国 GDP 增长率为 11.46%，1994 年为历年最高，达到 36.34%，2020 年由于受到新冠疫情等因素影响，我国 GDP 增长率降至 2.5%，但此前一直维持着较高增长率，40 多年来平均增长率超过 10%。供水总量增长率方面，1979 年约为 5.68%，1994

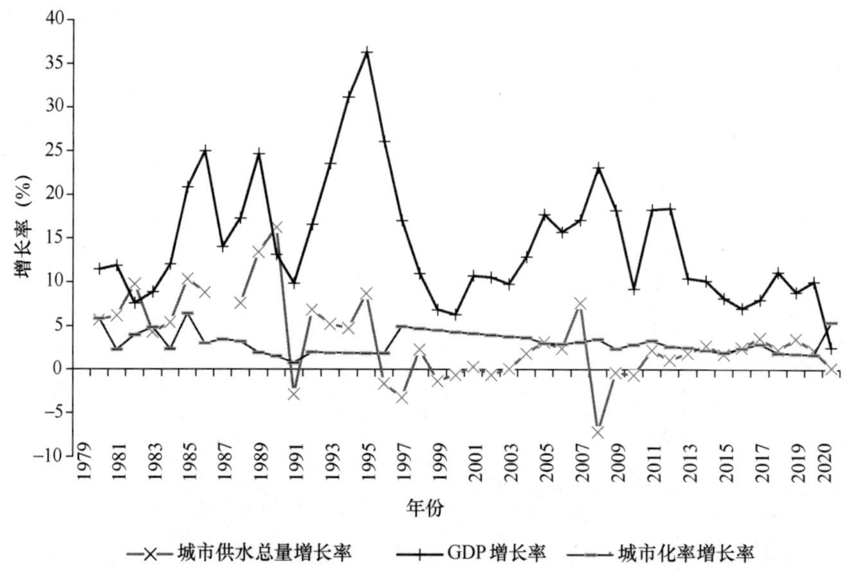

图 2-23　1979～2020 年城市供水总量增长率、GDP 增长率、城市化率增长率对比

数据来源：《中国城市建设统计年鉴 2019》《中国统计年鉴 2019》，中国统计出版社，2020。

注：由于 1986 年城市供水总量增长率变化程度较大，为合理维持图形比例，本文将该年数据去除。

年之前供水总量一直保持较快增速但波动幅度较大，平均每年增长率为 7.36%，并于 1994 年达到峰值 8.7%。在此期间，我国供水总量增长率略高于城市化率增长率，但明显低于 GDP 增长率，说明此阶段中城市供水总量相对充足，能够满足城市化需求。1994 年以后，我国供水总量增长率波动幅度整体放缓，甚至在 2008 年出现大幅下滑，个别年份开始出现负增长，并出现供水总量增长率长期低于城市化率增长率的情况，说明此阶段我国供水总量增长已逐渐难以满足城市化需求。2016 年以后，我国城市供水总量增长率出现回升，此后连续四年超过城市化率增长率，仅在 2020 年出现城市化率增长率超过供水总量增长率的情况。出现以上现象的原因一方面是由于近几年来我国城市人口基数较大，城市化进程已经开始放缓；另一方面也反映出城市供水总量开始提速增长。总体而言，与经济增长和城市化相比，我国供水行业仍存在着明显的供给缺口，其增长速率远远落后于经济发展增长速度，在大部分年份中也落后于城市化速度。

（二）供水量的省际区域间差异

前文中分析了我国供水行业投资和建设的区域间差异，供水行业投资和建设的力度差异也将导致供水行业生产和供应能力的不同，本部分就我国供水行业供水总量的区域间差异进行分析。

图 2-24 报告了 2020 年我国各省（区、市）水资源总量和人均水资源量情况。如图 2-24 所示，我国各省（区、市）中水资源总量和人均水资源量最为丰富的均为西藏，但由于用水人口较少，尽管拥有丰富的水资源，西藏的供水行业供给总量仍位居全国最末。除西藏外，我国水资源总量超过 1000 亿 m^3 的省份还包括四川、湖南、广西、云南、湖北、江西、广东、黑龙江、贵州、安徽、浙江和青海。考虑人口之后的人均水资源量方面，除西藏外，青海是唯一人均水资源量超过 10000m^3/人的省份，此外，黑龙江、广西、四川、云南、江西、贵州、湖南、新疆、湖北人均水资源量都在 3000m^3/人以上。河南、山东、山西、上海、河北、宁夏、北京、天津等地人均水资源量较为匮乏，均低于 500m^3/人，人均水资源量较低的省份或位于干旱地区，或为人口密度较大的地区。

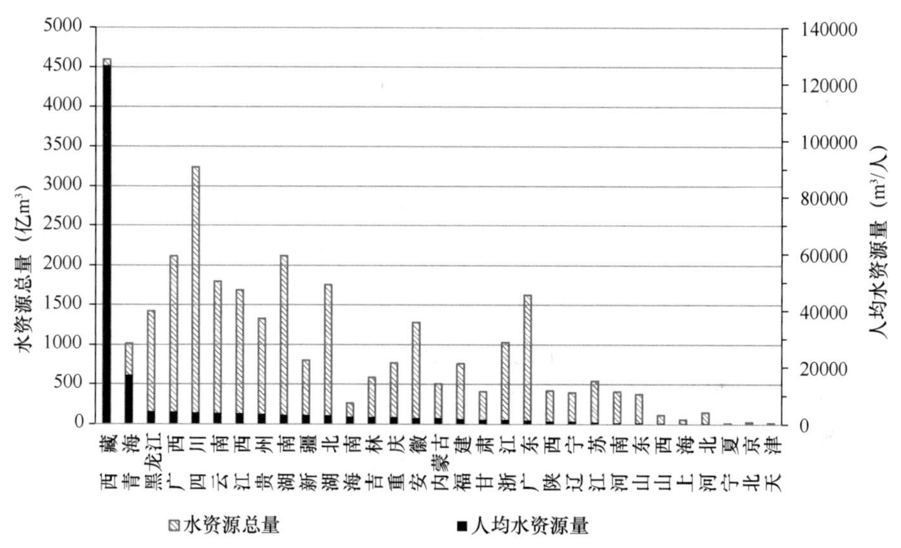

图 2-24　2020 年我国各省（区、市）水资源总量和人均水资源量

数据来源：《中国统计年鉴 2020》，中国统计出版社，2021。

图 2-25、图 2-26 和图 2-27 分别展示了我国东、中、西部地区间供水综合生产能力、供水总量以及人均供水量方面的差异。如图 2-25 所示，我国东部地区 2020 年供水综合生产能力为 18019.38 万 m^3/d，占全国的 57%；中部和西部地区 2020 年供水综合生产能力分别为 7477.85 万 m^3/d 和 6369.63 万 m^3/d，占比分别为 23%和 20%。如图 2-26 所示，2020 年东部地区供水总量为 3543422.79 万 m^3，占全国的 57%，中部和西部地区 2020 年供水总量分别为 1457393.12 万 m^3 和 1277773.82 万 m^3，占比分别为 23%和 20%。总体来看，我国 2020 年东部地区供水综合生产能力以及供水总量仍超过中、西部地区总和。如图 2-27 所示，人均供水量方面，2020 年我国东部地区人均供水量为 126.47m^3/人，相比 2019

年继续下降，连续四年有所下滑；中部地区为 107.97m³/人，相比 2019 年的 110.93m³/人略有下降，西部地区为 110.64m³/人，相比 2019 年的 112.77m³/人也略有下降。尽管 2020 年我国中、西部地区人均供水量略有回落，但考虑到东部地区人均供水量连续下降，我国区域间供水行业生产和供应能力不平衡的现状得到了一定的缓解。

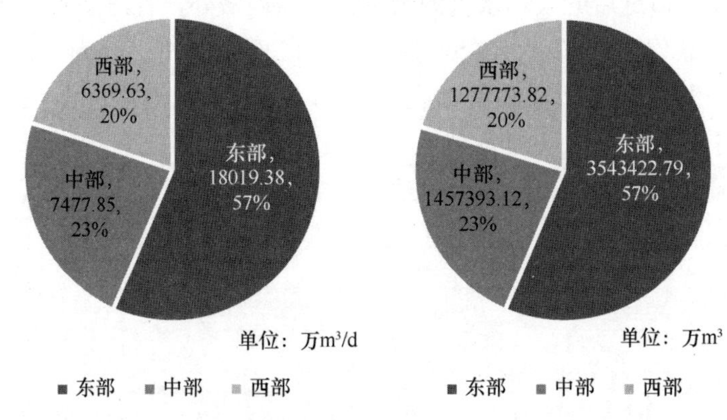

图 2-25　2020 年东、中、西部地区供水综合生产能力

图 2-26　2020 年东、中、西部地区供水总量

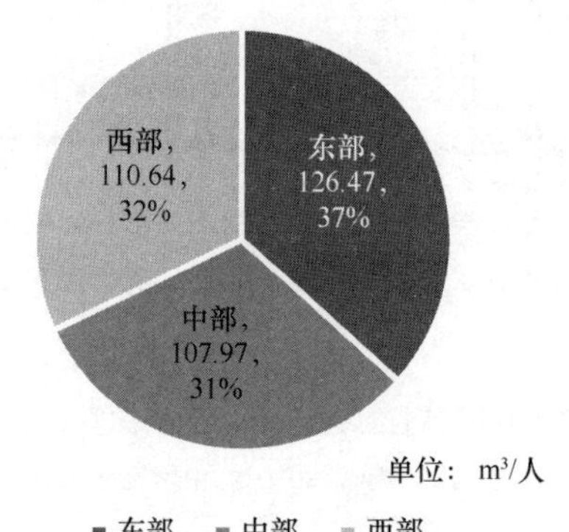

图 2-27　2020 年东、中、西部地区人均供水量

数据来源：《中国城市建设统计年鉴 2020》，中国统计出版社，2021。

图 2-28 展示了 2020 年我国各省（区、市）的供水总量情况，广东、江苏、浙江和山东连续五年位居我国各省（区、市）供水总量排名前四位，2020 年，我国供水总量最多的省份仍为广东省，供水总量为 956866.57 万 m³，其后是江苏、浙江和山东，供水总量分别为 587581.31 万 m³、424103.51 万 m³ 和 379081.76 万 m³，浙江省年供水总量首度超过 400000 万 m³。2020 年，湖北省供水总量继续维持全国第五的位置，为 302325.88 万 m³，相比 2019 年略有下

降。以上五省也是2019年我国所有省份中仅有的供水总量在300000万m^3以上的省份，其中仅有湖北省为中部地区省份，其余四省均为东部地区省份。此外，上海市2019年供水总量为288576.67万m^3，连续两年略有下降。供水总量排名后五的省份和地区仍为甘肃、海南、宁夏、青海和西藏（不包括新疆兵团），基本与前三年保持一致，其中除海南外全部为西部地区省份。由近年来我国各省（区、市）供水总量可以看出，由于供水行业投资和建设水平的差距，我国城市供水总量也呈现出明显的区域间差异，东部地区与西部地区供水总量存在显著的差异。

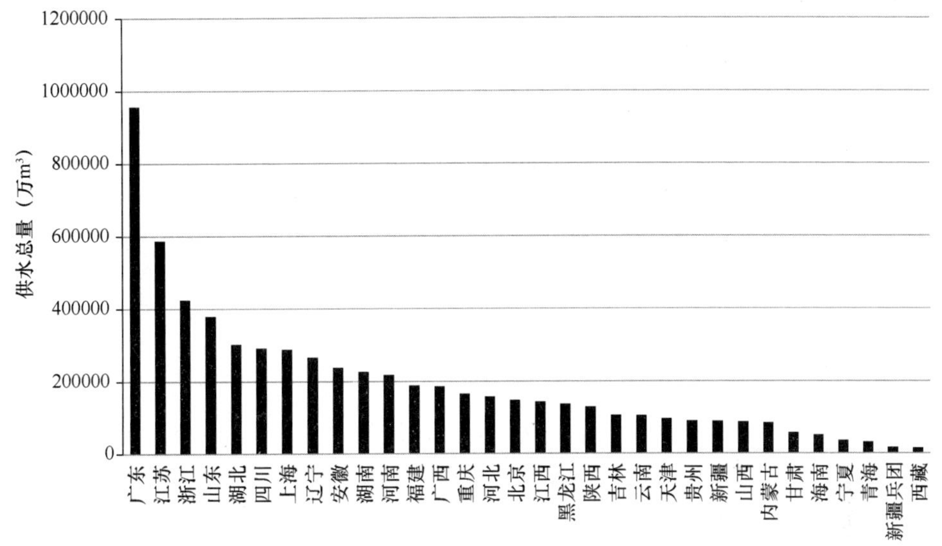

图2-28　2020年我国各省（区、市）供水总量情况

数据来源：《中国城市建设统计年鉴2020》，中国统计出版社，2021。

图2-29进一步报告了2019年、2020年我国各省（区、市）供水总量较上年变化情况，并将其与2019年的供水总量变化情况进行对比。由图2-29可以看出，2020年全国各省中供水总量增幅最大的为浙江，而浙江2019年供水总量增幅也位居全国第三位。其次为四川、福建、安徽，浙江、四川、安徽和广东连续两年供水总量增幅位居全国前列，而浙江和广东作为2020年供水总量最大的几个省份，近年来供水总量增幅也一直均位居前列。福建和黑龙江在2019年供水总量出现负增长后，2020年供水总量均有了较大幅度的增长，而云南、天津、内蒙古、吉林、河南、湖北、江苏、河北和辽宁等地则继2019年供水总量增长后，在2020年出现了供水总量负增长现象。总体而言，2020年我国区域间供水总量差距有一定程度的缩小。

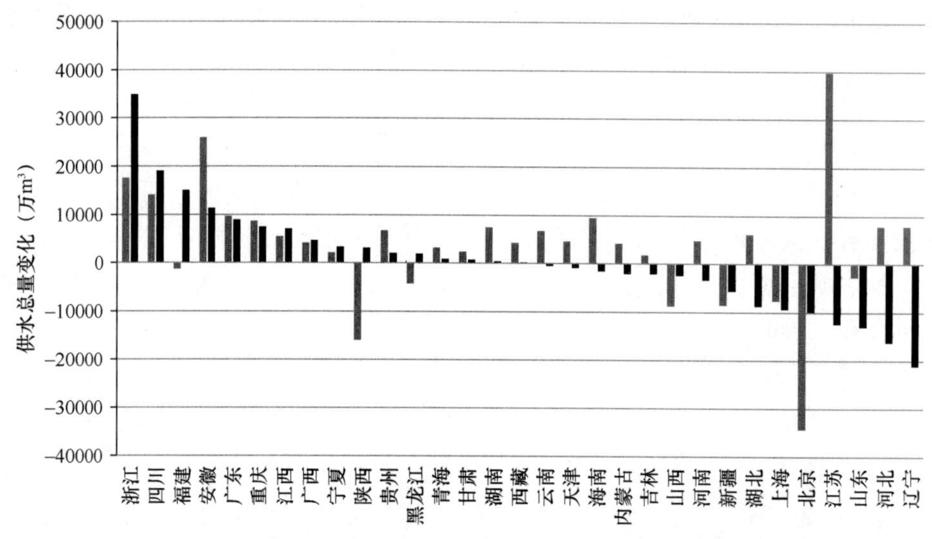

图 2-29　2019 年、2020 年我国各省（区、市）供水总量相较上年变化

数据来源：《中国城市建设统计年鉴 2020》，中国统计出版社，2021。

（三）供水量基本构成情况

在前文对我国城市供水总量变化趋势和区域间差异进行分析的基础上，本部分进一步从供水总量构成这一角度对我国供水行业的生产和供应能力进行分析。一般而言，城市供水按照供水设施可以划分为公共供水和自建供水，城市供水中公共供水的比例要远高于自建供水。如图 2-30 所示，2020 年，我国城市公共供水综合生产能力为 27625.01 万 m^3/d，相比 2019 年上升 1752.33 万 m^3/d。2020 年我国公共供水总量为 5864541.9 万 m^3，相比 2019 年增长 84652.8 万 m^3。自

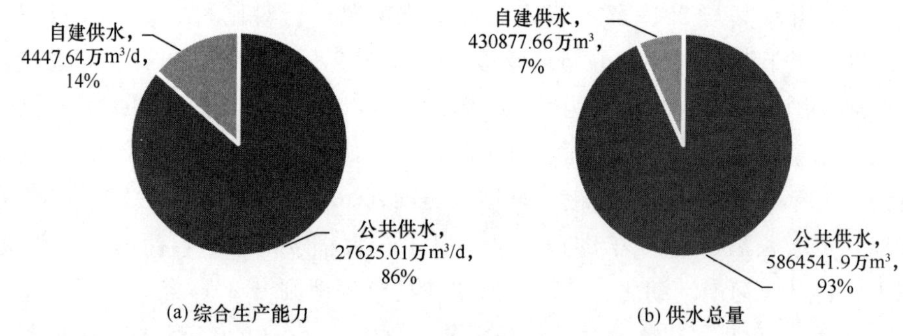

图 2-30　2020 年城市公共供水与自建设施供水

数据来源：《中国城市建设统计年鉴 2020》，中国统计出版社，2021。

建供水方面，2020 年我国自建供水综合生产能力为 4447.64 万 m^3/d，相比 2019 年下降 577.48 万 m^3/d，2018～2020 年连续三年我国自建供水综合生产能力有所下降。2020 年，我国自建供水总量为 430877.66 万 m^3，相比上一年下降 72243.3 万 m^3。2020 年，我国城市自建供水的供水综合生产能力和供水总量再度下降，但总供水综合生产能力及供水总量均有所增长，说明我国城市供水设施仍在逐渐向公共供水倾斜，公共供水成为城市供水的主要增长点，公共供水相比自建供水仍具有绝对的数量优势。

（四）基本用水情况

图 2-31 展示了 2000～2020 年我国用水总量和人均用水量情况，由图 2-31 可以看出，我国用水总量和人均用水量经历了先增长后下降的过程，用水量的时序变化呈倒 U 形曲线。2020 年用水总量为 5497.6 亿 m^3，此后逐年增长，在 2013 年达到峰值 6183.4 亿 m^3，之后又逐年下降，2020 年降至 5812.9 亿 m^3。人均用水量方面，2000 年为 435.4m^3/人，此后逐年上升，至 2011 年达到最高值 454.1m^3/人，2020 年降至 411.9m^3/人。

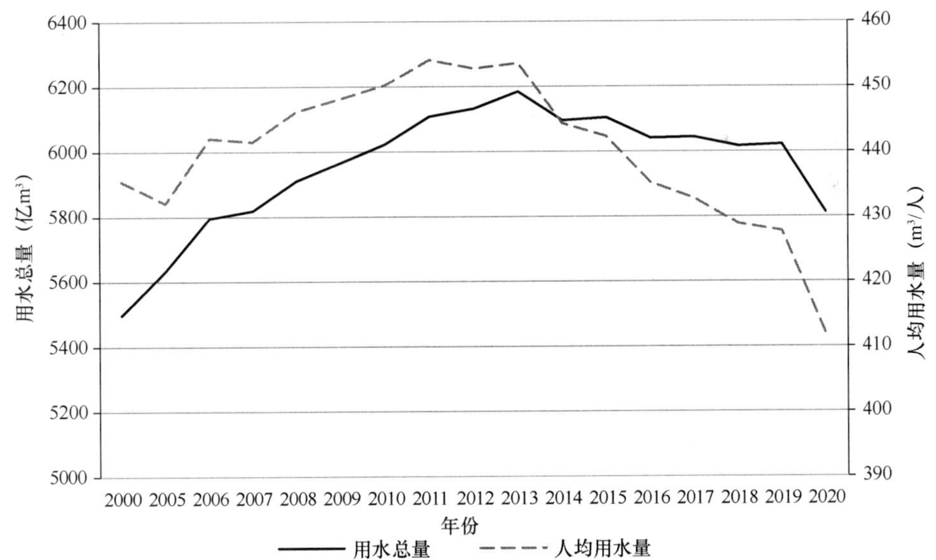

图 2-31 2000～2020 年我国用水总量和人均用水量情况

数据来源：《中国统计年鉴 2020》，中国统计出版社，2021。

图 2-32 展示了 2020 年我国各省（区、市）人均用水量的差异，其中新疆人均用水量为 2215.6m^3/人，位居全国第一，黑龙江、宁夏、西藏、内蒙古人均用水量均超过 800m^3/人，北京人均用水量为 185.4m^3/人，位居全国末位。用水量

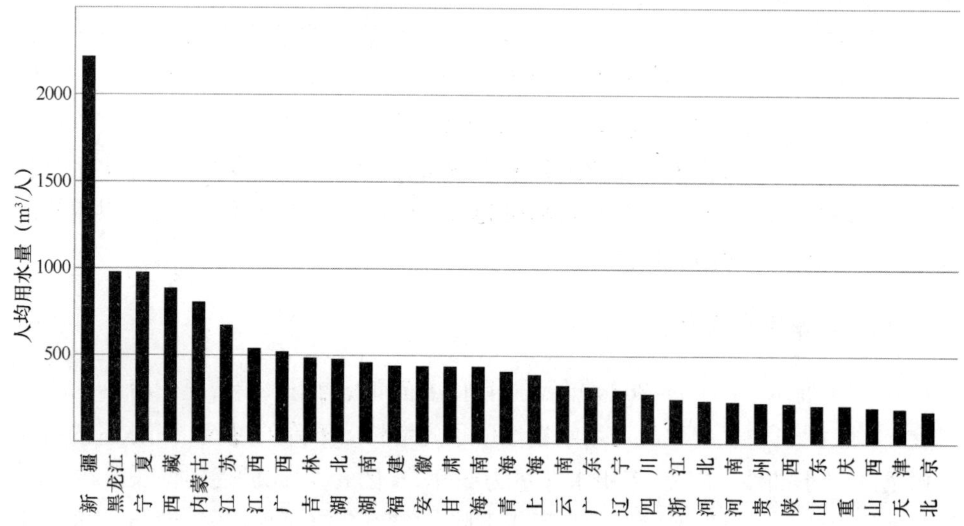

图 2-32　2020 年我国各省（区、市）人均用水量情况

数据来源：《中国统计年鉴 2020》，中国统计出版社，2021。

和人均用水量主要反映了一个区域的水资源储备和单位人口的水资源配置情况，因其包含了农业、工业和生态用水的用量，不能准确反映城市用水的实际情况，因此后文中我们将对城市用水做进一步分析。

城市供水按照用途划分可以分为生活用水和生产用水，本书中采用供水总量减去生产用水的方式来计算生活用水，生活用水同时包含了居民家庭用水和公共服务用水等用途。如图 2-33 所示，生活用水需求与用水人口高度相关，由于改革开放以来我国城市人口不断增长，城市生活用水量一直呈现出不断增长的趋势，1978 年我国城市生活用水量为 275854 万 m^3，截至 2020 年已增至 3484644 万 m^3，总体增长超过 11 倍。生产用水量与城市经济发展水平相关度更高，并非完全受城市人口增长影响，因此其变化趋势也更为曲折。1978～1985 年，我国城市生产用水量基本保持平稳增长。1986 年开始由于统计口径的差别，城市生产用水大幅提升。此后到 1994 年，生产用水量开始逐年下滑，直到 2006 年再次回升至 3000000 万 m^3 以上。近年来，我国城市生产用水量相对平稳，2020 年我国城市生产用水总量为 2810776 万 m^3，相比上一年略有下降。多年来，我国城市生产用水量一直高于生活用水量，自 2014 年开始，我国城市生活用水量超过生产用水量。

（五）供水的普及情况

用水普及率和城市人均生活用水量可以一定程度上反映城市供水对用水人口

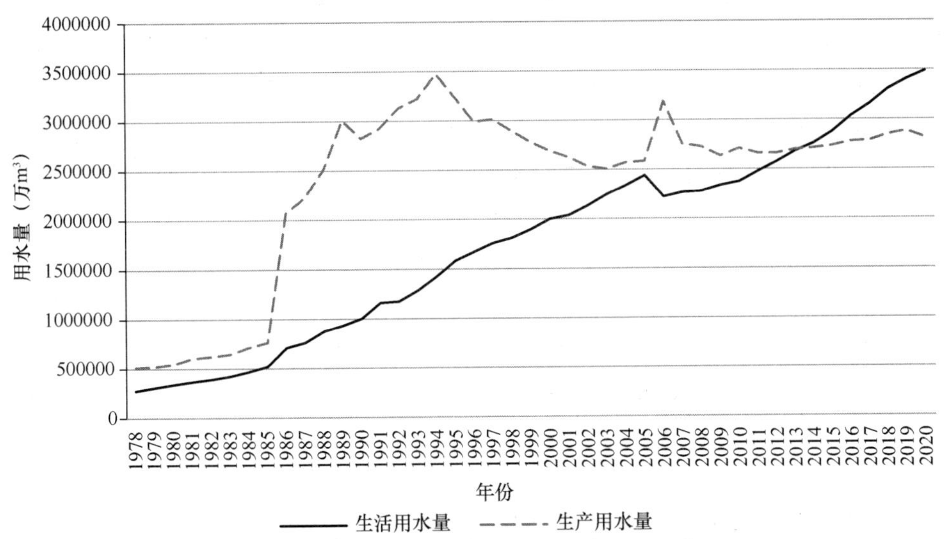

图 2-33　历年城市供水中的生活用量与生产用水量的变化情况

数据来源：《中国城市建设统计年鉴 2020》，中国统计出版社，2021。

说明：生活用水量约等于公共服务用水量和居民家庭用水量之和。

需求的满足程度。图 2-34 对我国城市用水普及率和人均日生活用水量进行了展示。如图 2-34 所示，1979 年我国用水普及率为 82.3%，截至 2020 年提高至

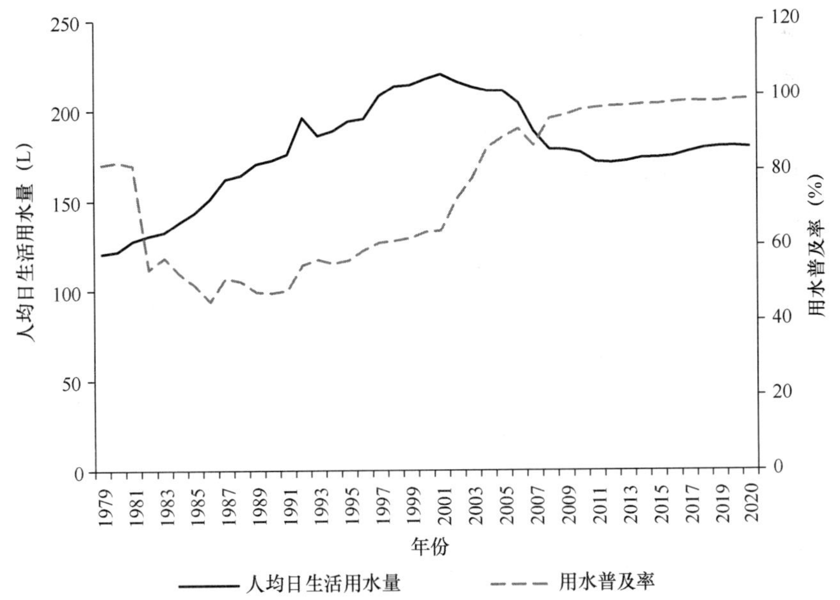

图 2-34　历年城市供水中的人均日生活用水量与用水普及率的基本情况

数据来源：《中国城市建设统计年鉴 2020》，中国统计出版社，2021。

98.99%；1979 年我国人均日生活用水量为 121.8L，2019 年增长至 179.97L，2020 年略有下降，仍达到 179.40L。1979～2020 年，我国人均日生活用水量呈现出先升后降而后再缓慢上升的倒 U 形曲线，而用水普及率则呈现出先降后升的 U 形曲线趋势。1979～1985 年，我国用水普及率呈下降趋势，由 82.3%降至 45.1%，而同期人均日生活用水量则从 121.8L 上升至 151L。1985 年后，我国用水普及率一直维持在一个相对较低水平，2000 年以后，用水普及率开始显著上升，提升至 70%以上，2007 年开始用水普及率稳定超过 90%，而人均日生活用水量则从 2000 年的 220.2L 的最高点开始逐年下降，在 2011 年降至 170.9L 以后再次缓慢回升。我国城市用水普及率的提升反映了供水行业生产和供给的发展成效，而人均日生活用水量的下降则与 2000 年以后国家节水政策的推行和城市居民节水意识的提高密切相关。

二、供水企业基本经营情况

近年来，我国供水行业的生产和供应能力持续增长，供水企业的数量和规模也在不断扩大。本节将主要从企业数量情况、企业资产与负债、企业经营收入以及企业盈利能力等方面对我国当前供水企业的基本生产和经营情况进行分析。

（一）供水企业数量和从业人员数量

2004～2020 年，我国供水行业的企业数量总体上保持稳定，但企业数量的变化也侧面反映出了供水行业市场化改革的特征。如图 2-35 所示，规模以上供水企业数量情况以 2004 年作为起点，其主要原因在于 2003 年是我国供水行业市场化开启、私营和外资供水企业大量进入的元年。2004～2010 年，我国规模以上城市供水企业数量基本维持在 2000 家以上。在此过程中，由于供水行业市场结构不断调整，部分供水企业开始进行并购重组，我国供水行业规模以上企业数量开始下降，到 2011 年供水企业的数量降至最低点的 1110 家。2011 年是我国“十二五”规划的开局之年，自 2011 年开始，更多民营资本和外资通过多种融资渠道进入供水行业，供水企业数量开始迎来新一轮增长，2019 年我国城市规模及以上供水企业数量相比上一年增加近 500 家，2020 年规模及以上供水企业数量达到 2755 家，超过 2004～2006 年水平。

我国供水行业规模以上企业的用工人数也基本保持稳定。如图 2-36 所示，2004 年规模以上企业用工人数总数约为 46.49 万人，2005 年增至 58.5 万人。此后，由于供水行业的市场结构调整和企业重组，供水企业开始裁员，供水企业用工人数与供水企业数量同步下降，2006 年用工人数降至 46.06 万人。2011 年尽

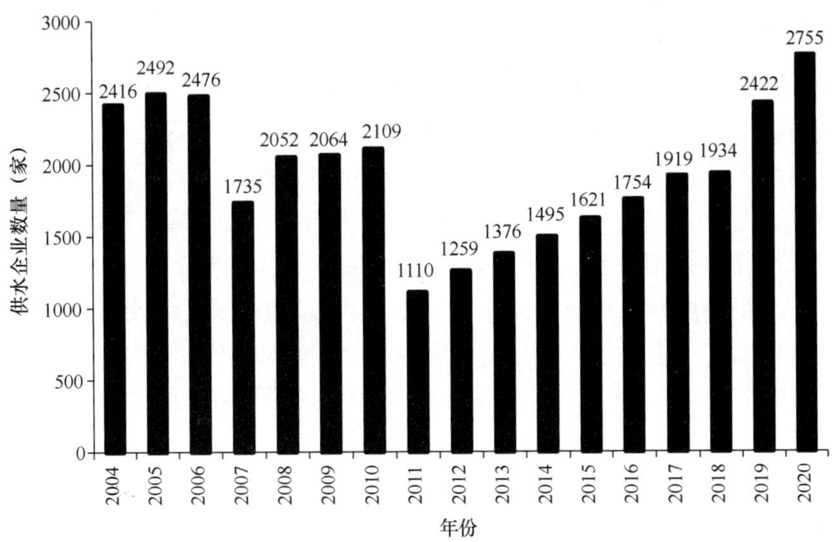

图 2-35　2004～2020 年供水行业规模以上供水企业数量

数据来源：《中国统计年鉴》(2005～2021)，中国统计出版社。

管我国水生产和供应行业规模以上企业数量开始增长，但用工人数再度下降至 36.63 万人。此后供水行业规模以上企业用工人数逐年增长，截至 2020 年当年供水行业规模以上企业用工人数总数达到 51.5 万人。

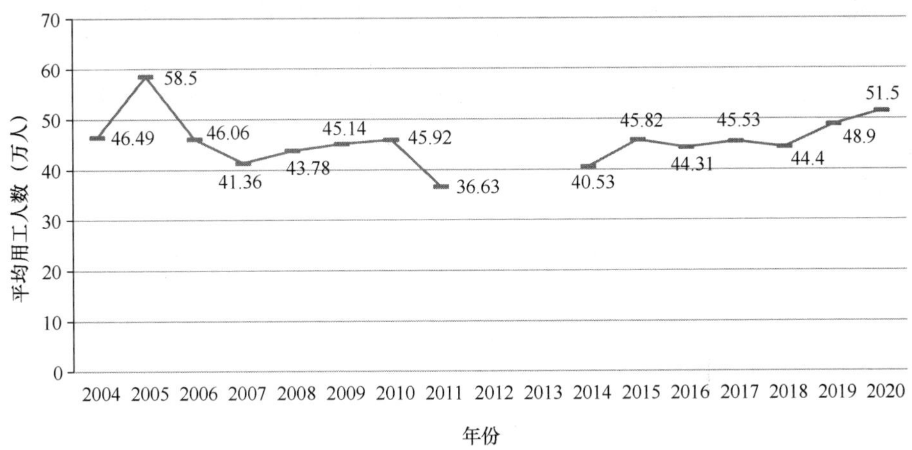

图 2-36　2004～2020 年全国供水行业规模以上平均用工人数

数据来源：《中国统计年鉴》(2005～2021)，中国统计出版社。

(二) 供水企业资产和负债情况分析

随着我国供水行业的不断发展，城市供水企业的规模和资产总量也在不断增长。如图 2-37 所示，2004 年我国供水行业中规模及以上企业总资产为 2495.96 亿元，到 2020 年已增至 21240.2 亿元，十余年间增长超过 7.5 倍。2019 年相比上年增长了近三成，2020 年再度增长近 20%。图 2-37 还报告了 2004～2020 年间我国供水行业规模以上企业的负债情况。2004 年我国城市供水企业总负债为 1128.78 亿元，到 2020 年增至 12550.4 亿元。无论是资产总额还是总负债指标均反映出我国城市供水企业规模的不断扩大。与企业规模相比，2004～2020 年我国城市供水企业资产负债率相对稳定，2004 年我国供水行业规模及以上企业资产负债率为 45.22%，2020 年为 59.09%，总体较为稳定。

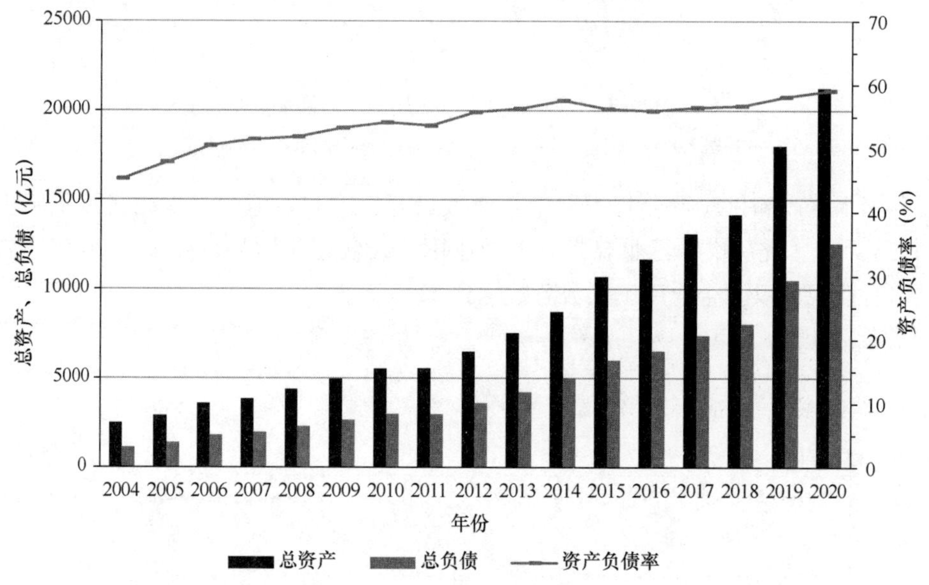

图 2-37　2004～2020 年全国供水企业总资产、总负债情况

数据来源：《中国统计年鉴》(2005～2021)，中国统计出版社。

(三) 供水企业流动资产情况分析

城市供水企业流动资产总额反映了企业的经营规模和资金流动性。图 2-38 报告了 2004～2020 年我国城市供水企业的总体流动资产情况，并与企业总资产进行了对比。由图 2-38 可以看出，近十余年来，我国城市供水企业的流动资产总额也呈现出快速增长的趋势，2005 年供水行业中规模以上企业流动资产仅为 692.5 亿元，截至 2020 年增长到 6441.1 亿元，合计增长超过 8 倍。其中 2019

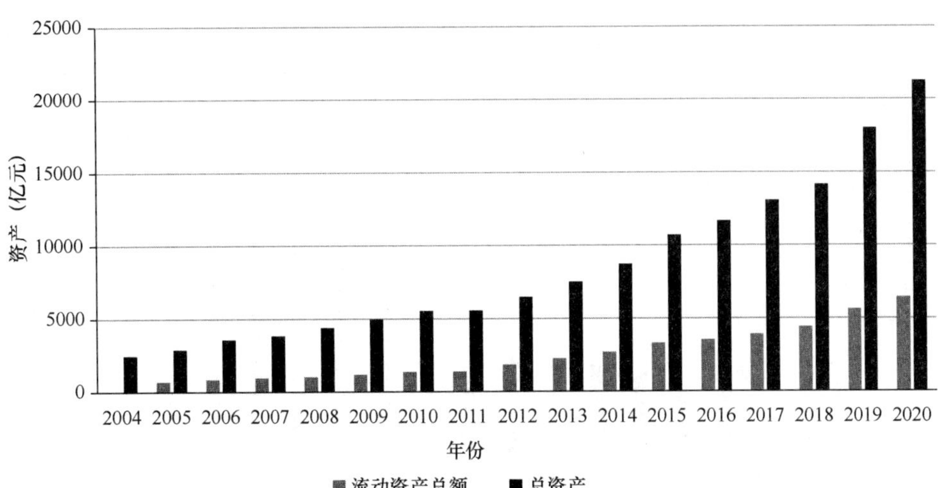

图 2-38 2004～2020 年我国城市供水企业总体流动资产情况

数据来源：《中国统计年鉴》（2005～2021），中国统计出版社。

年供水企业流动资产增长了 1212.11 亿元，增长率为 27%，2020 年增长了 797.49 亿元，增长率 14.13%。总体而言，我国供水行业中规模以上企业的流动资产增长速度超过总资产增长速度，这也说明了我国供水行业企业资金流动性的不断增强，供水行业的企业经营情况逐渐向好。

（四）供水企业营业收入情况分析

图 2-39 报告了 2004～2020 年我国供水企业营业收入的变化。2004 年我国城市水生产和供应行业企业营业收入总额仅为 467.79 亿元，2010 年开始跨过千亿元大关，2020 年增至 3551.5 亿元，十余年来增长 6.6 倍，增幅略低于供水行业企业资产总计和流动资产的增长速度。近十余年来，在市场化和民营化的过程中，我国城市供水企业在规模持续扩大的同时，企业营业收入也一直稳定持续增长，其经营能力也在不断提升。

（五）供水企业盈利能力情况分析

图 2-40 报告了 2004～2020 年我国供水企业的利润总额情况。2004 年我国供水行业规模以上企业利润总额仅为 5.09 亿元，到 2006 年实现利润总额的第一次飞跃，一年间增长近两倍。此后供水企业利润总额于 2013 年突破百亿，截至 2020 年已增长至 417.2 亿元，相比 2004 年增长超过 80 倍，仅 2020 年一年就增长了 23%，多年来我国供水行业盈利能力实现了大幅飞跃，企业利润总额增幅明显高于总资产、流动资产以及营业收入的增长幅度，这也再次说明我国供水行

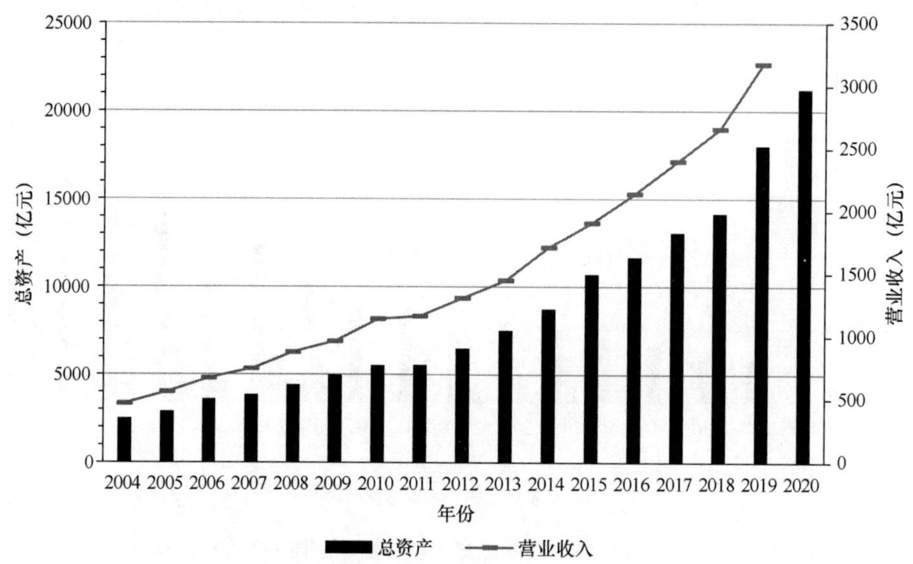

图 2-39　2004～2020 年全国供水企业营业收入情况

数据来源：《中国统计年鉴》（2005～2021），中国统计出版社。

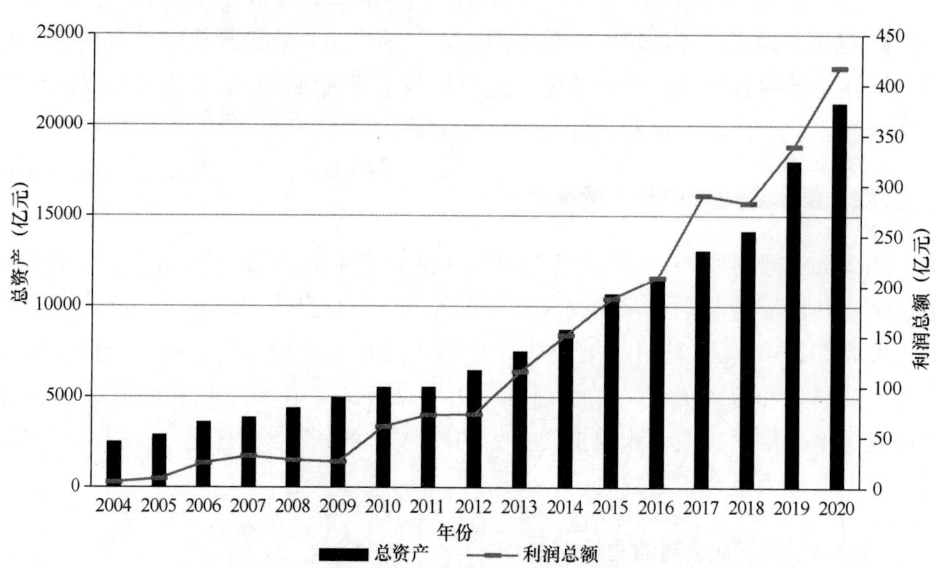

图 2-40　2004～2020 年我国供水企业利润情况

数据来源：《中国统计年鉴》（2005～2021），中国统计出版社。

业的发展成效。与此同时，不可忽略的是我国供水行业发展的区域间不平衡问题仍然存在，此外考虑到城市供水是以保障居民生活和生产用水为基本目的，带有一定的社会公益性，供水企业自身盈利能力不足的问题目前仍然存在。

第三节　供水行业发展成效

一、供水行业民营化进程分析

近十年来，我国供水行业发展的过程同时也是供水行业民营化的过程，在此过程中，供水行业中非国有控股企业的规模不断扩大，其生产供应能力持续增强。本节将试图从企业数量、员工人数、企业资产规模、企业经营收入以及企业盈利能力等多角度，对我国供水行业的民营化进程以及发展成效进行梳理和评价。

（一）供水行业不同所有制类型企业数量变化

本部分首先将 2004～2020 年我国供水行业中三种不同所有制类型企业，即国有控股、私营以及外商和中国港澳台投资企业的企业数量进行了对比，如图 2-41和图 2-42 所示。我国 2004 年水供应和生产行业规模以上企业数为 2416 家，2020 年达到 2755 家。供水行业的规模以上企业中，国有控股企业数量由 2004 年的 2136 家逐渐下降至 2020 年的 1650 家，其中经历了 2007 年和 2011 年两次较大幅度的企业重组，2011 年国有控股供水企业减少至 708 家，为历史最

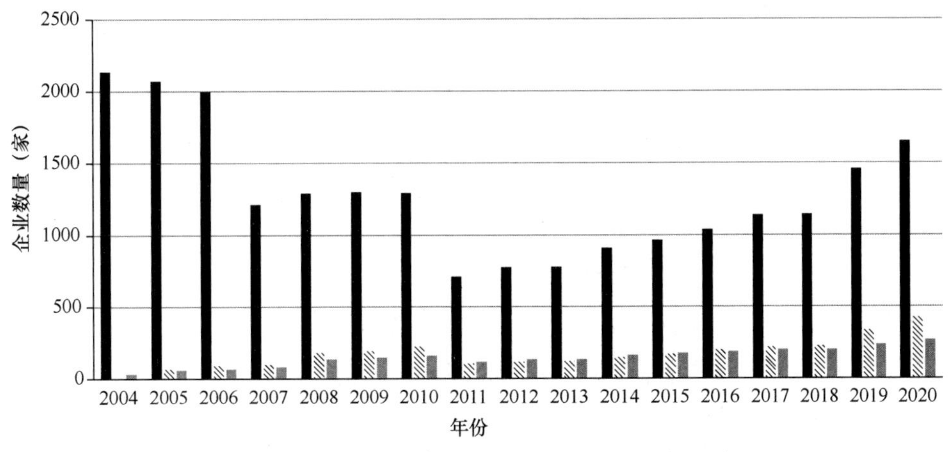

图 2-41　2004～2020 年我国供水行业不同所有制企业数量

数据来源：《中国统计年鉴》（2005～2021），中国统计出版社。

低点，此后逐年缓慢上升。2005 年，全国供水行业国有控股企业占所有规模以上企业比例约为 83.07%，截至 2020 年已下降至 59.89%。私营企业方面，2005 年全国仅 67 家私营供水企业，此后私营供水企业数量快速增长，截至 2020 年，全国供水行业私营企业总数增长至 423 家。2005 年全国供水行业规模及以上私营企业数量占比仅为 2.69%，截至 2020 年已增长至 15.35%，在三种所有制类型企业当中增幅最大。供水行业外资企业和中国港澳台投资企业方面，企业数量也由 2004 年的 33 家增长至 2020 年的 267 家。2005 年外商投资企业占比为 2.41%，2019 年增至 9.70%，2020 年供水行业规模以上外资企业和中国港澳台投资企业数量占比基本维持不变。供水行业中企业数量的变化趋势一定程度上反映了我国供水行业民营化的过程，国有控股企业数量不断减少，私营和外资企业不断增多，表明供水行业中非国有资本的占比正在逐渐上升。

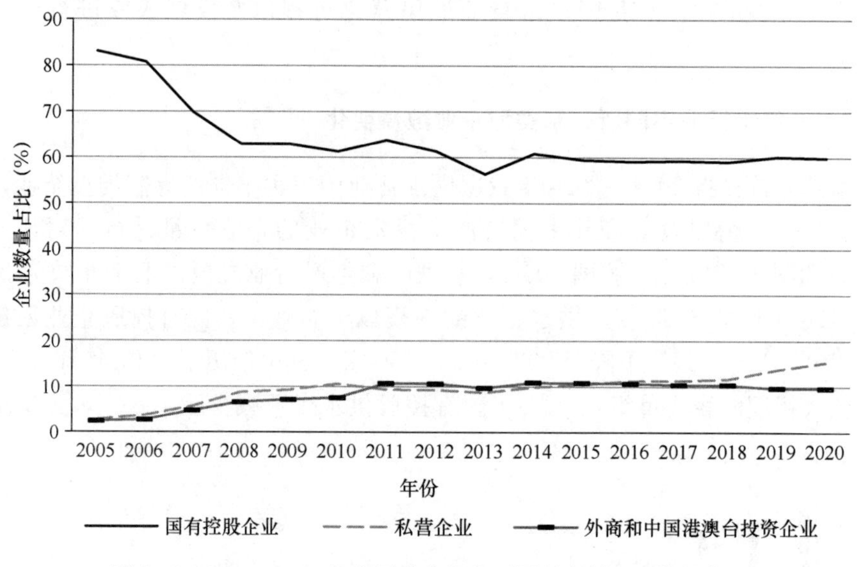

图 2-42　2005～2020 年我国供水行业不同所有制企业数量占比

数据来源：《中国统计年鉴》（2005～2021），中国统计出版社。

（二）供水行业不同所有制企业员工人数

在比较我国供水行业不同所有制类型企业数量的基础上，本节又对供水行业不同所有制类型企业的企业员工人数进行了对比，进一步分析我国供水行业不同所有制类型企业规模的变化趋势。图 2-43 报告了 2004～2020 年我国供水行业不同所有制企业的员工人数变化趋势，由图可以看出，国有控股企业的员工人数相比私营企业以及外商和中国港澳台投资企业仍具有绝对优势，员工数量的差距甚至大于企业数量的差距，也说明非国有企业单位企业用工人数要低于国有控股企

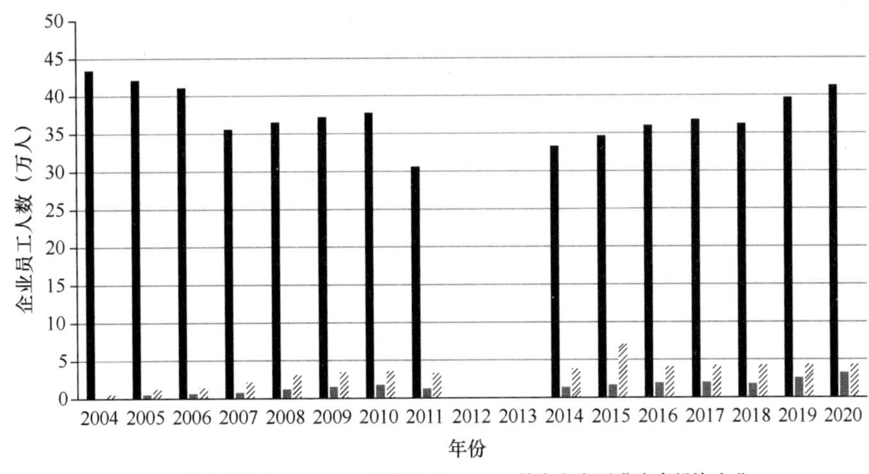

图 2-43　2004～2020 年我国供水行业不同所有制企业员工人数情况

数据来源：《中国统计年鉴》(2005～2021)，中国统计出版社。

说明：2012～2013 年两年中统计年鉴没有进行企业员工数的统计。

业，单位企业规模相比国有控股企业也更小。企业员工人数变化趋势方面，在国有控股供水企业经历兼并、重组数量有所减少的同时，这些供水领域的国有企业也在经历不断的裁员。2004 年供水行业国有控股企业员工人数为 43.47 万人，逐年裁员后，到 2011 年减至最低点的 30.62 万人，此后虽略有回升，但整体上员工人数仍呈下降趋势。与之相对的，私营企业以及外商和中国港澳台投资企业规模却不断扩大。其中，私营供水企业员工人数由 2005 年的仅 5000 余人，增长至 2020 年的 3.23 万人，增长超过 4.8 倍；外商和中国港澳台投资供水企业员工人数由 2004 年的 6000 余人增至 2019 年的 4.37 万人，增长超过 6 倍，2020 年略回落至 4.31 万人。尽管国有控股企业在供水行业中仍占据支配地位，供水企业员工人数的增长与缩减，也一定程度上反映了我国供水行业民营化的成效。

（三）供水行业不同所有制企业规模变化趋势

本节分别采用供水企业资产总计、流动资产等指标来反映我国供水行业企业规模。表 2-1 报告了 2004～2020 年我国供水行业不同所有制类型企业总资产情况。由表 2-1 可以看出，尽管十余年来我国供水行业国有控股企业数量有所下降，但其总资产一直在持续上涨，从 2199.66 亿元增至 17303.2 亿元，总体增长近 7 倍。相比国有控股企业，我国供水行业中私营企业与外商投资企业总资产增速更快，私营企业总资产由 2005 年的 34.54 亿元增至 2020 年的 825.59 亿元，增长超过 22 倍，其中 2020 年一年相比上年度增长了 43.66%，增速惊人；外商及中国港澳台投资企业总资产由 2004 年的 98.98 亿元，增长至 2020 年的 2217.69 亿元，增长超过 21 倍。

2004～2020 年我国供水行业不同所有制类型企业总资产情况（亿元）　　表 2-1

年份	国有控股企业	私营企业	外商和中国港澳台投资企业
2004	2199.66		98.98
2005	2477.76	34.54	224.95
2006	2735.89	48.64	527.66
2007	2910.05	57.92	649.59
2008	3514.05	103.05	711.22
2009	3748.86	121.76	841.98
2010	4280.25	133.68	934.51
2011	4495.65	113.90	973.00
2012	5238.29	120.65	1012.66
2013	5955.77	140.24	1083.65
2014	7080.39	179.81	1270.52
2015	8770.03	270.94	1416.64
2016	9570.63	324.1	1552.81
2017	10678.30	333.66	1658.93
2018	11607.20	369.10	1776.30
2019	14729.16	574.68	2005.34
2020	17303.2	825.59	2217.69

数据来源：《中国统计年鉴》(2005～2021)，中国统计出版社。

图 2-44 反映了 2004～2020 年我国供水行业不同所有制类型企业总资产占比的变化趋势。由图 2-44 可看出，国有资本在我国供水行业中仍占据主要地位，国有控股企业总资产占比一直稳居 75%以上，但在供水行业民营化和市场化的进程中，国有控股企业资产占比也在逐步下降，其中 2006～2010 年降至 80%以下，此后虽略有回升，但 2020 年我国供水行业国有控股企业总资产占比 81.46%，仍明显低于 2004 年的 88.13%。供水行业中私营企业的规模与资产占比一直相对较低，但也由 2005 年的 1.19%增至 2020 年的 3.89%。在我国供水行业民营化和市场化的过程中，外商投资企业资产规模的增长最为显著，2004 年供水行业中外商和中国港澳台投资企业总资产占比仅为 3.97%，到 2011 年已增至 17.51%，此后又略有下降，2019 年增至 11.13%，2020 年略下降至 10.44%。通过不同所有制类型供水企业的资产占比情况亦可以看出，私营供水

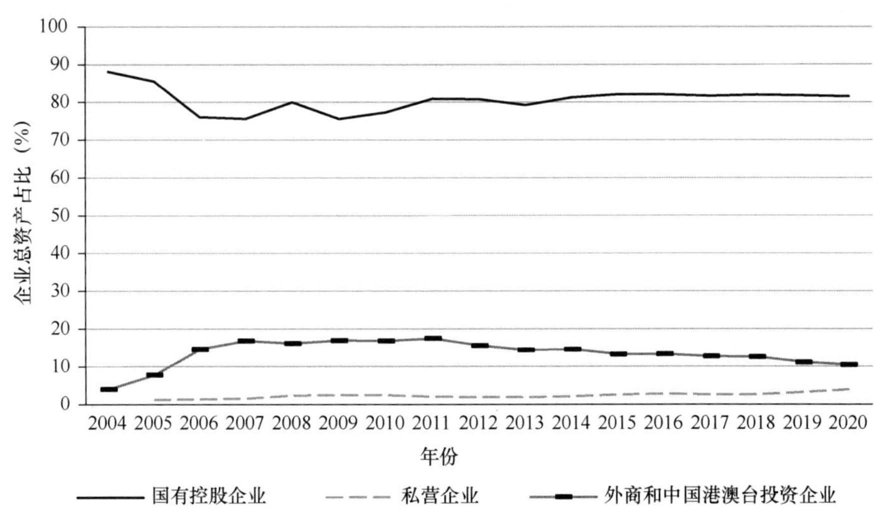

图 2-44　2004～2020 年我国供水行业不同所有制类型企业总资产占比

数据来源：《中国统计年鉴》（2005～2021），中国统计出版社。

企业和外商投资供水企业的资产占比低于其企业数量占比，说明供水行业中规模以上企业的私营企业和外商投资企业平均规模明显小于国有控股供水企业。

表 2-2 报告了 2005～2020 年我国供水行业不同所有制类型企业流动资产情况。由表 2-2 可以看出，十余年间我国供水行业中国有控股企业流动资产由 587.4 亿元增至 5248.27 亿元，共增长 8.92 倍，增幅超过国有控股企业总资产的增长比例。供水行业中私营企业流动资产由 8.06 亿元增至 271.55 亿元，共增长 32.69 倍，仅 2020 年一年相比上一年度就增长了 45.34%。外商和中国港澳台投资企业流动资产由 2005 年的 55.45 亿元增至 2020 年的 535.24 亿元，增长超过 9 倍。可以看出，外商投资企业的流动资产初始规模较大，但资产流动性增幅不及私营企业。流动资产占规模以上企业比例方面，国有控股企业一直维持在 80%左右，私营企业占比由 2005 年的 1.16%增至 2020 年的 4.22%；外商和中国港澳台投资企业占比 2005 年为 8.01%，2007 年一度增至 20.72%，到 2020 年又回落至 8.31%。总体而言，我国供水行业中外商投资企业流动资产增幅不及私营企业。

2005～2020 年我国供水行业不同所有制类型企业流动资产情况（亿元）　　**表 2-2**

年份	国有控股企业	私营企业	外商和中国港澳台投资企业
2005	587.40	8.06	55.45
2006	605.43	12.68	158.24
2007	674.95	17.95	198.65

续表

年份	国有控股企业	私营企业	外商和中国港澳台投资企业
2008	777.31	40.55	137.27
2009	857.31	42.55	171.34
2010	988.36	45.71	207.83
2011	1041.30	41.34	231.95
2012	1446.94	49.56	235.24
2013	1736.77	59.35	272.69
2014	2194.08	53.26	352.94
2015	2678.22	85.44	438.55
2016	2818.68	110.26	487.39
2017	3125.35	102.11	438.32
2018	3636.40	115.80	466.70
2019	4595.97	186.84	506.48
2020	5248.27	271.55	535.24

数据来源：《中国统计年鉴》(2005～2021)，中国统计出版社。

（四）供水行业不同所有制企业经营收入变化趋势

企业营业收入主要反映企业的经营能力，本部分采用不同所有制类型的城市供水企业营业收入的变化趋势来体现我国供水行业的民营化进程。如表 2-3 所示，我国供水行业中国有控股企业 2004 年营业收入为 376.62 亿元，2020 年增至 2528.68 亿元，增长超过 5 倍。与此同时，私营企业营业收入由 2005 年的 11.82 亿元增至 2020 年的 306.60 亿元，增长近 25 倍，外商和中国港澳台投资企业营业收入由 2004 年的 26.73 亿元增至 2020 年的 511.54 亿元，增长超过 18 倍。私营企业与外商和中国港澳台投资企业营业收入十余年间均大幅增长，增速超过国有控股企业，反映出我国供水行业民营化进程中，非国有资本经营能力的快速提升。

2004～2020 年我国供水行业不同所有制企业营业收入情况（亿元）　表 2-3

年份	国有控股企业	私营企业	外商和中国港澳台投资企业
2004	376.62		26.73
2005	415.92	11.82	52.77
2006	476.60	16.93	88.10
2007	515.26	24.61	110.91

续表

年份	国有控股企业	私营企业	外商和中国港澳台投资企业
2008	607.40	34.23	151.21
2009	642.24	52.91	173.56
2010	781.36	70.47	207.25
2011	795.50	76.63	228.17
2012	907.01	95.23	221.81
2013	1003.75	114.12	234.44
2014	1178.36	114.85	271.28
2015	1307.16	130.63	298.66
2016	1461.99	163.69	337.14
2017	1654.59	190.86	372.35
2018	1934.30	155.30	441.20
2019	2281.52	247.97	478.16
2020	2528.68	306.60	511.54

数据来源：《中国统计年鉴》（2005～2020），中国统计出版社。

图 2-45 反映了我国供水行业不同所有制类型企业营业收入占比的变化情况。其中，国有控股供水企业营业收入占比 2004 年为历年最高，超过 80%，2007～2017 年降至 70%以下，2018 年开始略有回升，2020 年我国国有控股供水企业营业收入占比为 71.20%。私营供水企业营业收入占比由 2005 年的 2.1%快速提升

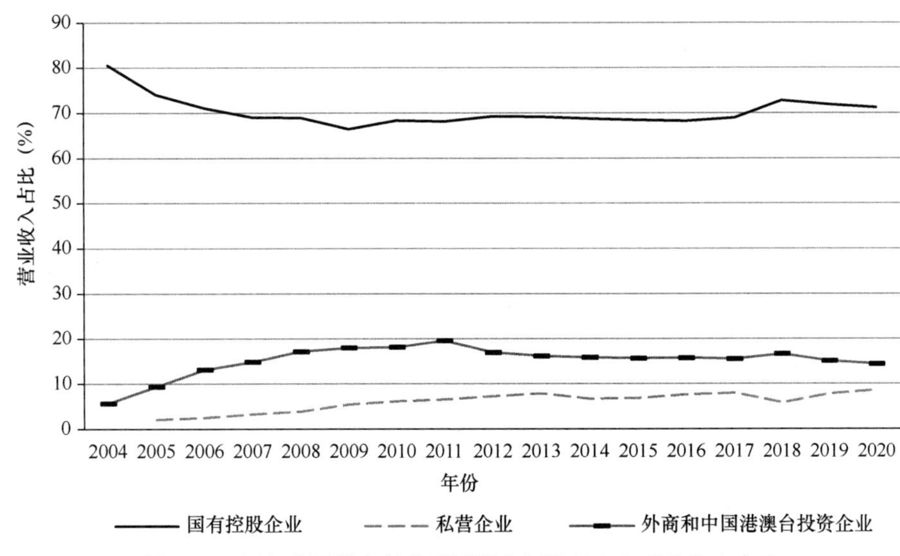

图 2-45 历年我国供水行业不同所有制类型企业营业收入占比

数据来源：《中国统计年鉴》（2005～2021），中国统计出版社。

至 2020 年的 8.63%，外商和中国港澳台投资企业营业收入占比由 2004 年的 5.71%提升至 2019 年的 15.06%，2020 年略回落至 14.40%。尽管私营企业和外商投资企业的整体规模仍明显低于国有控股企业，但其经营能力的提升速度远超国有控股企业。

（五）供水行业不同所有制企业盈利能力

本部分主要对我国供水行业规模以上企业中不同所有制企业的盈利能力进行分析。由图 2-46 可以看出，我国供水行业中国有控股企业盈利能力不足，2004～2009 年一直处于亏损状态，其中 2005 年和 2009 年两个年度中，全国供水行业国有控股企业经营亏损均超过 10 亿元。国有控股企业尽管规模较大，但盈利能力却明显不足，这也是我国供水行业推行民营化和市场化的内在原因。与国有控股企业相比，私营企业和外商投资企业市场活力更加充足，具有更强的盈利能力。私营企业 2004 年利润总额仅为 0.91 亿元，到 2020 年已增至 40.7 亿元，利润增长超过 43 倍，其中 2019 年利润总额相比 2018 年翻了一番，2020 年再度增长近 30%。外商和中国港澳台投资企业 2004 年利润总额为 4.88 亿元，截至 2020 年利润总额已达 119.61 亿元，首次突破百亿，十余年来增长超过 23 倍。尽管我国供水行业中私营企业和外商投资企业规模明显小于国有控股企业，但却显示出了更强的盈利能力，其中私营企业盈利能力的提升速度又快于外商投资和中国港澳台投资企业。

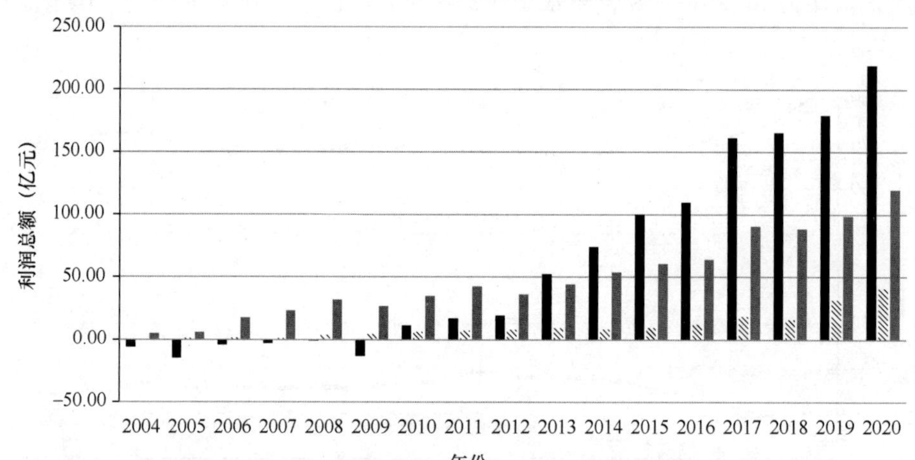

图 2-46　历年我国供水行业不同所有制类型企业利润总额

数据来源：《中国统计年鉴》（2005～2021），中国统计出版社。

二、二次供水改造

（一）二次供水概况

二次供水主要指城市供水经由储存、加压，通过管道实现再次供水。二次供水的概念主要是与集中式供水相区别，集中式供水是指从水源集中取水，经由供水设施统一净化处理和消毒后，再由供水管网送至用户的供水方式，而由于城镇供水管网压力有限，单纯通过集中式供水目前无法一次性满足城市供水需求，需要在民用或工业建筑用水对水压、水量要求超过公共供水或自建设施供水能力时，通过储存、加压进行二次供水。因此，二次供水主要为补偿城市供水管网压力不足，保障高层用户用水而建立。根据住房和城乡建设部发布的《城镇供水设施建设与改造技术指南（试行）》，当城镇供水管网不能满足用户对水压、水量的要求时，应建设二次供水系统。

然而随着二次供水的推广和大量应用，由于供水方式、设备质量、监管缺失等现实原因，又出现了“跑冒滴漏”、水质污染、供水服务不规范等诸多问题。为了解决这些问题，二次供水的供水方式逐渐由最初的“高位水箱二次供水系统”演变为“变频二次供水系统”再到“无负压二次供水系统”。目前，我国二次供水方式以变频二次供水和无负压二次供水为主，两者合计占比接近 90%。①

（二）二次供水改造的现实需求

随着我国城镇化的快速推进，城镇人口和用水需求也不断增长，截至 2021 年，我国城镇化率达到 64%，城市用水人口达到 5.32 亿，与此同时，我国部分城市建筑用地容积率不断攀升，因集中供水水压不足而需要二次供水设备的高层、小高层建筑数量大幅度增加，从而对二次供水提出了迫切的现实需求。

2020 年 7 月，国务院发布的《关于全面推进城镇老旧小区改造工作的指导意见》中提到：到“十四五”期末，结合各地实际，力争基本完成 2000 年底前建成的需改造城镇老旧小区改造任务。根据住房和城乡建设部初步统计，目前需要改造的 2000 年以前建成的老旧小区总面积约 30 亿 m^2，如果进一步考虑二次供水设备的平均寿命 8 年，则自 2020 年开始 2012 年前高层建筑的二次供水设备也均已进入更换期，因此二次供水设备更换和设施改造也将面临巨大压力。

---

① 智研咨询“2021 年中国二次供水行业市场发展及趋势分析”。

（三）二次供水改造相关行业监管政策

目前，我国二次供水设施的建设和运营管理权属尚有待进一步理顺，二次供水相关政策文件见表 2-4。

二次供水相关政策文件　　表 2-4

颁布时间	文件名称	颁发部门	相关内容
2010 年	《二次供水工程技术规程》CJJ 140－2010	住房和城乡建设部	批准《二次供水工程技术规程》CJJ 140－2010 为行业标准
2011 年	《全国城市饮用水卫生安全保障规划（2011～2020 年）》	卫生部	指出供水污染和城市供水卫生监督监测合格率偏低等水质问题是我国城市饮用水卫生安全存在的主要问题，应加强对二次供水设施、自建供水单位、涉水产品的生产企业的卫生监管
2012 年	《全国城镇供水设施改造与建设“十二五”规划及 2020 年远景目标》	住房和城乡建设部、国家发展和改革委员会	指出二次供水问题突出，部分二次供水设施部分设施卫生防护条件差，疏于管理，二次污染风险突出，严重影响城镇供水安全。计划在“十二五”期间对供水安全风险隐患突出的二次供水设施进行改造，改造规模约 0.08 亿 m^3/d，涉及城镇居民 1390 万户
2015 年	《关于加强和改进城镇居民二次供水设施建设与管理确保水质安全的通知》	住房和城乡建设部、国家发展和改革委员会、公安部、国家卫生计生委	提出要提高城镇居民二次供水设施建设和管理水平，改善供水水质和服务质量，促进节能降耗，加强治安防范，更好地保障生活饮用水质量
2017 年	《全国城市市政基础设施建设“十三五”规划》	住房和城乡建设部、国家发展和改革委员会	提出要推进二次供水设施的改造，打通市政基础设施的“最后一公里”，计划在“十三五”期间对不符合技术、卫生和安全防范要求的二次供水设施进行改造，总规模 1282 万户
2020 年	《关于深入开展爱国卫生运动的意见》	国务院	提出要加强城市二次供水规范化管理，切实保障饮用水安全
2021 年	《关于加强城市节水工作的指导意见》	住房和城乡建设部、国家发展和改革委员会、水利部、工业和信息化部	提出要结合实施城市更新行动、老旧小区改造、二次供水设施改造等，对超过合理使用年限、材质落后或受损失修的供水管网进行更新改造，采用先进适用、质量可靠的供水管网管材和柔性接口

续表

颁布时间	文件名称	颁发部门	相关内容
2022 年	《关于加强公共供水管网漏损控制的通知》	住房和城乡建设部、国家发展和改革委员会	提出要结合城市更新、老旧小区改造、二次供水设施改造和一户一表改造等，对超过使用年限、材质落后或受损失修的供水管网进行更新改造，确保建设质量

此外，地方一些城市和省份也针对二次供水设施建设和行业监管出台了相应政策，如湖南省 2020 年颁布了《关于进一步加强城镇二次供水设施建设改造管理的通知》，浙江省 2021 年出台了《关于加强城市居民住宅二次供水设施建设与管理的指导意见》，提出了浙江省居民住宅二次供水设施建设和管理的主要工作任务。

（四）二次供水改造成效进展

2015 年，住房和城乡建设部、国家发展和改革委员会、公安部、国家卫生和计划生育委员会等四部委联合印发《关于加强和改进城镇居民二次供水设施建设与管理确保水质安全的通知》（建城〔2015〕31 号，以下简称《通知》）后，各地纷纷出台或修订了本地的二次供水管理办法，二次供水设施建设、改造、接管与运维工作开始在各地有序推行。

在实际的二次供水设施建设、改造、接管工作当中，由于各地基础不同，筹资机制和运维模式也存在一定差异，导致各地二次供水改造的进度和成效也存在明显的差异。

2021 年底，E20 供水研究中心根据互联网上的公开信息对全国 36 个重点城市的二次供水设施改造进展进行了梳理，并按照 7 大区域对 36 个重点城市进行划分。其中华东地区被列为第一梯队，二次供水改造进展最为顺利，区域内大部分城市已基本完成改造或工作进展过半。华北地区和华南地区被列为第二梯队，其中华北地区大部分城市二次供水改造已正式全面展开并取得一定进展，华南地区大部分也在推进过程中，但进展不一。华中地区、西北地区、西南地区和东北地区被列为第三梯队，仅有少部分城市正式全面开展二次供水改造或已完成改造，大部分城市尚未正式启动二次供水改造工作。

导致二次供水改造进展不理想的原因是多方面的，一是筹资困难，由于二次供水改造资金投入中政府为主要出资者，地方财政的资金是否充足以及支持力度就直接决定了二次供水改造的工作进度；二是改造中各方权责未能划分清楚；三是改造的具体方案不易执行，需要循序渐进，重点突破。

总体而言，我国城市二次供水改造目前距离《通知》所提出的“对老旧落后的二次供水设施要制定改造计划并抓紧逐一落实技术方案，力争用 5 年时间完成改造任务”的目标尚有一定差距，各地也需相互借鉴成功的改造方案和先进经验，结合本地实际，进一步制定和完善改造计划，完成改造任务。

第四节　供水行业数字化监管

伴随着供水行业的数字化变革，传统的供水监管模式也在发生改变，与之而来的是以“云计算、移动物联网、物联网、大数据”为手段的数字化监管，实现从水源到龙头的全流程监测信息采集与传输、供水相关信息集合管理与可视化供水水质指标监测预警等，从而实现智能感知、广泛互联、深度融合、业务协同、决策科学、服务主动的智慧供水监管平台。本部分对供水行业数字化监管的背景、内容、初步成效以及主要问题进行梳理和剖析，在此基础上，提出供水行业数字化监管的政策建议。

一、供水行业数字化监管背景

供水行业事关国计民生，是城市正常运作和民生保障的重要基础。数字化经济和智慧城市快速发展的背景下，传统供水行业监管的弊端日益凸显，例如依靠人工收集的管网资料等数据信息，因存在观测误差、测量误差及估算、误算、误写等不可靠因素，数据精度难以保证的问题；纸质化收集导致原始数据容易丢失的问题；信息滞后导致故障判断、排查低效率的问题；管网等部件维护困难以及维护不到位的问题等。随着人口比例的不断攀升，城市供排水需求持续增长，新管网扩张、老旧漏损管网修复、相关涉水设备维护等成为行业当前亟待解决的问题。这无疑也对政府监管效能和城市供水的安全、效率提出了更高要求。

当前，新一轮科技革命和产业变革背景下，物联网、大数据、人工智能等新一代信息技术的发展，供水事业迎来“数字化”的新时代，《“十四五”数字经济发展规划》将智慧水利作为重点行业数字化转型提升工程。2022 年 6 月，《国务院关于加强数字政府建设的指导意见》（国发〔2022〕14 号）明确指出“以数字化手段提升监管精准化水平”。这要求供水行业数字转型发展过程中，需坚持发展和监管并重，充分运用数字技术支撑构建新型监管机制，加快建立全方位、多层次、立体化监管体系，实现供水行业从水源到龙头的全链条数字化监管，以充分保障供水安全，提高供水效率。

综上可知，伴随着城市规模的扩张和数字经济的转型发展，对于供水安全、供水效率以及供水基础设施的合理布局提出了更高的要求，供水行业数字化监管的全面推进势在必行。

二、供水行业数字化监管重点内容

（一）供水行业数字化的内涵

供水行业数字化是逐步实现智慧供水建设的过程。智慧供水是指涵盖城市供水中的水源地取水、水厂制水、管网输水、加压送水、用户用水等各个环节，实现全流程远程监控和智能联动控制、优化生产调度、保障高效供水、促进节能降耗、降低产销差的重要方式，也是供水企业实现智慧化运营的重要途径。具体由水源地智能监控系统、水厂/泵站无人值守系统、管网信息化管理系统、分区计量管理系统、二次供水信息化监管系统、城市生态用水计量管理系统等组成。

智慧供水建设以业务需求为主导，以“云计算、移动物联网、物联网、大数据”为手段、“物联数据”为支撑、“智慧生产”为重点、“智慧服务”为导向、“智慧移动”为亮点、“智慧决策”为落点构建智慧供水平台。目的是以云计算、移动物联网、物联网、大数据等高新技术为支撑，通过信息资源整合、优化结构、创新商业模式与优化管理流程，提升用户服务水平和精细化管理支撑能力，打造全面感知、广泛协同、智能决策、主动服务的“智慧供水”，实现生产数字化、管理协同化、决策科学化、服务主动化。

（二）供水行业数字化监管的重点内容

供水行业数字化监管要从水源、水厂和管网等各个供水环节，对水量、水质、水压等主要供水参数和供水设施设备运行状况实施自动化监控，在此基础上，提升城乡供水信息化、数字化、智能化水平，实现高效化生产，智能化预报、预警，智能化维护管理，故障精确诊断，决策科学合理的全链条动态监管。因此，供水行业数字化监管主要体现在以下五点。

第一，加强供水数字化 PPP 项目监管。深化“放管服”改革，分类清理规范不适应供水行业数字化发展相关的行政许可、资质资格等事项，建立健全社会资本投融资合作对接机制。按照“放管服”改革的要求，各级行政主管部门在确保工程质量安全的前提下，要优化供水 PPP 项目审查审批流程，加快审查审批进度，持续提升社会资本参与城市供水基础设施投资和建设的便利度。与此同时，各级行政主管部门依法依规加强城市供水 PPP 项目的监管，着重强化对合作双方诚信履约、项目法人履职尽责等方面的监督，促进城市供水 PPP 项目规范发展。

第二，城市供水全链条的数据监管。高效度的数据是供水行业数字化监管的基石。城市给水管网承担着为城市输送生活和生产用水的重要任务，具有提升、运输、存储、调整以及分配水源的功能。其管网数据信息的不完善（如材质、年限等），将给供水行业数字化监管能效的发挥带来诸多阻碍。供水行业数字化监管重点需要加强水源地、管网、水厂、泵站等的信息化建设，建立从规划、投资、建设到运行、管理、养护的一体化机制，推进供水管网网格化、精细化管理，提高供水数据效度，做到“数据统一管理、监管协同到位”，为政府监管效能和供水效率的提高提供数据支撑。

第三，城市供水安全监管。首先是对水质安全的监管，强化水质安全标准制定，实时监测河道水样的温度、pH 值、溶解氧、电导率和浑浊度、城市供水管道的压力、流量及水质等信息，从源头到龙头保障水质安全。其次是对于城市供水用量安全的监管，加强突发事件风险应急响应处置流程和监管机制，强化重大问题研判和风险预警，提升系统性风险防范水平，切实有效保障城市用水安全。依靠数字化监管平台，对抢修管道、巡检管线、管网智能监测等工作进行综合管理，切实解决传统供水行业监管中先爆管、后维修的管理模式，结合 GIS 系统和遥感技术，健全管网运行管理维护机制，切实有效解决供水管网漏损问题，保障城市生产生活的用水安全。

第四，城市供水信息安全监管。在强化供水企业对我国的网络和信息安全的评价流程及管理体系深入了解的同时，要加强对于供水行业数字化过程中数据收集、传输、存储以及用户服务终端数据安全的监管；数字化供水作为城市信息系统的组成部分，要加强供水企业信息系统的安全措施，如数字证书、电子签章的监管，确保供水企业信息安全、密码产品和密码技术的使用和管理符合国家相关规定，避免其可能导致的供水企业甚至政府信誉的损失、公民健康的损害、环境的污染、大面积停服以及与之相伴随的生活瘫痪甚至恐慌等问题的发生。

第五，信息充分披露的监管。客户服务是供水行业数字化平台的重要服务内容之一。依法监管供水 PPP 项目信息的高效及时披露，保障公众知情权，确保项目实施公开透明、有序推进。健全公众参与监督机制，注重发挥舆论监督作用，督促社会资本履行企业社会责任，严格按照约定保质保量提供公共产品和服务，维护公众利益。在智能技术赋能下，智能化披露河道水样的温度、pH 值、溶解氧、电导率和浑浊度等与水质、水量安全相关的实时监管信息，提高工作管理效率，提升消费者在线互动能力，进一步提高客户服务质量。

三、供水行业数字化监管的初步成效

（一）初步形成供水行业数字化建设顶层设计

关于供水行业数字化监管，相关部门出台了一系列支持与导向政策，如2012年《国家发展和改革委员会办公厅　住房和城乡建设部办公厅关于组织开展公共供水管网漏损治理试点建设的通知》（发改办环资〔2022〕141号），2021年国家发展和改革委员会等部门印发的《“十四五”节水型社会建设规划》，明确指出要：“围绕用水精确计量、水资源高效循环利用、管网漏损监测智能化、管网运行维护数字化等领域，开展节水关键技术的重大装备研发。”各地方政府也围绕供水行业数字化建设出台了相应的政策文件，如《浙江省水利厅　浙江省住房和城乡建设厅关于推进浙江省城乡清洁供水数字化管理系统建设的通知》（浙水农电〔2020〕17号）。供水行业数字化相关重点政策汇总见表2-5。

供水行业数字化相关重点政策汇总　　表2-5

时间	政策名称	相关内容
2012年	《国家智慧城市（区、镇）试点指标体系（试行）》	利用信息技术手段对从水源地监测到水龙头管理的整个供水过程实现实时监测，制定合理的信息公示制度，保障居民用水安全
2014年	《国家新型城镇化规划（2014～2020）》	发展智能水务，构建覆盖供水全过程、保障供水质量安全的智能排水和污水处理过程
2014年	《关于促进智慧城市健康发展的指导意见》	以智慧城市为主要目标，其中要求基本形成饮用水安全的信息化体系，大幅提升水务基础设施的智能化水平和运营管理的精准化、协同化、一体化
2015年	《关于深入推进城市执法体制改革改进城市管理工作的指导意见》	发展智慧水务，构建覆盖供水全过程、保障供水质量的智能排水和污水处理系统
2016年	《国务院关于深入推进新型城镇化建设的若干意见》	发展智能交通、智能电网、智能水务、智能管网、智能园区
2017年	《节水型社会建设“十三五”规划》	推进城镇供水网改造，到2020年全国城市公共供水管网漏损率控制在10%以内；在漏损或缺水城市开展供水管网分区计量管理示范工程
2017年	《全国城市市政基础设施规划建设“十三五”规划》	发展智慧水务，构建覆盖供水排水全过程，涵盖水量、水质、水压、水设施的信息采集、处理与控制体系

续表

时间	政策名称	相关内容
2020 年	《关于加快落实新型城镇化建设补短板强弱项工作有序推进县城智慧化改造的通知》	新型城镇化的重点方向之一是推进县城公共基础设施数字化建设改造。加快交通、水电气热等市政领域数字终端、系统改造建设。推动新型基础设施建设，加快 5G 网络规模部署和商业应用
2021 年	《“十四五”节水型社会建设规划》	实施城市用户智能水表替代，提高高校、宾馆等公共场所智能计量水平。围绕用水精确计量、水资源高效循环利用、管网漏损监测智能化、管网运行维护数字化等领域，开展节水关键技术的重大装备研发
2022 年	《关于加强公共供水管网漏损控制的通知》	对供水设施运行状态和水量、水压、水质等信息进行实时监测，精确识别管网漏损点位，进行管网压力区域智能调节，逐步提高城市化供水管网漏损的信息化、智能化管理水平
2022 年	《关于组织开展公共供水管网漏损治理试点建设的通知》	实施供水管网智能化建设工程。推动供水企业在完成供水管网信息化基础上，实施智能化改造，建立基于物联网的供水智能化管理平台
2022 年	《城市给水工程项目规范》GB 55026-2022	城市供水工程的自动化控制系统和给水调节系统应安全可靠、连续运行，应具有实时监控、数据采集与处理、数据存储、事故预警、应急处置等功能

注：表格内容基于中国政府网站、住房和城乡建设网站整理而得。

（二）各地供水行业数字化建设

目前，我国各地高度重视智慧水利建设工作，数字化建设成效初显。2020 年以来，浙江省聚焦聚力农村供水“城乡同质、县级统管”核心目标，以破解城乡供水水质水量保障不稳定、监督管理不完善、城乡供水服务不均衡不全面等问题为导向，以数字化改革为牵引，由省级牵头整体推进城乡供水数字化工作。2021 年，广东省谋划提出了“851”广东水利高质量发展蓝图，聚焦农村供水安全保障、人居环境改善、水利设施建设，推进构建优质普惠的农村水利保障网，在乡村振兴水利保障工作方面取得了阶段性成效。宁夏水利厅依托骨干水源工程建设，坚持科技引领，强化数字赋能，按照“一体建设、云端部署、分级使用”基本原则，依托宁夏政务云平台资源和大数据服务，启动建设集四大管理系统、29 个功能模块于一体的宁夏“互联网＋城乡供水”管理服务平台，实现在线监测、自动控制、智能分析和数据集成，努力实现城乡供水从源头到龙头全过程数字化“监管＋服务”。

（三）供水行业数字化建设技术

云计算、移动物联网、物联网、大数据、AI 人工智能、数字孪生、BIM 技术等为供水行业数字化变革提供了技术支撑。智慧化供水可以通过数采仪、无线网络、水质水压表等在线监测设备实时感知城市供排水系统的运行状态，采用可视化的方式有机整合水务管理部门与供排水设施，形成的“城市水务物联网”，将海量水务信息进行及时分析与处理，并做出相应的处理结果辅助决策建议，以更加精细和动态的方式管理水务系统的整个生产、管理和服务流程，从而达到“智慧”的状态。智慧水务系统可以通过监测用户的用水曲线来对漏损水现象进行管理，就可以在高峰与低谷的时候，在不增加或减少出厂水压情况下，自动调节水压和水量，降低漏损减少爆管事件发生。在用水监控信息技术研发、节水产品研发等方面，大数据、人工智能、虚拟现实等技术可以实现用水及节水管理的智慧化。

四、供水行业数字化监管的主要问题

（一）标准规范体系仍不健全

目前，我国的供水数字化建设没有相对明确的权威机构负责制定标准，也没有行业统一认可的建设标准。一方面由于没有统一的规范与标准，各地区供水行业数字化发展不均衡，缺乏统一的建设指导，数字化供水建设易偏离既定目标；另一方面由于没有统一的规范与标准，数字化供水建设比较混乱，诸如硬件接口、数据类型、通信协议、性能要求等无标准可循，各自企业使用不同的开发建设厂商，系统建成后信息无法互联互通，信息孤岛问题突出。2022 年 4 月，住房和城乡建设部发布的《城市给水工程项目规范》GB 55026-2022 仍缺乏供水数字化全流程监管的系列标准，尚不能全面地为供水行业数字化监管提供技术依据。

（二）数据基础仍相对薄弱

数据已经成为现代组织的生产要素，但要将数据转变为前瞻性洞见及差异化资产，需要开展“数据重构”行动，梳理数据资产，建立强有力的数据战略和行之有效的数据治理、监管机制，这是数字化转型成功、真正构建数据驱动组织的核心基础。当前，包括供水行业数字化转型普遍存在数据治理总体能力相对薄弱的问题，城市管网数字化信息，如使用年限、材质等不清晰、不明确，数据的采集、验证与存储仍然未能实现规范化与标准化。严重制约生产调度优化能力、高效供水保障力度、科学生产决策能力、水厂规划及管网合理布局能力等的提高。

（三）技术融合仍不深入

目前，支撑供水行业数字化的大数据、人工智能、数字孪生等技术未能很好融合。数据作为供水数字化发展中的重要生产要素，可以创新城市供水的运营管理，为城市水务集约建设、协同管理、资源共享和联合应急提供新思路和新途径。人工智能作为推动供水行业数字化发展和变革的核心驱动力量，一是可以赋能水务基础服务设施共性通用的 AI 能力，为数字化转型打下智慧基础；二是通过模型、智能算法的融合应用，推动业务流程优化与模式创新，不断催生水务行业新模式、新场景，实现智能生产、精细运营、精准服务、智慧管理。然而，这些技术尚不能很好地融合在城市数字化供水的建设之中。

（四）供水行业数字化监管人才队伍建设仍较为薄弱

供水行业数字化监管模式的转变，需要相对应人才队伍数字化水平的提高。利用物联网、云计算、人工智能等新一代信息技术对传统水利产业进行数字化改造、转型升级的同时，也需要培养具备创新精神且掌握供水管理领域专业知识技能和现代信息技术的高素质技术技能人才。供水行业数字化转型时期，传统供水行业人员数字化意识、数字化能力及数字化综合素养仍亟须提高，应通过构建多渠道的人才引进和培育机制，深化产学研一体化人才培养和交流合作，优化供水行业人才结构，搭建合理化的人才梯队，满足供水数字化建设与管理需求。

五、供水行业数字化监管的政策建议

（一）完善监管体制

针对供水行业数字化的特征，明确监管部门职责，制定出台专门针对供水行业数字化、供水企业数字化的法律法规或者管理制度，明晰供水企业在供水关键环节的具体职责，保障供水行业数字化监管的执法标准、执法力度。

（二）加大监管范围

城乡供水涉及千家万户，涉及城市经济社会各方面，是百姓安居乐业、城市正常生产运行与乡村振兴的基本保障，提供安全饮用水这一基本公共服务是各级人民政府的重要职责。依法依规加强水利 PPP 项目、数字化基础设施等相关的监管。建立统一的标准体系，规范、统一数据的存储、共享和使用，让涉水数据更一致、更准确，有效解决潜在的信息孤岛问题。强化保障用水安全，健全风险管控机制层面的监管。通过数字化监管平台，高效采集水量、水质、水压、水设施等信息，实现管网漏损监测智能化、管网运行维护等环节的数字化，健全各供水环节的风险管控机制，保障用水安全。强化对于供水环节的信息披露监管。在提供城乡居民饮水和用水工作中，政府、企业应积极将城乡供水设施建设改造、运行管理等民生工程向公众进行有效披露，引导公众积极参与监督。

（三）强化数字化监管人才队伍建设

供水数字化转型过程中，亦伴随着监管方式的创新，数字化监管平台、智能监控、无人机巡逻等数字化监管需求随之产生，相对应地需要加强数字化监管人才队伍建设，提高监管队伍的数字化技能水平。

第三章　排水与污水处理行业发展报告

2020年是“十三五”收官之年，全国各地对照“十三五”规划目标，深入贯彻习近平生态文明思想，加快落实党中央、国务院关于加强生态环境保护、建设美丽中国的决策部署，着力解决城市排水与污水处理行业发展不均衡、不充分的矛盾，加快补齐排水与污水处理设施建设短板。本文分别从排水与污水处理行业的投资与建设、排水与污水处理行业的生产与供应、排水与污水处理行业的发展成效、排水与污水处理行业智慧化监管等四个方面，对我国排水与污水处理行业的发展情况进行全面分析，并重点梳理排水与污水处理行业智慧化监管的制度、实践中存在的问题，以推动排水与污水处理行业提质增效。

第一节　排水与污水处理行业投资与建设

近年来，我国排水与污水处理行业投资与建设始终保持快速增长态势，特别是污泥处理处置设施和再生水设施的投资与建设增长迅猛。本节分析了我国在排水、污水处理和再生水利用等方面历年投资与建设的规模和总体情况，重点研究了东、中、西部和各省（区、市）在排水与污水处理行业的投资规模与增速变化趋势。

一、设施投资与建设总体情况

（一）我国排水与污水处理设施的投资情况

自改革开放以来，我国国民经济建设和社会发展、城市化和工业化进程加速，对排水和污水处理的需求日益增加，党中央、国务院高度重视城镇生活污水处理设施等环境公共基础设施建设，按照建设资源节约型、环境友好型社会的总体要求，顺应人民群众改善环境质量的期望，党中央和地方政府不断加大对城镇污水处理设施建设和运营的投资力度，我国排水与污水处理行业快速发展，设施投资稳步增长，具体如图 3-1 所示。

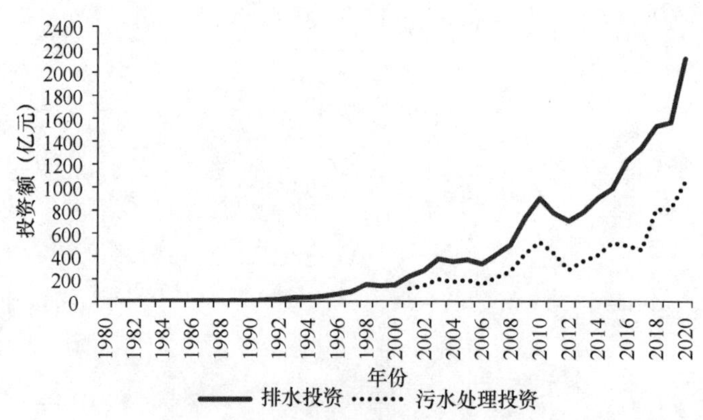

图 3-1　全国历年排水与污水处理投资

改革开放初期，我国城镇排水与污水处理以排水为主，而且主要是提倡利用污水进行农业灌溉，在城市排水设施方面的投资仅为 2 亿元，2020 年中国城市排水设施投资已达到 2114.78 亿元，是改革开放初期投资额的 1057 倍，相较于 2019 年，排水设施投资增加了 552.42 亿元，排水设施投资始终保持着较为稳定的增长。现代化的污水处理厂是从 20 世纪 80 年代以后才开始投资建设的，早期主要是利用郊区的坑塘洼地、废河道、沼泽地等稍加整修或围堤筑坝，建成稳定塘，对城市污水进行净化处理，日处理城市污水大约为 173 万 m^3。在经历了“十五”“十一五”“十二五”三个五年规划建设后，城市污水处理和再生水利用设施已基本覆盖了所有设市城市，进入“十三五”后，污水处理设施投资基本稳定，甚至呈小幅下降趋势，设施投资也主要以改造更新为主。2019 年，我国城市污水处理和再生水利用设施投资为 803.7 亿元，2020 年是“十三五”的最后一年，这两项设施投资总额达 1043.4 亿元，较 2019 年末增加了 239.71 亿元，增幅 29.83%。作为污水处理的“衍生品”，近年来随着居民生活用水量和工业用水量的不断增加，污水处理量也随之上升，污泥产量随之不断增加，污泥问题逐步成为我国生态文明建设的工作重点。在污泥处理设施投资方面，从 2011 年至今，每年的投资规模都在 17 亿元以上，在 2013 年达到投资峰值 24.54 亿元后，2014～2016 年之间逐年下降，基本稳定在 18.5 亿元左右。从 2017～2019 年污泥处理处置设施的投资规模增速较快，2019 年投资规模增长到 58.12 亿元。2020 年，污泥处理处置设施的投资规模下降到 36.86 亿元，与 2019 年相比，投资达到 36.59%的负增长率，呈现出一个明显的下降趋势，如图 3-2 所示。

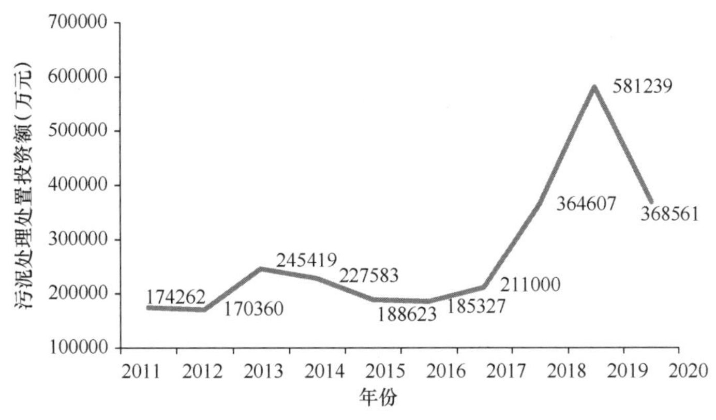

图 3-2 全国历年污泥处理处置投资

2020 年，我国城市排水与污水处理行业的固定资产投资总额达 3195.1 亿元，其中排水设施投资占比最高，达 2114.8 亿元，污水处理、污泥处理和再生水利用设施的固定资产投资分别为 1013.1 亿元、36.9 亿元和 30.3 亿元，分别占行业投资总额的 66.19%、31.71%、1.15%和 0.95%，如图 3-3 所示。

（二）中国排水与污水处理设施的建设情况

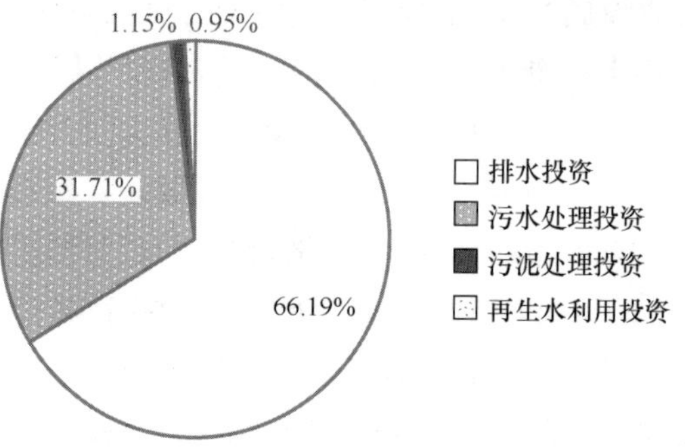

图 3-3　排水与污水处理行业投资占比

1980 年以后，中国在排水、污水处理及再生利用方面的建设稳步推进，污水处理能力快速增长，再生水利用规模不断扩大，成就斐然。1980 年，全国城市建成的排水管道只有 2.19 万 km，仅有污水处理厂 35 座，日均污水处理能力 70 万 m^3；到 2020 年，全国已建成排水管道 80.3 万 km，建成污水处理厂 2618 座，日均污水处理能力达 1.93 亿 m^3，较 1980 年分别增长了 37 倍、75 倍和 276 倍，如图 3-4、图 4-5 所示。同时，2020 年全国再生水利用量达 146 亿 m^3，较 2019 年增长了 25.78%。

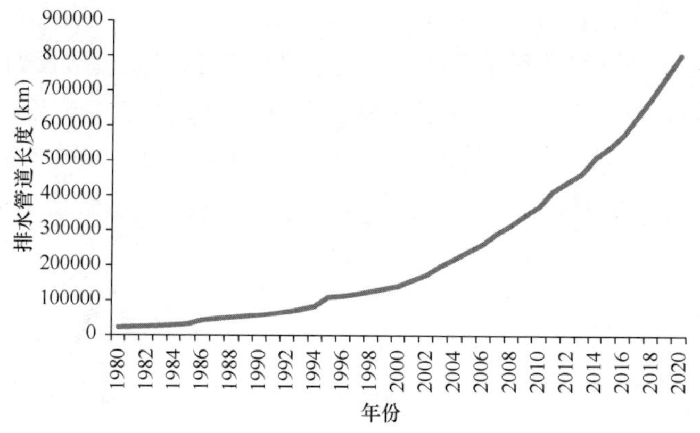

图 3-4　全国历年建成排水管道长度

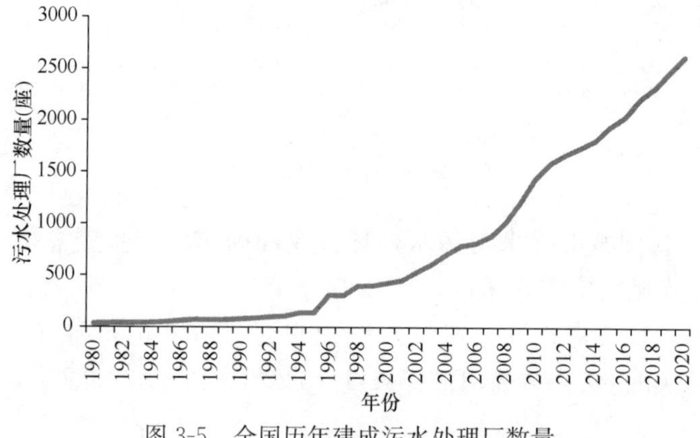

图 3-5　全国历年建成污水处理厂数量

二、东、中、西部地区设施投资与建设情况比较

自改革开放以来，尽管全国的城镇排水与污水处理设施建设有了质的飞跃，各项规划目标基本都圆满完成，但设施投资与建设仍存在着区域分布不均衡的问题，发达地区与欠发达地区的投资规模、增速和重点都不尽相同。为此，当前中国城镇排水与污水处理行业的投资建设应当从解决发展不平衡问题着手，加快解决设施布局不均衡问题，着重提高新建城区及建制镇污水处理能力。

（一）东、中、西部地区排水与污水处理设施投资情况

2020 年，我国城市排水与污水处理行业的固定资产投资总额 3234.05 亿元，排水、污水处理、污泥处理和再生水利用等方面的投资额分别为：2114.8 亿元、1013.1 亿元、36.9 亿元和 30.3 亿元。

如图 3-6 所示，从各类投资的地区间分布看，东部地区的固定资产投资遥遥领先，排水、污水处理、污泥处理、再生水利用等设施的投资额分别为 1096.62 亿元、616.71 亿元、19.85 亿元和 10.67 亿元，分别占到了全国各类投资总额的 51.87%、60.88%、53.85%和 35.18%，对比 2019 年，各项投资占比总体呈下降趋势，降幅分别为 3.01%、0.81%、28%、36.3%。中部地区在排水、污水处理、污泥处理、再生水利用方面的投资分别为 559.32 亿元、215.45 亿元、4.89 亿元、9.53 亿元，分别占全国投资的 26.25%、21.27%、13.27% 和 31.43%，对比 2019 年，各项投资占比总体趋势变化不大，其中污泥处理、再生水利用投资占比有不同程度的上升，增幅分别为 4.98%、14.37%，排水和污水

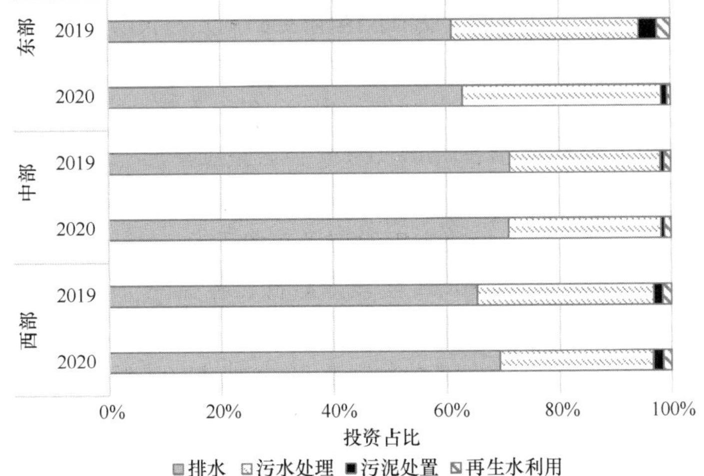

图 3-6 东、中、西部排水与污水处理设施投资占比

处理投资占比分别小幅减少了 4.33%、2.83%，这说明中部地区各项目基本呈稳步发展趋势。西部地区在排水、污水处理、污泥处理、再生水利用方面的投资分别为 458.41 亿元、180.91 亿元、12.12 亿元和 10.13 亿元，占全国的 21.68%、17.86%、32.88%和 33.39%，对比 2019 年，排水、污水处理和污泥处置投资占比均有不同程度的上升，说明西部地区各项目呈稳步发展趋势。

2020 年相较于 2019 年东、中、西部的地区间的投资占比差异有所减小，如图 3-7 所示。在排水投资方面，东部和中部地区投资占比下降，而西部地区有增长趋势，较 2019 年地区间差异有所缩小；在污水处理投资方面，东部和中部地区投资占比下降，而西部地区投资占比上升；在污泥处置方面，东部地区投资占比下降，中西部地区投资占比呈现不同幅度的上升；在再生水利用投资方面，东部地区投资占比下降，中西部地区投资占比上升，地区间差异进一步缩小。

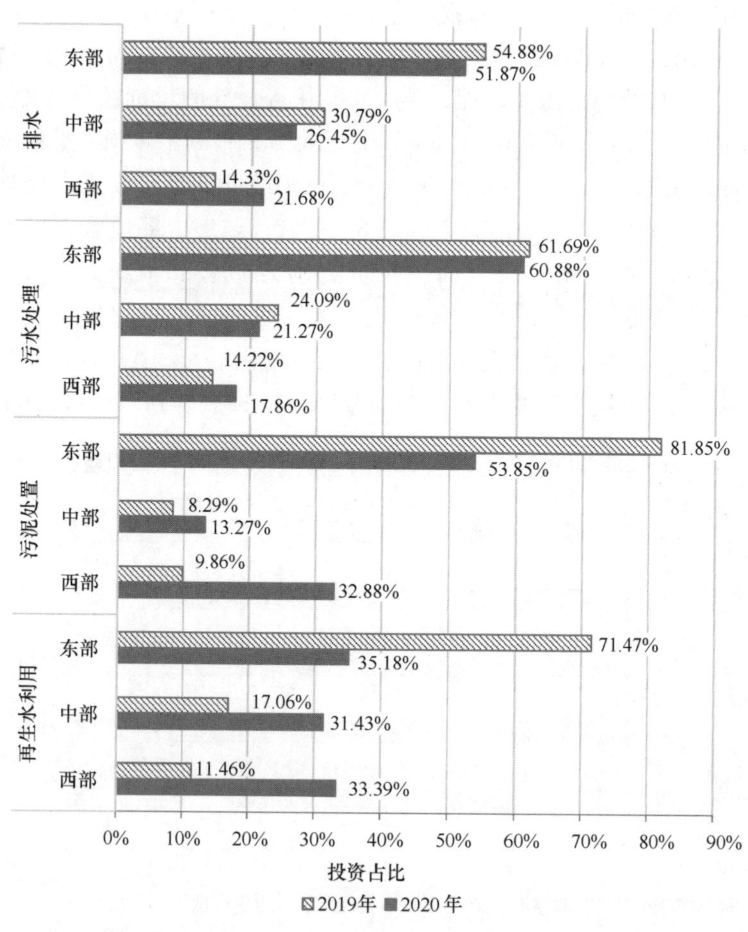

图 3-7　2019 年与 2020 年东、中、西部分类投资占比

（二）东、中、西部地区排水与污水处理设施建设情况

2020 年，全国共建成排水管道总长 802720.8km，污水处理厂 2618 座。其中，东部地区为 461536.5km 和 1310 座，中部地区为 192406.4km 和 675 座，西部地区为 802720.8km 和 633 座。与投资情况类似，城镇排水与污水处理设施建设也是东部占比较大，中部和西部略少，见表 3-1。

2020 年东、中、西部地区排水与污水处理设施投资与建设情况　　表 3-1

地区	固定资产投资情况（万元）				各项建设情况		
	排水	污水处理	污泥处理	再生水利用	排水管长（km）	污水处理厂（座）	处理能力（万 m^3/d）
东部地区	10966178.93	6167107.88	198481	106708	461536.49	1310	10837.83
中部地区	5593224.96	2154460.33	48913	95333.8	192406.36	675	5025.39
西部地区	4584079.56	1809129.57	121166.75	101256.9	148777.92	633	3403.88
全国合计	21143483.45	10130697.78	368560.75	303298.7	802720.77	2618	19267.1

考虑到各地区城市化水平和人口密度的差异，对比各地区城市排水管网密度和污水处理强度。2020 年，我国城市排水管网的密度达到了 11.1km/km^2，东部地区达到 13km/km^2，高于全国平均水平，中、西部地区分别为9.48km/km^2、9.49km/km^2，均低于全国平均水平。可见，各地对排水与污水处理设施的投资建设，受经济和社会发展水平的影响，地区间差异比较明显。总体上，东部地区无论是从投资与建设的绝对数量、相对数量，还是覆盖程度与处理水平上，都处于领先水平，中、西部地区的投资与建设较为落后，需要进一步增加投资，加快建设。

三、排水与污水处理设施投资与建设情况

我国幅员辽阔，改革开放以来，各省（区、市）经济和社会发展水平存在较大差异。城镇排水与污水处理设施的建设要与经济社会发展水平相协调，与城镇发展总体规划相衔接，因此各省（区、市）在排水与污水处理设施的投资与建设方面的差异较大，见表 3-2。

2020 年各省（区、市）排水与污水处理设施投资与建设情况　　表 3-2

地区	固定资产投资情况（万元）				建设情况	
	排水	污水处理	污泥处理	再生水利用	排水管长（km）	污水处理厂数量（座）
全国	21147815	10130699	368561	303299	802721	2618
北京	492303	118152		30744	17943	70
天津	259944	124307	767	11272	22338	44
河北	744141	205358	34531	4190	20927	93
山西	133519	62478		400	12250	48
内蒙古	232689	34684	1000	61901	14371	41
辽宁	534108	120303	20113		23483	131
吉林	260370	102889	1497	500	13552	50
黑龙江	327833	168128	16746	757	13291	69
上海	656790	607534	30000		17230	42
江苏	1288994	656010	23571	21481	88001	206
浙江	880725	592407	38965	1549	52572	106
安徽	1139228	402888	10116	26392	35393	96
福建	1152463	784218	720	489	20114	55
江西	885777	311529	5109		20023	68
山东	1714291	543810	33633	35448	69864	218
河南	698594	269060	3260	5102	29222	110
湖北	1284270	295134	10094		32641	101
湖南	630945	507670	1091	282	21665	92
广东	3184359	2396940	16181	1535	122541	320
广西	892819	91237	60256		19174	63
海南	62352	18069			6524	25
重庆	599239	87282	2835	568	23542	80
四川	1411669	748266	12335	17827	42610	149
贵州	143028	30291		7165	10394	101
云南	268812	112736	17023	3500	16328	59
西藏	3041				861	9
陕西	507291	218895	6920	345	12402	57
甘肃	278793	242824	3000	13519	8035	30
青海	23888	10658		914	3301	14
宁夏	134053	77999		4995	2297	23
新疆	244654	144992	17000	43118	8510	38
新疆兵团	76834	43951	1797	9306	1325	10

在排水设施投资方面，2020 年全国排水设施固定资产投资 2114.78 亿元，地区间差异较大，如图 3-8 所示。其中，广东省遥遥领先，当年排水设施投资达到了 318.44 亿元，山东省次之，为 171.43 亿元。2020 年排水设施固定资产投资总额超过 100 亿元的省份还有江苏、安徽、福建、湖北、四川，投资额分别为 128.9 亿元、113.92 亿元、115.25 亿元、128.4 亿元、141.17 亿元。18 个省（区、市）排水设施的固定资产投资额在 20 亿～80 亿元之间，分别为广西、江西、浙江、河北、河南、上海、湖南、重庆、辽宁、陕西、北京、黑龙江、新疆、甘肃、云南、吉林、天津、内蒙古；还有 6 个省（区、市）的排水投资不足 20 亿元，分别是贵州、宁夏、山西、海南、青海、西藏，其中青海与西藏投资额少于 5 亿元，尤以西藏最少，仅 0.3 亿元，青海次之，2.39 亿元。

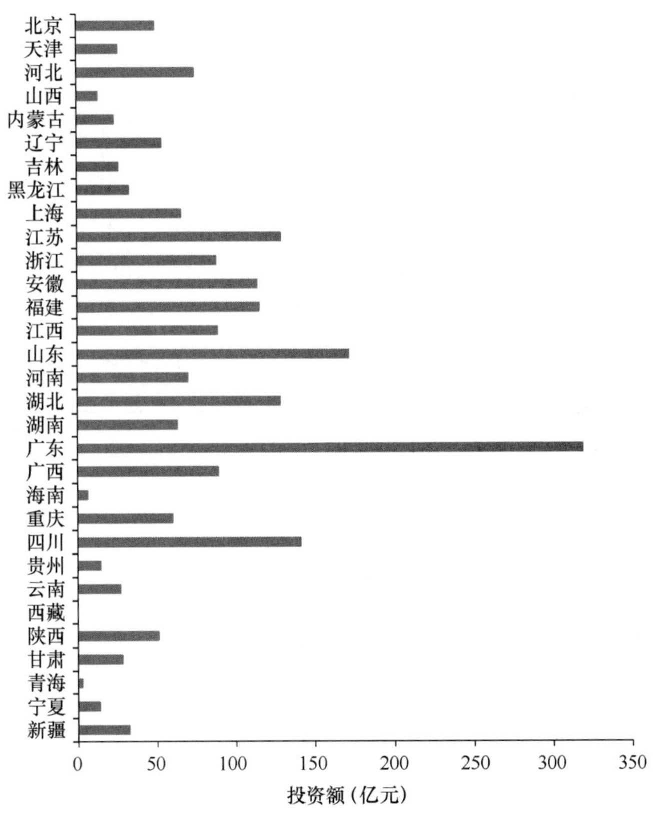

图 3-8　2020 年各省（区、市）排水固定资产投资

在污水处理设施投资方面，2020 年全国共完成固定资产投资 1013.07 亿元，如图 3-9 所示，省域差异仍十分明显。其中，广东省的固定资产投资额远超其他省份，达 239.7 亿元，排名第二的福建省污水处理设施投资额为 78.42 亿元。污

水处理设施投资在 20 亿元以上的还有四川、江苏、上海、浙江、山东、湖南、安徽、江西、湖北、河南、甘肃、陕西和河北，投资垫底的是海南和青海，投资额分别是 1.81 亿元和 1.07 亿元。

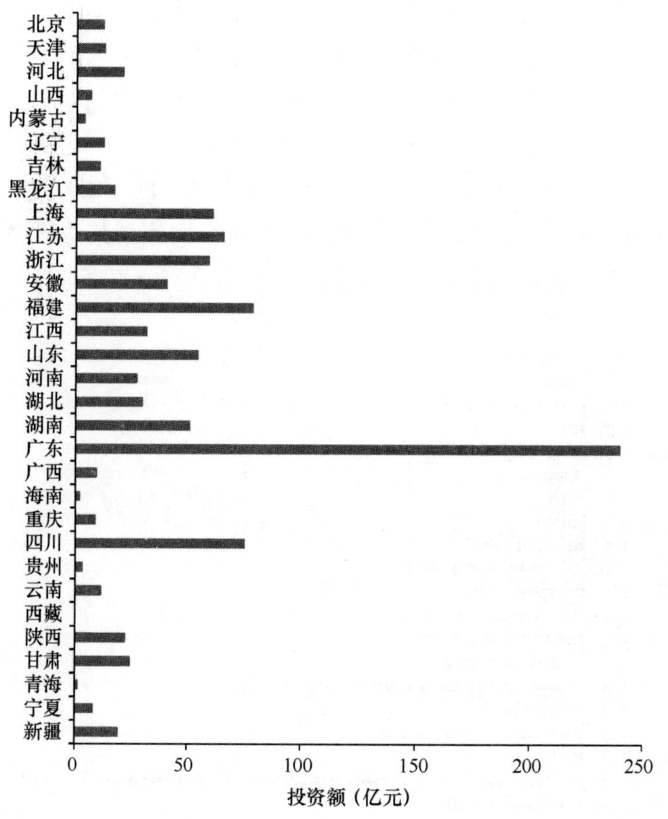

图 3-9 2020 年各省（区、市）污水处理固定资产投资额

在排水设施建设方面，至 2020 年，全国共建成排水管道 802720.77km，城市排水管道覆盖密度达到了 11.11km/km^2。截至 2020 年，在 31 个省（区、市）中，广东省建成排水管道最长，达 122541.47km；其次为江苏省、山东省和浙江省，分别为 88001.21km、69863.68km 和 52571.69km；西藏、宁夏和青海的排水管道最短，均不足 3500km，分别为 861.22km、2297.26km 和 3301.33km。从城市排水管网的密度来看，前五名依次是青海、吉林、湖南、重庆和黑龙江，分别达 18.72km/km^2、14.86km/km^2、13.95km/km^2、13.94km/km^2 和 13.92km/km^2，说明这些地区的设施建设不仅重地上，也重地下；浙江、陕西、山西、广东和四川的城市排水管网密度最低，分别为 7.34km/km^2、7.32km/km^2、6.97km/km^2、4.38km/km^2 和 3.38km/km^2。具体如图 3-10 所示。

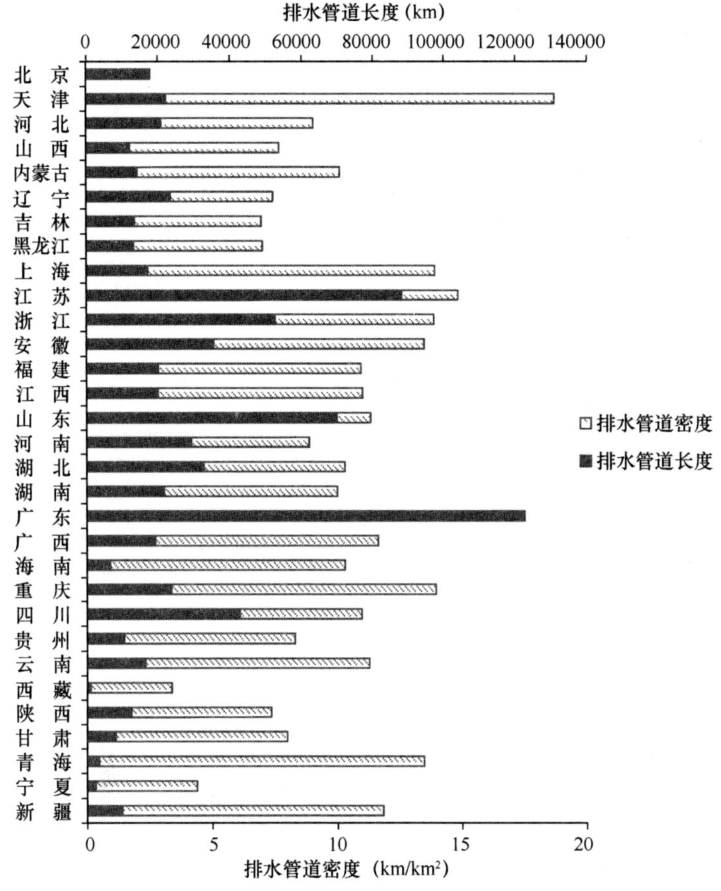

图 3-10　2020 年各省（区、市）建成排水管道长度及管道密度

在污水处理设施建设方面，截至 2020 年，我国共建成污水处理厂 2618 座，日均处理能力达 1.92 亿 m^3，污水处理率达到了 97.53%。其中，广东省拥有的污水处理厂数量最多，达 320 座，其次为山东和江苏，分别为 218 座和 206 座，西藏、青海、宁夏、海南拥有的污水处理厂数量最少，分别为 9 座、14 座、23 座和 25 座，具体如图 3-11 所示。在污水处理能力方面，广东省日均处理能力最高，达 2714.8 万 m^3/d，江苏省、山东省、浙江省和辽宁省日均处理能力也超 1000 万 m^3/d，分别为 1480.94 万 m^3/d、1364.76 万 m^3/d、1173.87 万 m^3/d 和 1009.36 万 m^3/d，具体如图 3-12 所示。

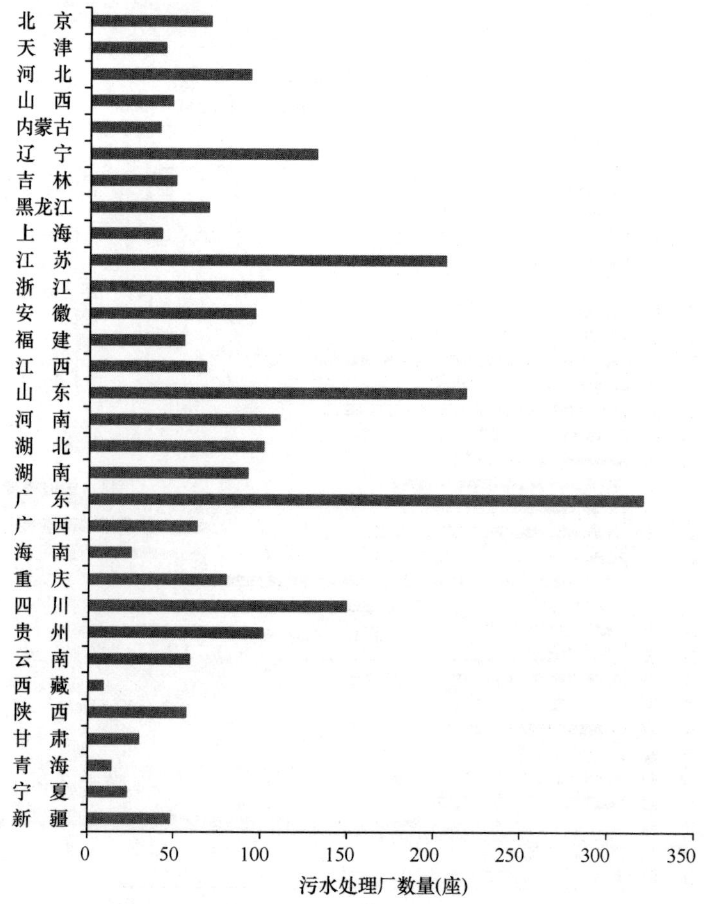

图 3-11　2020 年各省（区、市）污水处理厂座数

四、排水与污水处理设施投资增长情况

（一）全国排水与污水处理设施投资增长的总体情况

全国排水与污水处理设施投资总体呈上升趋势，如表 3-3、图 3-13、图 3-14 所示。然而，在 2011 年，排水与污水处理设施的投资增长出现陡降，特别是污水处理设施投资，从 2010 年的 492 亿元降至 2011 年的 282 亿元，投资额几近腰斩。排水设施投资也出现下滑，从 2010 年的 902 亿元降至 770 亿元，降幅为 14.59%。2011 年后，全国城市基础设施总投资趋于平稳；自 2014 年起，城市排水与污水处理设施的投资保持较好的增长态势，2020 年排水与污水处理设施的投资呈现出较大的增长态势。具体见表 3-3。

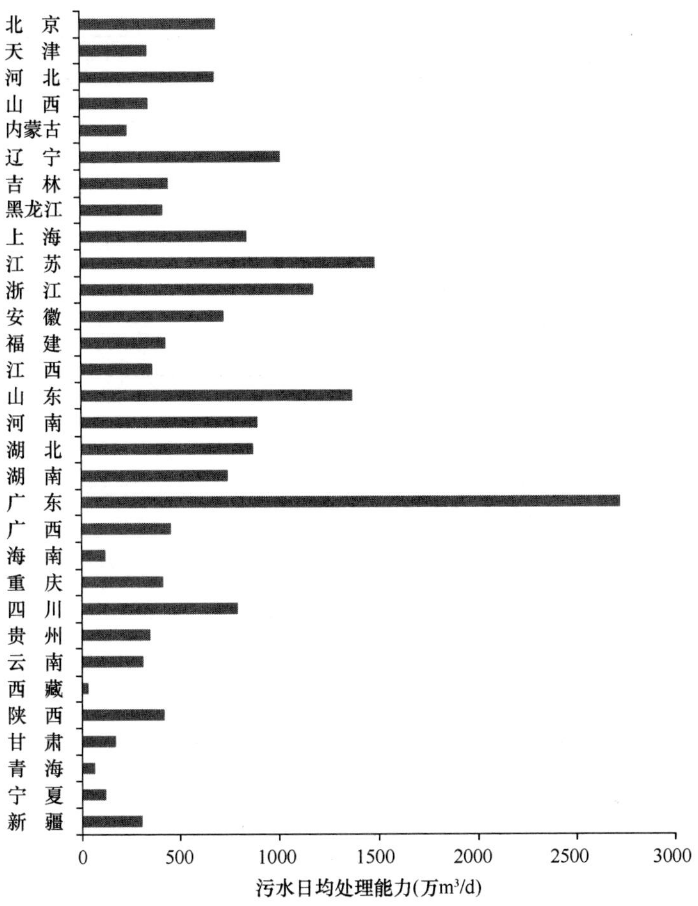

图 3-12　2020 年各省（区、市）污水日均处理能力

2006～2020 年全国城市排水与污水处理设施投资额（亿元）　　**表 3-3**

年份	排水设施	污水处理设施
2006	332	152
2007	410	212
2008	496	265
2009	730	389
2010	902	492
2011	770	282
2012	704	238
2013	779	316

续表

年份	排水设施	污水处理设施
2014	900	305
2015	983	379
2016	1223	409
2017	1344	421
2018	1530	760
2019	1562	756
2020	2115	1013

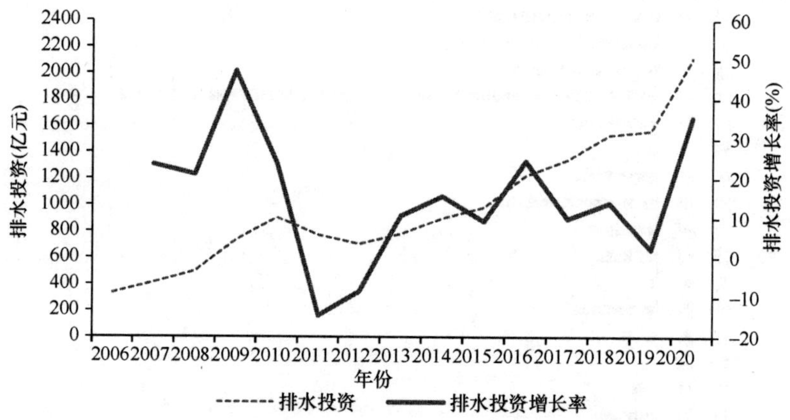

图 3-13　2006～2020 年全国城市排水设施投资情况

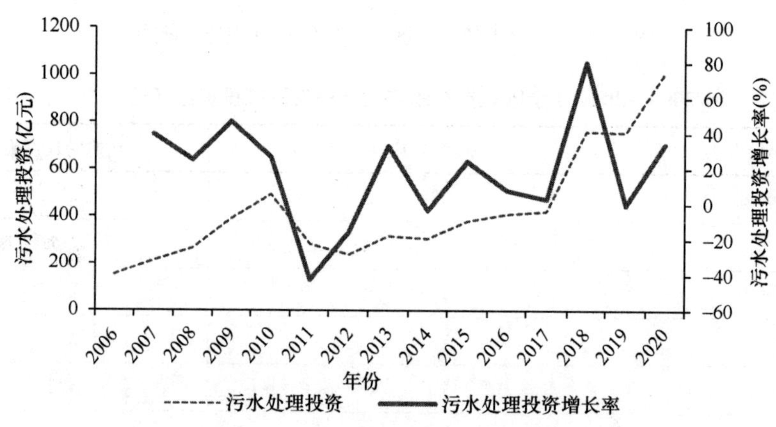

图 3-14　2006～2020 年全国城市污水处理设施投资情况

（二）各地区城市排水设施投资增长比较

从全国31个省、自治区、直辖市的情况看，各地城市水务设施投资尽管总体呈上升趋势，但也存在较大的地区差异和行业差异，下面我们将区分东、中、西和东北四个区域，对城市供水、排水和污水处理设施逐一进行分类分析。从城市排水设施投资总额上看，各个地区设施投资的平均水平差距依然不大，但地区内各个省（区、市）之间的差距较大。相对来说，东部地区各省的城市排水设施投资略高于其他三个地区，见表3-4。

各省（区、市）2006～2020年城市排水设施投资额（亿元）　　**表3-4**

地区	2006年	2007年	2008年	2009年	2010年	2011年	2012年	2013年	2014年	2015年	2016年	2017年	2018年	2019年	2020年
北京	4	11	1	25	17	38	40	52	114	149	280	145	119	116	49
天津	5	1	10	20	25	15	10	10	16	16	7	12	30	30	26
河北	17	17	23	34	54	36	27	28	21	20	35	55	32	42	74
山西	1	1	4	19	20	16	5	9	10	25	12	13	8	14	13
内蒙古	14	4	14	13	40	30	30	29	41	38	30	38	17	18	23
辽宁	20	23	18	27	14	67	67	29	10	8	9	28	38	8	53
吉林	5	9	7	12	11	7	5	7	11	20	8	10	9	22	26
黑龙江	4	9	12	20	23	10	14	17	11	13	13	16	13	12	33
上海	18	25	32	29	34	11	17	15	10	8	22	49	134	99	66
江苏	25	36	45	58	85	86	72	119	123	123	137	132	149	120	129
浙江	20	24	47	44	34	22	26	36	68	65	70	83	71	47	88
安徽	13	10	23	25	24	37	36	56	42	47	39	58	80	73	114
福建	6	13	14	12	15	43	19	18	25	30	31	36	84	58	115
江西	7	5	6	13	18	13	14	14	21	19	33	56	42	91	89
山东	39	57	66	76	59	82	52	71	73	69	80	89	98	98	171
河南	17	11	13	21	20	16	26	22	22	24	35	74	46	53	70
湖北	14	15	18	29	24	54	95	46	68	51	119	139	145	168	128
湖南	10	14	14	43	20	21	18	38	39	45	40	29	34	29	63
广东	32	35	54	76	212	59	26	23	26	25	39	67	127	194	318
广西	13	21	24	36	39	18	14	33	31	39	45	29	32	31	89
海南	0	4	2	12	6	7	11	9	3	6	9	17	12	15	6
重庆	20	16	11	11	7	18	15	10	5	6	9	31	42	48	60

续表

地区	2006年	2007年	2008年	2009年	2010年	2011年	2012年	2013年	2014年	2015年	2016年	2017年	2018年	2019年	2020年
四川	8	22	12	18	12	17	24	30	30	27	43	49	68	89	141
贵州	4	8	5	3	3	8	3	10	23	21	3	13	18	8	14
云南	5	2	4	16	44	13	9	5	12	12	17	24	28	20	27
西藏	1	0	0		0	0	0	0	1	5	4	2	1	0.02	0
陕西	5	9	13	16	15	11	10	16	23	15	19	21	21	26	51
甘肃	3	5	1	4	10	5	5	3	5	14	8	9	15	10	28
青海	1	1	1	2	3	3	1	1	2	4	2	3	1	2	2
宁夏	1	1	1	3	2	2	1	4	1	2	2	2	2	5	13
新疆	1	3	2	12	11	7	13	18	12	34	24	17	15	15	32

城市排水设施投资的地区间差异具体如图 3-15～图 3-18 所示。在东部地区，各省城市排水设施投资近年基本都保持增长态势。其中，山东、广东两省的城市排水设施投资额显著高于其他省份，均超过 150 亿元。

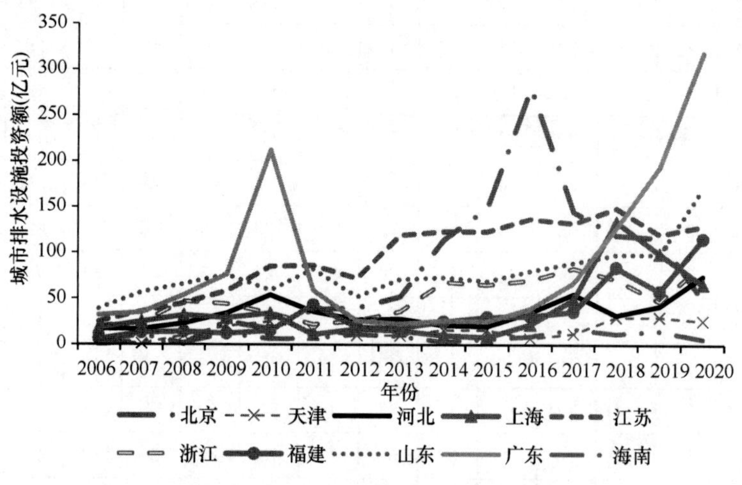

图 3-15　东部地区城市排水设施投资情况（2006～2020 年）

从 2020 年的投资涨幅来看，西藏、辽宁、广西增长幅位居前三，涨幅超过 150%，而包括江西、山西、天津、湖北、上海、北京和海南排水投资额下降，其中北京和海南降幅超过 50%。从地区分布上看，各个地区城市排水设施投资额均呈上升趋势。

东部地区中，广东省在 2010 年达到小高峰后城市排水设施投资额波动下降，直到 2017 年开始出现增长态势，近三年涨幅陡增；天津市虽增长率较高，但是

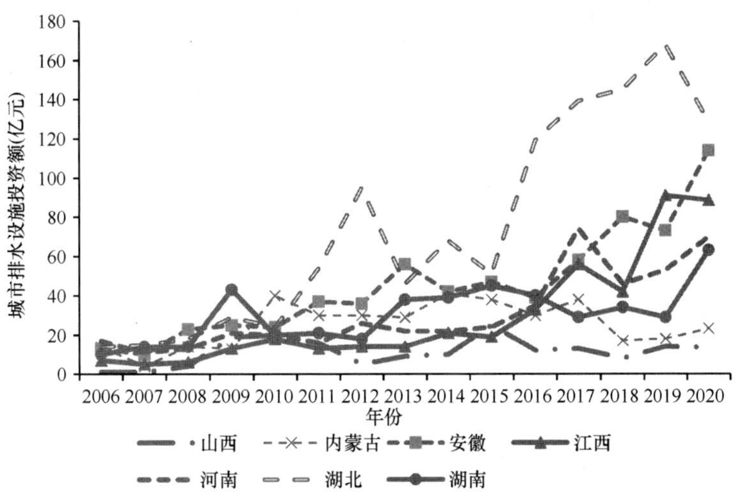

图 3-16 中部地区城市排水设施投资情况（2006～2020 年）

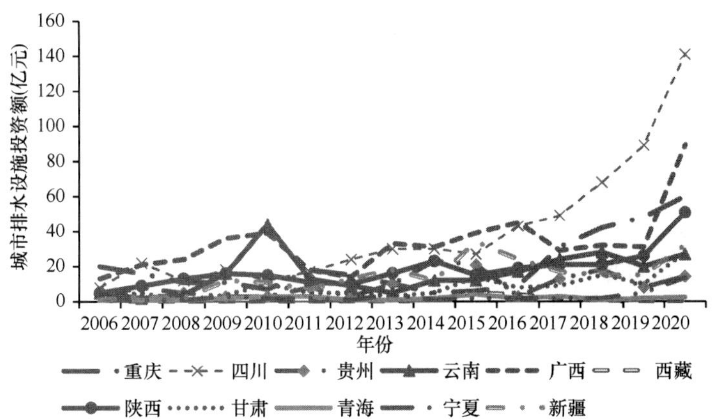

图 3-17 西部地区城市排水设施投资情况（2006～2020 年）

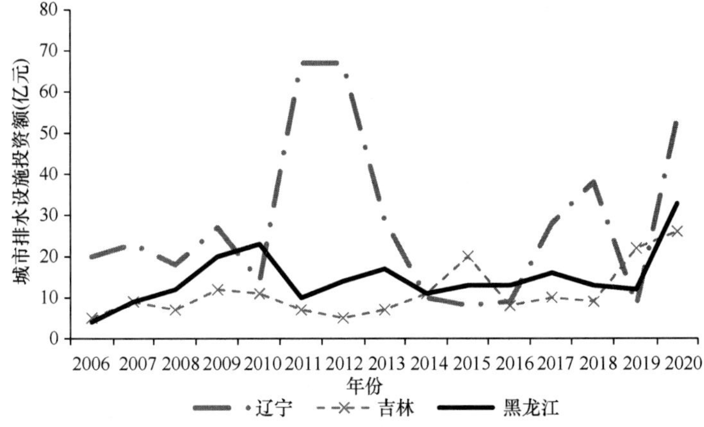

图 3-18 东北地区城市排水设施投资情况（2006～2020 年）

绝对值数额小；河北省前两年城市排水设施投资额增长迅猛，速度保持在 50%以上，然而 2018 年下降接近 50%，2019～2020 年又有所上涨，2020 年涨幅为 77.18%；福建省 2018 年城市排水设施投资额达到最大，2019 年有所回落，2020 年增长迅猛，涨幅达到 98.7%；海南省 2017 年城市排水设施投资额达到最大，之后呈现波动态势，2020 年降幅达到 58.4%；北京和上海 2020 年排水设施投资额均有所回落，降幅达到 57.56%和 33.66%；其他省市在 2020 年城市排水设施投资额均有增长。中部地区中，湖北省城市排水设施投资额在 2012 年后波动很大，在三个年份中增长幅度超过 50%，但在 2020 年城市排水设施投资额出现有所回落，降低了 23.56%；此外，除山西省和江西省城市排水设施投资额 2020 年出现下降，其他省份城市排水设施投资额均上升。西部地区中，西藏、甘肃、宁夏和新疆的城市排水设施投资额在 2020 年增长超过 100%，形势喜人；贵州、四川和陕西城市排水设施投资额增长都在 50%以上；其余省份 2020 年的城市排水设施投资额均呈上升趋势。对于东北三省，辽宁省城市排水设施投资额增长最为明显，涨幅超过了 500%，黑龙江与吉林的城市排水设施投资额涨幅分别为 173.19%和 18.35%。

从城市排水设施投资增长复合率来看，新疆的城市排水设施投资增长最快，年均复合增长率为 28.13%，西藏的排水设施投资增长最慢，年均复合增长率为 −8.24%，具体见表 3-5。其中，海南省数据缺失，福建、四川、宁夏和山西的城市排水设施投资增速超过了 20%，江西、北京、陕西、广东、甘肃、湖北、安徽和黑龙江的排水设施投资年均复合增长率处于 15%～20%。

2006～2020 年各省（区、市）城市排水设施投资复合增长率　　表 3-5

排名	地区	年均复合增长率	排名	地区	年均复合增长率
1	新疆	28.13%	17	吉林	12.51%
2	福建	23.50%	18	天津	12.50%
3	四川	22.76%	19	江苏	12.43%
4	宁夏	20.37%	20	浙江	11.17%
5	山西	20.34%	21	山东	11.16%
6	江西	19.88%	22	河北	11.12%
7	北京	19.64%	23	河南	10.62%
8	陕西	18.00%	24	上海	9.69%
9	广东	17.84%	25	贵州	9.53%
10	甘肃	17.26%	26	重庆	8.15%
11	湖北	17.15%	27	辽宁	7.27%
12	安徽	16.77%	28	青海	6.42%
13	黑龙江	16.21%	29	内蒙古	3.70%
14	广西	14.76%	30	西藏	−8.24%
15	湖南	14.06%	31	海南	
16	云南	12.77%			

分地区看各地城市排水设施投资复合增长的情况，中部地区的投资年均复合增长率最高，东部地区次之，西部地区再次，东北地区最低，如图 3-19 所示。

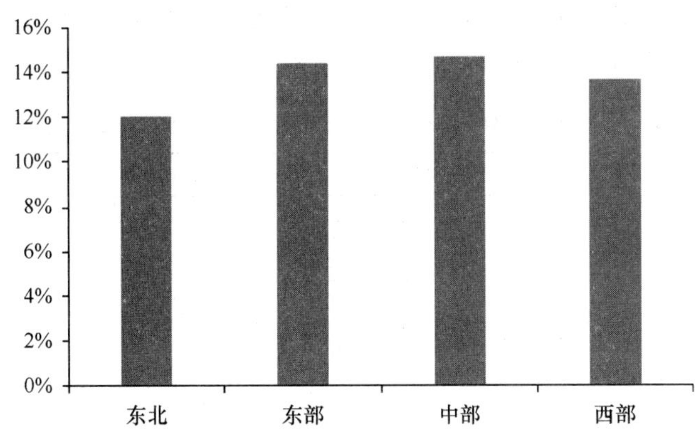

图3-19　各地区城市排水设施投资年均复合增长率（2006～2020 年）

与城市排水设施投资持续增长相对应的，各地区的排水管道长度也在持续增长，而且东部地区的管道长度占比始终稳定在 50%以上，中部地区次之，西部地区的排水管道最少。从管道长度的占比来看，地区间的差异在逐步缩小，如图 3-20 所示，2020 年东部地区的排水管道占比比较 2006 年下降了 7 个百分点，但总体稳定在五成以上；中部地区占比非常稳定，为 22%～25%；西部地区情况则与东部地区恰好相反，占比上升了近 7%。

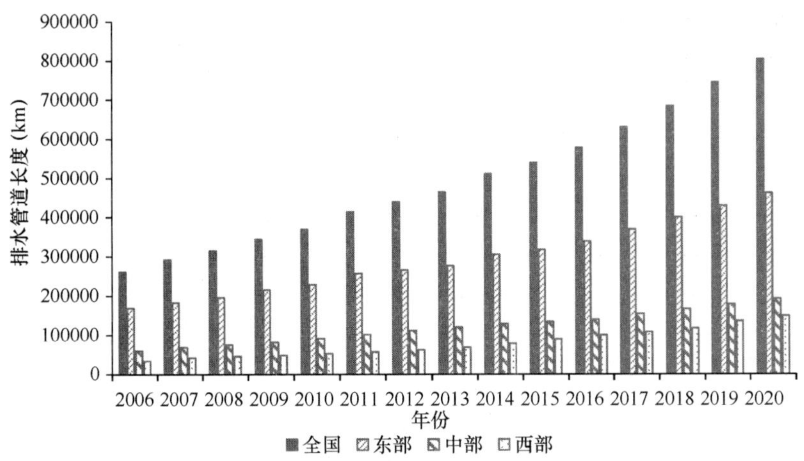

图 3-20　各地区城市排水管道长度（2006～2020 年）

（三）各地区城市污水处理设施投资增长比较

从城市污水处理设施投资总额上看，东部地区高于其他三个地区，其次依然是中部地区、东北地区与西部地区，见表 3-6。

各省（区、市）2006～2020 年城市污水处理设施投资额（亿元）　　**表 3-6**

地区	2006	2007	2008	2009	2010	2011	2012	2013	2014	2015	2016	2017	2018	2019	2020
北京	2	11	0	4	5	6	7	6	10	14	90	71	34	60	12
天津	1	0	2	7	8	3	0	0	0	5	2	10	22	13	12
河北	9	8	12	21	15	11	15	10	4	4	7	13	11	12	21
山西	1	1	2	6	18	1	3	5	7	20	4	2	4	10	6
内蒙古	8	3	3	3	8	17	7	14	21	13	20	3	5	6	3
辽宁	3	7	9	18	9	18	20	15	2	3	1	3	5	4	12
吉林	3	7	6	8	7	4	4	3	8	17	3	5	4	12	10
黑龙江	2	5	8	13	19	6	7	7	6	10	5	7	7	5	17
上海	2	12	14	11	10	4	0	0	0	3	4	37	107	64	61
江苏	10	29	27	39	33	53	30	52	25	45	40	38	76	48	66
浙江	12	11	28	27	20	12	9	14	25	40	40	36	37	27	59
安徽	5	4	12	13	12	11	12	16	14	15	9	13	37	29	40
福建	4	7	7	8	12	17	8	10	16	19	6	11	50	28	78
江西	5	3	3	8	5	6	6	8	12	9	4	10	20	42	31
山东	20	22	23	23	23	17	21	25	20	17	19	13	31	42	54
河南	7	6	9	14	12	7	12	12	11	14	7	24	10	19	27
湖北	5	8	10	13	9	7	12	34	15	26	23	48	72	43	30
湖南	8	12	10	38	12	13	8	24	26	29	26	8	18	16	51
广东	28	26	45	59	190	26	20	13	15	18	33	9	102	151	240
广西	4	9	13	16	13	11	6	7	9	12	1	6	11	5	9
海南	0	0	0	9	2	1	2	3	2	2	7	8	10	14	2
重庆	1	7	4	4	1	9	6	4	2	3	5	6	18	15	9
四川	2	8	6	8	5	5	6	11	14	13	28	15	37	57	75
贵州	2	2	2	1	1	1	1	2	17	6	1	5	6	3	3
云南	3	0	1	6	28	2	3	3	4	3	2	1	5	9	11
西藏	0	0	0	0	0	0	0	0	1	4	4	1	0		
陕西	0	1	5	4	4	5	4	5	15	9	9	3	8	12	22
甘肃	2	4	0	3	8	5	3	1	1	4	3	4	4	6	24
青海	0	0	0	1	2	2	0	0	0	1	1	3	1	0.3	1
宁夏	0	0	1	3	0	1	0	1	0	0	1	0	0	0.5	8
新疆	0	1	1	1	1	1	4	8	4	3	4	7	7	6	19

城市污水处理设施投资的地区间差异具体如图 3-21～图 3-24 所示。在东部地区，北京市在 2016 年增长迅猛，2017 年有所回落，2018 年污水处理设施投资持续下降，降幅超过 50%，2019 年有所上升，增幅为 76%，2020 年又有所回落，降幅为 80.31%；广东省在 2010 年增长出现小高峰，之后有所回落，2018 年开始迅速增长，2020 年增幅为 58.64%；上海市在 2011～2016 年一直保持在 5 亿元以内，但在 2017 年翻了 7 倍多，2018 年持续增长，增幅达到 188.57%，2019～2020 年又持续回落；福建省 2019 年投资额有所下降，2020 年增长迅猛，增幅为 180.08%；河北省投资额 2018 年后保持稳定增长。在中部地区，山西、内蒙古、江西以及湖北 2020 年污水处理设施投资均有所下降，其余所有省份 2020 年污水处理设施投资均有所增加，湖南投资额的增长较其他省市增长较快，增幅在 200%以上。在西部地区，重庆 2020 年的投资额相较于 2019 年有所回

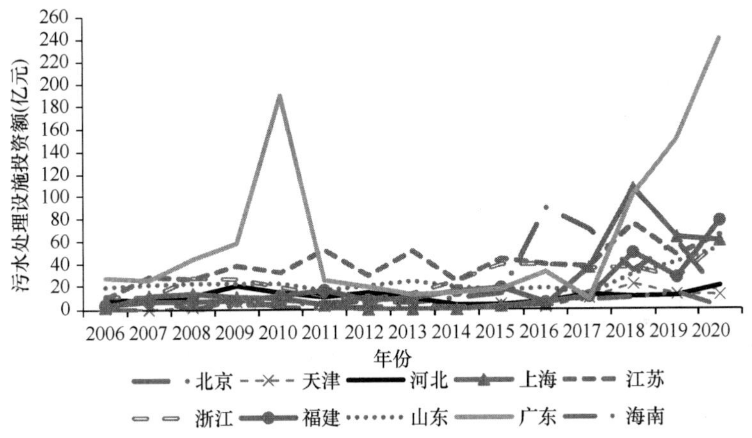

图 3-21　东部地区城市污水处理设施投资情况（2006～2020 年）

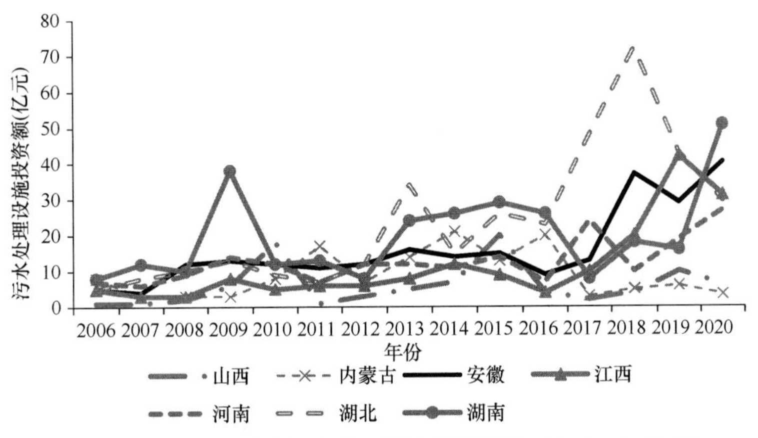

图 3-22　中部地区城市污水处理设施投资情况（2006～2020 年）

落，降幅为 41.81%，其他城市的投资额均呈现增长态势。对于东北三省，吉林省 2020 年投资额出现回落，其余两省均保持增长。

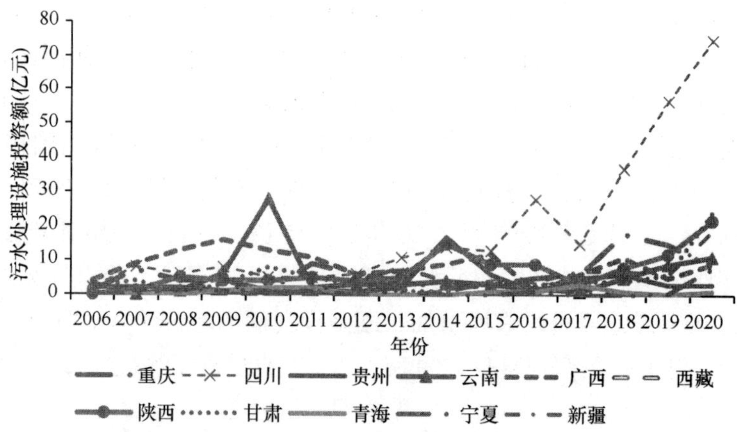

图 3-23　西部地区城市污水处理设施投资情况（2006～2020 年）

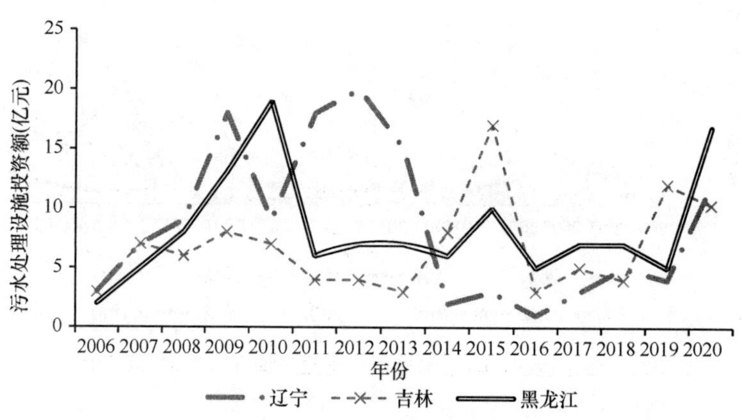

图 3-24　东北地区城市污水处理设施投资情况（2006～2020 年）

如图 3-25 所示，从城市污水处理设施投资增长复合率来看，四川的城市污水处理设施投资增长最快，年均复合增长率为 29.53%，内蒙古的污水处理设施投资增长最慢，年均复合增长率为－5.79%，不增反降，具体见表 3-7。其中，城市污水处理设施投资增速最快的分别是四川、上海和福建，年均复合增长率都超过了 20%；年均复合增长率为负数的只有内蒙古。

分地区看各地城市污水处理设施投资复合增长的情况，东部地区的投资年均复合增长率最高，东北地区次之，中部地区再次，西部地区最低。东部地区增长最高原因可能是前期投资水平较低、设施不够完备，后续的设施投资增幅相比较大。东部地区增长较高的原因与其经济发展水平与工业化程度是密不可分的。

2006～2020年各省（区、市）污水处理设施投资复合增长率 表3-7

排名	地区	年均复合增长率	排名	地区	年均复合增长率
1	四川	29.53%	17	辽宁	10.43%
2	上海	27.61%	18	河南	10.10%
3	福建	23.68%	19	云南	9.92%
4	天津	19.72%	20	吉林	9.20%
5	甘肃	19.52%	21	山东	7.41%
6	重庆	16.74%	22	河北	6.07%
7	广东	16.58%	23	广西	6.07%
8	黑龙江	16.42%	24	贵州	3.01%
9	安徽	16.07%	25	内蒙古	−5.79%
10	江苏	14.38%	26	海南	
11	湖南	14.11%	27	西藏	
12	山西	13.98%	28	陕西	
13	江西	13.96%	29	青海	
14	北京	13.53%	30	宁夏	
15	湖北	13.52%	31	新疆	
16	浙江	12.08%			

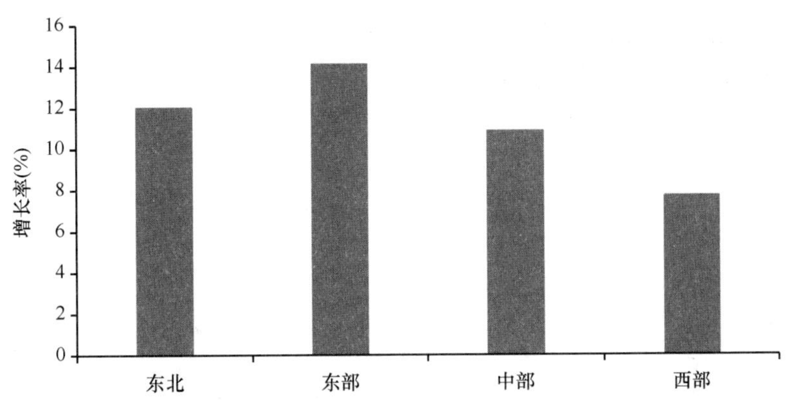

图3-25 各地区城市污水处理设施投资复合增长率（2006～2020年）

由以上分析可见，快速增长的城镇化和工业化对城市排水与污水处理设施建设提出了更高要求。为了适应不断加快的城镇化进程的需求，我国城市排水与污水处理设施需要持续投入大量的资金，巨大的投资需求客观要求必须拓宽现有的设施投融资渠道、创新投融资模式，以保障充裕的投资资金。

第二节　排水与污水处理行业生产与供应

随着我国污水处理厂数量的急剧攀升，污水处理能力取得了巨大突破，扭转了城镇污水处理设施建设滞后于城市化发展的局面，是全世界短时间内污水处理能力增长最快的国家，污水处理企业的处理能力和处理技术都得到了稳步增长，行业的生产效率和减排效益不断提升。

一、污水处理能力

截至 2020 年底，全国设市城市建成投入运行污水处理厂 2618 座，其中二、三级污水处理厂 2441 座；全国污水处理率高达 97.53%，污水处理能力达到了 19267.1 万 m^3/d，处理量 5472276 万 m^3。

从 20 世纪 90 年代开始，我国污水处理设施建设开始稳步增长，全国城市污水处理厂的数量从 1991 年的 87 座增加到 2020 年的 2618 座。其中，增速最快的阶段是 2008～2010 年，恰逢世界金融危机，全国经济增长放缓、投资下滑，国家投入 4 万亿用于基础设施建设以促进经济复苏，污水处理设施得益于此，各地纷纷投资兴建污水处理厂。随着污水处理厂数量的不断增加，我国污水处理能力也逐年提升，从 1991 年的 317 万 m^3/d，增加至 2020 年的 19267.1 万 m^3/d，如图 3-26 所示。

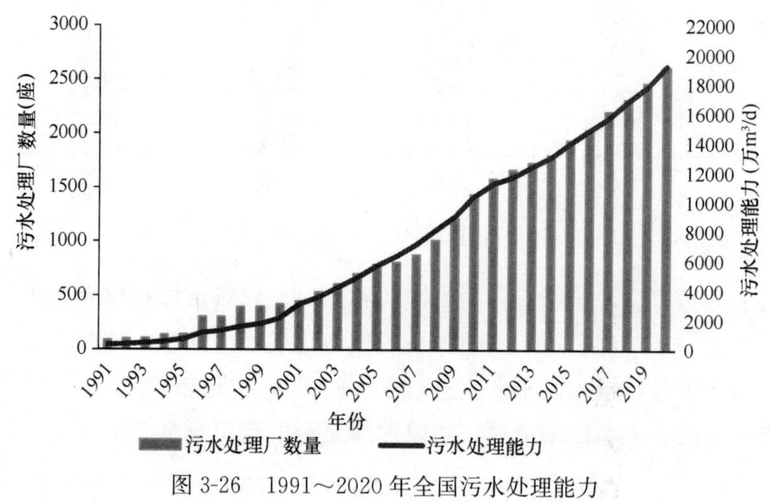

图 3-26　1991～2020 年全国污水处理能力

相应地，全国城市平均污水处理率从 1991 年的 14.86%增长到 2020 年的 97.53%。从图 3-27 可以发现，从 1991 年至 2010 年，全国城市污水处理率一直处于平稳上升期，2010 年之后增速趋于平缓，我国污水处理能力已经达到相当高的水平。

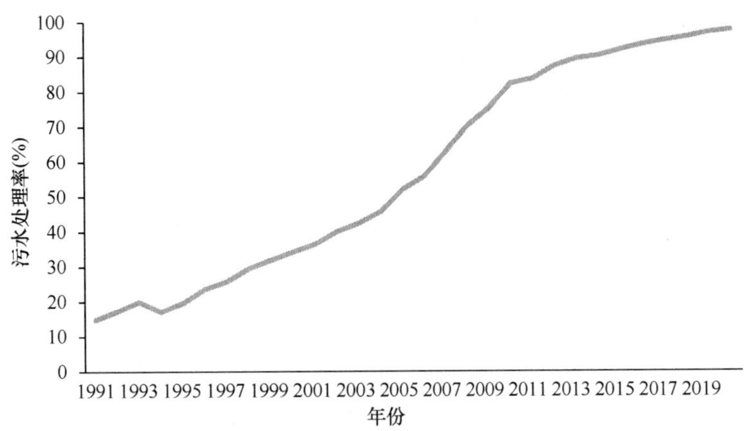

图 3-27　1991～2020 年全国污水处理率

从 1991 年至 2020 年，我国污水处理能力和污水处理量不断提高。如图 3-28 所示，我国污水处理能力呈直线上升的趋势，并在 2010 年首次破万，处理能力为 10435.7 万 m^3/d，到 2020 年更是达到了 19267.1 万 m^3/d。我国的每日污水处理量也从 1991 年的 1220.15 万 m^3/d 提高到了 2020 年的 14992.53 万 m^3/d。在 2003 年，我国日污水处理能力开始超过污水日处理量，数值为 199 万 m^3/d，此后二者差距逐年扩大，到 2020 年，我国日污水处理能力超出了污水日处理量 4275 万 m^3/d。

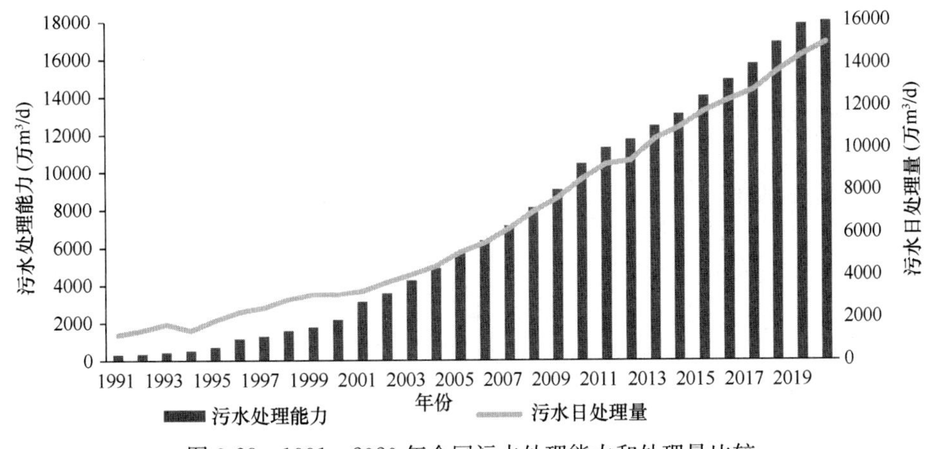

图 3-28　1991～2020 年全国污水处理能力和处理量比较

分地区看，东、中、西部地区污水处理厂的分布极不均衡，见表 3-8。截至 2020 年底，东部地区各省拥有的污水处理厂数量平均超 110 座，但中、西部地区各省平均拥有的污水处理厂数量分别为 75 座和 57 座。

各地区 2020 年污水处理厂平均数量　　表 3-8

地区	各省污水处理厂平均数量（座）
全国	84.45
东部地区	114.42
中部地区	75
西部地区	57

从各省（区、市）的情况来看，目前已建成的污水处理厂数量最多的是广东省，共 320 座，其次是山东、江苏、四川、辽宁和河南，分别为 218 座、206 座、149 座、131 座和 110 座，这也是目前我国已建成污水处理厂不低于 110 座的 6 个省份。西藏、新疆和青海的污水处理厂数量最少，不足 20 座，特别是西藏，只有 9 座污水处理厂。尤为值得一提的是海南省，作为东部地区省份，其污水处理厂也只有 25 座，主要是由于海南省以农业和旅游业为主，工业占比小，全省自身的环境容量较大、水污染较少，因此污水处理厂建设的迫切性远小于其他东部地区省份。具体见表 3-9 和图 3-29。

各省 2020 年建成污水处理厂数量　　表 3-9

地区名称	污水处理厂数量（座）	地区名称	污水处理厂数量（座）
全国	2618	黑龙江	69
北京	70	安徽	96
天津	44	江西	68
河北	93	河南	110
辽宁	131	湖北	101
上海	42	湖南	92
江苏	206	重庆	80
浙江	106	四川	149
福建	55	贵州	101
山东	218	云南	59
广东	320	西藏	9
广西	63	陕西	57
海南	25	甘肃	30
山西	48	青海	14
内蒙古	41	宁夏	23
吉林	50	新疆	48

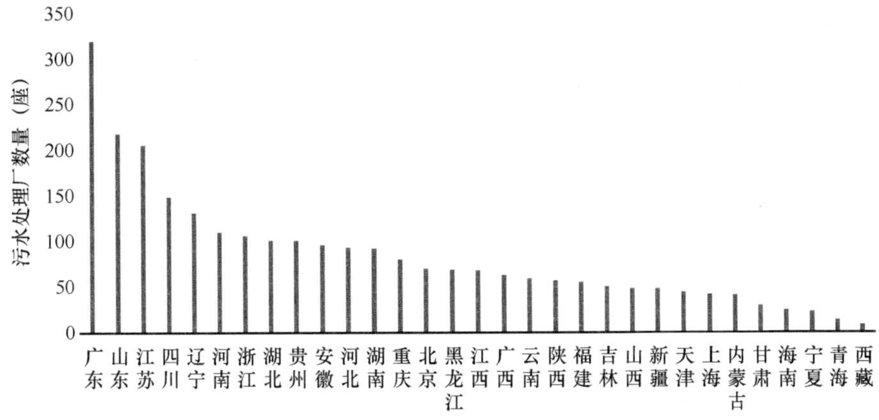

图 3-29 各省 2020 年建成污水处理厂数量

从表 3-10 和图 3-30 统计的各省污水处理量情况来看，污水处理量最多的是广东省，为 810531.51 万 m^3，其次是江苏、山东、浙江、辽宁，分别为 432769.89 万 m^3、335351.51 万 m^3、327629.65 万 m^3、305221.92 万 m^3，污水处理量均超过了 30 亿 m^3。青海和西藏的污水处理量最少，不足 2 亿 m^3，其中西藏的污水处理量仅为 9663.14 万 m^3。作为东部地区省份之一的海南省，也因为该地区以农业和旅游业为主导产业，污水处理量也较少，仅为 36609.91 万 m^3。

各省 2020 年污水处理量 **表 3-10**

地区名称	污水处理量（万 m^3）	地区名称	污水处理量（万 m^3）
全国	5472275.63	黑龙江	113893.31
北京	181252.28	安徽	199818.73
天津	107704.44	江西	107046.69
河北	171325.45	河南	191456.32
辽宁	305221.92	湖北	265160.58
上海	213020.70	湖南	235758.23
江苏	432769.89	重庆	139184.74
浙江	327629.65	四川	241109.49
福建	134279.40	贵州	91426.13
山东	335351.51	云南	105397.42
广东	810531.51	西藏	9663.14
广西	135808.86	陕西	127737.19
海南	36609.91	甘肃	47031.08
山西	95747.11	青海	17599.20
内蒙古	64738.33	宁夏	27221.63
吉林	127507.90	新疆	73272.89

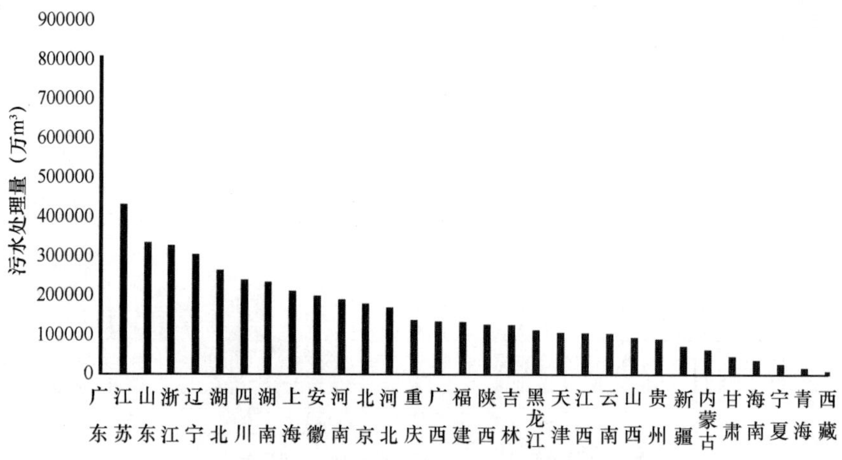

图 3-30　各省 2020 年污水处理量

全国的污水处理率均已达到较高水平，见表 3-11。2020 年全国各地区的污水处理率均在 96%左右，其中东部地区最低，为 95.47%，中、西部地区的污水处理率都超过了 96%，分别为 96.33%和 96.61%。

各地区 2020 年污水处理率　　**表 3-11**

地区	平均污水处理率（%）
全国	95.78
东部地区	95.47
中部地区	96.33
西部地区	96.61

从各省的污水处理率情况来看，大部分省份的污水处理率均超过了 90%。2020 年污水处理率最高的是山西省，为 99.60%，其次是海南、河北、新疆、河南，分别为 98.53%、98.46%、98.30%、98.30%。全国所有省份中，仅位于东部地区的广西壮族自治区的污水处理率没有达到 90%，为 88.73%。具体见表 3-12 和图 3-31。

各省 2020 年污水处理率　　**表 3-12**

地区名称	污水处理率（%）	地区名称	污水处理率（%）
全国	97.53（此处为年鉴数据）	上海	96.17
北京	94.76	江苏	90.19
天津	95.76	浙江	96.75
河北	98.46	福建	93.40
辽宁	97.44	山东	98.11

续表

地区名称	污水处理率（%）	地区名称	污水处理率（%）
广东	97.57	湖南	96.95
广西	88.73	重庆	97.84
海南	98.53	四川	93.57
山西	99.60	贵州	97.44
内蒙古	97.80	云南	96.65
吉林	97.69	西藏	96.28
黑龙江	92.16	陕西	96.79
安徽	95.76	甘肃	97.18
江西	96.47	青海	95.31
河南	98.30	宁夏	96.74
湖北	92.24	新疆	98.30

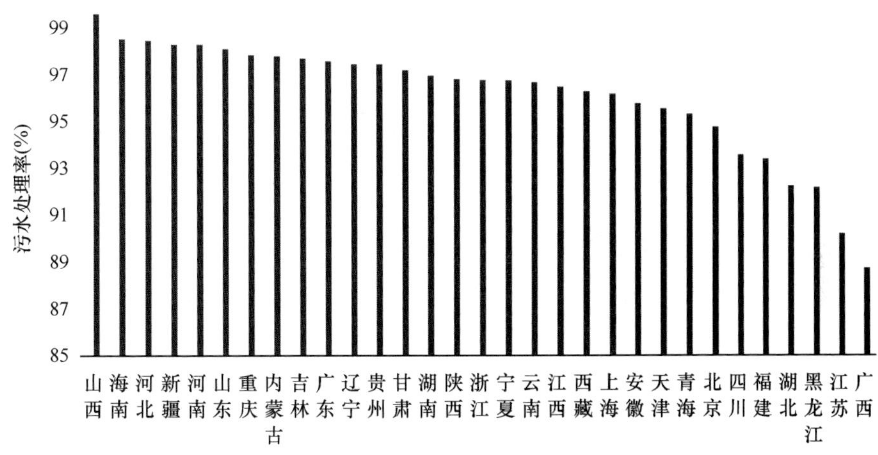

图 3-31 各省 2020 年污水处理率

然而，我们不能简单地以污水处理率的高低来判断一个地区的污水是否达到全收集、全处理，因为一些地区的污水处理厂处理的并不是排水管网收集的生活或工业污水，而是大量的雨水甚至是溢流的河水，导致污水处理量虚高，表现出来的结果就是污水处理率较高。

二、污泥无害化处理处置

近年来，我国先后颁布了城镇污水处理厂污泥处理处置的一系列国家和行业标准，发布了《城镇污水处理厂污泥处理处置及污染防治技术政策（试行）》和

《城镇污水处理厂污泥处理处置技术指南（试行）》，明确了污泥处理处置“减量化、稳定化、无害化、资源化”的原则。

从表 3-13 来看，随着我国污水年处理量的增加，从 2007 年开始，我国干污泥产生量和处置量快速上升，并在 2010 年都达到了较高的水平，首次超过了 1000 万 t，而 2011 年干污泥产生量和处置量又回落到 600 多万 t，此后呈现出整体上升的趋势。污水的干污泥产生量在 2010 年达到最高点 3.31t/万 m^3，2011 年迅速下降到 2t/万 m^3 以下，直至 2017 年才重新回升。我国干污泥处置率总体保持在 95%以上，最高水平为 2010 年的 98.45%，仅 2013 年、2015 年和 2017 年在 95%以下，分别为 94.27%、94.98%和 90.34%，如图 3-32 所示。2020 年，我国累计产生干污泥 11627678.15t，污水的干污泥产生量为 2.09t/万 m^3，处置干污泥 11160221.68t，干污泥处置率为 95.98%。与 2019 年相比，2020 年污水年处理量、干污泥产生量和处置量均有所提高，分别增长了 314283 万 m^3、600407t 和 522021t。污水干污泥产生量从 2019 年的 2.10t/万 m^3 减少为 2020 年的 2.09t/万 m^3，2020 年干污泥处置率较 2019 年下降了 0.49%，从 96.47%变为 95.98%。

2007～2020 年全国干污泥处理总体情况 **表 3-13**

年份	污水年处理量（万 m^3）	干污泥产生量（t）	干污泥处置量（t）
2007	2269847	5414316	5148040
2008	2560041	6601709	6392444
2009	2793457	8926100	8734903
2010	3117032	10322692	10162455
2011	3376104	6500366	6357094
2012	3437868	6550551	6391019
2013	3818948	6555644	6180004
2014	4016198	7115301	6812987
2015	4288251	7462862	7087960
2016	4487944	7997232	7606166
2017	4654910	10530970	9513973
2018	4976126	11758781	11290401
2019	5258499	11027271	10638201
2020	5572782.02	11627678.15	11160221.68

从地区情况看，2020 年东、中、西部地区干污泥产生量和处置量极不平衡，见表 3-14。截至 2020 年底，东部地区干污泥产生量平均为 7271086.86t，是中

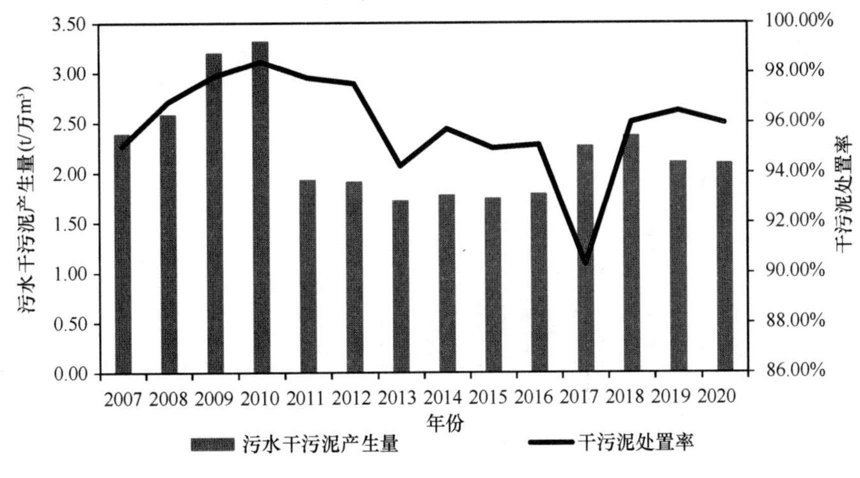

图 3-32 2007～2020 年全国干污泥处理能力

部地区的 2.10 倍，是西部地区的 3.44 倍。而东部地区的干污泥处置量平均为 7252718.35t，分别为中、西部地区的 2.21 倍和 4.18 倍。

各地区 2020 年干污泥产生量和处置量的平均数 **表 3-14**

地区	干污泥产生量（t）	干污泥处置量（t）
东部地区	7271086.86	7252718.35
中部地区	2596752.05	2462938.05
西部地区	1759839.24	1444565.28

由于发展水平的差异，我国 2020 年各省（区、市）的干污泥产生量和处置量存在一定的差距，如表 3-15 及图 3-33、图 3-34 所示。在干污泥产生量方面，

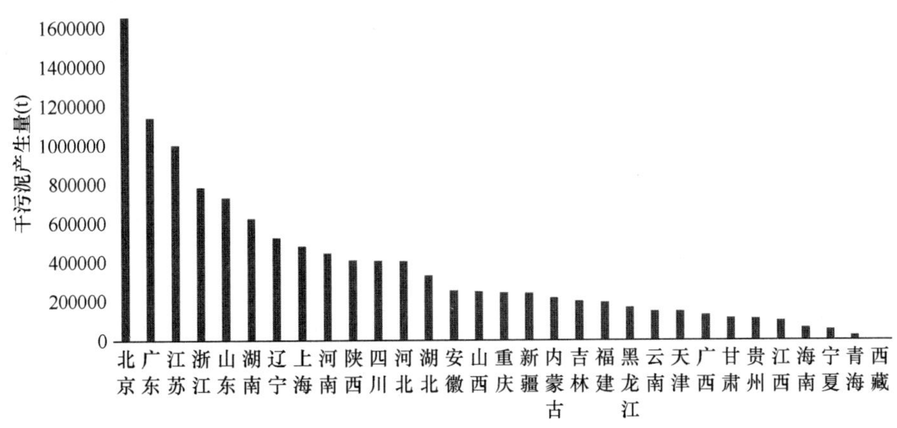

图 3-33 2020 年各省（区、市）干污泥产生量

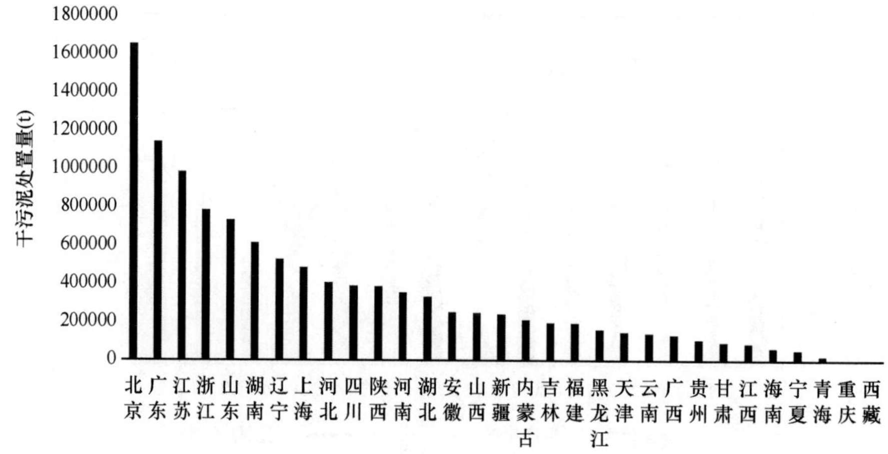

图 3-34　2020 年各省（区、市）干污泥处置量

北京位居第一，产生了 1656419.12t，广东、浙江、江苏位居第二、第三、第四名，都在 100 万 t 以上，而西藏是所有省（区、市）中干污泥产生量最少的，仅 2352.26t。在干污泥处置量方面，北京仍遥遥领先，处置量为 1655305.14t，广东、浙江、江苏紧随其后，仅有两个省（区、市）干污泥处置量没有达到 1 万 t，即重庆和西藏，分别处置了 3703.19t 和 2344.26t。

各省（区、市）2020 年干污泥产生量和处置量　　　　**表 3-15**

地区名称	干污泥产生量 （t）	干污泥处置量 （t）
北京	1656419.12	1655305.14
天津	148352.00	148333.79
河北	407528.60	406141.73
山西	249548.15	248531.15
内蒙古	216651.15	212454.08
辽宁	526327.20	525727.17
吉林	200866.28	197902.78
黑龙江	168446.30	162770.30
上海	484087.30	484087.10
江苏	1001562.27	984035.96
浙江	784582.97	784581.80
安徽	253726.87	253692.80
福建	194923.35	194870.32
江西	100458.74	86701.87

续表

地区名称	干污泥产生量 （t）	干污泥处置量 （t）
山东	730680.71	730432.40
河南	448459.83	355161.60
湖北	332954.80	332797.70
湖南	625639.93	612925.77
广东	1141883.30	1141968.84
广西	130601.62	133095.69
海南	64138.42	64138.41
重庆	243490.18	3703.19
四川	408349.06	389530.61
贵州	109596.80	107695.84
云南	148872.97	141635.68
西藏	2352.26	2344.26
陕西	411663.61	386864.77
甘肃	114011.23	94227.71
青海	24537.25	22068.17
宁夏	54134.75	54129.75
新疆	242831.13	242365.30

从图 3-35 来看，我国各省（区、市）的干污泥处置能力也存在明显差距。北京污水的干污泥产生量位列第一，高达 9.14t/万 m^3，其余城市均在 5t/万 m^3 以下，广西、江西、西藏均低于 1t/万 m^3，分别为 0.96t/万 m^3、0.94t/万 m^3、

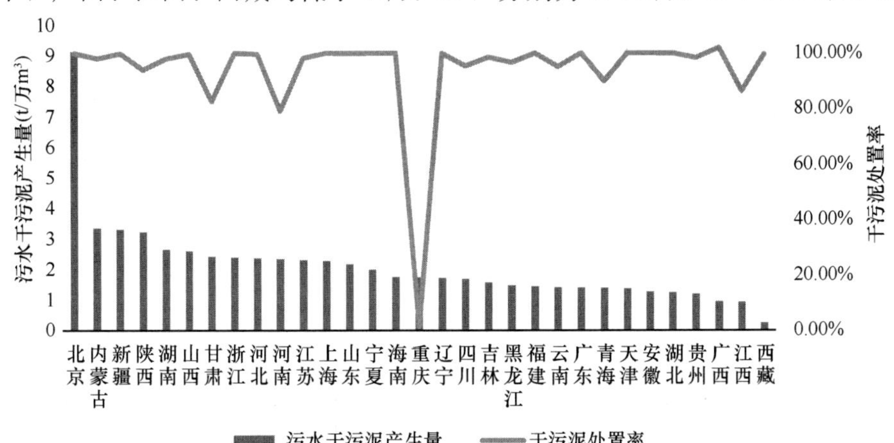

图 3-35　2020 年各省（区、市）干污泥处置能力

0.24t/万 m^3，位于全国各省（区、市）的最后三位。全国大部分城市的干污泥处置率都在 90%以上，其中广西、广东、海南、上海、浙江的干污泥处置率均不低于 100%。仅有 5 个省市的干污泥处置率低于 90%，分别是青海 89.94%、江西 86.31%、甘肃 82.65%、河南 79.20%和重庆 1.52%。

三、污水再生利用

污水经深度处理后再生利用，不仅是节约水资源的重要手段，也是促进源头减排的重要措施，我国污水再生利用规模不断扩大。2007 年底，全国污水再生利用规模为 970.2 万 m^3/d，再生利用总量为 158630 万 m^3，2020 年污水再生利用规模已增至 6095.16 万 m^3/d，再生利用总量增长至 1353832.24 万 m^3，如表 3-16和图 3-36 所示。尽管再生水利用规模和总量近年来有了一定增长，但由于再生水管线等配套设施建设不完善、运营经验缺乏导致再生水水质稳定性和可靠性不足，加之尚未形成有效的激励机制，导致我国污水再生利用工作尚处于起步阶段，工程建设和运行规模有待进一步提高。

2007～2020 年全国再生水规模及利用量　　表 3-16

年份	再生水规模（万 m^3/d）	再生水利用量（万 m^3）
2007	970.2	158630
2008	2020.2	336195
2009	1153.1	239951
2010	1082.1	337469
2011	2193.5	268340
2012	1452.7	320796
2013	1760.7	354181
2014	2065.3	363460
2015	2316.7	444943
2016	2762.4	452698
2017	3587.9	713421
2018	3578	854507
2019	4428.9	1160784
2020	6095.16	1353832.24

从分地区再生水规模和利用量的情况来看（表 3-17），2020 年东部地区的再生水利用规模和利用量明显优于中西部地区。其中，东部地区的再生水规模约为中部地区的 2.85 倍，是西部地区的 5.53 倍；在再生水实际利用量上，东部地区

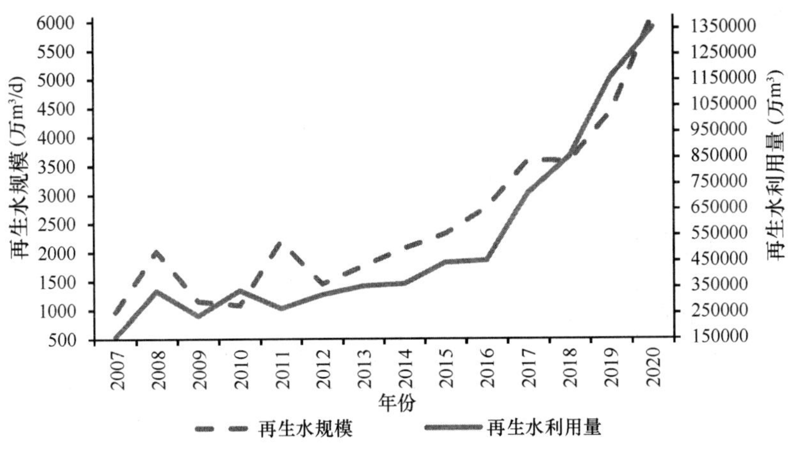

图 3-36 2007～2020 年全国再生水规模及利用量

更是远高于中西部地区，其再生水利用量是中部地区的 2.88 倍，是西部地区的 6.45 倍。

2020 年东、中、西部地区再生水规模及利用量 **表 3-17**

地区	再生水规模（万 m^3/d）	再生水利用量（万 m^3）
东部地区	3980.67	901406.46
中部地区	1394.68	312574.88
西部地区	719.81	139850.9

我国各省市受自身发展水平影响，再生水规模和再生水利用量有较大差异。除上海市未统计再生水规模和再生水利用量的数据、江西省未统计再生水规模的

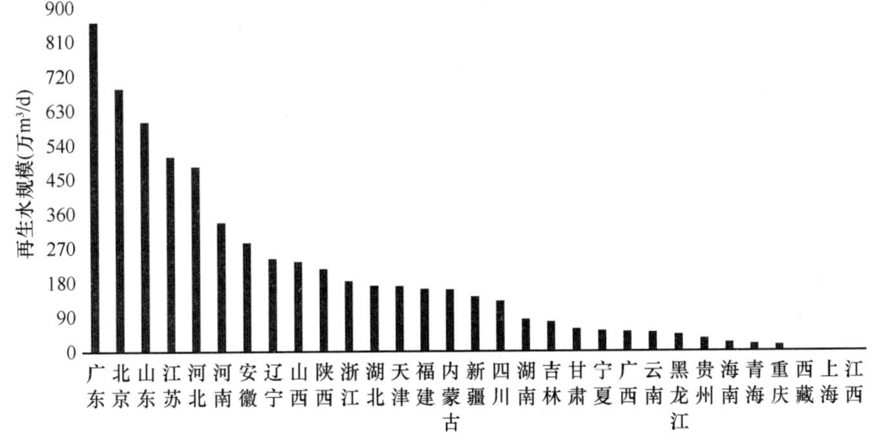

图 3-37 2020 年各省（区、市）再生水规模

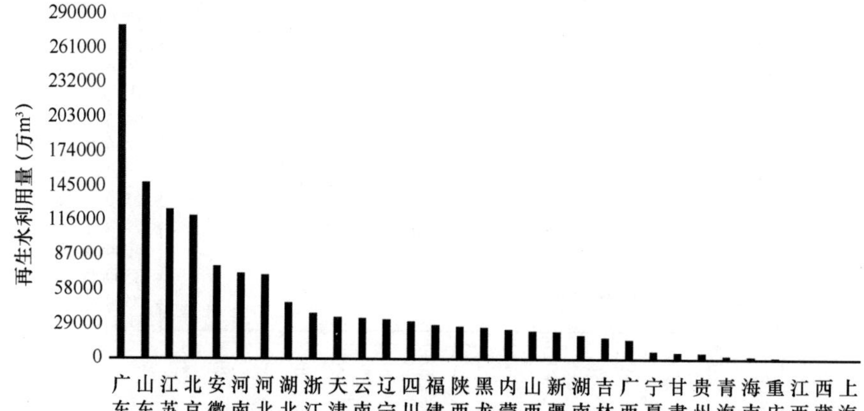

图 3-38　2020 年各省（区、市）再生水利用量

数据以外，其余省（区、市）的数据如表 3-18 及图 3-37、图 3-38 所示。在再生水规模方面，广东位居第一，为 862.21 万 m³/d，北京、山东、江苏位居第二、第三、第四名，都在 500 万 m³/d 以上，在所有统计了再生水规模的省（区、市）中，西藏的数值是最低的，仅 1.5 万 m³/d，也是唯一一个再生水规模在 10 万 m³/d以下的省（区、市）。在再生水利用量方面，广东遥遥领先，利用量为 280394.31t，是第二名的 1.89 倍，山东、江苏、北京紧随其后，四个省份的再生水利用量均超过了 100000 万 m³。在参与统计的省份中，仅西藏和江西的再生水利用量没有达到 1000 万 m³，分别为 24.3 万 m³、1.62 万 m³。

各省（区、市）2020 年再生水规模和再生水利用量　　　　**表 3-18**

地区名称	再生水规模（万 m³/d）	再生水利用量（万 m³）
北京	687.90	120132.66
天津	171.20	35469.64
河北	483.50	70861.11
山西	235.48	23820.39
内蒙古	162.06	25305.48
辽宁	243.27	33767.03
吉林	77.10	18560.68
黑龙江	43.10	26772.81
上海	0.00	0.00
江苏	510.25	125539.30

续表

地区名称	再生水规模（万 m^3/d）	再生水利用量（万 m^3）
浙江	185.05	38754.37
安徽	284.32	77948.29
福建	163.34	28979.67
江西	0.00	24.30
山东	600.92	148311.72
河南	337.32	72025.81
湖北	171.91	47695.15
湖南	83.39	20421.97
广东	862.21	280394.31
广西	50.50	16735.90
海南	22.53	2460.75
重庆	15.49	1486.08
四川	131.31	32022.56
贵州	33.20	5200.26
云南	48.90	34628.49
西藏	1.50	1.62
陕西	216.38	27549.60
甘肃	58.51	5739.22
青海	18.08	3088.23
宁夏	53.20	6768.99
新疆	143.24	23365.85

第三节　排水与污水处理行业发展成效

中国污水处理行业快速、持续、稳定发展，取得了显著成效，不仅促进了中国污水处理能力和规模的快速增长，而且污水处理技术不断更新迭代，对于COD、氨、氮等主要污染物的削减能力和效率不断提升，出水水质标准不断提高，人均污水处理能力不断增长，资产产出比虽然近几年有所下降，但行业的盈利能力总体向好，污水处理企业竞争力逐步增强。

一、污水处理技术

进入 21 世纪，我国污水处理技术迅猛发展，由一线城市带领二、三线城市一起发展，淘汰高消耗、高污染的落后生产力，污水处理工程技术和设计从最初的全面引进国外技术到目前的复杂污水处理工程技术自主知识产权，而且装备水平不断提高。特别是国家通过设立水体污染与控制科技重大专项、973、863 等重大科技计划的研发投入和支持，不断完善城镇污水处理及污泥处置技术标准体系，积极推动污水处理及再生利用、污泥处理处置及资源化利用等关键技术的研发、示范和推广，在污水处理、污泥处理、黑臭水体治理、海绵城市等领域不断取得新的技术创新与突破。行业主管部门通过加快制定有关技术的评价标准体系和方法、加强技术指导等多种方式，围绕提高城镇污水处理设施建设及运营管理的需要，不断加强污水处理相关专业技术人才、管理人才的建设和培养。

2010 年以来，我国污水处理厂采用二、三级处理技术占比逐渐增加，特别是一些水环境敏感地区和经济发达地区，加强了对部分已建污水处理设施进行升级改造，大力改造除磷脱氮功能欠缺、不具备生物处理能力的污水处理厂，重点改造设市城市和发达地区、重点流域以及重要水源地等敏感水域地区的污水处理厂，进一步提高对主要污染物的削减能力。目前，我国九成左右污水处理厂是二、三级污水处理厂，九成左右污水处理厂出水水质达到一级以上标准。

根据《中国城市建设统计年鉴》(2006～2020)，中国二、三级污水处理厂的座数和处理能力双双大幅增长，二、三级污水处理厂的座数从 2006 年的 689 座增加到 2020 年的 2441 座，增幅达 254.28%，污水处理能力也相应地从 2006 年的 5424.9 万 m^3/d 增长至 2020 年的 18344.59 万 m^3/d，增幅达 238.16%，如图 3-39 所示。

如图 3-40 所示，2006～2008 年，二、三级污水处理厂座数占比增长了将近 7 个百分点，而之后占比逐年下降，2012 年至今，二、三级污水处理厂的数量占比基本稳定在 85%左右，2018 年占比最高，达到 93.88%，2019 年占比有所下降，2020 年又上升达到 93.24%；二、三级污水处理厂污水处理量与污水处理能力的占比变化趋势相似，2020 年污水处理量和污水处理能力的占比最高，为 95.27%和 95.21%，污水处理能力近三年的占比较稳定，均处于 94%～95%之间。

比较 2020 年全国各省（区、市）的二、三级污水处理厂的座数，广东的二、三级污水处理厂座数位于全国之首，为 303 座，山东、江苏、四川、河南、贵州以及浙江的二、三级污水处理厂座数超过 100 座，位于全国前列；甘肃、海南、

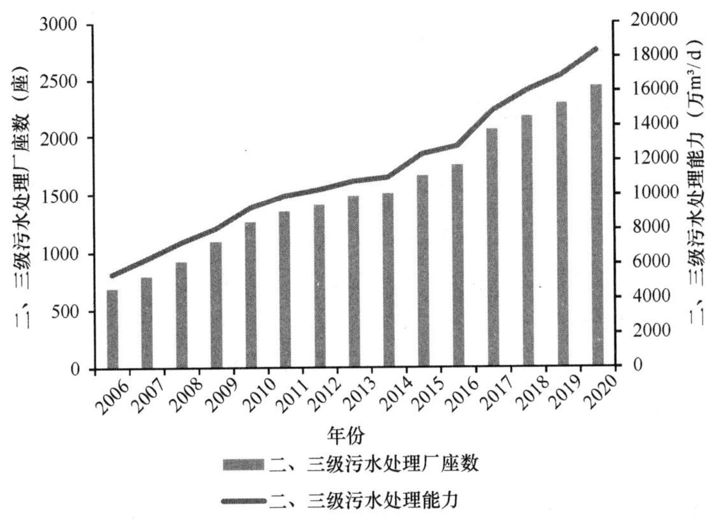

图 3-39 2006～2020 年中国城市二、三级污水处理厂及其处理能力

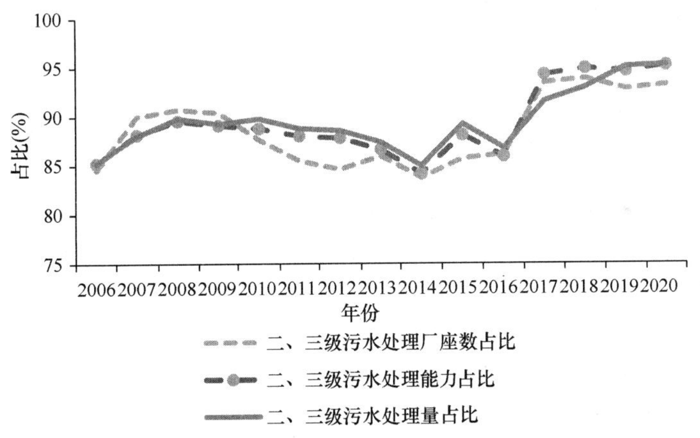

图 3-40 2006～2020 年中国城市二、三级污水处理厂分布

宁夏、西藏和青海的二、三级污水处理厂座数均少于 30 座，数量较少；其余省份的二、三级污水处理厂座数处于 30～100 座之间。

从各个省（区、市）的二、三级污水处理厂的污水处理能力来看，广东省的二、三级污水处理厂的污水处理能力远超其他省份，以 2602.85 万 m^3/d 位居全国第一；江苏、山东、浙江、湖北、上海和河南地区的二、三级污水处理厂的污水处理能力均超过 800 万 m^3/d，位于全国前列；甘肃、海南、宁夏、青海和西藏的二、三级污水处理厂的污水处理能力较弱，低于 200 万 m^3/d；其余省份的二、三级污水处理厂的污水处理能力在 200 万～800 万 m^3/d 之间，处于全国中等水平。

二、人均污水处理量

人均污水处理量是指污水处理企业处理能力与城市用水人口数的比值，其反映的是相比于城市人口数量，污水处理企业的相对污水处理能力。如图 3-41 所示，近些年我国人均污水处理能力出现了较大幅度的增长，2001 年人均污水处理能力为 0.07m³/(d・人)，到 2020 年已增长至 0.17m³/(d・人)，总体增长了 149%。由此来看，相比于不断增长的城市人口，我国污水处理行业的处理能力呈现出明显的增长。

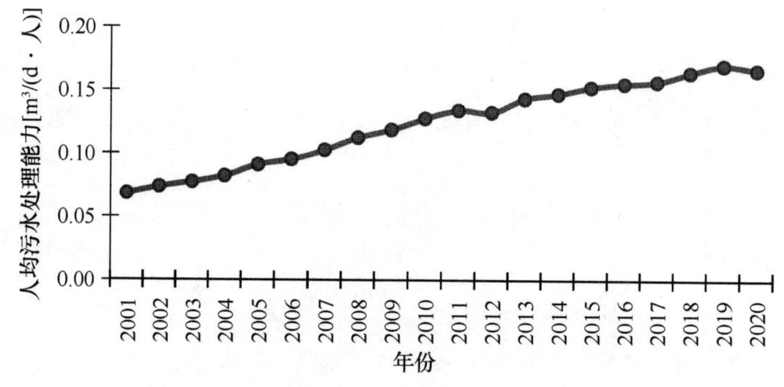

图 3-41　2001～2020 年全国人均污水处理能力

比较 2020 年各个省（区、市）的人均污水处理能力，北京、上海、辽宁、广东、西藏、天津、江苏、湖北和吉林地区的人均污水处理能力超过 0.2m³/(d・人)位于全国前列，其中辽宁省以 0.27m³/(d・人）居全国之首，除了河北、甘肃和河南的人均污水处理能力为 0.1m³/(d・人)，其他省份的人均污水处理能力均位于 0.1～0.2m³/(d・人）之间。

三、污水处理出水水质

从污水处理厂的出水水质来看，氧化沟、AAO、SBR 等处理工艺在全国得到了普遍应用，基本能保证污水处理厂稳定达到一级 B 出水标准。部分发达地区污水处理厂的出水水质仍在不断提高，尤其是出水水质标准为一级 A 的污水处理厂数量占比逐年增大。2020 年，出水水质为一级 A 标准的污水处理厂已占到全国污水处理厂总数的 68.24%，特别是出水水质高于一级 A 的企业，占比已达 17%。至此，全国有 99.37%的污水处理厂的出水水质达到一级 B 以上标准。相对地，出水水质标准为二、三级的污水处理厂数量仅占不到1%，特别是出水水质标准为二级的污水处理厂占比显著下降，已下降至0.43%。具体见表3-19。

2007～2020年各类出水标准的污水处理厂数量与比例　　表3-19

年份	高于一级A		一级A		一级B		二级		三级	
	数量（座）	比例	数量（座）	比例	数量（座）	比例	数量（座）	比例	数量（座）	比例
2007			350	28.85%	435	35.86%	277	22.84%	13	1.07%
2008			485	31.17%	571	36.70%	317	20.37%	17	1.09%
2009			624	31.52%	802	40.51%	347	17.53%	17	0.86%
2010			892	32.03%	1267	45.49%	371	13.32%	23	0.83%
2011			1013	32.75%	1421	45.94%	386	12.48%	24	0.78%
2012			1089	33.03%	1529	46.38%	389	11.80%	24	0.73%
2013			1156	33.23%	1640	47.14%	389	11.18%	24	0.69%
2014			1349	33.94%	1929	48.53%	392	9.86%	28	0.70%
2015			1443	34.64%	2017	48.42%	387	9.29%	33	0.79%
2016			1662	35.55%	2219	47.47%	402	8.60%	54	1.16%
2017			1935	38.94%	2328	46.85%	464	9.34%	60	1.21%
2018	376	7.81%	3039	63.10%	1273	26.43%	69	1.43%	59	1.23%
2019	642	11.29%	3453	64.11%	1177	21.85%	47	0.87%	67	1.24%
2020	756	17.00%	3034	68.24%	628	14.13%	19	0.43%	9	0.20%

从不同出水水质标准的污水处理厂实际污水处理量来看，出水水质标准为高于一级A的污水处理厂的运营效率最高，其污水处理量的占比大于其污水处理厂的数量占比。2020年，占比17%的出水水质为高于一级A的污水处理厂实际处理了全国近24%的污水，但占比近15%的出水水质为一级B的污水处理厂实际处理水量占比不超过7%。这一方面是由于一级B以上的污水处理厂多是近年新建的，其设施总体负荷率较低，但另一方面也说明新建的高水平污水处理厂要进一步通过管理和技术挖掘潜力，不断增加污水处理量。具体见表3-20。

2007～2020 年各类出水标准的污水处理量（万 m^3） **表 3-20**

年份	高于一级 A		一级 A		一级 B		二级		三级	
	处理量	比例	处理量	比例	处理量	比例	处理量	比例	处理量	比例
2007			379213. 39	21. 29%	694284. 21	38. 97%	601738. 43	33. 78%	3960. 66	0. 22%
2008			494210. 83	22. 04%	903027. 8	40. 27%	720579. 58	32. 14%	4619. 51	0. 21%
2009			629384. 1	23. 32%	1141703. 93	42. 31%	832736. 4	30. 86%	6605. 25	0. 24%
2010			845785. 82	25. 43%	1493654. 46	44. 90%	887028. 07	26. 67%	7891. 17	0. 24%
2011			1042505. 94	27. 23%	1743434. 45	45. 54%	935601. 62	24. 44%	10570. 96	0. 28%
2012			1191260. 27	28. 30%	1948477. 84	46. 29%	959431. 35	22. 79%	8950. 97	0. 21%
2013			1307844. 94	29. 47%	2073022. 37	46. 71%	942577. 06	21. 24%	10429. 34	0. 24%
2014			1490707. 16	31. 08%	2206540. 36	46. 00%	984971. 24	20. 53%	9621. 61	0. 20%
2015			1668760. 2	32. 69%	2324312. 53	45. 53%	992308. 26	19. 44%	11256. 67	0. 22%
2016			1855262. 95	34. 23%	2436856. 93	44. 96%	1000444. 47	18. 46%	11579. 78	0. 21%
2017			2146650. 66	37. 70%	2212445. 1	38. 86%	1037129. 24	18. 21%	15825. 57	0. 28%
2018	966062. 82	16. 79%	3777315. 93	65. 65%	945306. 25	16. 43%	60736. 22	1. 06%	3960. 86	0. 07%
2019	1422761. 21	21. 76%	4306369. 98	65. 87%	771974. 35	11. 81%	33695. 72	0. 52%	2479. 15	0. 04%
2020	1586366. 79	23. 74%	4615368. 76	69. 08%	441279. 27	6. 60%	36522. 51	0. 55%	1838. 83	0. 03%

比较 2020 年各个省份的各类出水标准的污水处理座数以及污水处理量，见表 3-21，在出水水质高于一级 A 的标准下，广东省的污水处理厂数量最多，为 153 座，其污水处理量也最大，紧随其后的是四川、陕西和河北。陕西省的污水处理厂的数量是 109 座，污水处理量为 155024.44 万 m^3，四川省的污水处理厂数量为 92 座，污水处理量为 158757.28 万 m^3，河北省的污水处理厂数量为 70 座，污水处理量为 97351.11 万 m^3。内蒙古、西藏、甘肃、宁夏和新疆地区没有出水水质高于一级 A 标准的污水处理厂，其余省市的污水处理厂数量均在 40 座以下。在出水水质为一级 A 的标准下，山东、河南和广东的污水处理厂数量均超过 200 座，但其中河南省的污水处理量相对来说较小，说明河南省的污水处理效率不高，北京和西藏的污水处理厂数量最少，都仅有 5 座，这是因为北京地区的出水标准较高，大部分的污水处理厂的出水水质标准都高于一级 A，西藏地区的经济不发达，整个地区的污水处理厂总计有 26 座，污水处理厂的污水处理技术比较落后，出水水质大部分处于一级 B 类标准。在出水水质为一级 B 的标准下，云南省的污水处理厂数量最多，为 83 座，但其污水处理量仅为 34719.8 万 m^3，说明云南省的污水处理效率较低，广西的污水处理量最多，为 71016.26 万 m^3，污水处理厂有 59 座。在出水水质为二级的标准下，新疆地区的污水处理厂数量最多，污水处理量也最高，在三级标准下，只有新疆、和西藏地区有污水处理厂，且这几个地区的污水处理量不高，其余省（区、市）没有出水水质为三级的污水处理厂，说明除了极个别地区，大部分省（区、市）的污水处理厂的出水水质标准都比较高。

2020 年各省（区、市）的各类出水标准的污水处理厂数量以及污水处理量 **表 3-21**

省（区、市）	高于一级 A		一级 A		一级 B		二级		三级	
	数量（座）	处理量（万 m^3）	数量（座）	处理量（万 m^3）	数量（座）	处理量（万 m^3）	数量（座）	处理量（万 m^3）	数量（座）	处理量（万 m^3）
北京	37	162746.55	5	4510.18	6	7152.04	1	916.94	0	0
天津	26	39432.83	38	76765.87	2	277.18	0	0	0	0
河北	70	97351.11	144	165648.62	1	805.11	1	4119.26	0	0
山西	35	26826.82	109	98316.31	2	1916.45	0	0	0	0
内蒙古	0	0	94	81548.14	16	8771.47	1	2395.28	0	0
辽宁	3	5917.1	147	290047.97	2	1829	0	0	0	0
吉林	5	11195.54	59	117520.49	8	7627.58	0	0	0	0
黑龙江	2	3700	87	99788.81	37	24129.83	1	990.94	0	0
上海	12	31701.69	32	266008.77	0	0	0	0	0	0

续表

省（区、市）	高于一级 A		一级 A		一级 B		二级		三级	
	数量（座）	处理量（万 m^3）	数量（座）	处理量（万 m^3）	数量（座）	处理量（万 m^3）	数量（座）	处理量（万 m^3）	数量（座）	处理量（万 m^3）
江苏	39	86000.66	180	370625.83	2	6429.51	0	0	0	0
浙江	37	72268.88	127	314576.52	0	0	2	5208.53	0	0
安徽	14	35222.43	137	232931.95	8	6140.04	0	0	0	0
福建	11	21498.54	75	127042.65	28	24779.39	0	0	0	0
江西	1	0	89	105964.94	44	32508.71	0	0	0	0
山东	31	73907.22	265	416655.18	3	7373.19	0	0	0	0
河南	38	105705.31	204	286477.85	4	2182.82	0	0	0	0
湖北	5	11192.84	136	265770.44	12	17627.12	0	0	0	0
湖南	11	28643.54	119	230762.04	48	48140.81	0	0	0	0
广东	153	444224.93	216	358851.04	45	40659.43	2	4181.61	0	0
广西	1	531.6	72	90848.6	59	71016.26	2	2929.66	0	0
海南	1	786.29	24	33051.04	13	7597.52	0	0	0	0
重庆	6	11672.23	71	137066.84	0	0	0	0	0	0
四川	92	158757.28	132	103494.49	39	10698.31	0	0	0	0
贵州	11	620.6	166	110089.36	42	6829.95	0	0	0	0
云南	5	1137.62	82	87918.93	83	34719.8	0	0	0	0
西藏	0	0	5	3896.03	21	5170.47	0	0	1	864.7
陕西	109	155024.44	30	22567.36	0	0	0	0	0	0
甘肃	0	0	49	28354.55	50	33408.44	0	0	0	0
青海	1	300.74	38	21926.8	12	2194.81	0	0	0	0
宁夏	0	0	13	9814.89	21	19566.51	0	0	0	0
新疆	0	0	89	56526.27	20	11727.52	9	15780.29	7	974.13

比较不同地区的各类出水标准的污水处理厂数量（图 3-42），从出水水质的标准来看，在出水水质高于一级 A 类的标准下，东部地区的污水处理厂数量最多，为 420 座，西部地区次之，为 225 座，中部地区最少，为 111 座；在出水水质为一级 A 的标准下，东部地区污水处理厂数量最多，中部地区次之，西部地区最少；在出水水质为一级 B 的标准下，西部地区污水处理厂数量最多，中部次之，东部最少；在出水水质为二级和三级标准下，西部地区的污水处理厂数量相对来说较多。分地区来看，东部地区的大部分污水处理厂的出水水质都处于一级 A 标准，其次是高于一级 A 标准，再次是一级 B 标准，而出水水质处于二级

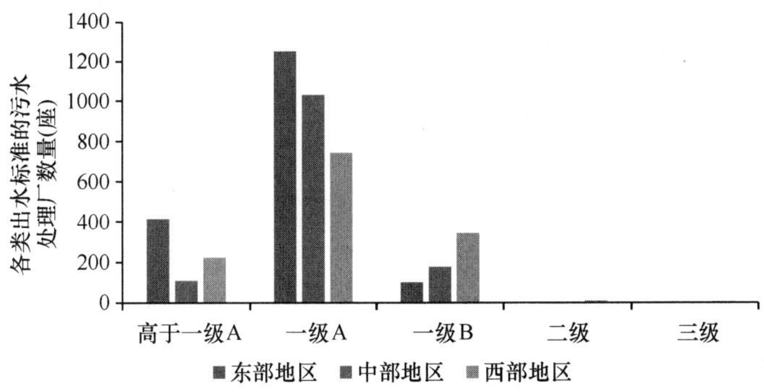

图 3-42 2020 年各地区的各类出水标准的污水处理厂数量

和三级标准的污水处理厂极少，说明整个东部地区的污水处理厂出水水质的标准都较高；中部地区与西部地区的污水处理厂的出水水质处于一级 A 标准的最多，其次是一级 B 标准，再次是高于一级 A 标准，最后是二级标准和三级标准，其中西部地区出水水质处于二级与三级标准的污水处理厂数量要高于东部和中部地区。

比较不同地区的各类出水标准的污水处理厂处理水量（图 3-43），分地区来看，东部地区，出水水质标准处于一级 A 的污水处理厂的处理水量最多，其次是高于一级 A 标准，再次是一级 B 标准，且由于二级标准与三级标准的污水处理厂数量很少，因此其对应的污水处理量也最少；中、西部地区，出水水质的标准处于一级 A 的污水处理厂的处理水量最多，高于一级 A 标准和一级 B 标准的污水处理厂的处理水量差别不大，二级标准和三级标准的污水处理厂的处理水量很少，但中部地区的污水处理量要高于西部地区，且由图 3-42 可以看出，中部地区的污水处理厂数量少于西部地区，说明中部地区的污水处理效率高于西部地区。整体对比而言，东部地区的污水处理量最多，且污水处理厂出水水质的标准较高，说明东部地区的污水处理要求严格，污水处理技术比较先进。

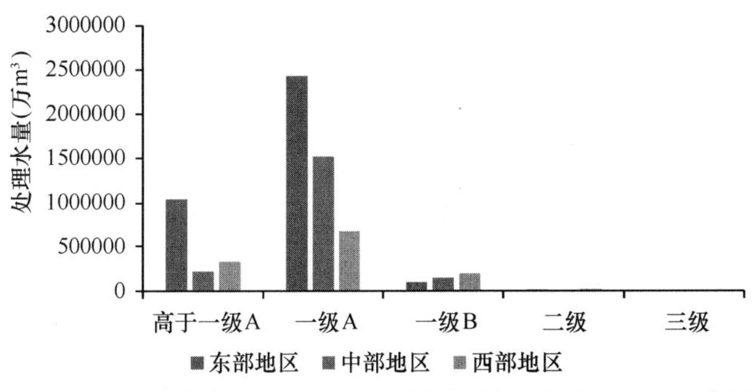

图 3-43 2020 年各地区的各类出水标准的污水处理厂处理水量

四、污染物减排贡献

2005 年，国家设置了“十一五”期间污染物化学需氧量（COD）的总量控制指标，污水处理厂作为 COD 减排的重要手段，对 COD 的削减量持续增加。2020 年，全国污水处理厂共削减 COD 1475.73 万 t，2005 年全国城镇污水处理削减 COD 仅为 420 万 t，自国家将 COD 作为污染物削减的约束性指标以来，2020 年较 2005 年 COD 削减量增加了 1000 多万 t，翻了三番多。然而，与 2019 年相比，COD 削减量降低了将近 60 万 t，降幅 3.91%，见表 3-22。这主要得益于源头减排的政策的实施，排入污水处理厂的 COD 总量下降，因此削减量同比有所下降。

2007～2020 年全国污水处理厂 COD 削减情况　　表 3-22

年份	COD		进水 (mg/L)	出水 (mg/L)	削减 (mg/L)
	削减量（t）	增长（%）			
2007	5219029	—	371.86	45.08	326.78
2008	6394976	22.53	340.72	43.14	297.58
2009	7692080	20.28	331.11	37.52	293.59
2010	9123584	18.61	312.03	37.3	274.73
2011	10161004	11.37	299.92	34.17	265.75
2012	10737513	5.67	287.88	32.6	255.28
2013	11195317	4.26	283.93	31.45	252.48
2014	11922752	6.5	278.62	29.81	248.81
2015	12630709	5.94	275.45	27.72	247.73
2016	12995027	2.88	265.54	25.48	240.06
2017	13581936.86	4.52	262.43	23.74	238.69
2018	14190950.41	4.48	256.15	21.65	234.50
2019	15356521.69	8.21	254.35	19.54	234.81
2020	14757294.1	−3.9	238.58	17.71	220.87

从 COD 削减效率来看，通过污水处理厂平均进水和出水浓度的比较来看，单位污水 COD 削减量也在逐年递减。2020 年单位污水 COD 削减量为 220.87mg/L，与 2019 年的 234.81mg/L 相比减少了将近 14mg/L。究其原因，主要是由于污水处理配套管网不断完善，污水收集率不断提高，加之工业企业违规排污查处日益严厉，污水处理厂的进水浓度逐年降低。2020 年，全国污水处理厂 COD 的进水浓度平均为 238.58mg/L，较 2019 年降低了 15.8mg/L，较

2010 年的 312.03mg/L 更是降低了 73.45mg/L。与进水浓度相对的，全国污水处理厂的出水浓度不断降低，2020 年的出水浓度已控制至 17.71 mg/L。尽管污水处理厂的出水浓度已控制得很低，但总体上说明我国污水处理厂 COD 单位削减效率在下降，这将导致我国 COD 单位削减成本不断提高。

比较各个省（区、市）的污水处理厂 COD 削减情况（表 3-23），从 COD 削减量来看，广东、山东、江苏、河南、浙江、上海、河北以及辽宁地区的 COD 削减量超过 60 万 t，位于全国前列，减排贡献较高，其中广东省的 COD 削减量最高，为 146.6 万 t，海南、青海、新疆兵团以及西藏地区的 COD 削减量低于 10 万 t，其余省份的 COD 削减量位于全国中等水平，处于 10 万～60 万 t 之间；从 COD 的削减效率来看，比较污水处理厂平均进水和出水的浓度，内蒙古、甘肃、新疆、北京、宁夏、陕西和山西地区的单位污水 COD 削减量水平较高，均在 300mg/L 以上，说明这些地区的 COD 削减效率较高，四川、福建、广东、海南、安徽、湖南、湖北、广西、贵州、江西以及西藏地区的单位污水 COD 削减量水平较低，均在 200mg/L 以下，COD 削减效率相对于其他省份来说较低，其余省份的单位污水 COD 削减量水平在 200～300mg/L 之间，COD 削减效率处于全国中等水平。

2020 年各省（区、市）污水处理厂 COD 削减情况　　表 3-23

省（区、市）	COD 削减量（t）	进水（mg/L）	出水（mg/L）	削减（mg/L）
北京	562613.03	336.148	15.252	320.896
天津	330730.1	300.375	16.427	283.948
河北	713999.97	285.564	19.069	266.495
山西	381935.82	320.236	19.64	300.596
内蒙古	453609.1	514.28	25.029	489.251
辽宁	637822.8	234.15	19.968	214.182
吉林	301853.39	244.811	23.419	221.392
黑龙江	337165.16	292.8	30.638	262.162
上海	788215.13	282.11	17.351	264.759
江苏	987825.34	232.434	19.136	213.298
浙江	870964.24	241.727	19.573	222.154
安徽	415991.05	167.867	16.208	151.659
福建	309278.03	194.34	15.897	178.443
江西	171871.46	140.893	16.774	124.119
山东	1405761.94	304.019	21.701	282.318
河南	890214.42	243.607	17.874	225.733

续表

省（区、市）	COD削减量（t）	进水（mg/L）	出水（mg/L）	削减（mg/L）
湖北	389936.89	147.792	15.426	132.366
湖南	443825.35	158.041	13.73	144.311
广东	1465844.38	186.134	13.258	172.876
广西	218504.97	147.255	15.089	132.166
海南	66759.03	183.28	22.162	161.118
重庆	330993.04	236.418	13.886	222.532
四川	523347.19	206.387	14.65	191.737
贵州	149970.63	138.97	11.379	127.591
云南	274791.75	238.409	16.402	222.007
西藏	6095.18	82.42	21.046	61.374
陕西	559063.19	333.18	18.378	314.802
甘肃	278880.74	477.395	25.861	451.534
青海	57875.05	260.531	23.556	236.975
宁夏	105718.64	383.825	24.01	359.815
新疆	305725.31	421.951	29.497	392.454
新疆兵团	20111.77	303.796	20.822	282.974

从分地区污水处理厂COD减排的情况看，东部地区COD减排贡献最高，中部地区次之，西部地区COD削减总量最小。这一方面是由于东部地区污水处理厂数量、污水处理能力和实际污水处理率都远高于其他地区，而且东部地区的工业企业较多，人们生活水平较高，污水中的COD浓度也相对较高，因此东部地区的COD削减总量较高。但另一方面，西部地区尽管COD削减总量不高，但COD削减效率较高，污水COD削减量为2.72t/万t，相比之下，东部和中部地区污水COD削减量分别为2.62 t/万t和2.65 t/万t，低于西部地区。

五、资产产出比

资产产出比是反映污水处理行业生产效率的一个重要指标，将资本产出比定义为实际投入的每单位资本所获得的产出值，也即污水处理综合能力与固定资产原值的比值。我国污水处理行业资产产出比总体呈上升趋势，增长较为平稳。如图3-44所示，2007年我国污水处理行业资产产出比为0.58m^3/(d・万元)，2020年增长至2.32m^3/(d・万元)。

图3-45将2019年与2020年两个年份各省（区、市）污水处理行业的单位

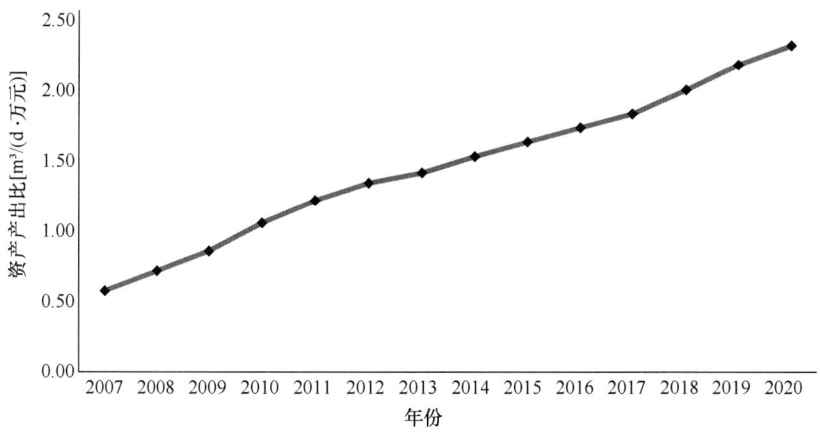

图 3-44 2007～2020 年我国污水处理行业资产产出比

资产产出进行了对比，以进一步分析我国城市污水处理行业单位资本产出的空间差异。

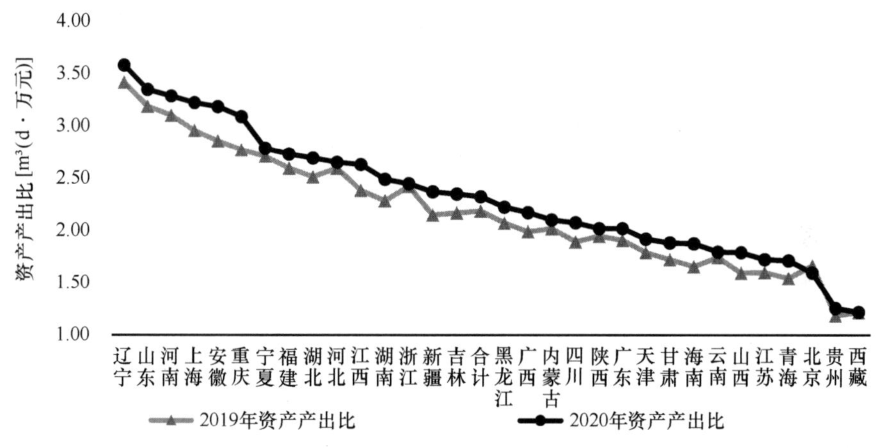

图 3-45 2019 年与 2020 年我国各省（区、市）的资产产出比

2019 年与 2020 年两年中我国污水处理行业资产产出比排名第一的省份均为辽宁，其 2020 年资本产出比为 3.58m³/(d·万元)，相比上一年增加 4.79%；排名第二的省份是山东，为 3.35m³/(d·万元)；排名第三的省份是河南，为 3.29m³/(d·万元)。排名后三位的是北京、贵州和西藏，分别为 1.60m³/(d·万元)、1.26m³/(d·万元)及 1.22m³/(d·万元)，其中贵州和西藏连续两年资产产出比位列全国末位。2018 年，我国各省污水处理行业平均资产产出比为 2.01，2019 年平均资产产出比为 2.19，2020 年则为 2.32，总体来看，三年来以单位资产产出衡量的污水处理行业发展成效呈上升态势。

图 3-46 展示了 2020 年我国各（区、市）污水处理行业资本产出比相比 2019 年的变化情况。2020 年除北京外，其余省（区、市）污水处理行业资产产出比相较上一年均有所提升。其中安徽和重庆增幅最大，均在 0.3 以上；北京降幅最大，2020 年较 2019 年资产产出比下降了 0.07。除西藏和北京外，其余省（区、市）均已连续三年实现了资产产出比的明显增加。

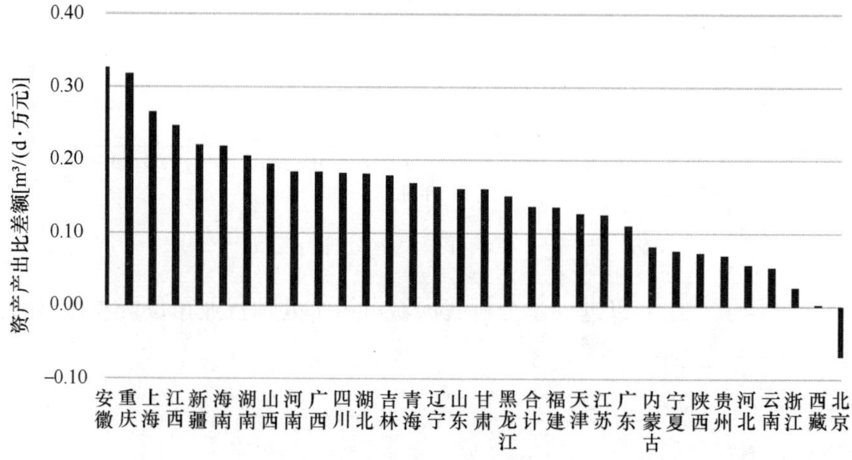

图 3-46　各省（区、市）资产产出比 2019 年与 2020 年的差额

第四节　排水与污水处理行业数字化监管

随着中国式现代化的稳步推进和全球气候变化影响加剧，城市排水与污水处理行业呈现出新老问题交织的严峻形势，水灾害频发、水生态损害、水环境污染等问题愈加凸显，传统监管难以满足行业发展的要求。GIS、物联网技术和机器学习等新兴技术的排水与污水处理行业数字化监管在各地得到积极探索和应用，为解决排水与污水处理日常工作和突发问题，提高城市防灾减灾能力和安全保障水平，促进经济社会发展发挥了重要作用。

一、排水与污水处理行业数字化监管的顶层设计

党的十八大以来，党中央高度重视数字化改革与发展，要求运用数字技术提高城市管理标准化、信息化和精细化水平，在城镇化规划、信息化规划、基础设

施规划等方面部署了数字城管、智能管网、智慧城市等建设内容，涵盖了排水与污水处理行业数字化监管的主要功能。在排水与污水处理行业的专项规划和行业指导性文件中，又进一步聚焦了排水管网和污水处理设施地理信息系统建设和智能化管理平台等方面的建设，出台了一系列行业标准和规范。

（一）排水与污水处理行业数字化监管的政策导向

1. 数字化监管的国家政策导向

《国务院关于加强城市基础设施建设的意见》（国发〔2013〕36 号）提出，建立城市基础设施电子档案的要求，实现设市城市数字城管平台全覆盖，提升数字城管系统，推进城市管理向服务群众生活转变，提高城市管理标准化、信息化、精细化水平，促进城市防灾减灾综合能力和节能减排功能提升。在其后印发的《国家新型城镇化规划（2014—2020 年）》中，也明确提出要发展智能管网，实现城市地下空间、地下管网的信息化管理和运行监控智能化。具体到水务设施，更是指出要发展智能水务，构建智能供排水和污水处理系统。

2016 年，《“十三五”国家信息化规划》中明确要求“打造智慧高效的城市治理”，推进智慧城市时空信息云平台建设试点，运用时空信息大数据开展智慧化服务。推动数字化城管平台建设和功能扩展，建立综合性城市管理数据库，强化城市运行数据的综合采集和管理分析。深化信息化与安全生产业务融合，提升生产安全事故防控能力。建设面向城市灾害与突发事件的信息发布系统，提升突发事件应急处置能力。

2017 年，《全国城市市政基础设施建设“十三五”规划》明确提出“推进市政设施智慧建设，提高安全运行管理水平”。要求实施“互联网＋”市政基础设施计划，促进大数据、物联网、云计算等现代信息技术与市政基础设施的深度融合。加强各类市政设施管理数字化平台建设和功能整合，建设综合性城市运行管理数据库，实现多源信息整合和共享，逐步消除“信息孤岛”，探索建立全国城市市政基础设施数字化监管体系。具体到水务行业，包括发展智慧水务和智慧管网，构建覆盖供排水全过程，涵盖水量、水质、水压、水设施的信息采集、处理与控制体系，实现城市地下空间、地下综合管廊、地下管网管理信息化和运行智能化。

进入“十四五”，为迎接数字时代，顺应城市发展新理念新趋势，国家要求加快建设数字经济、数字社会、数字政府，将数字技术广泛应用于政府管理服务，推动政府治理流程再造和模式优化，不断提高决策科学性和服务效率。2021 年 3 月，《中华人民共和国国民经济和社会发展第十四个五年规划和 2035 年远景目标纲要》提出，分级分类推进新型智慧城市建设，将物联网感知设施、通信系统等纳入公共基础设施统一规划建设，推进市政公用设施等物联网应用和智能化改造。完善城市信息模型平台和运行管理服务平台，构建城市数据资源体系，推进城市数据大脑建设。在城市管理方面，要求提升城市智慧化水平，推行城市楼宇、公共空间、地下管网等“一张图”数字化管理和城市运行一网统管。运用数字技术推动城市管理手段、管理模式、管理理念创新，精准高效满足群众需求。

2022 年，《“十四五”全国城市基础设施建设规划》要求加快新型城市基础设施建设，推进城市智慧化转型发展，具体包括加快推进城市交通、水、能源、环卫、园林绿化等系统传统基础设施数字化、网络化、智能化建设与改造，加强泛在感知、终端联网、智能调度体系构建。在有条件的地方推进城市基础设施智能化管理，逐步实现城市基础设施建设数字化、监测感知网络化、运营管理智能化，对接城市运行管理服务平台，支撑城市运行“一网统管”。

党中央文件和国家规划的出台，为排水与污水处理数字化改革提出了方向和目标。在具体实施的层面，排水与污水处理数字化改革重点集中在排水管网和污水处理设施地理信息系统建设和数字化监管平台建设等方面。

2013 年，《国务院办公厅关于做好城市排水防涝设施建设工作的通知》（国办发〔2013〕23 号），要求全面提升排水防涝数字化水平，积极应用地理信息、全球定位、遥感应用等技术系统。加快建立具有灾害监测、预报预警、风险评估等功能的综合信息管理平台，强化数字信息技术对排水防涝工作的支撑。同年，住房和城乡建设部专门制定印发了《城市排水防涝设施普查数据采集与管理技术导则（试行）》和《城市排水（雨水）防涝综合规划编制大纲》，指导各地全面普查摸清排水防涝设施现状，并要求重点城市和有条件的城市要尽快建立城市排水防涝数字信息化管控平台，实现日常管理、运行调度、灾情预判和辅助决策，提高城市排水防涝设施规划、建设、管理和应急水平。

2019 年，住房和城乡建设部等三部门联合出台《城镇污水处理提质增效三年行动方案（2019—2021 年）》，进一步提出要建立市政排水管网地理信息系统（GIS），实现管网信息化、账册化管理；落实排水管网周期性检测评估制度，建立和完善基于 GIS 系统的动态更新机制，逐步建立以 5～10 年为一个排查周期的长效机制和费用保障机制。

2020 年，发展和改革委员会、住房和城乡建设部印发《城镇生活污水处理设施补短板强弱项实施方案》，再次要求地级及以上城市依法有序建立管网地理信息系统并定期更新。在此基础上，提出重点城市要率先构建城市污水收集处理设施智能化管理平台，利用大数据、物联网、云计算等技术手段，逐步实现远程监控、信息采集、系统智能调度、事故智慧预警等功能，为设施运行维护管理、污染防治提供辅助决策。

2. 数字化监管的地方制度实践

根据“十四五”规划纲要的要求，各地在编制“十四五”规划时基本都有涉及数字化排水建设与监管。北京市明确要求推动智慧水务建设，加强多源互济、分区联网。天津市提出推动水、电、气、热等设施改造，提升地下空间管理利用智能化水平，建设海绵城市、韧性城市。江苏省要求推进供水、排水、燃气等市政公用设施智慧化建设改造，提升运行效率和安全性能。福建省提出建设智慧城市，大力发展智慧管网、智慧水务等目标任务。

中、西部地区则把排水与污水处理数字化监管作为基础设施提质增效的手段，在智慧城市建设中统筹布局。河南省要求加快建设新型智慧城市，推进市政基础设施提质升级和智能化改造，完善公共服务和便民设施。湖北省提出要推进市政基础设施信息化改造，加快建设新型智能感知设施。湖南省要求推进市政公用设施提挡升级，推进智慧化改造和老旧小区改造。实施供水提质、垃圾治理、污水治理、黑臭水体整治、智慧建设增效 5 大工程，提升城乡环境基础设施水平。江西省则提出推进海绵城市建设，完善源头减排、蓄排结合、排涝除险、超标应急的城市排水防涝系统。统筹建设“城市大脑”，推进城市空间“一张图”数字化管理和城市运行“一网统管”。

在具体实施的层面，各地结合自身排水与污水处理行业发展的短板和产业特点，提出了排水与污水处理数字化监管的重点内容和主要举措。2021 年 5 月，北京市针对内涝防治和溢流污染控制，专门出台《北京市城市积水内涝防治及溢流污染控制实施方案（2021 年—2025 年）》，要求加强排水防涝设施自动化监测，构建排水设施物联网智慧化监控调度平台，提升精细化警报预警、精准化模拟调度、智慧化综合管理水平。

上海市于 2017 年 1 月出台《上海市水资源保护利用和防汛“十三五”规划》，提出根据“智慧城市”建设要求，构建感知透彻、业务协同、决策智能、服务主动的“智慧水务”新格局，全面提升水务的社会公共服务能力。2021 年，上海市颁布《上海市水系统治理“十四五”规划》，在智慧水务监管方面指出加快新技术成果推广应用，重点推广 5G＋AI、建筑信息模型（BIM）技术、装配式技术等新技术在水务海洋场景中的创新应用，服务水务海洋重大工程建设与监管，同时完善平台，提升管理智能化水平。结合“一网统管”的发展要求，加强水务海洋数字化转型应用和感知网络建设，优化水利、供水、排水、海洋等感知神经元布局，强化行业数据高效安全的“采、存、算、管、用”能力，持续完善智能化应用支撑体系。①

---

① 上海市水务局：《上海市水系统治理“十四五”规划》，2021，06.

天津市在 2017 年 12 月印发的《天津市智慧城市专项行动计划》中，要求加快智慧水务建设，推动新兴信息技术在供水、防汛、水环境等方面的应用。2021 年，天津市专门出台《天津市智慧水务专项规划》，成为“十四五”时期天津市智慧水务工作重要的纲领性文件。要求加快构建智慧业务、智慧政务、智慧公众、智慧监督等多类应用场景，实现天津市水务局综合信息多维度、多角度的动态感知和三维展示，辅助管理人员、业务人员快速掌握市辖区雨水情与汛情形势并做出精准研判和科学决策，为天津市水务局防汛抗旱信息化建设向数字化、智能化转型奠定了政策基础。

2020 年 8 月，福建省制定《福建省新型基础设施建设三年行动计划（2020—2022 年）》，要求建设新型智慧城市基础设施，建立城市综合管理服务平台，推进市政基础设施智能化改造，发展智慧管网、智慧水务、智慧井盖等。湖北省于 2020 年 9 月出台《湖北省疫后重振补短板强功能新基建工程三年行动实施方案（2020—2022 年）》，提出要推动传统基础设施智能化信息化改造、智慧水务、智慧城管、智慧环保以及应急管理“智慧大脑”等方面的重点项目建设，推进供水、供气、污水处理等市政基础设施信息化改造。

河北省将智慧监管作为推进城市安全发展的抓手，在 2019 年 2 月出台的《关于全省住房城乡建设系统贯彻落实推进城市安全发展的实施方案》中提出，加快推进新一代信息技术与城市建设、管理、运营等深度融合，建设城市智慧水务、智慧排涝、智慧市政、智慧城管等行业监管服务信息平台和管理系统，提升城市安全监管的智能化水平。

河南省则在产业转型升级和信息化工作中融入了智慧水务的建设内容，于 2019 年出台的《河南省“十百千”转型升级创新专项实施方案》中提出，加快污染监测、智慧水务等基于传感技术的智能物联研发及产业化。并在《河南省 2019 年信息化推进工作实施方案》中指出，要以新型智慧城市建设为牵引，加快推进窄带物联网建设应用，重点实施基于智能传感的城市综合管理云平台、智慧水务云服务平台等一批重大项目。

（二）排水与污水处理行业数字化监管的国家平台

2007 年，国务院节能减排工作方案明确要求，尽快建立全国城镇污水处理管理信息系统。住房和城乡建设部作为行业主管部门，紧密围绕行业管理需要，集中建设全国城镇污水处理管理信息系统，并出台了《全国城镇污水处理信息报告、核查和评估办法》（建城〔2007〕277 号）、《关于做好城镇污水处理信息报送工作的通知》（建办城函〔2007〕805 号）等文件，保障和规范系统信息的填报。2010 年住房和城乡建设部出台《城镇污水处理工作考核暂行办法》（建城函

〔2010〕166号），运用该系统进行全国城镇污水处理工作考核，奠定了排水与污水处理行业数字化监管的基础。

为加强信息的统一性和及时性，全国城镇污水处理管理信息系统程序和数据库统一部署在住房和城乡建设部，地方不需要建设平台，提高了系统推进速度，减少了多层数据交换，节约了项目建设投资。系统用户分为部级、省级、市（县）级和项目级，不同的用户根据各自的权限进行相应的操作。系统信息报送采用“基层直报、分级核准”的模式，由在项目主管单位和项目运营企业负责信息填报，各级行业主管部门分时段、分级别对属地内填报的信息进行审核。全国城镇污水处理管理信息系统通过对全国在建和运营污水处理厂的建设和运行情况的实时采集，数据信息涵盖了污水处理、管网、再生水和污泥处置各方面，实现了对污水处理项目规划、建设、运行的全过程监管。围绕行业监管需求，全国城镇污水处理管理信息系统提供了高级查询、统计分析、绩效考核、设施覆盖等功能，通过对信息进行挖掘和分析，各级行业主管部门可以动态掌握行业现状，为决策提供翔实的数据支撑，包括编制污水处理规划、确定节能减排指标、重点流域水污染防治项目考核、污染物排放总量控制和监督管理等。

二、排水与污水处理行业数字化监管的地方实践

随着数字政府和智慧城市的建设，中国各级政府和排水与污水处理监管机构也顺应数字时代的要求主动变革，以数字化改革推动排水与污水处理行业监管改革，不断提高监管效能。

（一）北京市排水与污水处理行业数字化监管

2012年，北京市发布《智慧北京行动纲要》，正式开启从“数字北京”向“智慧北京”跃升的新篇章。借助“智慧北京”“推进水利信息化建设”等外部大环境，积极跟踪物联网、云计算等高新技术的发展，围绕水务中心工作谋划北京水务信息化的新发展，提出了建设“智慧水务”的构想，旨在通过信息化建设促进和带动水务现代化，提升水务行业社会管理和公共服务能力，保障水务可持续发展。

目前，北京市排水与污水处理数字化监管的实践架构主要包含以下几个方面：智慧水务业务架构、智慧水务总体架构、智慧水务功能架构以及主要的智慧水务监测体系。在智慧水务业务方面，根据北京市水务局职能和水务业务的实际需要，将水务业务从宏观上划分为决策指挥和公共服务两大类，智慧水务架构包括信息安全、标准化、业务应用、大数据中心、信息采集和基础设施。信息收集

是一种智能水“感觉系统”，帮助监测网络对涉水对象及其环境信息的感知和接收。

在智慧水务总体架构方面，总体架构包括智能供水系统、智能排水系统、智能防洪系统、智能污水再利用系统、智能节水系统等子系统。同时，每个子系统都有许多子系统，如水源监控系统，共同形成了智能水系统。① 在水务业务梳理和分析的基础上，按照智慧水务顶层设计的思路，借鉴目前国际国内同类项目建设经验，初步搭建了北京市智慧水务总体架构。而智能水务功能架构是整个智慧水务架构的核心部分，其中功能架构主要包括硬件设施层、采集信息数据传输层、计算机网络层、数据资源层、业务应用层、应用交互层。其中业务管理层又是智慧水务功能架构的核心层，提供了水务业务管理、决策调度和应急管理等功能，是智慧水务为用户提供业务管理、考核监督等业务的支撑。

北京智慧水务通过“智能感知、智能仿真、智能诊断、智能预警、智能调度、智能处置、智能控制、智能服务”的功能体系，可以支撑日常和应急状态下的防洪、水资源、水环境和水生态等管理业务工作，实现了水安全智能保障，提高了水资源调控能力。负责整个智慧水务系统的监测系统主要是指围绕防汛、水资源、水环境和水生态管理 4 类核心业务，完善水务监测体系。与传统的监测手段相比，智慧水务需要利用遥感、卫星、物联网等技术，构建智能感知体系，确保信息互通和资源共享，形成“空天地”一体化的水务立体感知监测体系。在水务数据源库方面，通过元数据库结合数据资源目录的方式实现数据的标准化管理，并在现有综合库的基础上建设数据仓库，为分析、统计、决策等过程提供数据支撑，建设信息基础平台。②

（二）上海市排水与污水处理行业数字化监管

上海排水与污水处理行业数字化监管架构以业务为核心，集成各种数据和应用技术，最终构建成互联互通的综合应用系统。上海市排水与污水处理行业数字化监管架构主要包括 6 个方面：规划管理、设施管理、运行监管、养护监管、受理执法以及防汛排水。其中以规划管理作为整个排水污水处理行业的先导性环节，通过 GIS 平台进行管网达标率分析、泵站配泵率分析、暴雨重现期分析、防汛能力综合评估分析等。设施管理和运行监管是整个智慧化监管的核心部分，通过“一张地图”的管道网络与设施分析，运用互联网监管平台，将各个排水设施的核心数据面板传送至决策与监督端口，确保排水与污水环节畅通无阻。运行

① 张小娟，唐锱，刘梅，王昊．北京市智慧水务建设构想［J］．水利信息，2014（01）．
② 赵伟，陈奔，杨晴，张丽竹．智慧水务构建研究［J］．水利技术监督 2019（06）．

监管主要包含对泵站、污水处理厂、积水点等的运行监测。泵站运行监测主要是对泵站内的水位、雨量、开停机等进行实时监测，具备实时监测、三线图、报表、报警等功能。①

污水处理厂在线监测主要对污水处理厂进水口、排放口的 pH、COD、水温、氨氮、总磷、总氮、进水/排水量进行实时监测，并对水质超标或水量超限事件进行报警。设施管理和运行管理共同组成排水与污水处理行业智慧监管的核心环节，其中涉及技术手段也最为复杂，包括基于互联网平台的数据共享技术、运行管理中的自动化与工业互联网技术，正是这些强大技术的支撑使得上海市的排水污水行业运行畅通无阻。养护监管环节和受理执法环节，为上海市智慧排水与污水处理提供了有效的信息反馈和监督机制，其中养护环节的监管实现了全过程，全自动管理，包括下达检测任务、生成检测委托书、检测报告自动生成、整改反馈、评价考核等全过程、全流程的养护监管，而受理执法环节通过建立水务信息公共平台和信息互换机制，获取上海市水务业务受理中心和上海市水务行政执法总队关于排水受理许可和排水行政执法等相关数据，打通了上海市排水与治理污水环节的执法堵点。最后是防汛排水方面的智慧监管措施，而在防汛排水方面的智慧监管也主要是体现在智慧化的信息管理上，通过防汛排水安全信息管理、暴雨积退水信息管理、防汛物资存储点信息查询和显示、防汛排水预案管理等，为排水受灾统计、防汛排水方案评价、应急处理等提供信息支撑。

（三）天津市排水与污水处理行业数字化监管

天津市遵循国家及天津市信息化建设的总体规划，以“自然一人工”二元水循环理论为指导，按照“深度融合、全面共享、服务网格化”的指导思想，以物联网、云计算、大数据等新一代信息技术为框架和主导，以计算机通信网络、信息采集控制、云计算平台和大数据中心为基础，按照“统一规则、分步实施；平台公用、资源共享；应用先导、务求实效”的原则，建设一个城乡统筹、水务一体的“5＋N”智慧水务信息化系统体系，即“一个平台、一张综合调度网络、一个大数据中心、一张城市水务图、一个门户、N 个应用”。

“一个云平台”架构建设，水务云平台建设将各个环节连接在一起，打破水务集团的信息孤岛和信息荒岛现象，打破集团内部数据壁垒问题，实现真正的数据共享。“一张综合调度网络”架构是指以通信技术为手段，利用网络技术将引滦、引江、自来水水厂、自来水管网、各水源地水库、污水处理厂连接起来，建成覆盖全水务集团全行业的输水调度管理网络体系。合理划分网络结构，建设物

① 陈国平，桂轶．上海市“智慧用水”管理体系的构想［J］．净水技术，2017，36（06）．

理上隔离的自动化控制专网和业务专用内网。“一个大数据中心”架构建设主要是指建立天津市智慧水务数据库，为日常统计分析，决策支持提供数据源。①“一张城市水务图”架构建设主要是指建立从原水到水厂到用户的水务 GIS 管理系统，可将各类业务信息和管理信息通过可视化展示和综合分析，掌控实时输水状况。“一个服务门户网站”架构建设主要是搭建水务服务的信息传输反馈平台，提供网上保修、网络投诉、网上营业厅、网络客服系统、微信支付、微博微信互动、施工停水公告、水质通报等平台和内容。“N 个水务管理应用”基于统一的云计算平台、综合调度网络和大数据中心，主要围绕水务集团的防汛、水资源、水环境、水生态管理、水务工程等核心业务，建立业务管理体系、生产运营体系、管理决策体系和公共服务体系等 N 个应用。

通过水务数字化建设，天津市水务数字化监管将实现以下效果：控制自动化、管理协同化、决策科学化和服务主动化。其中水务控制自动化是指面向天津市水源泵站、闸站/管网、自来水水厂/管网、排水管网、水务工程、污水处理厂等各类监控对象，建立输水和供水工程、城乡供水工程、城市排水工程和污水处理工程等自动化控制体系，实现对水务工程的及时、可靠、自动控制。管理协同化是指面向业务人员建立总、分三级联动协同管理工作体制，对业务规划、过程、结构进行全方位的管理；而决策科学化是指运用大数据、互联网平台等技术进行水务管理模型设置以及水务管理信息共享，面向决策集团，通过数据与信息支持科学决策。服务自动化主要是指面向社会公众建立涉及水务业务和服务的信息反馈渠道。通过服务内容、方式、品质及社会交互，使得社会公众体验到水务品质的人性化、便捷性、舒适性，实现主动化服务。②

（四）广州市排水与污水处理行业数字化监管

广州市从 2011 年开始启动排水设施管理信息系统项目建设，经过两期的建设，开发了排水设施综合数据库管理系统、排水抢险调度辅助系统、综合办公自动化系统、排水设施管养系统、排水许可管理系统、施工排水设施保护与巡检系统。2014 年，广州市开展智慧水务顶层设计项目建设，该项目旨在建设全市统一的、水务智能化管理的信息资源库的应用平台，为建立广州市水务智能化管理的资源配置、队伍建设、保障体系、管理制度的一体化工作机制，提供了水务系统信息化建设新思路。

---

① 齐师杰．智慧水务背景下天津市防汛业务系统设计与应用［J］．海河水利，2022，(03)．

② 张扬，郝介江，谷守刚，刘文鹏．天津水务集团智慧水务建设构想［J］．海河水利，2017，(S1)．

针对目前超大城市常见的排水管线权属不清、动态信息缺失等问题，广州市在“数字市政”的基础上进一步开展排水管网地理信息系统的建设，以信息化创新驱动，进行“软件”创新，构建智慧排水体系。2019年，广州市水务局印发《广州市“智慧排水”建设项目专项规划（2019—2021）》，提出“单元划分、数据融合、物联建设、业务应用、基础配套”五大建设任务，逐步实现排水管理全过程的信息化管理与智能化应用全覆盖，提高城市排水防涝设施规划、建设、管理和应急水平，降低城市内涝风险，全面提升广州市排水综合管理水平。截至2020年5月底，由广州市排水规划行政管理部门牵头建设排水数据库，已完成广州市中心城区37个流域排水单元的划分，共计约8840个排水小单元，并部署近800套管网水位感知设备。

广州排水公司以“两化融合”驱动排水管理方式变革的实践经验为基础，搭建起以地理信息系统、感知监测网、物联网、移动互联网等信息技术为核心，由排水设施管理作业平台和“管养通”App构成的智慧排水综合管理平台。该系统实现了排水设施“一张图”可视化管理、排水全过程水位流量“一张网”在线监测预警分析、管线数据实时更新动态管理、移动巡检养护信息多端共享，实现了排水信息化管理。同时，依托该系统建立的防汛应急调度平台，全程在线可视化，推动城市防涝“快速响应、科学调度、精准处置”目标实现。

（五）杭州市排水与污水处理行业数字化监管

为提高杭州市排水管理的科学化、现代化水平，杭州市以物联网、云计算、水动力分析等技术为支持，以“物联化排水防涝设施、互联化水务时空信息、模型化城市内涝风险、协同化专业管理服务”为特点，构建由感知层、数据层、应用支持层、应用系统层以及信息公布层组成的杭州市数字化排水监管系统。

杭州市数字化排水监管系统是集地理数据、基础数据、实时数据于一体的排水基础信息库，集查询统计、分析预警、状态模拟、维护更新、信息共享等功效为一体排水信息化管理系统，全面负责杭州市排水设施管理、运行管理、水质监管、管道监管、养护监管、风险预警、水位动态监管等工作。

近年来，通过对各部门排水数据共享整合、物联网感知设备建设、智慧平台功能开发完善等一系列工作推进，杭州市排水管理部门逐步建成了全市统一的“智慧排水”系统平台，为杭州市数字化排水监管工作作出了巨大的贡献，推动了杭州市排水数字化监管的进程。但是杭州市的排水数字化监管目前仍面临基础信息采集程度不高、信息资源的集成缺乏共享、系统功效不健全等一些挑战。后续，杭州市将从全局的角度对其进行分析建设，在实践中不断深化、完善、成熟。

（六）南京市排水与污水处理行业数字化监管

2015 年，为实现与国家、省级防汛防旱决策支持系统资源与信息共享，南京市防汛（台）防旱指挥信息系统基于市政府信息中心提供的云计算运行环境，采用面向 SOA 的体系架构，结合大数据、移动互联网等先进技术构建“两台一库”技术框架。该系统联合市水文局、人民防空办公室、供水处等收集气象水情资料，并通过大数据分析集成，为城市水资源管理、水利工程管理、水务水行政、农村水利等提供数据支撑。此外，南京市还开发相关手机应用，方便日常数据查询，同时注重数据安全性，保障系统安全运行，为建设“智慧水务”提供信息资料。①

为加快补齐城镇污水收集处理设施短板，提高污水日常养护管理信息化水平，南京市以提高全市污水处理厂运行安全和效率为目的，采用物联网技术、地理信息技术和大数据技术构建城市污水处理监管信息系统，实现了污水收集系统的数字化管理、污水处理厂处理过程的监控预警、数字化绩效考核和污泥车的实时监控。南京水务集团从 2019 年开始，通过完善污水信息数据库，整合各部门污水系统数据，建立了基于 GIS 技术的污水管网信息化管理系统，把基础地理信息和污水处理厂、污水泵站、污水管网、污水检查井信息融合在一个平台，实现各项监测数据同平台在线显示，开发污水管网运行状态进行实时分析功能，初步实现了污水管网的智能化管理。

通过接入污水处理厂中控系统实时数据、污泥车运输数据、管网数据等，南京污水处理监管信息系统实现了对全市主城区 17 家污水处理厂进出水控制、处理流程、污泥处置等全方位的监控管理。在此基础上，系统设计了预警处理流程和绩效考核体系，在指导污水处理厂高效运行生产的同时，将污水处理厂的日常运行状态和绩效考核结果数字化直观地呈现给监管机构。②

三、排水与污水处理行业数字化监管的功能架构

传统监管存在着数据不完全、响应不及时、决策不科学等诸多问题，数字化监管旨在通过信息化技术和排水与污水处理监管的深度融合，建立覆盖排水与污水处理全过程的感知网络，为排水与污水处理监管提供及时动态的数据基础，借

---

① 吴宇桐，包鑫如．东部发达城市智慧水务建设探析［J］．环境与发展，2020，04.

② 沈恬，马智宸，金勇军，吴星辉，孙勇．南京市城市污水处理监管信息系统建设研究［J］．江苏水利，2019，02.

助大数据、信息共享和人工智能等技术，为行业发展评价与预判、资源调度、突发事件预警及应急处置等监管决策提供可视化支持服务，其主要内容包括：数据管理、规划建设、考核评估、资源调度、应急管理等。

（一）数据管理

数据的采集、共享和集成是智慧化监管的基础和保障，数据信息的质量决定了智慧化监管的水平和效能的发挥。

首先，构建排水与污水处理设施基础数据库。参照国家标准《城市排水防涝设施数据采集与维护技术规范》GB/T 51187－2016，根据当地情况制定统一的数据标准，以现有排水管网和污水处理厂的数据为基础，进行数据现场核查与补充测绘、标准化与整理入库工作，建立能基本反映现状的排水与污水处理设施数据库。

其次，构建实时在线监测网络。结合城市排水与污水处理监管监测数据需求，梳理区域排水与污水处理的关键节点和基础设施，特别是选择易涝区域、调蓄设施、泵站、主干管检查井、排放口、溢流口、河道等关键节点，布设监测设备，建成由点（排水户、污水处理厂、泵站等）、线（排水管网、河流等）、面（行政区、水资源分区和水功能分区等）组成的监测网格图，实时监测水位、流量、水质指标（pH、水温、电导率、溶解氧、悬浮物、氧化还原电位等），形成有效的排水与污水处理在线监测网络，准确反映全域排水与污水处理设施运行动态，并保障城市排水设施监测的持续性、准确性和及时性。

再者，完善数据的精细化管理。在统一数据、统一平台的基础上，打破行政区划和设施归属的限制，以管网为核心，根据管网的接驳关系、管网和污水处理厂的关系、管网和泵站的关系划分管理片区，精细管理力度，实现数据的网格化管理，对责任网格内的设施数量、质量以及运行系统情况等实现数据动态更新、共享和集成，实现信息的数字化归集、存储和管理，为监管决策提供数据支撑。

最后，实现数据可视化呈现。将监测数据与城市行政区划图、水系图、管网图、监测设备分布图等地图信息叠加，基于地图的坐标定位、鹰眼视图等功能进行设施设备管理，实现对排水与污水处理设施、监测设备空间和属性数据的显示、编辑、查询和统计。在对地图显示有高标准、高要求的需求时，可采用三维精细化模型展示相关图层数据，直观、具体、生动地展示各类地图数据。

（二）规划建设

在集成全域排水与污水处理设施数据信息的基础上，以提升排水系统总体运行效率为目标，基于复杂系统优化方法，建立新型规划设计评估优化流程。首先，系统性地梳理全域污水处理厂、泵站、排水管网、河道水系、排涝防洪设施及截流设施等现状，结合现场调研、勘察探测，诊断出区域排水与污水处理系统的问题及风险。其次，建立多种规划管理的决策支持模式，利用在线监测、模型模拟与大数据分析等手段，加强对排水与污水处理系统的合理规划，对未来排水与污水处理系统运行进行预测和分析，有针对性地提出排水与污水处理设施布局优化方案、系统改造方案及雨水防洪排涝方案等。

此外，传统的排水管网设计方法是基于推理公式法，不考虑管网实际流量和相连管道间的影响，而且二维的设计难以全面分析管道的交叉情况，无法直观地展示管道的纵向布置。在遇到体量庞大复杂的排水工程时，设计难度会成倍增加，而且容易发生碰撞，造成返工或浪费，甚至引发安全隐患。因此，排水系统建设的项目立项，要结合排水与污水处理发展规划和需求，采用数学模型法和BIM 技术，在考虑降雨在时空分布的不均匀性和管网汇流过程的基础上计算雨水设计流量，并结合降雨模型、地表径流模型、节点入流模型和管道传输模型等，模拟排水管网中真实准确的水流状况，确定排水系统中的瓶颈管段，科学设计排水管网设施布局。

（三）考核评估

对排水与污水处理系统的考核评估是优化系统运行、提高监管效能的有效手段。首先，评估各类设施的运行状况。可通过汇总监测数据反映设备运行情况，通过设备实时上传的运行数据与设计参数相比对，评估排水与污水处理设备运行效果。为了直观评估设备的运行效果，可以通过柱状图、曲线、表格等方式直观显示在线监测数据，包括水位、雨量、水质、视频等，并对不同图表进行综合展示，使得监管机构可以全方位评估排水与污水处理设施的运行状况。

其次，评估系统的运行效果。城市排水与污水处理系统由排水口、管道、泵站、污水处理厂、排放口等节点和要素组成，这些要素有机地结合在一起，构成一个完整、复杂的系统。通过收集排水与污水处理设施长期运行数据，可以有效识别系统的运行规律，定量评估整个排水与污水处理系统相关的排水防涝、污水处理和污泥处置的实施效果，提高城市排水与污水处理系统的动态管理能力。例如，基于向下或向上的排水和收水情况追溯分析、管道纵横断面分析、管网污水流向分析、管网坡降分析等，可以评估管网是否存在大管接小管、雨污混接、逆坡、淤泥等问题，并自动形成问题报告。

再者，评估区域的排水与污水处理绩效。排水与污水处理监管机构根据监管目标和系统的实际运行情况，制定绩效考核指标和考核方法，智能化监管可以实现对考核指标构成要素的管理，包括指标类别、指标名称、定义、数据单位等信息的编辑，支持指标自定义添加、修改与删除功能；实现对考核指标计算公式的管理，提供指标计算公式编辑器、公式参数等的设定，以适应未来指标体系扩展与优化的需求。根据在线监测、人工填报、系统记录等方式获取的数据，按照既定的考核指标和方法进行定量化绩效评价，并以图表的形式展现评估结果，辅助监管机构发现系统运行管理的薄弱环节，为系统运行管理优化提供决策支持。

（四）资源调度

目前，大多数污水处理厂与排水管网等设施分属不同单位运营管理，由于运营目标和管理考核标准不同，出现了厂网统筹建设以及协调运行方面的诸多问题，导致城镇排水系统不能完全发挥其应有的功能。为了最大化发挥排水与污水处理系统的效能，应当按照“统筹建设、协调运行”理念，以流域为单位，实行“厂、网、河（湖）全流域、全要素”联合调度。

通过“厂、网、河”数据联动与信息共享，可以构建在线控制系统，便于监管人员及时、全面感知排水与污水处理系统的实时运行情况，对水质、水量做出合理预判，实现系统级整体在线优化调度，包括：多级水质监控、水质水量预报警、超标排水追溯管控、污水均衡进厂、清污水联合调度等，充分挖掘管网及污水处理厂潜能，最大限度利用现有设施的输送、调蓄和处理能力，减少污水溢流，大幅提高排水与污水处理系统整体运行的可靠性及有效性，保障系统的稳定运行及河流水质的稳定达标。

（五）应急管理

排水与污水处理系统运行关系到城市排水防涝和水环境安全，其应急管理涉及住房和城乡建设部门、水利部门、应急管理部门和环保部门等多个监管机构，通过对相关领域的信息整合与信息分析，利用人工智能技术结合水文、市政、运筹学、管理学等多种科学的方法，一方面可以提供分级、分类预警功能，实现排水设施的长期持续监测与短时预警预报，动态监测排水设施的运行状况及风险，在管网运行数据异常时快速进行事故溯源、追踪和预警。例如，泵站、泵闸、积水点监测值超过指定标准，可立即进行报警，同时管理人员可调用对应的监控视频实时查看现场情况。另一方面，可以实现防洪排涝决策方案的智能生成，并形成多方案优选的体系，与预报预警有效对接，提高各级各类监管机构对排水与污水处理问题的预警、处理能力和决策效率，降低应急处置时间，提高应急管理的效率和质量。

四、排水与污水处理行业数字化监管的主要问题

（一）排水与污水处理数字化监管平台建设缺乏顶层设计与标准

各地在智慧污水平台建设、运维以及集成化管理方面缺乏相应的顶层设计。传统水务行业的关注重点在建设内容、建设规模及建设方案等方面，缺少智慧化运营管理上的分析和规划，导致建成后因多种原因不能维持长期良好的运营。随着计算机及互联网技术的不断发展，国内大部分水务公司信息化技术的发展经历了从早期无纸化办公到后期信息化技术在运营管理业务应用的跨越，主要可以归纳成建设信息化基础设施、完善信息化数据建设、实现信息化业务应用、建立信息化调度平台四个阶段。最新出台的国家标准《室外排水设计标准》（GB 50014－2021）明确提出，排水系统的检测与控制要实现自动化、信息化、智慧化，对于自动化要实现少人（无人）值守、远程监控、集中管理，对于信息化要打造信息设施系统与生产管理信息平台，对于智能化要创建智能化应用系统、智能化集成平台以及安全防范系统。国家网信部门出台的《关键信息基础设施确定指南》也明确将城镇污水处理厂监测设施纳为关键信息基础设施。

另外，在智慧污水平台搭建和信息化动态共享方面，各地尚未在技术路线、数据交互格式、算法应用等方面形成统一的行业规范和技术标准，加之现存污水处理设施的工艺水平和实际处理水量参差不齐，工艺控制、管理模式、运营水平面临不统一性、差异性、规律性小等问题，智慧污水平台建设亟须规范数据采集、生产运行监控与调度、运营管理等设计流程，旨在实现智能化远程集中监管、便携化运行调度和工艺运行指导以及精准化辅助经营决策的应用效果。

（二）排水与污水处理数字化监管平台重建设而轻应用

目前，各地污水处理行业的智慧平台侧重于数据收集与分析，在实际场景应用和监测预警方面应用较为有限。究其原因，首先，污水处理行业的工作流程很难统一，从工艺控制、管理模式、运营水平兼具不统一性、差异性、规律性小等特征；其次，从实际运营来看，污水处理厂区信息化程度参差不齐，厂内生产、运维高度依赖经验型员工，厂外监管、调度大多利用电话等基础通信设备，监管难度大、协调效率低；另外，已建成的终端自动化仪表、过程自动化监视控制和日常生产数据采集系统，整个污水处理自动化控制管理系统依然待优化。

调研发现，随着各地城市化进程的不断推进，配套地下城市管网、雨污水泵

站、污水处理厂等进入高速建设期。地下城市管网、雨污水泵站、污水处理厂等设施由于建设年代不同、分布距离较广、设备多样化等因素，导致工艺水平和实际处理水量参差不齐、人工监管效果不理想、统一监管标准难度较大等情况日益突出。虽然部分省域和城市已建有污水处理系统，但是依然存在管理不到位、运行不正常、出水水质不能稳定达标等问题，削弱了污水处理厂治污能力的有效发挥。同时，污水处理系统自动化和集成化水平有待提升，大多局限于单点监控或者局域网监控，在系统需要扩展时，由于设备的多样性、通信协议不统一，往往造成数据不能共享，设备局部故障会影响主体正常运行，无法满足城市对污水处理系统的监督与管理需求。加之已有污水智慧监管平台记录的数据准确性和时效性限制了系统的广泛实时应用，很难建立真正有效的智慧水务系统并实现有效监管。

（三）部门间缺乏数据有效联动机制

当前，各地已有智慧化监管平台信息互联互通程度低，难以实现信息动态共享。调研发现，在已建立的各类专业业务的应用系统中，由于各部门分管的环节不同，即使在一个网络环境中，也难以实现信息互通和资源共享，形成数据割据和信息孤岛，限制和阻碍了水务更高层次的智慧应用。传统的污水处理厂通常在中央控制室设置数据服务器和监控计算机，它们通过厂区工业以太网实现与多个现地控制单元 PLC 的数据通信，并通过 SCADA 监控组态软件将现场设备的运行状态和工艺参数实时显示在监控画面中，操作员可通过画面中的功能按键或输入域将生产控制指令下达到具体的现场工艺设备，还可根据采集到的实时数据生成工艺参数趋势图、生产报表、故障报警等信息。这套自控系统基于工业网络，与厂内的办公系统、安防系统、资源和运营管理系统等其他功能子系统保持着相对独立、各自运行的状态。一些需要跨系统交互的数据，通常要经过各部门相关技术人员的手工转换，变为通用的纸质或电子文档传递，协同性差、效率低。单个污水处理厂的生产数据处于“孤岛”状态，不支持远程访问，无法与集团或地区的水务集控监管平台实现数据共享，无法进行远程监控、数据整合分析、辅助整体决策等全区域层面的管控功能。

此外，各地污水处理行业监管体制面临条块分割、缺乏信息动态共享机制的问题。然而，随着污水处理规模的快速增加与用地稀缺、群众对污水处理厂选址极度敏感的矛盾越来越突出，在优化用地模式的同时，污水处理厂管理正逐步由“各自为政”向水务集团“集中管理、分散控制、精细化运营”模式转变，对信息化、数字化、智慧化转型需求愈加迫切。此外，新冠疫情的冲击凸显了污水处理厂信息获取性差，人员依赖性强，组织协同效率较低等短板，也加快了污水处理厂治理智慧化转型的步伐。总体来看，虽然各地在已有智慧水务平台上建立了各类模块，但数据是彼此孤立而没有联结的。信息共享机制缺失限制并阻止了更高级别的智慧应用程序，具体表现为缺乏有效的数据管理软件实现数据的一致性及分类分层管理，忽略了算法在准确有效实现数据分析设计方面的重要作用。

第四章　垃圾处理行业发展报告

垃圾处理行业一般包括工业垃圾处理、危险废物处理及城市生活垃圾处理三大领域。垃圾处理按作业对象可分为直接处理对象和间接处理对象两大类。世界银行发布的全球固体垃圾前瞻性报告中提到：2025 年全球垃圾年产量将达 22 亿 t，垃圾管理年成本增加到 3750 亿美元。[①]

中国垃圾处理行业已经形成了较为成熟的产业链，其中垃圾处理产业链上游为垃圾处理设备制造，主要包括固废焚烧设备、尾气处理设备、餐厨垃圾处理设备、污泥干化处理设备等；中游为固废收集转运，主要是从事垃圾清运和垃圾分类的环卫企业；下游为垃圾处理处置，处理方式上主要是无害化和资源化，目前政策上也加大推动源头减量。目前，中国垃圾无害化处理的方式主要是填埋和焚烧。垃圾填埋操作简单及成本较低，但填埋垃圾会残留大量细菌、病毒，存在沼气、重金属污染等隐患，垃圾渗漏液会长久地污染地下水资源，造成严重二次污染。因此，二次污染少且能够资源再利用的垃圾焚烧发电，是目前更被提倡的垃圾处理方式。本书主要以城市生活垃圾的直接处理作业为例，对垃圾处理行业的投资与建设、生产与供应、发展成效和高质量发展及其未来趋势进行研究。

---

① 世界银行《全球固体垃圾的前瞻性报告》https://www.sohu.com/a/360948806_470091.

第一节　垃圾处理行业投资与建设

一、总体概况

城市垃圾处理已是城市公共服务重要的组成部分，目前中国垃圾处理行业的主要投资主体或来源包括两大类：①政府投入，包括地方财政、国家财政、国债资金和清洁发展机制（CDM）的资金支持；②社会资本，包括国内垃圾处理投资运营商、国外垃圾处理投资运营商、银行融资、股市融资、环保产业基金和风险投资基金。

（一）固定资产投资现状

2020 年，全国城市市容环境卫生固定资产投资额为 862.6 亿元（图 4-1）。同 2009 年相比有较大增长，增长了 172.57%，说明城市环境治理投资金额不断增长。

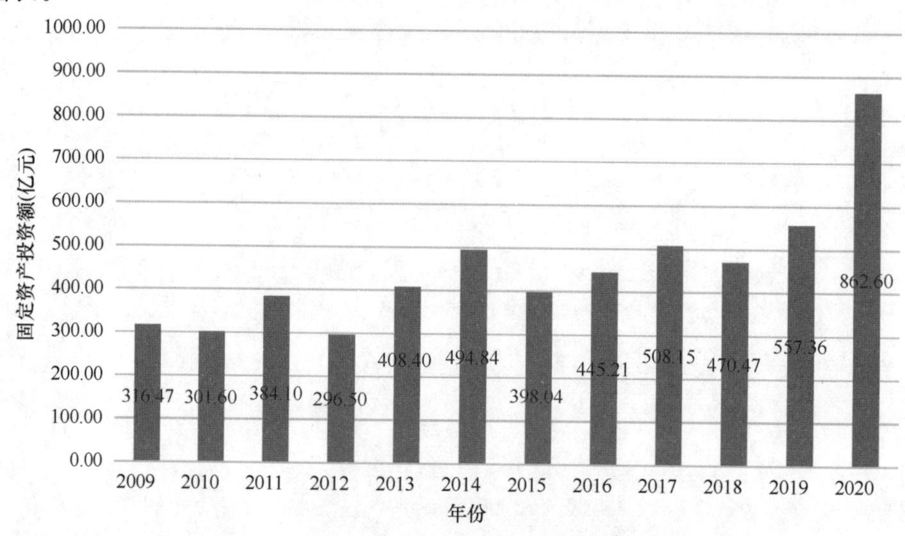

图 4-1　历年城市市容环境卫生建设固定资产投资额

资料来源：《中国城乡建设统计年鉴》编委会．中国城乡建设统计年鉴 2020［M］．北京：中国统计出版社，2021。

2020 年垃圾处理领域的固定资产投资额为 705.8 亿元，占城市市政公用设施建设固定资产投资的比例为 3.17%，环卫固定投资在 2016～2020 年连续五年有较大增幅（图 4-2）。

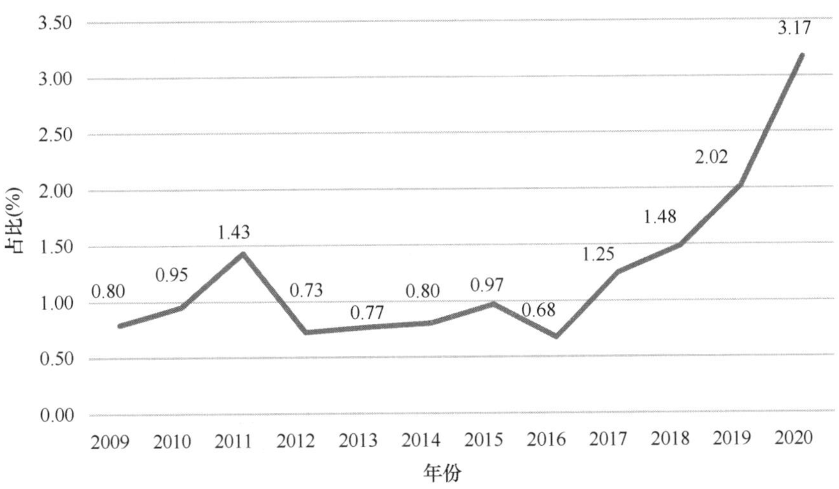

图 4-2 历年垃圾处理固定资产投资额在市政公用设施固定资产投资额占比

资料来源：《中国城乡建设统计年鉴》编委会．中国城乡建设统计年鉴 2020［M］．北京：中国统计出版社，2021。

（二）环卫专用车辆设备

我国城市市容环卫专用车辆设备①总数保持逐年稳步增长，如图 4-3 所示，2020 年车辆设备总数已达到 306422 台，同时从图 4-3 中可以看到，自 2008 年以来，我国城市专用车辆设备的年增长率整体有所提升，但在 2017～2020 年期间有波动下降的趋势，2020 年增长率为 8.83%。城市市容环境卫生车辆设备数量也呈现逐年增长趋势，尤其是对新能源环卫车的需求权重随之加大。

（三）垃圾处理场

我国城市生活垃圾处理的方式主要可以划分为三大类：垃圾卫生填埋、垃圾焚烧和其他垃圾处理方式（堆肥（含综合处理）、堆放和简易填埋）。图 4-4 展示了城市历年各类无害化垃圾处理厂的占比情况。由图 4-4 可知，2020 年卫生填

① 指用于环境垃圾卫生作业、监察的专用设备和车辆，包括用于道路洒水、冲洗、清扫、除雪、市容监察、垃圾粪便清运以及与其配套使用的设备和车辆。如：垃圾车、扫路机（车）、洗路车、洒水车、真空吸粪车、除雪机、装载机、压实机、推土机、专用船舶、吸泥渣车、盐粉撒布机、垃圾筛选机、垃圾破碎机等。对于长期租赁的车辆及设备也统计在内。

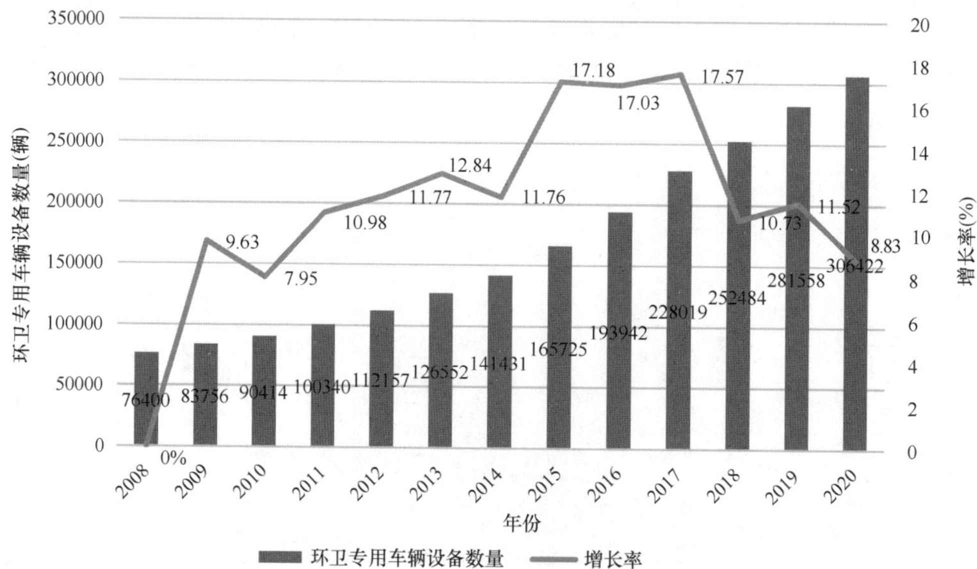

图 4-3　中国城市市容环卫专用车辆设备数量及其增长率

资料来源：《中国城乡建设统计年鉴》编委会．中国城乡建设统计年鉴 2020［M］．北京：中国统计出版社，2021。

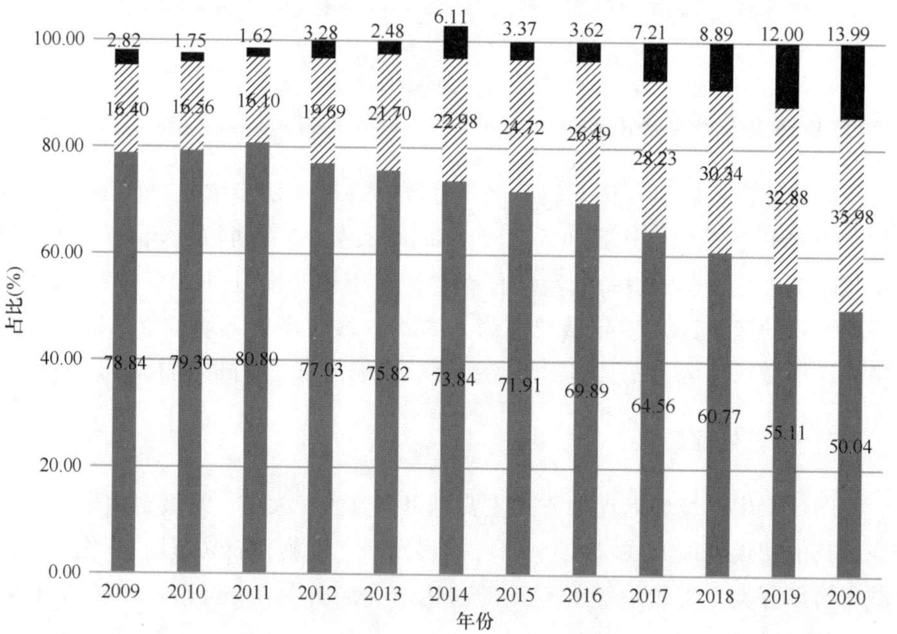

图 4-4　历年城市各类无害化垃圾处理厂占比

资料来源：《中国城乡建设统计年鉴》编委会．中国城乡建设统计年鉴 2020［M］．北京：中国统计出版社，2021。

埋处理厂占比 50.4%，比 2019 年下降了 5.07%，焚烧处理厂和堆肥处理厂占比都有不同程度的增加，其中堆肥占比 13.99%，垃圾焚烧厂占比 35.98%。

可以看出，生活垃圾卫生填埋是我国现阶段最主要的垃圾无害化处理方式；其次，近年来城市卫生填埋处理量占总的垃圾处理量的比例有降低趋势；而无害化垃圾焚烧厂的比例呈现逐渐扩大趋势。

图 4-5 描绘了历年城市各类无害化垃圾处理厂增长率。总体而言，城市垃圾无害化处理厂的总数目在稳步上升（2020 年增长率 19.02%），同时 2020 年堆肥处理厂的数量较上年小幅上升了 8.79%。此外，卫生填埋场的增长率在 2020 年下降了 1.23%。

图 4-5　历年城市各类无害化垃圾处理厂的增长率比较

资料来源：《中国城乡建设统计年鉴》编委会. 中国城乡建设统计年鉴 2020［M］. 北京：中国统计出版社，2021。

二、垃圾卫生填埋场投资与建设

（一）垃圾填埋简介

中国实施最为广泛的垃圾处理技术是垃圾填埋。该项垃圾处理技术就是将垃圾填入到洼地或者是大坑当中，用防渗材料将地面与垃圾接触部位覆盖住，避免垃圾渗滤液进入地下水产生污染；并在场地的底部铺设排水管道，把渗滤液引到场外；在垃圾体内设置导气系统，将填埋气导出利用或者燃烧；在场地的四周挖设截洪沟，避免洪水进入场内。

（二）投资与建设现状

截至 2020 年底，我国共有生活垃圾卫生填埋场 644 座。2009～2020 年城市生活垃圾卫生填埋无害化处理场数量如图 4-6 所示，2020 年填埋场数量比 2019 年减少了 8 座。

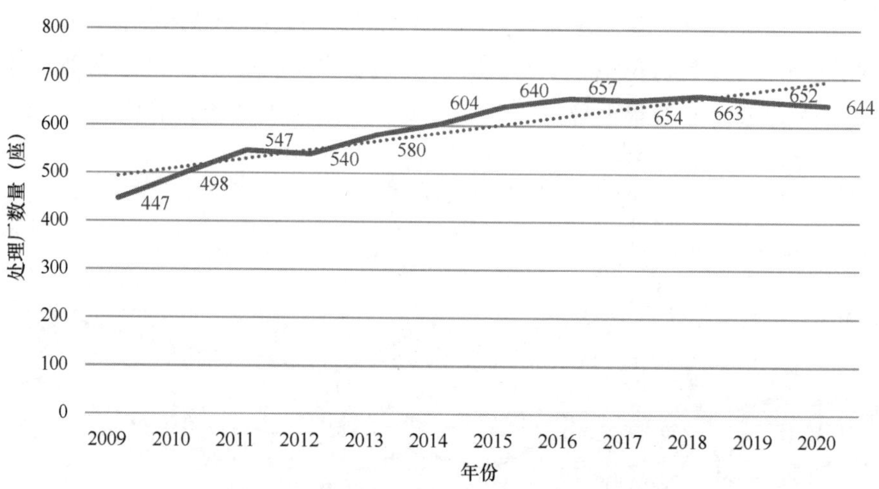

图 4-6　城市生活垃圾卫生填埋无害化处理厂数量

资料来源：《中国城乡建设统计年鉴》编委会．中国城乡建设统计年鉴 2020［M］．北京：中国统计出版社，2021。

截至 2020 年 12 月底，我国各省（区、市）垃圾填埋场分布情况如图 4-7 所示。从图 4-7 可知，国内的垃圾填埋场主要集中分布在人口相对集中、密度较大的地区，如广东、河北、河南、湖北等地；发达城市有逐渐减少的趋势，其中北京、上海等经济相对发达的城市制定了原生垃圾零填埋的指导目标，并建造大量的垃圾焚烧设施。垃圾焚烧设施全部投入运行后，预计国内未来的焚烧能力将大幅提升，相对地，有危害性的垃圾填埋处理方式占比将大大降低。

三、垃圾焚烧厂投资与建设

（一）垃圾焚烧概述

垃圾焚烧处理相较于卫生填埋、堆肥等无害化处理方式具有处理效率高、减容效果好、资源可回收利用、对环境影响相对较小等优势，在国家政策的大力支持下，将成为垃圾处理行业的主流方式。为引导垃圾焚烧发电产业健康发展，促进资源节约和环境保护，国务院相关部门出台了一系列支持和推动垃圾焚烧发电

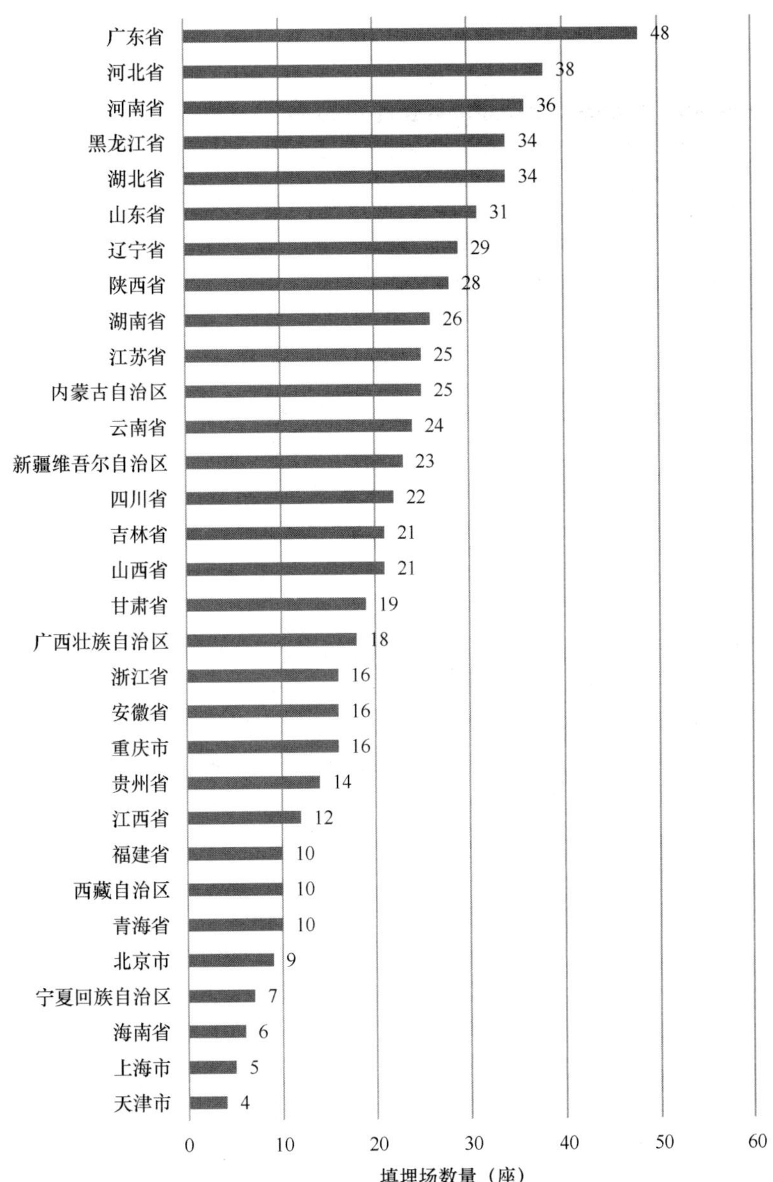

图 4-7　2020 年我国各省（区、市）垃圾填埋场的分布情况

资料来源：《中国城乡建设统计年鉴》编委会．中国城乡建设统计年鉴 2020［M］．北京：中国统计出版社，2021。

行业有序健康发展的政策文件。

（二）投资与建设现状

根据生态环境部的数据统计，2020 年 12 月全国垃圾焚烧中标项目 64 项，总投资金额为 145.76 亿元。环比来看，项目数量增长 25.5%，投资金额增长 67.9%。2020 年 1～12 月，全国垃圾焚烧中标项目共计 377 项，总投资金额共计 801 亿元。① 如图 4-8 所示，截至 2020 年底，我国城市生活垃圾焚烧设施 463 座，相对 2019 年底新增 74 座。我国 2009～2020 年城市生活垃圾焚烧设施数量一直呈现稳步增加趋势。

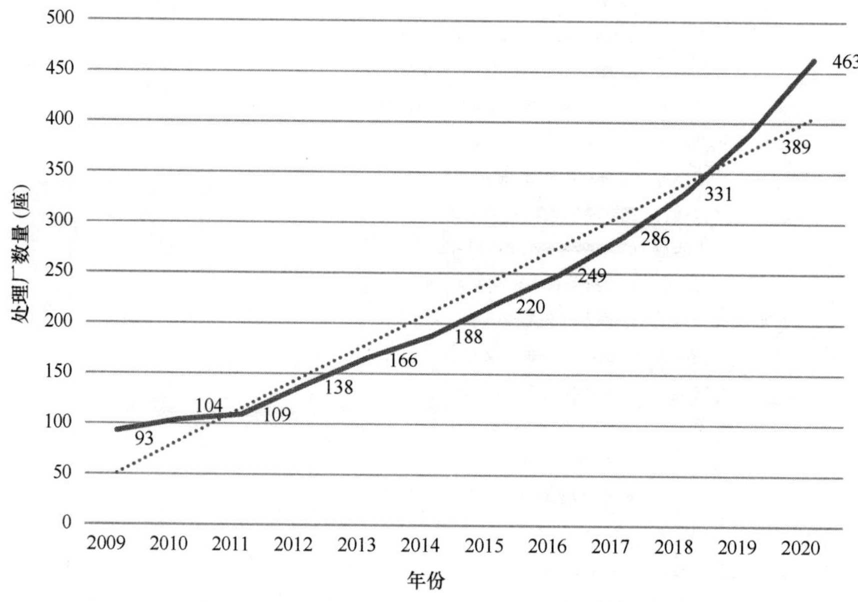

图 4-8 历年城市生活垃圾焚烧无害化处理厂数量

资料来源：《中国城乡建设统计年鉴》编委会．中国城乡建设统计年鉴 2020［M］．北京：中国统计出版社，2021。

广东省为目前我国城市生活垃圾焚烧设施最多的省份（有 57 座），同时相较 2019 年，2020 年广东省新建城市生活垃圾焚烧厂 9 座。其次是山东省、江苏省，分别拥有生活垃圾焚烧厂 49 座和 46 座，位列全国第二和第三（图 4-9）。可见，东部沿海发达地区城市生活垃圾焚烧设施数量较多，而中、西部地区城市生活垃圾焚烧设施数量较少。

① 产业信息网《2020 年中国垃圾焚烧行业发展现状、行业展望与建议分析》https：//www.chyxx.com/industry/202104/947492.html.

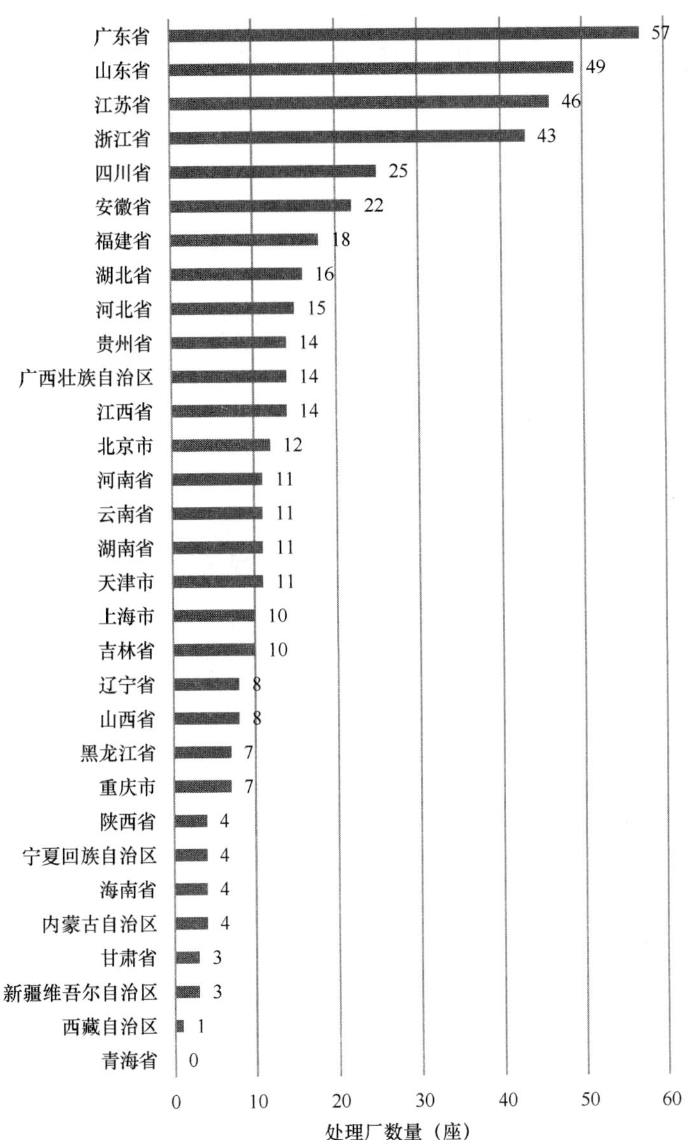

图 4-9　2020 年生活垃圾焚烧无害化处理厂数量变化的地域分布

资料来源：国家统计局官网（http：//data. stats. gov. cn/search. htm?s）。

四、其他类型垃圾处理厂投资与建设

其他类型垃圾处理方式一般包括堆肥（含综合处理）、回收利用、堆放和简易填埋，后两种垃圾处理方式对环境破坏明显，属于取缔的对象。我国

2020 年垃圾处理以垃圾填埋、焚烧为主，垃圾处理技术的使用情况为：填埋方式所占比例约为 50%，焚烧方式所占比例约为 36%，而其他方式只占 14%，如图 4-10 所示。

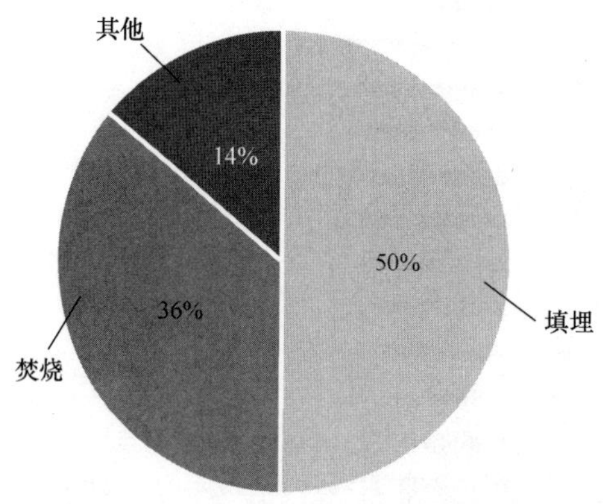

图 4-10　2020 年我国垃圾处理方式占比

第二节　垃圾处理行业生产与供应

一、总体概况

较之工业化、城镇化快速推进，垃圾处理的“工业”生态处理体系建设相对滞后，垃圾处理行业应建设与垃圾治理需求量不断增大相适应的垃圾处理体系，我国当前垃圾处理产业的产出大致可以分为三类：物质资源、环境资源和垃圾处理服务。

（一）垃圾无害化处理能力和处理量

随着城镇化进程加速，我国城市垃圾无害化处理能力和处理量均在逐年增加，如图 4-11 所示。由图 4-11 可知，2020 年城市垃圾无害化处理能力达到 963460t/d，增幅为 10.76%。2020 年城市垃圾无害处理量为 23452.33 万 t，降幅为 2.33%。

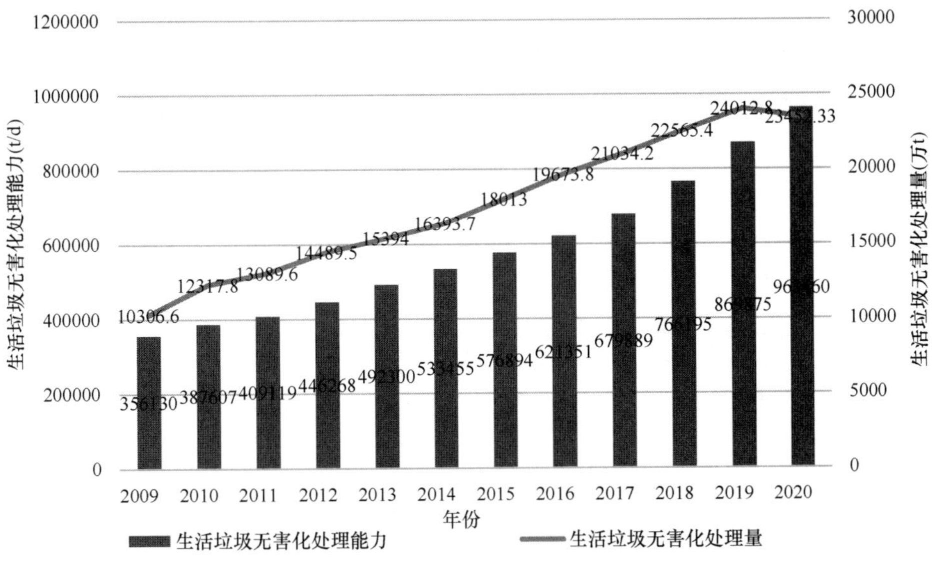

图 4-11　历年城市生活垃圾无害化处理能力和处理量

资料来源：《中国城乡建设统计年鉴》编委会．中国城乡建设统计年鉴 2020［M］．北京：中国统计出版社，2021。

（二）各类型垃圾处理能力和处理量

如图 4-12 所示，2020 年城市生活垃圾卫生填埋无害化处理能力为 337848t/d（占城市生活垃圾无害化处理能力的 35.07%），生活垃圾焚烧无害化处理能力为 567804t/d（占城市生活垃圾无害化处理能力的 58.93%），垃圾堆肥/综合处理无害化处理能力为 57807t/d（占城市生活垃圾无害化处理能力的 6%）。

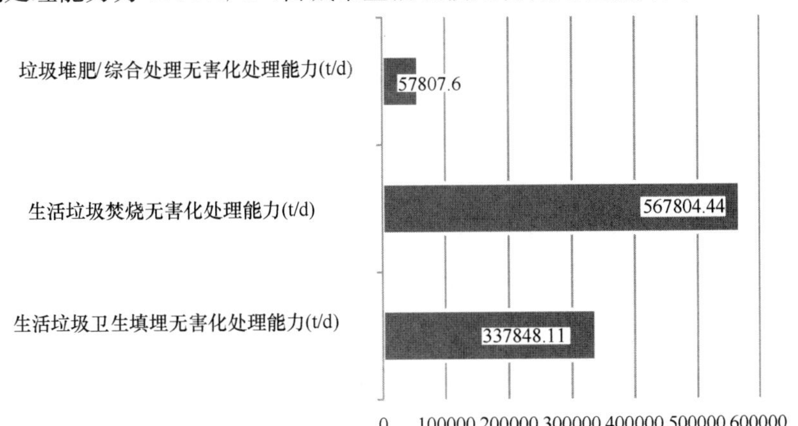

图 4-12　各类型垃圾处理能力及占比情况

资料来源：根据国家统计局官网数据整理（http：//data. stats. gov. cn/easyquery. htm？ cn=C01）。

另外，2020 年城市垃圾无害化处理量为 23452.33 万 t，城市垃圾卫生填埋无害化处理量为 7771.54 万 t，垃圾焚烧无害化处理量为 14607.64 万 t，垃圾堆肥/综合处理无害化处理量为 1073.15 万 t。

（三）各地区垃圾无害化处理能力和处理量

图 4-13 展示了 2020 年各省（区、市）垃圾无害化处理能力分布，从该图可知，广东省垃圾无害化处理能力处于全国领先地位，达到 136593t/d。从排名上

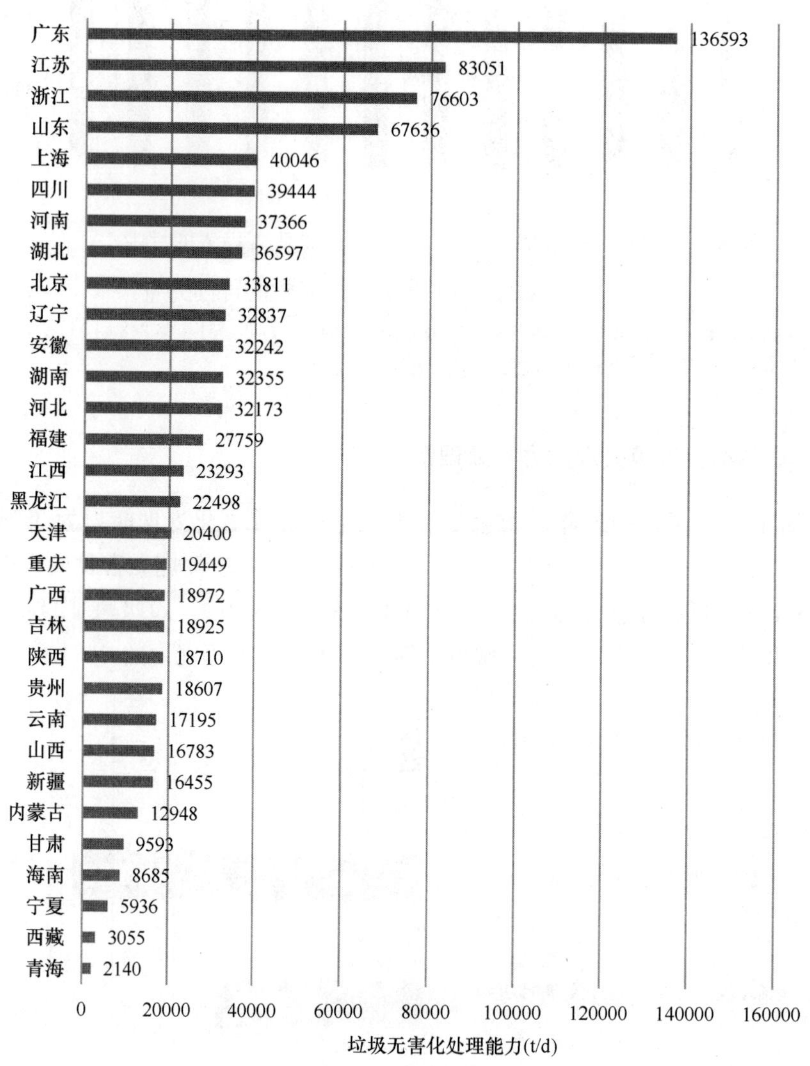

图 4-13　2020 年各省（区、市）垃圾无害化处理能力分布

资料来源：《中国城乡建设统计年鉴》编委会 . 中国城乡建设统计年鉴 2020［M］. 北京：中国统计出版社，2021。

看，我国东部沿海经济较发达地区，垃圾无害化处理能力较强，中、西部地区垃圾无害化处理能力较弱。

图 4-14 展示了 2020 年各省（区、市）垃圾无害化处理量分布，广东省垃圾无害化处理量处于全国领先位置，达到 3100.98 万 t。从地域排名上看，我国东部沿海经济较发达地区垃圾无害化处理量较大，中、西部地区垃圾无害化处理量较小。

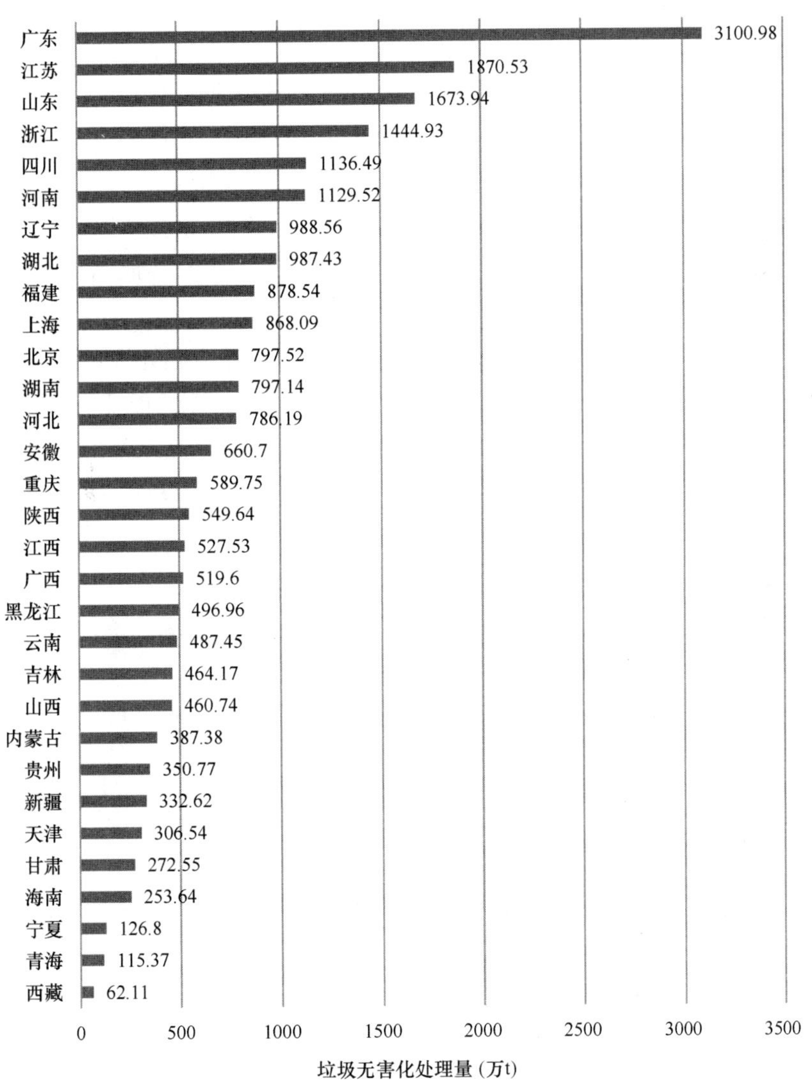

图 4-14　2020 年各省（区、市）垃圾无害化处理量分布

资料来源：《中国城乡建设统计年鉴》编委会．中国城乡建设统计年鉴 2020［M］．北京：中国统计出版社，2021。

二、垃圾卫生填埋场处理能力及处理量

（一）增长现状

2021 年，随着生活垃圾分类的深入进行以及全面铺开，国家发展和改革委员会、住房和城乡建设部、生态环境部联合印发《城镇生活垃圾分类和处理设施补短板强弱项实施方案》，其中要求到 2023 年基本实现原生生活垃圾“零填埋”。这个阶段可以称作是在垃圾分类政策下的原生垃圾零填埋时代。

除了政策上的更新，目前我国多个大型垃圾填埋场关闭或即将关闭，包括上海的老港综合填埋场以及西安主城区仅有的生活垃圾填埋场。可以预计，未来大城市的生活垃圾填埋场将会陆陆续续进入关闭期。同时，这几年连续的环保督察对于生活垃圾填埋场从臭气、渗滤液等均作了严格的监管。各地都对生活垃圾填埋场的污染控制提出了更高要求。

图 4-15 展现了历年城市垃圾卫生填埋无害化处理能力和处理量的发展状况。经过十余年的发展，我国城市垃圾卫生填埋无害化处理能力从 2009 年的 273498t/d 提升到 2020 年的 337848t/d，增长了 23.53%，城市垃圾卫生填埋无害化处理量由 2009 年的 8898.6 万 t 下降到 2020 年的 7771.54 万 t，降低了 12.67%。

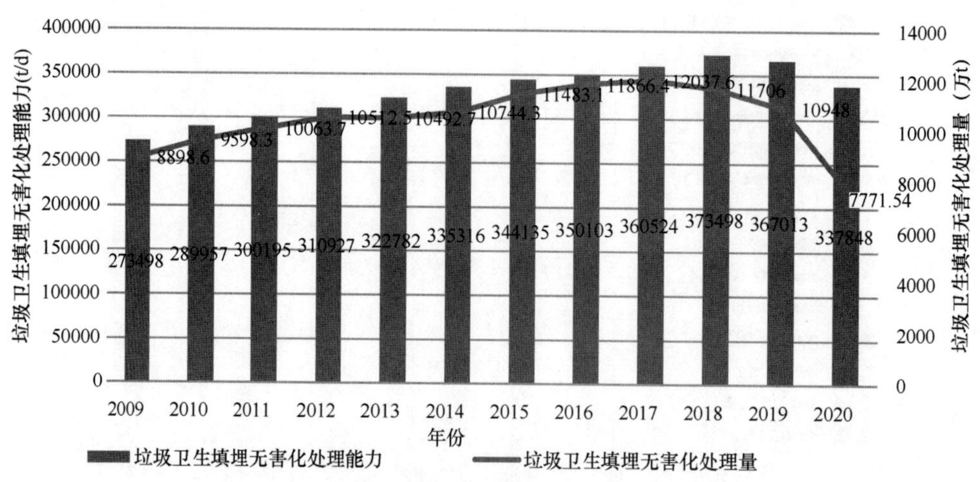

图 4-15　历年城市垃圾卫生填埋无害化处理能力和处理量

资料来源：《中国城乡建设统计年鉴》编委会．中国城乡建设统计年鉴 2020［M］．北京：中国统计出版社，2021。

（二）地区分布

截至2020年底，我国各地区垃圾卫生填埋处理能力分布情况见表4-1。国内的垃圾填埋场主要集中在人口密度较大、分布相对集中的东部发达地区，东部发达地区由于其经济发展水平较高，带动了其垃圾焚烧技术的大力发展。大部分如北京、上海等经济相对发达的城市都规划了原生垃圾达到零填埋的指导目标，且目前已经开始大量垃圾焚烧设施的建设工作，这些垃圾焚烧设施全部投入到城市中的运行使用后，预计未来这些城市的焚烧能力将超过90%，从而会大大降低垃圾填埋方式的占比，但是其中部分地区依然全部采用垃圾填埋处理方式，其垃圾焚烧项目或部分即将投运或在建中或是还在规划中，如青海、宁夏、新疆、江西、甘肃等。

相较于技术型的垃圾处理方式而言，填埋场的建设和运行投入成本相对较低，从而针对中、西部等相对欠发达地区而言，填埋场目前仍是垃圾处理的主要选择。2020年各地区垃圾卫生填埋处理能力分布见表4-1，与2019年相比，全国接近一半数量的省份垃圾卫生填埋处理能力出现负增长，说明垃圾卫生填埋处理方式随着社会的发展在减少。

2019年、2020年各地区垃圾卫生填埋处理能力分布　　表4-1

地区		2019年处理能力（t/d）	2020年处理能力（t/d）	两年变化率
东部	浙江	12818	12133	−5.34%
	江苏	15155	13715	−9.50%
	广东	56367	43558	−22.72%
	山东	18214	14946	−17.94%
	福建	5866	4379	−25.35%
	河北	11357	11743	3.40%
	上海	10350	15350	48.31%
	天津	15350	5100	−66.78%
	北京	7491	7491	0.00%
	海南	2260	2310	2.21%
中部	湖北	14768	14569	−1.35%
	安徽	7889	8182	3.71%
	山西	10442	9207	−11.83%
	河南	18560	20516	10.54%
	湖南	17186	15851	−7.77%
	江西	15259	7690	−49.60%

续表

地区		2019 年处理能力（t/d）	2020 年处理能力（t/d）	两年变化率
西部	四川	9289	13175	41.83%
	云南	5537	6145	10.98%
	广西	7296	7172	−1.70%
	重庆	6449	8049	24.81%
	内蒙古	8933	8798	−1.51%
	贵州	5755	6347	10.29%
	西藏	1420	2355	65.85%
	陕西	18139	11699	−35.50%
	甘肃	5609	5674	1.16%
	青海	1695	1970	16.22%
	宁夏	2593	2630	1.43%
	新疆	14936	14055	−5.90%
东北	辽宁	23732	18737	−21.05%
	吉林	8900	8795	−1.18%
	黑龙江	12650	15003	18.60%

资料来源：根据国家统计局官网数据整理（http：//data. stats. gov. cn/easyquery. htm？ cn=C01）。

三、垃圾焚烧厂处理能力及处理量

（一）增长现状

根据国家发展和改革委员会等部门制定的《“十三五”全国城镇生活垃圾无害化处理设施建设规划》，我国 2020 年焚烧发电规模为 52.0 万 t，焚烧发电在国内生活垃圾无害化处理中所占比例增至 50%。在国家出台政策趋于完善的基础上，我国垃圾焚烧技术水平日益提高，市场不断扩大，我国的垃圾焚烧发电处理能力也得到了提升，无害化处理率较高，已进入高质量发展期，随着技术的发展，现代化的大型垃圾焚烧发电厂也在大量建设，不仅处理了无用的有污染程度的垃圾，降低了垃圾对环境的污染，也将垃圾转化为电力资源，实现了资源的可持续发展，而且随着我国城镇化进程的速度越来越快，人民的生活水平提高显著，垃圾生产量的增长使得垃圾焚烧发电技术更加先进。

2000 年以来，我国的城市生活垃圾数量逐年增加，城市垃圾的产量也呈直线增长的趋势，据统计，我国每年产生近 10 亿 t 垃圾，我国的城市生活垃圾总量每年的增长速度都在 10%以上，分类也更加复杂，所以处理难度也更大。①《"十四五"城镇生活垃圾分类和处理设施发展规划》提出，到 2025 年底，全国城镇生活垃圾焚烧处理能力达到 80 万 t/d 左右，城市生活垃圾焚烧处理能力占比 65%左右。在人口增长、城镇化等因素的驱动下，加之行业内部分公司仍有较高规模的未投运项目，未来垃圾焚烧行业投运产能有望稳步提升，支持业绩进一步增长。

图 4-16 呈现了历年城市生活垃圾焚烧厂的无害化处理能力和处理量的发展趋势。可见，国内的城市垃圾焚烧厂无害化处理能力实现了将近 8 倍的能力扩充，从 2009 年的 71253t/d 发展到 2020 年的 567804t/d，且每年的垃圾处理增长率也在逐步提升，2020 年增长率达到了 24.38%。总体上，近年来我国城市垃圾焚烧处理能力一直保持着较高的增长率。国内的城市垃圾焚烧厂无害化垃圾处理量也由 2009 年的 2022 万 t 增长到 2020 年的 14607.64 万 t，保持了较高的增长速度，2020 年增长率也达到了 19.99%。

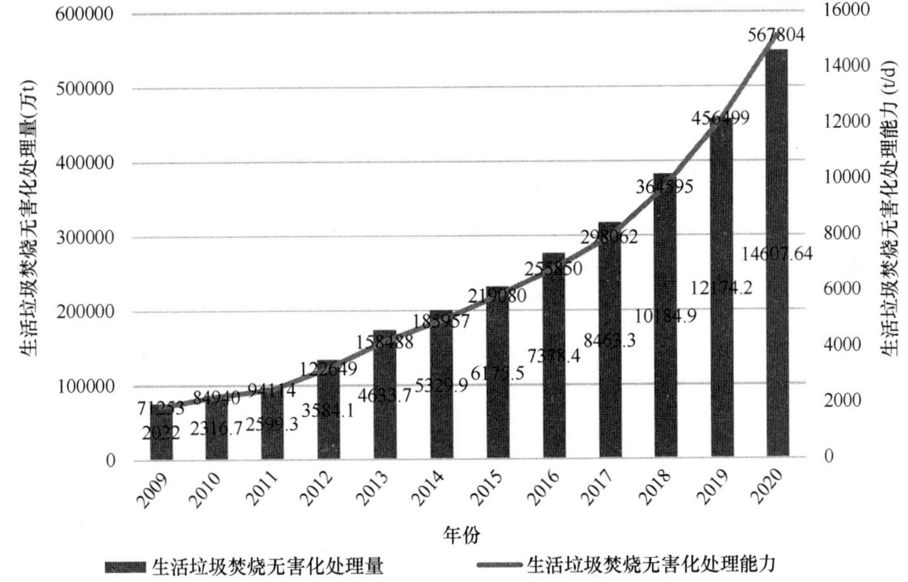

图 4-16 历年城市生活垃圾焚烧厂无害化处理能力和处理量

资料来源：《中国城乡建设统计年鉴》编委会．中国城乡建设统计年鉴 2020［M］．北京：中国统计出版社，2021。

① 中国电业，《城市垃圾焚烧发电技术的应用以及发展趋势》，https：//huanbao.bjx.com.cn/news/20210804/1167826.shtml.

（二）处理量占比

图 4-17 展示了我国历年城市生活垃圾焚烧量在无害化处理垃圾总量中占比，由图中可知，城市生活垃圾焚烧量在无害化处理垃圾总量中占比在逐年攀升。2020 年城市生活垃圾无害化焚烧量占比达到 62.29%，比 2010 年的 18.81%多出 43.48%，在人口增长、城镇化等因素的驱动下，加之行业内部分公司仍有较高规模的未投运项目，未来垃圾焚烧行业投运产能有望稳步提升，支持业绩进一步增长。

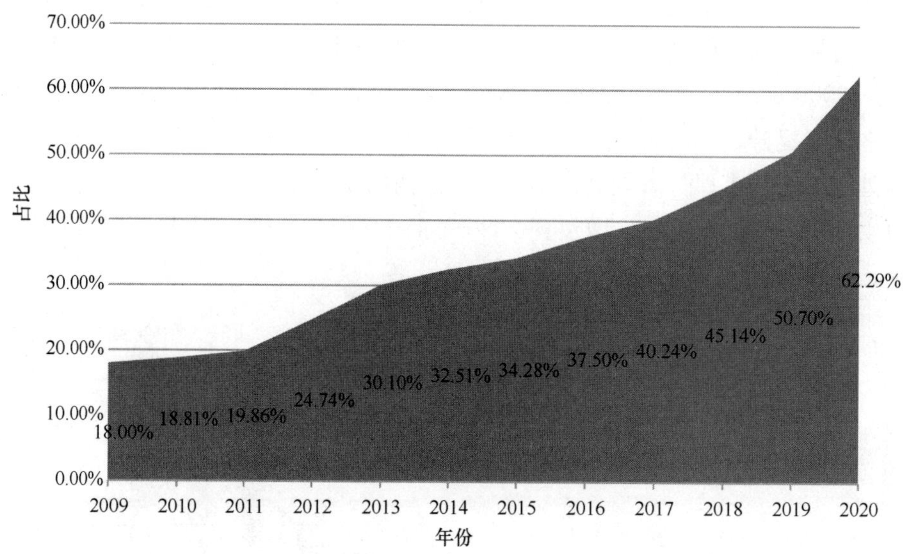

图 4-17　历年城市生活垃圾焚烧量在无害化处理垃圾总量中占比

资料来源：《中国城乡建设统计年鉴》编委会．中国城乡建设统计年鉴 2020［M］．北京：中国统计出版社，2021。

（三）地域分布

表 4-2 列出了 2019 年、2020 年我国各地区生活垃圾无害化焚烧处理能力分布，浙江、江苏、福建、天津、海南、安徽、云南的生活垃圾无害化焚烧占比超过 50%，焚烧已成为上述地区垃圾无害化处理的主要处理方式。

2019 年、2020 年各地区生活垃圾无害化焚烧处理能力分布　　表 4-2

地区		2019 年处理能力（t/d）	2020 年处理能力（t/d）	两年变化率
东部	浙江	49685	58630	18.00%
	江苏	46810	65420	39.76%

续表

地区		2019年处理能力（t/d）	2020年处理能力（t/d）	两年变化率
东部	广东	73376	87416	19.13%
	山东	46890	49450	5.46%
	福建	16950	20800	22.71%
	河北	11670	18460	58.18%
	上海	19300	19300	0.00%
	天津	7000	13550	93.57%
	北京	15950	18090	13.42%
	海南	3900	5875	50.64%
中部	湖北	13500	16205	20.04%
	安徽	19110	21510	12.56%
	山西	4103	7298	77.87%
	河南	14200	16800	18.31%
	湖南	11306	14619	29.30%
	江西	7800	15200	94.87%
西部	四川	21892	25336	15.73%
	云南	7930	10950	38.08%
	广西	9250	11650	25.95%
	重庆	10500	11100	5.71%
	内蒙古	3350	4150	23.88%
	贵州	9100	11100	21.98%
	西藏	703	700	−0.43%
	陕西	2346	6911	194.59%
	甘肃	3600	3208	−10.89%
	青海	—	—	—
	宁夏	2500	2745	9.80%
	新疆	1800	2050	13.89%
东北	辽宁	8428	12580	49.26%
	吉林	7650	9450	23.53%
	黑龙江	5900	6452	9.36%

资料来源：国家统计局网站整理（http://data.stats.gov.cn/easyquery.htm? cn=C01）。

（四）工艺与规模

目前，我国的炉排炉工艺在炉型工艺选择上仍然是市场的重要组成部分。从现有炉型分布上看，2020 年全国已运行垃圾焚烧厂 492 座，涉及 1202 台焚烧炉，其中，机械炉排炉台数占比超过 86%，循环流化床台数占比不到 14%；从处置量来看，全国机械炉排炉日合计处理能力超过 48 万 t，循环流化床日合计处理能力仅为 7.1 万 t 左右。炉排炉设施的处理规模浮动相当大，每日处理能力在 350～3000t 之间（单期投运规模），日平均的处理规模达 896.7t，其中吨投资达平均 39.7 万元/t，依然较高；流化床工艺每日处理能力在 200～1700t 不等，日平均处理规模达 887.8t，相较于炉排炉，它们的平均处理能力是很接近的，但吨投资却相对较低，平均仅约 33.9 万元/t。① 由于中、西部地区的煤炭资源丰富，采用流化床技术的焚烧厂主要分布在中、西部地区以及东部部分地区地级市；另外，针对流化床焚烧炉垃圾贴费较低的特点，流化床焚烧炉较适宜于中型城市。针对目前城市发展土地资源的限制，焚烧设施存在着选址难等客观因素，因而焚烧设施完成选址工作后，主管部门会避免重复选址，往往更倾向于建造大规模的焚烧设施，技术本身自带的规模效应，也引导着我国不断出现规模越来越大的焚烧厂。同时，我国焚烧占比相较国外仍有较大提升空间，从各省（区、市）产能规划来看，未来5～10年垃圾焚烧产能建设需求较旺盛。近两年各省（区、市）生活垃圾焚烧中长期规划纷纷出台，多地明确指出要新增垃圾焚烧厂以提高焚烧处理能力，并设置了较高的焚烧占比规划目标。例如，江苏省提出在 2022 年～2030 年新（改、扩）建垃圾焚烧厂 39 座，预计新增垃圾焚烧处置能力 4.5 万 t/d；福建省提出到 2030 年生活垃圾焚烧率平均可达 100%。对比部分地区 2020 年存量产能与 2030 年规划产能，仍有接近两倍的提升空间，预示未来 5～10年垃圾焚烧产能建设需求较旺盛。

（五）焚烧发电量

垃圾焚烧发电已逐渐发展成为固废处理最主要的方式之一，截至 2020 年底，我国垃圾焚烧发电装机容量由 2016 年的 549 万 kW 增至 2020 年的 1533 万 kW，年均复合增长率为 29.27%。此外，我国垃圾焚烧新增发电装机容量由 2016 年的 81 万 kW 增至 2020 年的 311 万 kW，年均复合增长率为 39.98%。累计装机容量排名前 5 的省份分别是：广东省（16.3%）、浙江省（14.5%）、山东省

① 北极星垃圾发电网，《2020 年垃圾焚烧发电行业研究报告》https：//huanbao. bjx. com. cn/news/20210313/1141499-3. shtml.

(11.7%)、江苏省(10.8%)、安徽省(5.5%),合计占全国累计装机容量的58.9%。在浙江、江苏、福建、广东、山东等省份,垃圾焚烧发电装机增长迅猛,投资企业需要引起重视。垃圾焚烧发电量前十的省市(浙江、广东、江苏、山东、安徽、福建、四川、上海、湖南、北京)总发电量为378亿kW·h,占全国总上网电量的78%。① 其中,浙江省以上网电量77.6亿kW·h位列榜首。此外,浙江省在垃圾焚烧发电各省项目数量排名、垃圾焚烧发电各省装机容量排名均列第一②。

第三节 垃圾处理行业发展成效

一、垃圾清运和道路清扫的发展成效

随着我国城市规模的持续扩张,各城市人口规模也随之逐年递增,使得城市生活垃圾的生产总量和排放总量迅速增长,最终加重了垃圾处理的负担。住房和城乡建设部公布的数据显示,我国城市生活垃圾年均规模以8%~10%的速度逐年递增,③ 2009年以来,我国城市生活垃圾清运量逐年上升,2019年全国337个城市的生活垃圾生产量约达3.43亿t,2020年城市垃圾产量增长至约3.23亿t。④ 全国1/4的城市垃圾填埋堆放场地已接近服役时限或已超过服役时限,城市垃圾清运任务迫在眉睫。⑤

由于生活垃圾产生量在统计时不易取得,常用垃圾清运量代替。图4-18展示了历年城市垃圾清运量,从该图可知,城市垃圾清运量在逐年上升,2020年城市垃圾清运量达到23512万t。

---

① 中国产业发展促进会生物质能产业分会编委会,《2020中国生物质发电产业排名报告》,http://oss.cnelc.com/Img/MaterialUrl/20190719/20190719094535388.pdf.

② 中国产业发展促进会、中商产业研究院整理,《浙江省位列2019垃圾焚烧发电上网电量排名第一》《中国新能源网》http://www.china-nengyuan.com/news/126134.html,2019年7月4日。

③ 孔竞.我国城市生活垃圾分类治理历程中的问题及其治理之道[J].辽宁经济,2020,430(01):51-53.

④ 灵动核心市场研究《2020年我国城市生活垃圾产生量及重点城市占比分析》https://baijiahao.baidu.com/s?id=1672368808729284806&wfr=spider&for=pc.

⑤ 产业经济观察网《强制垃圾分类:解决垃圾围城带来新的投资机会》http://www.360doc.com/content/21/0412/16/74726157_971852158.shtml.

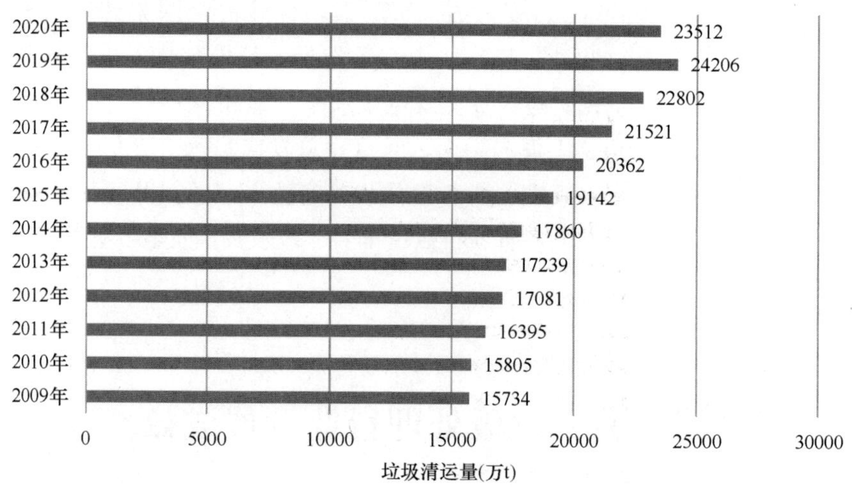

图 4-18　历年城市垃圾清运量

资料来源：国家统计局官网（http：//data. stats. gov. cn/easyquery. htm? cn=C01）。

如图 4-19 所示，我国城市道路清扫保洁面积自 2010 年以来，整体保持上升趋势，在 2020 年清扫面积达到 975594.7 万 m^2，增长率达到 5.8%。

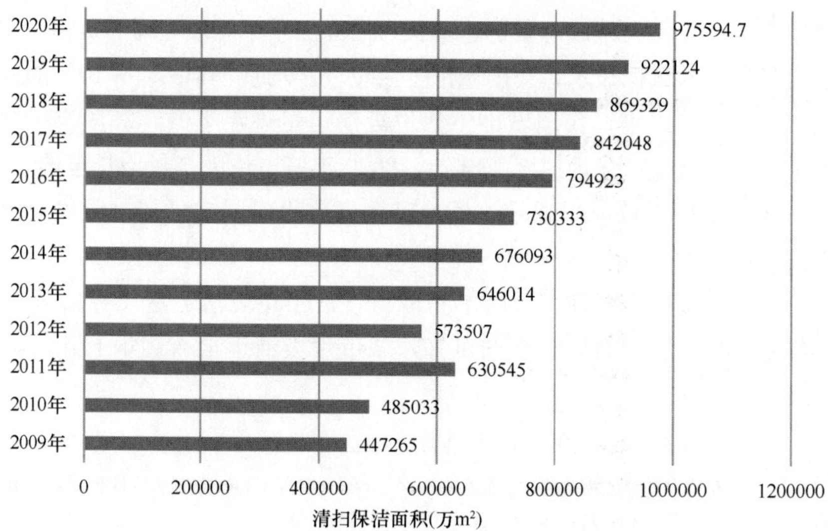

图 4-19　历年城市道路清扫保洁面积

资料来源：国家统计局官网（http：//data. stats. gov. cn/easyquery. htm? cn=C01）。

二、垃圾处理和无害化处理的发展成效

在“碳中和”的背景下，我们对于环保的需求逐渐提升。从近期国家发布的相关政策也均能体现出未来五年我国对于垃圾处理行业的重视。例如，国家发展和改革委员会印发《“十四五”循环经济发展规划》，为“十四五”时期我国循环经济发展制定了总体目标与路线图，这对加快再生资源高效利用和循环利用具有重要意义。利好政策的助推下，垃圾处理行业的市场化步伐也将驶入快车道。随着垃圾行业的蓬勃发展，我国道路清扫量、生活垃圾处理率和无害化处理率都达到了相当高的水平。历年城市生活垃圾清运量和无害化处理量及无害化处理率如图 4-20、图 4-21 所示，城市生活垃圾清运量和无害化处理量逐年上升；垃圾无害化处理率从 2009 年的 71.4%上升到 2020 年的 99.74%。

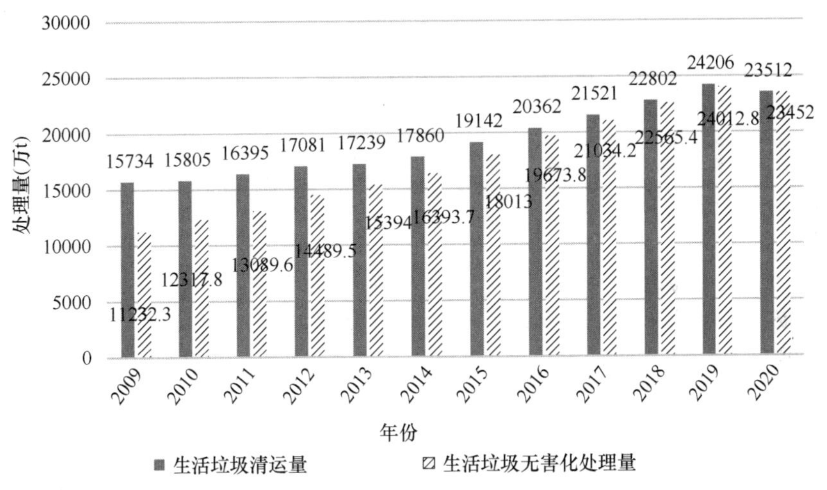

图 4-20 历年城市生活垃圾清运量和无害化处理量

资料来源：国家统计局（http://data.stats.gov.cn/easyquery.htm?cn=C01）。

三、垃圾分类收集和管理的发展成效

垃圾分类是一项复杂的系统工程，涉及投放、收集、运送、处置等多个环节，每个环节又包含基础设施建设、作业人员统筹、收运路线规划等，因此，将每个环节无缝串联，形成流程化运作的分类体系是各个垃圾分类试点城市的首要任务。2019 年 6 月，习近平总书记对垃圾分类工作作出重要指示，强调实行垃圾分类，关系广大人民群众生活环境，关系节约使用资源，也是社会文明水平的

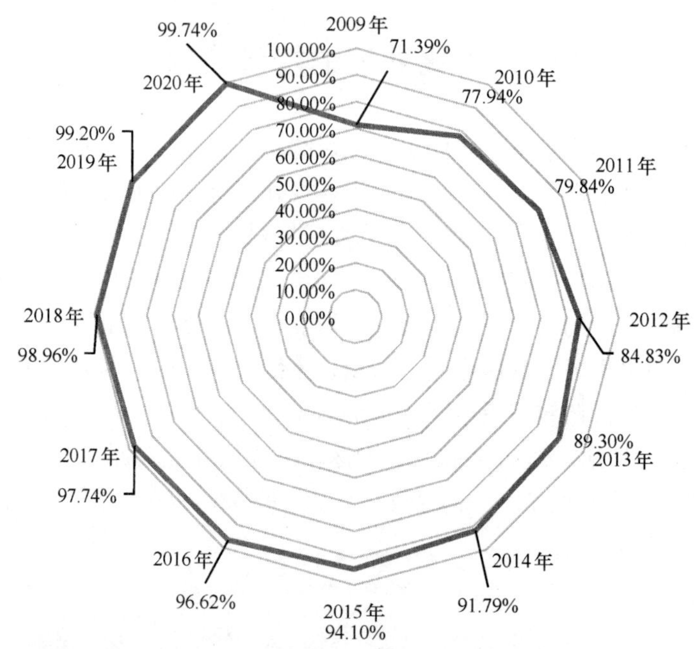

图 4-21　历年城市生活垃圾无害化处理率

资料来源：《中国城乡建设统计年鉴》编委会. 中国城乡建设统计年鉴 2020［M］. 北京：中国统计出版社，2021。

一个重要体现。截至 2020 年底，通过合理规划，先行试点城市在垃圾收运和处置方面基本建成了较为流程化的体系。“十三五”以来，“垃圾分类”一直是政府工作的重中之重。在 2021 年两会上，强调“有序推进城镇生活垃圾分类”。在国家政策的引导下，全国 46 个重点城市基本建成生活垃圾分类处理系统，其他地级城市实现公共机构生活垃圾分类全覆盖。然而，我国生活垃圾分类工作总体尚处于起步阶段，仍有许多城市的垃圾分类尚未建立小区层面的实效评估体系，存在动员居民主动分类难、过于依赖二次分拣等问题。

2021 年，国家发展和改革委员会、住房和城乡建设部印发《“十四五”城镇生活垃圾分类和处理设施发展规划》（以下简称《规划》）。《规划》显示，到 2025 年底，全国城市生活垃圾资源化利用率达到 60%左右，全国生活垃圾分类收运能力达到 70 万 t/d 左右。目前，我国关于垃圾处理的政策不断加码，住房和城乡建设部等九部委文件紧跟，近年来，各地区、各部门扎实推进生活垃圾分类工作，为满足人民群众对美好生活的需要、构建基层社会治理新格局、推动生态文明建设、提高社会文明水平发挥了积极作用。在政策密集发布的背后，我国主流城市垃圾分类的步伐已经越来越快。2020 年，固废产业研究中心对 46 个重点城市的垃圾分类标准进行了统计分析，40 个城市明确提出将易腐垃圾（或餐厨/厨余垃圾）作为分类垃圾之一，占比高达87%，其中25个城市明确出台管理条例或管理方案，100%将易腐垃圾单独进行划分。① 对居民而言，厨余垃圾的分类成为“违法必究”的义务，而餐厨垃圾的分类收运、合规处理已更早一步成为餐饮企业、单位食堂等地的规定动作。此番垃圾分类的全面推广，将过去区域性、运动式的“试点型”垃圾分类得以升级，成为影响整个有机固废行业，尤其是城镇地区有机固废（餐饮、厨余垃圾）全产业链发展的重大机遇。《规划》明确2025年总体目标：城市生活垃圾资源化利用率达60%、全国生活垃圾分类收运能力达70万t/d、全城镇生活垃圾焚烧处理能力达80万t/d。2020年，浙江省各地各部门围绕“一年见成效、三年大变样、五年全面决胜”总体目标，克难攻坚，精准施策，全面深化生活垃圾治理，各项工作取得了显著成效。2021年5月，国家发展和改革委员会和住房和城乡建设部联合发布《“十四五”城镇生活垃圾分类和处理设施发展规划》，要求到2025年底，直辖市、省会城市和计划单列市等46个重点城市生活垃圾分类和处理能力进一步提升；地级城市因地制宜基本建成生活垃圾分类和处理系统；我国京津冀及周边、长三角、粤港澳大湾区、长江经济带、黄河流域、生态文明试验区具备条件的县城基本建成生活垃圾分类和处理系统；鼓励其他地区积极提升垃圾分类和处理设施覆盖水平。支持建制镇加快补齐生活垃圾收集、转运、无害化处理设施短板。

另外，国家和地方正逐步采用可操作性强的垃圾分类方法、融合互联网+的宣传方式、实用性的法规章程、完善的分类收集—分类运输—分类处理循环链来推进生活垃圾分类，使生活垃圾分类工作逐步向市场化方向发展。我国将走出一条切实可行、可复制、可推广的高效生活垃圾分类模式②。如表4-3所示，2015年至今，垃圾分类政策不断出台。从2021年出台的一系列文件来看，政府和社会各界已经意识到垃圾分类的紧迫性和必要性。此次垃圾分类重视程度之高、推广力度之大超出预期，市场普遍认为这对于垃圾分类前端制造、中端收运、后端处置等固废产业链都将产生积极影响。

2015～2021年国内出台的部分垃圾分类相关政策　　表4-3

颁布时间	政策、文件名称	颁布部门	政策主要内容
2015	生态文明体制改革总体方案	中共中央、国务院	从顶层设计角度提出垃圾分类制度

① 中国固废网，《“无废城市”推动下有机固废资源化利用的机遇与挑战》http：//wx.h2o-china.com/column/1141.html.

② 彭韵，李蕾，等.我国生活垃圾分类发展历程、障碍及对策［J］.中国环境科学，2018年第10期。

续表

颁布时间	政策、文件名称	颁布部门	政策主要内容
2017	关于在医疗机构推进生活垃圾分类管理的通知	国务院、住房和城乡建设部	到2020年底，所有医疗机构实施生活垃圾分类管理，对产生的生活垃圾实现准确分类投放、暂存，并与各类垃圾回收单位按分类进行有效衔接，分类运输、分类处理。生活垃圾回收利用率达到40%以上
2017	关于推进党政机关等公共机构生活垃圾分类工作的通知	国家机关事务管理局、住房和城乡建设部、发展和改革委员会	2020年底前，在各直辖市、省会城市、计划单列市等46个重点城市（以下简称46个重点城市）基本建成生活垃圾分类处理系统，基本形成相应的法律法规和标准体系，形成一批可复制、可推广的模式。在进入焚烧和填埋设施之前，可回收物和易腐垃圾的回收利用率合计达到35%以上
2018	“无废城市”建设试点工作方案	国务院	将生活垃圾等固体废物分类收集及无害化处置纳入城市基础设施和公共设施范围，全面落实生活垃圾收费制度，推行垃圾计量收费。建设资源循环利用基地，加强生活垃圾分类，推广可回收利用、焚烧发电、生物处理等资源化利用方式
2019	关于在全国地级及以上城市全面开展生活垃圾分类工作的通知	住房和城乡建设部等九部委	在46个重点城市先行先试基础上，决定自2019年起在全国地级及以上城市全面启动生活垃圾分类工作
2020	关于进一步推进生活垃圾分类工作的若干意见	住房和城乡建设部	进一步推进生活垃圾分类工作，落实城市主体责任、推动群众习惯养成、加快分类设施建设、完善配套支持政
2021	关于做好公共机构生活垃圾分类近期重点工作的通知	国家机关事务管理局、住房和城乡建设部、国家发展和改革委员会	倡导使用再生纸、再生耗材等循环再生办公用品，限制使用一次性办公用品，加速推动无纸化办公。对产生的非涉密废纸、废弃电器电子产品等废旧物品进行集中回收处理，促进循环利用
2021	“十四五”城镇生活垃圾分类和处理设施发展规划	发展和改革委员会、住房和城乡建设部	到2025年底，直辖市、省会城市和计划单列市等46个重点城市生活垃圾分类和处理能力进一步提升；地级城市因地制宜基本建成生活垃圾分类和处理系统

续表

颁布时间	政策、文件名称	颁布部门	政策主要内容
2021	生活垃圾收集运输技术标准（局部修订条文征求意见稿）	住房和城乡建设部	根据《住房和城乡建设部关于印发2020年工程建设规范标准编制及相关工作计划的通知》（建标函〔2020〕9号），我部组织华中科技大学等单位修订了行业标准《生活垃圾收集运输技术标准》（见附件）。现向社会公开征求意见。有关单位和公众可通过以下途径和方式提出反馈意见
2021	农村生活垃圾收运和处理技术标准	住房和城乡建设部	为规范农村生活垃圾分类、收集、运输和处理，逐步实现农村生活垃圾减量化、资源化和无害化目标，推动农村人居环境改善，住房和城乡建设部日前发布公告，批准《农村生活垃圾收运和处理技术标准》为国家标准，自2021年10月1日起实施
2021	生活垃圾处理处置工程项目规范	住房和城乡建设部	强制性工程建设规范，全部条文必须严格执行
2021	国务院关于加快建立健全绿色低碳循环发展经济体系的指导意见	国务院	建立健全绿色低碳循环发展经济体系，促进经济社会发展全面绿色转型，是解决我国资源环境生态问题的基础之策。为贯彻落实党的十九大部署，加快建立健全绿色低碳循环发展的经济体系

资料来源：作者整理。

生活垃圾分类水平的提高有赖于各省市的政策落实，在国家政策的号召下，各省市积极对“十四五”期间各地的生活垃圾处理进行规划部署。部分地区生活垃圾分类政策汇总见表4-4。

部分地区垃圾分类政策　　**表4-4**

发布/实施时间	政策名称	主要内容
2017年	江苏省生活垃圾分类制度实施办法	设区市城市建成区生活垃圾分类投放设施覆盖率达到70%以上，其他城市建成区达到60%以上；在实施生活垃圾强制分类的城市，生活垃圾回收利用率达到35%以上
2017年	福建省生活垃圾分类制度实施方案	厦门市、福州市城市建成区分别于2018年、2019年全面推行生活垃圾强制分类；除厦门外，福州、泉州等6个获得“全国文明城市”的设区市2018年至少选择1个区开展生活垃圾强制分类；其他设区市和平潭综合实验区城市建成区于2020年前开展生活垃圾强制分类

续表

发布/实施时间	政策名称	主要内容
2018 年	黑龙江省关于做好生活垃圾分类工作的通知	明确“到 2020 年底，城区建立生活垃圾分类保障体系、源头分类体系、分类收运体系、分类处置体系，形成可复制、可推广的垃圾分类模式，生活垃圾回收利用率达到 35%以上”的目标
2018 年	浙江省城镇生活垃圾分类管理办法	对浙江省城镇生活垃圾的管理工作提出了具体的要求和实施办法
2018 年	上海市关于建立完善本市生活垃圾全程分类体系的实施方案	坚持“集中与分散相结合”的布局，加快推进湿垃圾处理利用建设，同时结合农村生活垃圾分类，大力推进乡镇（村）就地就近湿垃圾利用能力建设
2018 年	四川省生活垃圾分类制度实施方案	在成都、德阳、广元城区实施生活垃圾强制分类，生活垃圾回收利用率达到 35%以上；开展农村生活垃圾分类和资源化利用示范工作
2019 年	上海市生活垃圾管理条例	根据城乡实际特点，分别采取不同的分类收运方法，有效解决现行城乡生活垃圾混合收集清运的单一模式，形成垃圾分类回收资源化利用的产业化格局，进一步提高城乡生活垃圾化、资源化和无害化水平
2020 年	天津市生活垃圾管理条例	结合实际情况，将生活垃圾分为厨余垃圾、可回收物、有害垃圾、其他垃圾四类，要求建立健全生活垃圾分类投放、分类收集、分类运输、分类处理的全程分类管理系统，实现生活垃圾分类制度全覆盖
2021 年	三亚市推进生活垃圾分类工作三年行动实施方案（2021—2023 年）	梳理了 9 个方面 47 项任务清单，以“一年补短板、两年抓提升、三年见成效”为目标，以“全体系提升、全方位覆盖、全社会参与”为工作原则，探索建立具有三亚特色的城乡差异化生活垃圾分类模式
2021 年	山东省城乡生活垃圾分类技术规范	充分考虑山东实际，对城乡生活垃圾的分类投放、分类收集、分类运输和分类处理在技术层面作出了明确规定
2021 年	石家庄市生活垃圾分类管理条例	为了加强生活垃圾分类管理，改善城乡环境，推进生态文明建设和经济社会可持续发展，根据《中华人民共和国固体废物污染环境防治法》《城市市容和环境卫生管理条例》等法律法规，结合实际制定

数据来源：作者整理。

资料显示，我国垃圾分类收集与管理取得巨大成效。天眼查专业版数据显示，2020 年我国共有接近 50 万家经营范围含“垃圾、废品”，且状态为在业、存续、迁入、迁出的垃圾处理相关企业。其中，注册资本在100万以内的企业占比为33.02%，注册资本超过1000万的企业占比为20.34%。在持续加快垃圾分类步伐的大背景下，自2017年起，我国垃圾处理相关企业总量（全部企业状态）每年以超过20%的增速迅猛增长。其中2019年增速高达到28%，年新增相关企业超12.6万家。值得注意的是，2019年我国垃圾处理相关企业注册总量超过57万家，约为10年前的4倍。

尤其是上海垃圾分类工作成绩突出。2019年7月1日，《上海市生活垃圾管理条例》正式实施，上海生活垃圾实行强制分类，违者将被依法予以处罚。在法律法规和社会氛围的双重倒逼下，上海垃圾分类效果正在显现。上海生活垃圾分类执行两年，居民习惯已养成，可回收物、有害垃圾和湿垃圾分出量同比有明显增长，而干垃圾处置量同比减少，居住区和单位分类达标率双双达到95%。2020年上海可回收物回收量达到6375t/d，同比增长57.5%；有害垃圾日收运量达到2.57t/d，同比增长3倍有余；湿垃圾日收运量9504t/d，同比增长27.5%；干垃圾处置量约1.42万t/d，同比减少20%。①

2020年，杭州市加快垃圾分类回收站点建设，明确回收网点布局、资源分拣利用、行业转型升级、市场秩序规范等要求，以街道为单位引进再生资源回收利用公司对高、低价值可回收物实行统收统运，加强对再生资源回收利用行业发展的政策支持；依托杭州信息经济优势，积极探索“互联网+再生资源回收”模式，连续两年举办杭州市生活垃圾分类工作论坛，搭建政、企、社合作平台，促进再生资源回收利用新业态发展，推动垃圾清运与资源回收“两张网”的有机融合，被商务部确定为全国15个新型回收模式之一。2020年，杭州市牵头完成16个省级垃圾分类示范小区建设、90个市级垃圾分类示范小区建设，打造各社区再生资源回收站147个，提升改造10座破旧垃圾房，有效改善了居民小区环境。围绕“垃圾不落地”工作，撤桶并点，已撤点位314处，现有点位506处。同时，提升改造部分投放点位，规范设置垃圾分类设施，绘制投放点地图，完善使用功能。加强分类小区日常管理，开展小区分类质量评比，实行红黑榜评价制度，对黑榜小区开具执法通知单，至今共处罚生活垃圾不分类案件799件。②

另外，以工商登记为准，我国2020年上半年共新增成立了超6.1万家垃圾处理相关企业，同比增长10.77%。③ 按住房和城乡建设部要求，到2020年底，

① 新华网客户端，《上海垃圾分类可回收物回收量2020年同比增长近六成》https://baijiahao.baidu.com/s?id=1689580125885801337&wfr=spider&for=pc.

② 杭州城管，《扎实推进垃圾分类 不断提升环境品质》http://qt.hangzhou.gov.cn/art/2021/2/24/art_1229003372_58925690.html.

③ 环球网，天眼查 https://3w.huanqiu.com/a/c36dc8/3zH6GnCa7iX?p=2&agt=10.

46 个重点城市要基本建成“垃圾分类”处理系统；2025 年底前，全国地级及以上城市要基本建成“垃圾分类”处理系统。同时，截至 2019 年，134 家中央单位、27 家驻京部队和各省直属机关已全面推行垃圾分类；23 个省（区、市）已制定垃圾分类实施方案；46 个重点城市分类投放、分类收集、分类运输、分类处理的生活垃圾处理系统正在逐步建立，已配备了厨余垃圾分类运输车近 5000 辆，有害垃圾分类运输车近 1000 辆，各重点城市还将投入 213 亿元加快推进处理设施建设，满足垃圾分类处理的需求；同时，各重点城市开展生活垃圾分类入户宣传覆盖家庭已超过 1900 万次，参与的志愿者累计超过 70 万。上海、厦门、深圳、宁波、广州、杭州、苏州、北京等城市的生活垃圾分类制度覆盖居民小区数已达 70%以上。① 2021 年 5 月，国家发展和改革委员会、住房和城乡建设部联合发布《“十四五”城镇生活垃圾分类和处理设施发展规划》，要求到 2025 年底，直辖市、省会城市和计划单列市等 46 个重点城市生活垃圾分类和处理能力进一步提升；地级城市因地制宜基本建成生活垃圾分类和处理系统；我国京津冀及周边、长三角、粤港澳大湾区、长江经济带、黄河流域、生态文明试验区具备条件的县城基本建成生活垃圾分类和处理系统；鼓励其他地区积极提升垃圾分类和处理设施覆盖水平。支持建制镇加快补齐生活垃圾收集、转运、无害化处理设施短板。

第四节　垃圾处理行业数字化监管

一、数字化监管的背景

随着城市建设的不断推进，城市垃圾处理工作已经成为城市管理与城市公共服务的主要组成部分，更可以体现出城市的文明程度，可以为构建环境友好型社会、资源节约型社会创建有效条件，同时还可以有效改善城市公共卫生环境，为城市居民构建起更加优质的生活环境，在此基础上确保城市经济的发展。为进一步提高垃圾分类的管理效率，各种数字化监督管理技术逐渐被引入生活垃圾分类处理过程，成为当前生活垃圾监管的一大特征。垃圾分类的数字化监管，顾名思义，就是垃圾分类与现代数字化管理技术的结合并形成一种新的监管模式。数字

---

① 新华网客户端，住房和城乡建设部 https：//www. sohu. com/a/319118286 _ 120142729.

化监管是指利用计算机、通信、网络等技术，通过统计技术量化管理对象与管理行为，实现研发、计划、组织、生产、协调、销售、服务、创新等职能的管理活动和方法。本报告结合垃圾分类过程和对数字化管理技术运用的思考，对垃圾分类处理的各个环节（垃圾分类的前端分类、中端运输和末端处置环节）与数字化管理技术结合下的管理过程展开阐述。

垃圾处理数字化并非是单个技术或单个产品，而是应用人工智能等数字化技术的感知和分析能力来提升垃圾处理分类的效能，在垃圾处理数字化生态中处于技术的应用层。目前垃圾分类领域数字化应用主要是基于人工智能技术的垃圾分类软件、智能分类垃圾桶（箱）、智能分拣设备三大类，这三类数字技术产品分别应用于垃圾的分类收集环节、转运和处理环节。这对垃圾处理行业数字化监管至关重要。

二、垃圾分类收集的数字化监管

传统的垃圾分类纯线下模式存在督导人员成本高、居民投放行为数据无法采集、监督机制难以跟进、垃圾费用征收测算缺乏科学依据等现实弊端，使得垃圾分类工作的开展进入了“瓶颈期”。我国近几年大力运用数字化的技术手段将垃圾投放设施与数字化相融合，推进垃圾分类模式改革，打造社区垃圾分类数字化监管的模式。

垃圾分类纯线下模式是我国开展垃圾分类工作的初始阶段，以上海、厦门等城市为代表，形成了“塑料桶 ＋ 人工督导”的生活垃圾前端分类管理模式。在垃圾分类推广初期，主要依靠督导员、志愿者在指定时间段内开展“桶边督导”工作，一对一指导居民分类投放，有效提升了社区居民投放行为的准确性，促进了垃圾分类的全面普及。但是，“人 ＋ 桶”的模式不仅人工成本较高，而且人工督导只能提升居民投放行为的准确性，对于不规范投放行为难以起到强制规范作用。鉴于督导员专业度的问题，可能出现督导员脱岗、二次分拣不到位等主观性的不可控问题，导致督导效果不佳。此外，由于纯线下的投放模式不具备计量功能，前端投放信息缺乏系统化的集成记录，导致垃圾质量、成分的分析难以实现，投放数据难以与后端运输环节相连接，降低了运输的效率。

2021 年 3 月 ，《中华人民共和国国民经济和社会发展第十四个五年规划和 2035 年远景目标纲要》发布，将“加快数字化发展，建设数字中国”列为“十四五”时期任务之一，旨在打造数字经济新优势，营造良好数字生态。当前，全国各地都在积极开展生活垃圾分类收集工作，破解“垃圾围城”的困境，数字化的技术手段也逐渐被引入生活垃圾分类全过程来。相较于传统“人-人”的前端交互模式，垃圾分类与数字化技术手段的结合，使得垃圾分类更具智能性和可追溯性，形成“人-机-人”的强互动管理模式。由此，可节约垃圾分类的监管成本，改进监管模式，提升分类效果，增加管理效益。物联网的融合与大数据的支持，能为垃圾分类投放行为的识别、监管、执法提供数据支撑，也可以为垃圾按量收费提供科学依据。因此，推进社区生活垃圾分类数字化改革，将促进源头减量，形成居民积极参与、企业效率运营、政府有效监管的垃圾分类治理多维格局。

随着信息技术的迅猛发展，我国垃圾分类收集环节数字化监管模式不断涌现。全国各地的智能投放箱、半智能垃圾房等“互联网＋”终端设备纷纷亮相，助力垃圾分类工作，使得“人与垃圾”的模式逐渐走向“人与机器”“机器与垃圾”的模式。在垃圾分类的数字化监管时代，传统的垃圾分类前端分类收集形式被颠覆。以 AI 智能垃圾房等为设施载体，通过打造集“全天 24h 投放”“无差别采集全量投放数据”“违规与异常快速发现”“场景化智能宣传督导”“精准的收费依据测算”“物业运行保障”等多功能集一体的综合性社区服务平台。数字化监管得以实时呈现。

总体而言，相对于传统的垃圾分类纯线下监管模式，垃圾分类收集的数字化监管通过数字化手段对垃圾分类信息实行全过程的溯源管理，真正落实了“谁生产谁负责，谁使用谁交费”的理念，使垃圾分类环节监管更加规范、监管更加全面、考核更公正、数据更“聪明”，从根本上杜绝垃圾乱扔行为的产生。随着数字化的发展，我国垃圾前端分类领域的实践应用不断涌现。以下为我国垃圾分类数字化监管典型案例。

(一)“数字化”开启湖州智能垃圾分类新模式

2022 年 4 月，浙江省湖州市利用“智能投放设备＋巡检台”模式助力基层垃圾分类。数字化、智能化管理已经渗入垃圾分类的全流程，如智能“小睿”机器人就具备高清监控、智能语音、行为识别等功能，实现 24h 视频监管，引领垃圾分类前端管理进入智治阶段，释放大量现场督导和保洁巡检工作。不仅如此，“小睿”机器人管理平台还针对投放数据进行精细化分析，管理人员能直观查看各项数据及其变化规律，快速发现问题并改进，为垃圾分类的精细化管理提供有力支撑。浙江省湖州市通过采用前端“智能投放设备＋巡检台”监管模式，实现垃圾分类数据实时、动态统计及分析，并运用运输终端车辆 GPS 定位、车辆称重、车载视频录像等方式，对垃圾收集车辆作业全过程实施数字化监管。总体而言，通过数字化改革和创新，浙江省湖州市垃圾分类数字化监管成果斐然。截至目前，湖州市南浔区垃圾分类精准率达 96%，生活垃圾无害化处理率实现 100%。

（二）人工智能助力上海杨浦垃圾分类管理“精细化”

2022 年上海市提出要加强生活垃圾全过程物流信息“大数据”的挖掘和应用，为生活垃圾监督管理、分析预判及应急处置提供支撑。为进一步提升垃圾分类效果，全力争取杨浦垃圾分类工作保持在全区前列，杨浦区进行了生活垃圾分类信息化管理平台及垃圾投放点位或厢房的智能化建设。加强对生活垃圾全过程管理，落实问题发现到处置闭环流程，通过科技赋能，提升生活垃圾分类精细化管理水平。对此，杨浦结合大量数据样本，探索专门用于识别乱丢垃圾、混合投放、垃圾桶满溢的智能算法，并将算法置于摄像机内置的 AI 芯片上。内置 AI 摄像机的垃圾厢房通过自动化的识别及语音提醒，大幅降低了垃圾投放时间段外的小包垃圾乱堆放现象，有效提升了垃圾厢房及周边的环境卫生状况。在培养小区居民按时、定点投放垃圾习惯的同时，也帮助保洁员减轻了工作量，还为小区物业、志愿者、居委会干部等减少了垃圾厢房值守及巡查所需的人力和物力，有效降低了管理成本，创造了良好的社会和经济效益。

（三）全链条信息化管理，杭州萧山开启生活垃圾分类数字化监管时代

杭州萧山区积极探索“智慧”分类模式，建立生活垃圾智能监管系统，对全区生活垃圾分类处理进行全链条信息化管理，开启生活垃圾分类数字化监管时代。

一是建立智能账户精准溯源。利用生活垃圾智能监管系统，建立“智能账户”，在全域范围内推行“一户一桶一卡一芯片”智慧分类。通过专属二维码和积分卡，每户每次的投放时间、分类情况、垃圾重量等基础数据实时上传至“智能账户”，智能监管系统可完成对居民参与率、分类准确度的统计和评判，实现精准监管。同时，工作人员根据账户数据情况，开展针对性入户宣传，切实提升居民分类参与率和准确率。目前，萧山区 500 余个小区、100 余个村的 30 万户居（村）民拥有专属的垃圾分类“智能账户”。

二是扫码定位全程监控。根据“桶车一致”的原则，规范生活垃圾收集、运输环节，共配置垃圾分类收运车辆 986 辆，在各个生活垃圾集置点（中转站）设置二维码，为每辆收运车辆配置 GPS 定位、随车称重等系统，实现收运环节全过程监管。收运人员通过“一扫、一称”实现对各类垃圾收运次数、重量、质量等相关数据的统计；智能监管系统通过接入车辆设备信息、交通路网监控，对收运车辆精准到点、动态跟踪，实现对垃圾重量、收运路线、车辆状态的全天候、全方位监管，防止违规收运和混运、漏运等问题发生。

三是处置平台可视共享。目前，环强再生两个分拣中心，锦江绿能、城市绿能两家焚烧处置企业，环城生物、卓尚环保两家易腐垃圾处置企业的全部监控视频和运行数据已接入生活垃圾智能监管系统，实现全区生活垃圾减量化、资源化、无害化处理信息情况的全方位精准掌握。2020 年以来，萧山区日均处理易腐垃圾 500t，可提取 2t 生物柴油，产生沼气 37500 余 m^3，发电 17500 余 kW·h。

四是智能巡检落实管理。依托智能监管系统中的巡查管理模块，建立垃圾分类智能巡检队伍，开展日常巡查、信息采集、问题上传、终端交办、处置整改工作。巡查信息通过掌上 App 和线上端口，实时纳入数字城管和镇街“四个平台”线上管理体系，切实将生活垃圾分类巡查任务落到实处。2020 年 10 月，智能巡检队伍共巡查 1.4 万余个点位，发现问题 1 万多处，整改处置率达 93%以上，有力地促进了生活垃圾分类质量提升。

三、垃圾运输转运的数字化监管

垃圾运输转运的数字化监管是指利用大数据、物联网、人工智能等现代信息技术，对城市垃圾的运输转运进行实时监测和分析，提高城市垃圾的运输转运效率。传统城市垃圾运输转运主要是采用以人工为主的模式，城市垃圾从垃圾桶到填埋场中间需要经历人工收集、小型收集车、社区垃圾站、中型转运车、大型转运车等环节，其中涉及运输转运的环节导致城市环境污染、市容不整洁现象频发，车辆混乱、拥堵不堪等管理难题凸显，尤其是城市垃圾运输车辆由于未安装 GPS 设备，常常出现不按规定转运路线行驶、就近运输，导致市区处理厂“垃圾爆满”、运输过程超速、抛漏撒的现象。数字经济时代，大数据、物联网等现代信息技术为城市垃圾数字化运输转运提供了极大便利。现代城市垃圾运输转运借助现代信息技术，对传统城市垃圾运输转运的监管和管理模式产生革新性的转变，尤其是城市垃圾运输转运的智能化管理、可视化管理水平得到极大提升，在提升智慧城市建设水平的同时也进一步保障城市垃圾低碳化运行。

数字信息技术助力城市垃圾运输转运提升可视化管理水平。运用数字信息技术构建的垃圾运输清运信息化平台通过对接城市垃圾分类信息平台，能够随时掌握垃圾运输清运车辆的点位分布，对城市垃圾运输清运车辆的投入数量、即时位置以及运输轨迹实现有效监管和客观评价，此外通过信息平台的可视化管理还能够将城市垃圾运输转运过程中出现的海量信息转化为视觉资源，进一步提升其利用价值。GPS 定位技术和地理信息矢量图层等现代信息技术的应用使得 24h 全天候监控垃圾运输车辆成为现实。通过对城市垃圾运输清运车辆统一配备 GPS

定位系统、车载视频监控、垃圾清运物联网等数字设备，城市垃圾运输清运车辆按照数字指示定时定点完成指定区域的垃圾运输清运工作，大大提升了传统城市垃圾车辆清运的作业和管理水平，实现城市垃圾运输清运数字化监管；GPS 定位技术的应用还能够实现对垃圾运输车辆的故障监测和远程控制，如随时查询运输清运车辆的作业信息，及时有效地调度和适配运输力量，实现车辆信息数字化监管。以下是我国垃圾分类运输转运数字化监管典型案例分析。

（一）GPS 技术引领城市垃圾智慧收运新体系

高科技助力温州市平阳县传统垃圾清运模式改革，传统的垃圾清运模式下，管理人员无法实时掌控环卫作业信息，基本上都是靠电话来联系，如果电话联系不上，通常只能估计车辆大概的位置，靠人力寻找清运车，在指挥和调度方面十分不便。安装了 GPS 定位系统后，可以随时查询各环卫垃圾清运车作业信息，实现全天候 24 小时监控。管理人员可随时了解每一台车“几点出发、几点到哪个点位、每天跑没跑、跑了几趟、途经哪里”。

GPS 定位系统的信息平台上还显示车载定位终端设备号、车辆号、车辆作业人员名字及车辆行驶轨迹，监控环卫工人在操作时是否出现垃圾混收、是否保质保量地完成每天环卫任务。每天定时定点将垃圾收集完毕后，是否正确地将垃圾分类运输到各个指定的站点，真正实现了生活垃圾收运数字化监管。

通过装配 GPS 系统，利用精确的现代数字管理技术，可以随时随地掌控垃圾收运车的点位分布，及时有效调度、调配力量，同步实现全程监管，实现对农村生活垃圾收集、运输、回收、处理等全过程进行监测分析，实时监测垃圾清运数量，提高处理收运效率，又能起到降低垃圾清运车运行成本的作用。

（二）智能垃圾清运管理平台助力垃圾运输清运精细化管理

针对垃圾清运监管难的问题，城联科技利用卫星导航系统实现信息化监管，将 GPS 技术与视频监控、GIS 技术相结合实现运输过程可视化展现，还研发了智能垃圾清运管理平台。一方面，管理中心可实时了解、监控收运车辆和设备的工作情况，保证车辆收运有序，有效监控和杜绝收运车辆不按指定时间收运、不按规定路线行驶、混装混运等问题的发生。另一方面，也便于垃圾收运作业过程中实现环节的穿插和联动，从而使作业车辆、人员等资源得到及时、合理配置。当遇有突发或紧急情况时，管理人员可在最短时间内调动距离突发事件地点最近的符合收运条件的车辆，在第一时间进行应急处理。

在人员监测方面，运用车载智能分析仪对收运车驾驶状态进行监管，实现对车辆状态和司机危险驾驶行为的监测。通过实时采集车辆状态信息和驾驶员面部行为特征，对驾驶行为进行深度智能分析，如发现超速驾驶、疲劳驾驶、接打电话等行为，则立即提示危险驾驶警告。此外，收运车还可搭载辅助盲区侦测和辅助驾驶系统，协助工作人员安全驾驶。在信息化技术的驱动下，信息联通、服务、共享，垃圾分类逐渐走出一条智慧路径。各类垃圾全部数据量化，每辆垃圾运输车的收容重量、行驶路线、停顿时间都会以数据的形式记录下来，统一反馈到大数据管理平台，进行整合、存储与分析，以实现更省力的自动化、更科学的智能化管理。

（三）智能化监控促进垃圾运输清运“高大上”

合肥市庐阳区城市管理委员会建立合肥首个垃圾收集运输智能化数字监管平台，通过对垃圾站和垃圾运输车辆的实时监控，每年 24 万 t 垃圾运输实现无缝隙监管。永青垃圾转运站安装了 30 个摄像头，并对 90 余辆垃圾收运车辆加装 GPS 等电子设备，基本覆盖了全区垃圾收运车辆，实现了垃圾收集、运输、进（出）站全程监控，弥补了以往夜间垃圾收运过程中的监管空白，大大提高监管效率。在实时监控的高压下，垃圾车违规行为也从系统试运行前的月均近 10 起，减少到了月均不到 5 起。

此外，城管部门对生活垃圾收集车实行 12 分记分制管理。以车辆准入证发放之日计算，一年为一个记分周期，记满 6 分的，列入重点监管对象；记满 12 分的，清退出本区垃圾收运市场。如果没有安装 GPS 或者收集非生活垃圾，直接一次记 12 分；整体车况很差，一次记 6 分；随意排放污水，车容不整洁，车辆号牌脏污，车身喷码不清晰，行进中后盖未关闭，有抛、撒、漏、挂现象，结束后未及时清洗车辆的、车辆停放影响居民生活的，均记相应分值。生活垃圾收运工作要从粗放式管理向精细化管理的转变，推进了生活垃圾收运的提档升级。

四、垃圾处理处置的数字化监管

垃圾的有效处理是经济社会绿色发展的重要支撑，且建设美丽中国必然要求加强绿色城市建设，加强城市垃圾收集处理体系建设。当前，数字技术迭代革新带来转型契机。在数字中国建设战略的深入实施下，绿色化、智能化成为垃圾处置的重要内容和基本要求。数字化建设对于垃圾分类进一步发展的重要意义日益凸显。在垃圾分类处置环节，我国通过数字化垃圾监管基础设施建设、数字化监管平台建设和数字化监管两网融合的探索来推进垃圾处理处置的深入推进，有效地提升了垃圾处理处置的管理水平和处理效率。

一是通过数字化监管基础设施建设筑牢垃圾处置的基础防线。2022 年 2 月 9

日，国家发展和改革委员会等部门发布《关于加快推进城镇环境基础设施建设的指导意见》(以下简称《指导意见》)，针对加快推进城镇环境基础设施建设作出全面部署。《指导意见》明确指出，加快推进城镇环境基础设施建设要推动智能绿色升级，强化城镇环境基础设施关键核心技术攻关，突破技术瓶颈，以数字化助推运营和监管模式创新，逐步建立完善的环境基础设施智能管理体系，不断提升环境基础设施绿色化、智能化水平。

在新型城镇建设过程中，我国大力支持产业数智化转型、全面推进数字基础设施和平台建设、深化政府“数智化”管理改革、在数智化建设中打造“新型数字基础设施”。面对当前所面临的机遇与困境，我国有系统有计划地补短板、强弱项、提升整体，高效数智化推动城镇基础设施的建设。通过配套设施，强化载体支撑。全面建成有害垃圾智慧暂存中心，配置与数字识别系统相关联的智能垃圾桶（箱)，与垃圾分类企业实现联网并行，通过 AI、互联网、大数据等数据采集，实施视频监控、GPS 定位、夜间照明等全过程监管措施，实现有害垃圾从投放到收运到处置全生命周期的可追溯、可视化智慧监管。

二是以数字化平台为触点来促进垃圾处置精细化监管。垃圾处理与管理涉及行业多、涉及面广、治理难度大，而数字化变革正在为其精细化监管注入新活力。

通过建设数字化垃圾处置监管平台，应用数字化软件系统，全方位收集、汇报、共享数据，可以实现垃圾的全生命周期监管，这对于完成综合治理和决策分析是非常有帮助的。物联网、AI 视觉、区块链等先进技术可以帮助实现废物的全生命周期治理数字化，降低企业管理废物的复杂性、困难性和危险性，优化治理能力。在监管之外，数字化平台对于废物治理工作还有“牵线搭桥”的作用，针对废物产生与处理的信息不对称，利用大数据打通产废物端与使用端的信息障碍，可以大大提升废物的处理与利用效率，串联更多市场主体，形成更全面的废物共治体系。在不断完善数字基础设施建设的前提下，想要进一步推进垃圾分类工作走深走实，提高垃圾分类工作精细化管理水平是关键，平台建设则是精细化管理的基础。为此，我国大力加强研发平台建设，强化数字赋能。将有害垃圾智慧化监管平台纳入智慧城市、智慧环卫体系统一建设，将后台统计的垃圾桶站、组柜、位置、型号、类别等各种数据进行可视化分析，通过可视化数据准确、直观进行分析预警，对发现的预警事件可以通过智慧平台第一时间进行安全处置。

以绍兴市为例，数字化已延伸到垃圾分类工作的各个环节。绍兴市通过应用物联网、大数据等技术，打造了垃圾分类全流程精细化管理平台。通过一个显示大屏，即可全方位了解居民当日垃圾产生量、再生资源回收、垃圾收运、垃圾处置量等各项数据，实现从源头分类到末端处理的全生命周期追溯管理，构建垃圾分类精细化管理体系。依托于该平台的精细化管理，绍兴市垃圾分类工作取得了长足的进步。2021 年全市垃圾增量为－4.54％，实现负增长，实现城镇生活垃圾分类覆盖率 99.44％，回收利用率 59.09％，资源化利用率 100％，无害化处理率 100％。

三是以数字化探索两网融合协同治理。所谓“两网融合”，是指城市环卫垃圾清运系统与再生资源回收利用系统两个网络有效衔接，融合发展，实现生活垃圾分类后的末端处理减量化和再生资源回收增量化。通过“两网融合”模式，使再生资源从源头分类投放到末端处置形成完整体系，有助于全面、准确掌握中心城区各类垃圾产生数据，为决策提供科学依据。近年来，面对垃圾分类后出现的新情况，我国因势利导，依托第三方建起垃圾分类“两网融合”回收服务站，采取定时定点回收、上门回收、线上预约等方式，为可回收物找到“归宿”。

以最早进行实践的四川雅安市为例，为使更多可回收物逐渐做到在前端全品类“兜底”回收，其在中心城区共设立 60 个“两网融合”回收服务点，涵盖 40 多个居民小区，惠及 20 多万居民、3600 余个商铺。前端回收到的各类可回收物被专车运送至再生资源集散中心，根据品类进行集中分拣、打包压缩，精细分类后，作为再生原料被运送到末端处置企业，加工成塑料制品、玻璃制品、金属制品和纸制品等，实现再利用价值最大化。

数字化监管链接两网融合起到“1＋1＞2”的效果，因而两网融合的做法不断延伸到各地。2021 年，南京市雨花台区通过推进辖区环卫系统和再生资源系统两个数字化网络的有效衔接和融合发展，有效地实现垃圾分类后的减量化和资源化。2021 年全区全面启动垃圾分类工作，在有条件的小区投放智能投放箱，自动称重计算付费，目前全区已有 60 多个小区投放这种智能箱；全区配备分类收运车辆 388 台，全部由专业公司采取扫码打卡方式收运，集中处理率达到 100％；同时终端组织专业化公司收运，所有可回收物进入街道资源回收站和区分拣中心。通过应用这种全流程一体化垃圾分类处理模式，2021 年雨花台生活垃圾回收利用率达 35.82％、集中处理率达 100％、无害化处理率达 100％，构建了完善的废物循环利用体系，助力南京“无废”城市建设。

五、数字化监管的初步成效

（一）有效地提高了垃圾处理行业的监管效率

要建立起比较完善、有效的垃圾分类处理体系，需要投入巨大的人力、物力与财力才能使智慧化技术得以运用，例如二维码扫描掌握垃圾投放情况、智能分类垃圾桶的运用、远程监控垃圾分类运输情况等，在很大程度上能够把管理过程化繁为简，把相应的处理环节进行合并与压缩，减少处理时间，提高了整体的垃圾分类处理效率。同时，随着垃圾分类智慧化监管系统的运用，街道、居委会在线就可以监督居民的垃圾投放情况，精细到每户居民的垃圾投放细节，提高了管理效率。与此同时，还便于垃圾回收再利用，智能监控回收时间，无须进行人工实地勘探，从而大大提高部门垃圾处理行业的效率。

（二）有效地降低了垃圾处理的监管成本

垃圾处理行业智慧化技术的应用，有利于整合各个管理部门的力量，促进各种社会力量参与垃圾分类处理过程，实现协同联动机制。通过各种智能管理技术的运用，进一步缩短了上层管理部门与街镇、村居及公众之间的距离，强化了各方面的关注与参与，提高了管理的深度与宽度。此外，智慧化管理也有效实现了垃圾分类的共治共建共享的目的，切实减轻管理人员的压力，降低了各类资源的投入，把垃圾处理成本降低到最低。例如，在垃圾分类情况审核过程中，利用AI智能精准评审识别技术来替代人工审核员审核，大大提高了分类照片的评审效率和公正性，减少了人工成本的投入，更好地促进了垃圾分类管理体系的建设。

（三）有效地优化了垃圾处理的监管流程

通过在垃圾分类处理过程中运用智慧化手段进行管理，建设一个基于数字信息资源的智慧化管理系统，以此来实现垃圾分类处理的流程化、制度化与标准化。通过智慧化管理系统，可以将各项事务精准地分派给各个责任单位，并要求责任单位按照标准完成具体事务。同时，通过数据平台还可以实时进行监控，减少各种违规现象的出现与及时纠正各类错误的管理行为等。从而，智慧化管理手段能够比较顺畅地推进垃圾分类监管工作，打通每一个工作环节，实现对垃圾分类主体以及设备设施的智慧精细化管理，做到垃圾来源可追溯，去向有记录，过程可监管，这将大大减少各个监管环节中的纠纷与矛盾。

第五章　天然气行业发展报告

2021 年，我国能源发展面临低碳转型和供应安全的双重挑战，天然气仍然在产供储销体系建设中取得阶段性成效，实现“十四五”良好开局。天然气消费快速增长，在一次能源结构中占比稳步提升。勘探开发持续发力，新增储量产量再创新高。天然气基础设施建设加快推进，储气能力快速提升。“十四五”及未来一段时间，天然气行业将立足“双碳”目标和经济社会新形势，满足经济社会发展对清洁能源增量需求，构建现代能源体系下天然气与新能源融合发展新格局。

第一节　天然气行业投资与建设

2021年，我国稳步推进天然气体制改革，市场需求保持增长，石油企业持续加大勘探开发力度，勘查开采投资增长较快，天然气产量继续快速提升。上游油气资源多主体多渠道供应、中间统一管网高效集输、下游销售市场充分竞争的“X＋1＋X”油气市场新体系基本确立，不断催生新的市场投资机会。

一、天然气生产的投资与建设

天然气生产包括从天然气勘探到开采、输送后进行净化处理的整个过程。天然气主要蕴藏于油田、气田、煤层和页岩层中，以伴生气或非伴生气形式存在，勘探寻找有商业开采价值的天然气资源和建立气井将资源举升到地面是生产的第一步。天然气从气井采出后经集气管线进入集气站，在集气站内天然气通过节流、调压、计量等工艺流程处理后，统一输送至天然气净化厂，在净化厂里天然气脱除了硫化氢、二氧化碳、凝析油、水分等杂质，最终达到符合国家有关标准规定的天然气质量等级。

2020年受新冠疫情和油价大跌双重影响，外围盆地和风险勘探投资减少，全国勘查开采投资下跌。2021年尽管受新冠疫情等因素影响，随着国际油价回暖，石油公司加大国内油气勘探开发力度，提质增效，增储上产，努力把能源的饭碗端在自己手里。全国油气勘查开采形势稳中向好，油气勘查开采投资稳中有增，全国油气（包括石油、天然气、页岩气、煤层气和天然气水合物）勘查、开采投资分别超750亿元和接近2300亿元。2021年12月31日当日施工的钻机数达到1404台，同比增长12.0％。深入贯彻党中央、国务院关于深化油气体制改革，大力提升油气勘探开发力度精神，落实《自然资源部关于推进矿产资源管理改革若干事项的意见（试行）》（自然资规〔2019〕7号），进一步开放油气上游市场，探索“净矿出让”，完善油气区块退出机制，多渠道鼓励社会资金开展油气勘探开发，2021年完成了新疆地区3批18个油气探矿权的挂牌出让。

从表5-1、表5-2的数据来看，2010～2020年，中国油气勘探开采投资总体保持增长势头，2019年投资大幅增长和我国社会经济快速发展相对应。2020年受到疫情的影响，油气勘探投资下降13.5％，油气开采投资下降29.6％，2021年，我国天然气新增探明地质储量1.63万亿m^3，创历史新高。页岩油气勘探取得战略性突破，页岩气勘探突破4000m深度，海域油气勘探持续呈现新局面。

中国油气勘探开采投资额　　**表5-1**

年份	油气勘探开采投资额（亿元）	增长率（%）
2010	2927.99	
2011	3021.96	3.21
2012	2853.99	−5.56
2013	3805.17	33.33
2014	4023.03	5.73
2015	3424.93	−14.87
2016	2330.97	−31.94
2017	2648.93	13.64
2018	2667.64	0.71
2019	3348.39	25.52
2020	2489.32	−25.66

资料来源：《中国统计年鉴》（2011～2021），中国统计出版社。

中国油气田新增探明地质储量　　**表5-2**

年份	石油（亿t）	天然气（亿m^3）
2015	11.18	6772.20
2016	9.14	7265.60
2017	8.77	5553.80
2018	9.59	8311.57
2019	11.2	8090.92
2020	13.22	10357

常规油气勘查不断在新区、新层系取得多项新成果，页岩气等非传统油气矿产勘查取得重要突破。2020年，天然气探明新增地质储量1.29万亿m^3。其中，天然气、页岩气和煤层气新增探明地质储量分别达到10357亿m^3、1918亿m^3、673亿m^3。页岩油气勘探实现多点开花，四川盆地深层页岩气勘探开发取得新突破，进一步夯实页岩气增储上产的资源基础。

二、天然气管网及相关基础设施建设

近年来，我国油气储运基础设施建设进程持续加速，形成了以中俄东线天然气管道为代表的第三代管道技术体系，在设计施工、材料装备、运输储存、安全维护等领域形成系列具有自主知识产权的核心成果，整体技术水平跻身世界第一方阵。“十四五”期间，天然气基础设施建设加快，碳达峰、碳中和战略目标顶层设计出台，推动天然气“全国一张网”体系加快完善；省间管网改革成未来油气行业重点改革方向。2021 年，面临国内新冠肺炎疫情防控形势依然严峻等众多外部不利因素影响，我国油气管道行业仍然取得了一系列重要进展。截至 2021 年底，我国建成油气长输管道里程累计达到 15.0 万 km，其中天然气管道里程约 8.9 万 km，占比 59.33%，原油管道里程约 3.1 万 km，占比 20.67%，成品油管道里程约 3.0 万 km，占比约 20%。从油气管网新建里程来看，2021 年天然气管道新建成里程约 3126km，较 2020 年新增里程减少了 1858km。原油管道新建成里程 1690km，较 2020 年增加 1594km；成品油管道新建成里程 598km，较 2020 年增加 598km。中国以西气东输系统、川气东送系统、陕京系统为主要干线的基干管网基本形成，联络天然气管网包括忠武线、中贵线、兰银线等陆续开通，京津冀、长三角、珠三角等区域性天然气管网逐步完善，基本实现了西气东输、川气出川、北气南下。2021 年我国新建成或者投产的天然气管道见表 5-3。

2021 年我国新建成或者投产的主要天然气管道　　表 5-3

序号	新建成或者投产的主要天然气管道
1	陕京四线天然气管道张家口支线、应张联络线
2	海南环岛天然气管网东环线（文昌-琼海-三亚管线）
3	广西输气管道项目粤西支线
4	粤东 LNG 接收站配套外输管道
5	庐江-巢湖-无为天然气管道项目
6	宣城-黄山天然气干线工程
7	浙江云和-龙泉天然气管道工程
8	新疆煤制气管道潜江-韶关输气管道工程（郴州-韶关段）
9	韶关联络线工程（新疆煤制气外输管道韶关站-西气东输二线始兴站）
10	神木-安平煤层气管道工程山西-河北段
11	忠武线潜湘支线、西三线长沙支线与新疆煤制气外输管道长沙联络工程
12	威远-乐山输气管道一期工程（威远-井研）
13	西气东输平凉市天然气管道
14	广西网茂-阳江天然气管道
15	大湘西天然气管道支干线项目（花垣-张家界段）
16	临汾-长治天然气输气管道运城支线
17	鄂安沧管道-京邯管道连接线项目
18	汉中-南郑输气管道

续表

序号	新建成或者投产的主要天然气管道
19	新建温吉桑储气库群温西一库双向输送天然气管道
20	潮州市天然气高压管网工程潮安干线
21	河南镇平-邓州天然气管道项目
22	崇明岛-长兴岛-五号沟 LNG 接收站管道
23	广东省网粤西天然气主干管道
24	中科炼化配套输气管道项目东兴支线

目前，中国 LNG 进口资源主要通过接收站实现周转。2019 年我国有 2 座 LNG 接收站建成投产，分别是广西防城港 LNG 接收站和深圳华安 LNG 接收站。截至 2019 年底，我国已建成 LNG 接收站 22 座，接收能力 9035 万 t/年。2020 全年，我国国内没有新建投产 LNG 接收站，LNG 接受能力的增长源于现有 LNG 接收站改扩建项目。根据公开的信息公布，2021 年我国 LNG 接收站设计接收能力为 2162 万 t/年，实际可用剩余能力 570.7 万 t，占接收站设计能力 26.4%。

三、城市燃气的投资建设

（一）城市燃气的投资水平趋于平稳

我国城市燃气行业经过 20 多年的发展，已经取得了很大的成效。2018 年城市燃气行业固定资产新增投资达到峰值 295.1 亿元，从 2019 年开始城市燃气行业新增投资趋于平稳，2020 年受疫情影响新增投资额为 238.6 亿元，比 2019 年略有下降。城市燃气投资占全社会公用事业固定投资的比例也从 2018 年的 1.47%下降到 1.07%。见表 5-4。

2018～2020 年城市燃气行业固定资产投资　　表 5-4

年份	城市燃气行业投资额		全国全社会市政公用事业固定资产投资额		城市燃气占全国全社会公用事业固定投资比例
	投资额（亿元）	增速（%）	投资额（亿元）	增速（%）	比例（%）
2018	295.1	—	20123.2	—	1.47
2019	242.7	−17.7	20126.3	0.2	1.21
2020	238.6	−1.69	22283.9	10.72	1.07

资料来源：《中国城市建设统计年鉴》（2019～2021），中国统计出版社。

城市燃气的投资规模受到天然气行业政策、城镇化进程等多个因素的影响。近年来，城市燃气行业取得了较大的发展，在前些年快速增长的基础上，城市管道燃气基础设施不断完善，新增投资主要用于管道设施的更新维护。在天然气储气库建设方面，政府确定目标撬动社会资本投入，进一步完善城市燃气供应保障。

（二）城市燃气企业投资转型升级

随着公用事业体制改革的不断深入和先进管理理念的引入，民营资本、境外资本陆续通过转制、合资等方式参与城市燃气建设运营，城市燃气市场逐步开放，并逐步形成城市燃气多元化发展的有利格局。城市燃气经营市场中，主要由两类企业主导：一类是依靠历史承袭而拥有燃气专营权的地方国企，如深圳、重庆等地区的地方国有燃气公司；二类是跨区域经营的燃气运营商，包括华润燃气、新奥能源等燃气公司。城市燃气投资主体有国有资本（中央大型企业集团和地方政府）、民营资本、境外资本等诸多市场经营主体，我国城市燃气市场呈现多种所有制并存的格局。面对新能源的竞争压力，城市燃气企业逐步由过去单一的燃气公司向智慧型综合燃气公司转变。以新奥能源、华润燃气、港华智慧能源和昆仑能源为例来看，四家企业均布局综合能源业务，并成为增长潜力最大的板块，见表 5-5。由于各家企业综合能源业务的布局时间起点不同、业务重点有所差异，发展程度不一。

截至 2021 年中国城市燃气代表企业综合能源业务布局　　表 5-5

代表企业	综合能源业务布局
新奥能源	以泛能网业务为主，利用多种能源供应及用户侧服务等方式，通过能源全价值开发，提供用供一体的低碳/零碳能源解决方案
华润燃气	培育示范综合能源项目，探索可复制的商业模式，并尝试推广分布式能源、分布式光伏和分布式供热模式
港华智慧能源	聚焦光伏业务、零碳智慧园区，已在全国 21 个省份布局近 110 个可再生能源项目，已洽商发展 32 个零碳智慧园区。同时引入中华煤气在中国香港输氢经验，参与氢能现行地区重点项目
昆仑能源	逐步进入分布式能源领域，正在有序推进四川成都、山东费县等分布式能源项目

资料来源：网络收集整理。

（三）燃气生产和供应投资效益分化

燃气生产和供应业，指利用煤炭、油、燃气等能源生产燃气，或外购液化石油气、天然气等燃气，并进行输配，向用户销售燃气的活动，以及对煤气、液化石油气、天然气输配及使用过程中的维修和管理活动。如表 5-6 所示，我国燃气生产和供应业企业数量逐年增加，2021 年燃气生产及供应企业数量为 2685 个，比 2019 年增加 313 个。亏损企业数量为 336 个，比 2019 年增加 25 个；2021 年中国燃气生产及供应行业营业收入为 9376.7 亿元，同比增长 1.3%；中国燃气生产及供应行业企业营业利润为 718.4 亿元，同比增长 5.3%。

2017～2021 年城市燃气生产和效益的重要指标　　表 5-6

年份	2017	2018	2019	2020	2021
企业数量（个）	1700	1693	1980	2372	2685
亏损企业数量（个）	238	277	311	336	384
资产总额（亿元）	9540.9	11120.1	12528	13294.6	13916.4
营业收入（亿元）	6205	7886	9499	8989.2	9376.7
营业利润（亿元）	504.9	572.7	622	682.1	718.4

资料来源：国家统计局和网络资料整理。

2021 年受疫情影响，燃气生产及供应行业投资收益下降了 2.2%，为 80.4 亿元（表 5-7）。

2017～2021 年中国燃气生产及供应行业投资收益及增速　　表 5-7

年份	2017	2018	2019	2020	2021
燃气生产及供应行业投资收益（亿元）	60.4	65.9	82.2	82.2	80.4
增速（%）	—	9.1	24.7	0	−2.2

资料来源：国家统计局和网络资料整理。

第二节　天然气行业生产与供应

2021 年，我国天然气表观消费量达到 3726 亿 m^3，同比增长 12.7%，天然气占一次能源消费总量的比例升至 8.9%，较上年提升 0.5 个百分点。在国际油气价格高企、剧烈波动的不利形势下，国内天然气市场总体实现量增价稳。国产气和进口长协气源发挥保供稳价压舱石作用，大企业特别是国有企业发挥天然气保供稳价主力军作用。

一、天然气行业生产情况

（一）天然气产量

随着油气勘探开发七年行动计划推进，我国天然气增储上产步伐加快，产量稳步提升。2021 年随着我国经济发展的不断恢复，全年生产天然气 2052 亿 m^3，同比增长 6.4%，年增量约 163 亿 m^3，连续第五年增产超过 100 亿 m^3。产量增长仍主要集中在西南、长庆、塔里木等三大主产区，合计占全国新增天然气产量的 70%左右。2015～2021 年中国天然气及液化天然气产量情况见表 5-8。

2015～2021 年中国天然气及液化天然气产量情况 **表 5-8**

年份	天然气产量（亿 m^3）	增速（%）	液化天然气产量（万 t）	增速（%）
2015	1271.41	2.92	512.7	
2016	1368.3	2.2	695.3	35.6
2017	1474.2	8.5	829.0	19.2
2018	1610.2	7.5	900.2	8.6
2019	1736.2	9.8	1165.0	29.4
2020	1925	9.8	1332.9	14.4
2021	2052	6.4	1520.0	14.0

资料来源：《中国统计年鉴》（2016～2021），中国统计出版社，2021 年数据网络收集整理。

（二）液化石油气产量

液化石油气主要来自于油气田开采中的伴生气，以及炼油厂及深加工厂在原油催化裂解、气体分离及深加工得到的副产品。液化气是在石油炼制过程中由多种低沸点气体组成的混合物，没有固定的组成。主要成分是丁烯、丙烯、丁烷和丙烷。尽管大多数能源企业都不专门生产液化石油气，但由于它是其他燃料提炼过程中的副产品，所以含有一定产量。2021 年的产量是 4757 万 t，比 2020 年增长 6.9%。2012～2021 年我国液化石油气产量见表 5-9。

2012～2021 年我国液化石油气产量 **表 5-9**

年份	液化石油气产量（万 t）	增速（%）
2012	2262.4	—
2013	2500.4	10.5
2014	2705.8	8.2

续表

年份	液化石油气产量（万 t）	增速（%）
2015	2934.4	6.6
2016	3503.9	20.1
2017	3677.3	4.5
2018	3800.5	11.2
2019	4135.7	10.9
2020	4448	7.6
2021	4757	6.9

数据来源：《中国统计年鉴》（2015～2021），中国统计出版社，2021 年数据网络收集整理。

（三）煤气产量

煤气是以煤为原料加工制得的含有可燃组分的气体。煤气化得到的是空气煤气，这些煤气的发热值较低称为低热值煤气；煤干馏法中焦化得到的气体称为高炉煤气，属于中热值煤气，可供城市作民用燃料。2021 年我国煤气产量为 15589.5 亿 m^3，同比下降 1.3%。2015～2021 年我国煤气产量见表 5-10。

2015～2021 年我国煤气产量 **表 5-10**

年份	我国煤气产量（亿 m^3）	增长率（%）
2015	6879.0	−4.3
2016	10121.8	8.5
2017	10626.9	3.9
2018	11966.3	3.5
2019	14713.8	7.9
2020	15791.4	7.3
2021	15589.5	−1.3

数据来源：《中国统计年鉴》（2015～2021），中国统计出版社，2021 年数据网络收集整理。

二、天然气行业供应情况

（一）天然气供应能力保持增长态势

2021 年是全面推进“十四五”天然气大发展的开局之年，国内三大上游生产企业加大勘探开发力度，产能建设高效推进，“常规气”与“非常规气”并举，全国天然气产量快速增长。2021年，国内四大天然气生产商中石油、中石化、中海油和延长石油天然气产量均实现同比增长。中国天然气供应总量达到3752亿m^3，其中国产天然气2053亿m^3，比上年增长8.2%，连续5年增产超过100亿m^3，国产气供应首次超过2000亿m^3。

（二）天然气进口增速回落

2021年我国天然气进口量12136万t，同比增长19.9%，进口金额3601亿元，同比增长56.3%，天然气对外依存度46%。其中，液化天然气（LNG）进口量7893万t，同比增长18.3%，进口金额2850亿元，同比增长77.3%；气态天然气进口量4243万t，同比增长22.9%，进口金额751亿元，同比增长7.7%。2021年，我国LNG进口来源国为27个国家，较2020年增加了韩国、菲律宾、西班牙以及泰国，其中从澳大利亚进口的LNG数量仍居首位，占进口量的39%，从美国的进口量位居第二，占比11%，随后依次为卡塔尔、马来西亚、印度尼西亚、俄罗斯。我国管道气进口来源国主要有土库曼斯坦、俄罗斯、哈萨克斯坦、乌兹别克斯坦、缅甸，其中我国从俄罗斯进口的管道气大幅增加，同比增长154%。目前，俄罗斯已成为我国第二大管道气供应国，哈萨克斯坦对我国的供应量略有下滑。

（三）干线管道建设和管网互联互通不断完善

2021年，国家石油天然气管网集团有限公司（以下简称“国家管网集团”）加快重组整合，进入正式运营，推进管网互联互通和LNG接收站等重点工程建设，中俄东线中段投产后与东北管网、华北管网、陕京管道系统及大连LNG、唐山LNG、辽河储气库等互联，青宁天然气管道与长沙联通、福州联络线建成。主干管网已经覆盖除了西藏之外的全部省份，京津冀及周边、中南部地区天然气供应能力进一步提升，有效帮助华北、长三角、东南沿海等重点区域天然气供应。随着中俄东线（中段）正式投产，中国西北、东北、西南及海上四大油气战略进口通道基本建成，我国四大油气战略通道实现了原油和天然气均能输送。截至2021年底，国家管网集团油气管道总里程9.64万km，管网覆盖全国30个省（自治区、直辖市）和香港特别行政区，地下储气库8座，储气库注采气量42.4亿m^3，投运并经营LNG接收站7座，“全国一张网”进一步织密织牢。

三、城市燃气供应情况

从城市燃气的气源角度来看，城市燃气的气源主要有人工煤气、液化石油气和天然气三大类。随着天然气供给能力的不断上升，城市燃气供应中天然气的用气人口、管道长度和供气量都在不断增长，人工煤气和液化石油气的占比在不断下降。从燃气管道来看，2021 年城市燃气管道总长度达到 86.45 万 km，其中天然气管道长度占比达到 95.09%。从供气总量来看，2020 年人工煤气、液化石油气、天然气供气总量分别为 23.14 亿 m^3、833.7109 万 t、1563.70 亿 m^3。从需求端来看，2020 年城市燃气普及率达到 97.87%。

（一）城市燃气管道长度逐年增加

我国城市燃气生产和供应行业快速发展，天然气作为一种清洁、高效、便宜的能源正越来越受到人们的青睐。2004 年“西气东输”管道投入商业运行以来，天然气开始大规模走入千家万户，天然气用气人口首次超过人工煤气用气人口。从管道总长度来看，中国城市燃气管道长度逐年增加，在 2010 年就已达 90%以上，2020 年城市燃气管道总长度达到 86.45 万 km，其中天然气管道长度 85.60 万 km，液化石油气管道长度 0.40 万 km，人工煤气管道长度 0.99 万 km（表 5-11）。

2010～2020 年城市燃气管道和燃气普及率的变化　　表 5-11

年份	人工煤气管道长度（万 km）	天然气管道长度（万 km）	液化石油气管道长度（万 km）	供气管道长度（万 km）	增长率（%）	燃气普及率（%）	增长率（%）
2010	—	—	—	30.9	—	92	—
2011	3.71	29.90	1.29	34.90	12.93%	92.41	0.41
2012	3.35	34.28	1.27	38.89	11.46%	93.15	0.74
2013	3.05	38.85	1.34	43.24	11.17%	94.25	1.10
2014	2.90	43.46	1.10	47.46	9.77%	94.57	0.32
2015	2.13	49.81	0.90	52.84	11.33%	95.30	0.73
2016	1.85	55.10	0.87	57.82	9.42%	95.75	0.45
2017	1.17	62.32	0.62	64.12	10.90%	96.26	0.51
2018	1.31	69.80	0.48	71.59	11.65%	96.69	0.43
2019	1.09	76.79	0.45	78.33	9.41%	97.29	0.60
2020	0.99	85.06	0.40	86.45	11.04%	97.87	0.58

资料来源：《中国城市建设统计年鉴》（2011～2021），中国统计出版社。

根据表 5-11 可知，供气管道是城市燃气普及的基础，随着城市燃气管道的扩张，燃气普及率也在不断提高。天然气管道在总管道中占比不断增长，人工煤气管道和液化石油气管道在不断萎缩。

（二）城市燃气中天然气比例不断增加

城市燃气供气总量不断增加，天然气占城市燃气的比例呈上升趋势。2020年天然气供应总量继续上升，达 1563.70 亿 m^3，较 2019 年增长 2.3%。2011～2020 年城市燃气分类供气总量变化见表 5-12。

2011～2020 年城市燃气分类供气总量变化　　表 5-12

年份	人工煤气供气总量（亿 m^3）	天然气供气总量（亿 m^3）	液化石油气供气总量（万 t）
2011	84.70	678.80	1165.80
2012	77.00	795.00	1114.80
2013	62.80	901.00	1109.70
2014	56.00	964.40	1082.80
2015	47.10	1040.80	1039.20
2016	44.10	1171.70	1078.80
2017	27.09	1263.75	998.81
2018	27.80	1444.00	1015.30
2019	27.68	1527.94	1040.81
2020	23.14	1563.70	833.71

资料来源：《中国城市建设统计年鉴》（2012～2021），中国统计出版社。

2011～2020 年，城市燃气中人工煤气和液化石油气供气总量逐年减少，天然气供气总量逐年增加，且增加量较大，成为城市燃气的主要部分。同时管道长度和燃气普及率不断提高，城市燃气供给能力大幅提升。

（三）天然气使用人口比例不断增加

从终端城市燃气来看，普及率逐年提高，天然气覆盖面更广。2020 年全国人工煤气、天然气和液化石油气用气总人口为 5.2617 亿人，燃气普及率达 97.87%。其中，天然气使用人口逐年增加，是城市燃气的主要气源，使用天然气总人口为 4.1302 亿人，占全国用气总人口的 78.50%；使用液化石油气总人口为 1.0767 亿人，占全国用气总人口的 20.46%；人工煤气用气人口继续萎缩，使用人工煤气总人口为 0.055 亿人，占全国用气总人口的 1.04%。表 5-13 为我国 2009～2020 年人工煤气、天然气和液化石油气用气人口变化趋势。

2009～2020 年人工煤气、天然气、液化石油气用气人口变化趋势　　表 5-13

年份	人工煤气（亿人）	占比（%）	天然气（亿人）	占比（%）	液化石油气（亿人）	占比（%）
2009	0.397	11.21	1.45	41.04	1.69	47.75
2010	0.280	7.71	1.70	46.86	1.65	45.43
2011	0.268	7.08	1.90	50.34	1.61	42.58
2012	0.244	6.21	2.12	53.92	1.57	39.87
2013	0.194	4.76	2.38	58.25	1.51	36.99
2014	0.176	4.17	2.60	61.68	1.44	34.15
2015	0.132	3.02	2.86	65.17	1.40	31.81
2016	0.109	2.37	3.09	67.54	1.37	30.08
2017	0.075	1.59	3.39	71.74	1.26	26.67
2018	0.078	1.57	3.69	74.47	1.19	23.96
2019	0.067	1.32	3.90	75.26	1.13	22.15
2020	0.055	1.04	4.13	78.50	1.08	20.46

资料来源：《中国城市建设统计年鉴》（2010～2021），中国统计出版社。

第三节　天然气行业发展成效

2021 年，天然气行业面对更趋复杂的外部环境和能源发展改革的新形势、新要求，天然气行业以产供储销体系建设为工作指引，统筹发展和安全，立足行业保供稳价，系统谋划、综合施策，不断夯实国内资源基础，加快设施投资建设，提升科技创新能力，深化体制机制改革，完善市场体系设计，努力推动行业高质量发展。

一、天然气产、供、销体系日臻完善

（一）天然气勘探开发能力持续增长

随着油气勘探开发七年行动计划推进，我国天然气行业自主创新能力持续增长，创新发展深层页岩气钻井提速技术，实现长水平段高效快速钻进，天然气增储上产步伐加快，产量稳步提升。2021 年，全国天然气新增探明地质储量 16284 亿 m^3。其中，常规气（含致密气）、页岩气、煤层气新增探明地质储量分别达到 8051 亿 m^3、7454 亿 m^3 和 779 亿 m^3。截至 2021 年底，四川盆地深层页岩气最短钻井周期已低于 30 天，最深完钻井深已达 7000m 以上，最长水平段达 3601m。深层超深层天然气实现了一批重大装备和关键工具的自主研发，多口超深井迈上 8500m 新台阶。海洋油气领域，"深海一号"大气田顺利投产，实现 3 项世界级创新，攻克 12 项关键装备国产化难题。地下储气库强化库（群）集约化建设新模式，创新形成复杂断块油气藏新老井协同排液与注采建库技术，完成国内首个复杂连通老腔改建盐穴储气库工程建设方案。

2021 年油气产量增长仍主要集中在西南、长庆、塔里木等三大主产区，合计占全国新增天然气产量的 70％左右（表 5-14）。

我国主要油气田 2020 年、2021 年产量　　表 5-14

名称	2020 年产量（亿 m^3）	2021 年产量（亿 m^3）	增长率（％）
中石油长庆油田	448	465.23	4
中石油西南油气田	318.19	354.1	11
中石油塔里木油田	311	319	3
中石化中原普光气田	84	89.65	6.72
中石化江汉油田	68.05	72.97	7.23
中石化西南石油局	67.14	80	19.2
中石油青海油田	64	62	−3
延长石油	57	67.82	19
中石油大庆油田	46.55	50.18	8
中石油新疆油田	30	34.8	16
中石油煤层气公司	25	25.6	2
中石油浙江油田	16.2	18.1	12
中石油华北油田	15.73	16.8	7
中石油吉林油田	10.81	11.03	2

资料来源：Wind 数据库。

（二）天然气供应保障能力不断增强

当前，我国产供储销体系建设取得阶段性成效，四大进口战略通道全面建成，国内管网骨架基本形成，干线管道互联互通基本实现，气源孤岛基本消除。

天然气多元供应体系不断完善。2021年我国国产气和进口长协气源在保障供给方面继续发挥保供稳价的作用，主干管网运营企业加快管网投资建设速度，大力提升管网互联互通水平，全国基础设施尖峰供气能力进一步提升，各地扎实做好有序用气调节及应急预案，民生用气需求得到有力保障。

截至2021年底，我国累计在役储气库（群）15座，形成储气调峰能力超过170亿 m^3，比上年增长超过15%，占2021年全国天然气消费量的4.5%以上，天然气调峰和稳定供气能力进一步增强。2021年储气库项目建设进展包括：中国石油辽河油田双台子储气库群双6储气库扩容上产工程正式投产，成为我国调峰能力最大的储气库，日采气量在往年的基础上翻一倍，大幅提升对东北及京津冀地区冬季天然气保供能力；中国石化加快布局中原储气库群、湖北黄场储气库等重点项目，山东永21、中原卫11、东北孤西、四川清溪等储气库相继投产。

截至2021年底，我国已建成的LNG接收站共22座（含转运站），接收能力为10800万t/年，比上年增加16.5%。已建成LNG储罐92个，总罐容1330.5万 m^3，最大可储存79.8亿 m^3 天然气。根据各LNG接收站公布的设计接收能力测算，2021年LNG接收站平均负荷率为81.1%，比上年提高8.4个百分点；LNG接收站月度负荷率均在70%以上，其中1月最高，达到107%，10月最低，为70.4%。根据相关报道，中国石油、中国石化、广汇、新奥等公司将加快推动LNG接收站新建及二期扩建项目、重点LNG储运设施、LNG储备基地等项目建设投产。“十四五”末期我国LNG接收站接收能力有望超过1.4亿t/年。

（三）强化天然气市场建设

2021年3月31日，国家石油天然气管网集团有限公司（以下简称国家管网集团）与中国石油天然气集团有限公司（以下简称中国石油）举行资产交接座谈会，国家管网集团当日24时正式接管原中国石油昆仑能源下属北京天然气管道有限公司（以下简称北京管道公司）和大连液化天然气有限公司（以下简称大连LNG公司）股权，标志着我国油气体制改革的关键一步——油气主干管网资产整合已全面完成，实现了我国全部油气主干管网并网运行。国家管网集团基本完成了对全国油气主干线的整合，进一步实现了管网的互联互通，加速打造“全国一张网”。

强化天然气市场建设，一方面要求不断健全自身市场体系，建立完善市场规则、标准，另一方面着力推动天然气与新能源融合发展。坚持基础设施“全国一张网”统筹规划、适度先行，发挥基础设施促投资、稳增长作用，发挥基础设施对天然气市场培育和完善引导作用。要打破行政性、区域性垄断，立足全国加快天然气产供储销体系建设，持续推动天然气管网设施互联互通并向各类市场主体高质量开放；加快推动省级管网市场化融入国家管网，促进天然气在市场的自由流动和灵活调配。

二、天然气行业体制改革不断深化

我国天然气行业深入贯彻落实习近平总书记重要指示批示精神，落实党中央、国务院《关于深化石油天然气体制改革的若干意见》，市场活力进一步增强，油气管网体制改革成效显著。

（一）油气市场竞争机制逐步建立

我国从 2019 年开始放开天然气上游勘探开采的进入门槛。国家接连发布数个油气矿权改革和放开油气勘探开采的重磅文件，包括：《关于统筹推进自然资源资产产权制度改革的指导意见》《鼓励外商投资产业目录（2019 年版）》《外商投资准入特别管理措施（负面清单）（2019 年版）》《中共中央、国务院关于营造更好发展环境支持民营企业改革发展的意见》《关于推进矿产资源管理改革若干事项的意见（试行）》，标志着中国全面放开油气勘查和开采的市场准入。

国家管网的高效运转和高质量发展将起到示范和带头作用，促进我国天然气基础设施运营的整合与优化，推动我国天然气行业的市场化改革，更好地发挥市场在油气资源配置中的决定性作用。国家管网集团定期发布年度、季度和月度的管网剩余能力和服务价格信息，为已有和潜在用户及社会公众提供了了解管网初步情况的窗口，有利于市场主体结合自身供应能力和下游用户需求，探索利用国家管网基础设施的潜在机会，既可以提高基础设施利用效率，又可以促进油气商品的自由流动。按照现有监管办法要求，国家管网逐月更新月度剩余能力情况，每季度公布上一季度服务对象、服务设施、服务时段和服务总量等内容。从国际油气市场发展经验来看，油气管网基础设施的独立、透明和高效运行是促进油气商品供需双方有序竞争和有效衔接的基础，管网设施运行相关信息的及时发布有利于供需双方高效互动，提升市场发现油气价格的效率。

（二）天然气基础设施不断优化整合

2021 年随着国家管网集团资产重组交易全部完成，进一步推动了“X＋1＋X”油气市场体系形成，我国油气体制将更加凸显市场在资源配置中的关键作用；同时，国家管网集团的全国干线油气管网布局更加完善，对于进一步打造“全国一张网”、提升油气资源配置效率、保障国家能源安全具有重要意义。这一改革成果也必将进一步带动油气产供储销体系建设，实现公平开放、运销分离，为“十四五”期间油气体制改革的持续深化提供有力支持。

继2020年广东、海南、湖北等省级管网融入国家管网集团以后，2021年1月，国家管网集团与湖南省政府签署合作协议，双方将尽快完成湖南省级天然气管网平台整合，成立国家管网集团湖南省天然气管网有限公司。2021年4月，国家管网集团与福建省政府签署合作协议，双方同意成立国家管网集团福建省管网有限公司，福建省网以市场化方式融入国家管网。2021年6月，国家管网集团与甘肃省政府签署合作协议，双方成立国家管网集团甘肃省天然气管网有限公司，作为甘肃省天然气管网的唯一建设运营主体。截至2021年底，国家管网集团已与多个省份签署合作协议建立省级管网公司，天然气“全国一张网”全面铺开。

（三）天然气价格形成机制进一步完善

2020年5月1日实施新版《中央定价目录》，将“各省区市天然气门站价格”从中央定价目录中删除，以注释形式对现行天然气门站价格定价机制进行了规定，固化了已有的改革成果。新增“具备竞争条件省份天然气的门站价格由市场形成”，进一步扩大了市场化定价的适用范围。由政府主导的门站价格的作用将逐步削弱，在多气源的沿海地区，未来随着天然气交易中心建设不断推进，其市场基准价格逐步形成，将有更多省份通过市场化方式形成门站价格，为价格全面放开奠定基础。2021年5月18日，国家发展和改革委员会印发《关于“十四五”时期深化价格机制改革行动方案的通知》，明确到2025年，竞争性领域和环节价格主要由市场决定，网络型自然垄断环节科学定价机制全面确立，能源资源价格形成机制进一步完善。《关于“十四五”时期深化价格机制改革行动方案》（以下简称《行动方案》）提出，稳步推进石油天然气价格改革。按照“管住中间、放开两头”的改革方向，根据天然气管网等基础设施独立运营及勘探开发、供气和销售主体多元化进程，稳步推进天然气门站价格市场化改革，完善终端销售价格与采购成本联动机制。积极协调推进城镇燃气配送网络公平开放，减少配气层级，严格监管配气价格，探索推进终端用户销售价格市场化。结合国内外能源市场变化和国内体制机制改革进程，研究完善成品油定价机制。完善天然气管道运输价格形成机制。适应“全国一张网”发展方向，完善天然气管道运输价格形成机制，制定出台新的天然气管道运输定价办法，进一步健全价格监管体系，合理制定管道运输价格。此外，《行动方案》还指出，认真落实关于规范城镇供水、供电、供气、供暖行业收费，促进行业高质量发展，取消不合理收费，加快完善价格形成机制，严格规范价格收费行为。

三、天然气行业监管体系逐步完善

（一）管道运输价格管理新办法落地

2021 年 6 月 7 日，国家发展和改革委员会印发《天然气管道运输价格管理办法（暂行）》（以下简称《价格管理办法》）和《天然气管道运输定价成本监审办法（暂行）》（以下简称《成本监审办法》），在 2016 年两个试行办法基础上进一步完善了天然气管道运输价格管理体系。新办法符合国家管网集团成立后管道运输行业主体重构新形势的要求，适应“全国一张网”的发展方向，是天然气市场“管住中间”的进一步深化，顺应了天然气市场化改革的需要。新办法具有以下四个特点：一是实行区域统一运价率，适当简化运价率体系。新的机制一改此前的“一企一价”，形成西北、西南、东北及中东部四个价区，分区核定运价率，实行“一区一价”。运价率也由此前的 15 个合并为 4 个。二是动态调整准许收益率。《价格管理办法》规定，本办法出台后首次核定价格时，准许收益率按 8%确定，后续将统筹考虑国家战略、行业发展需要、用户承受能力等因素动态调整。这既保持了政策的衔接和平稳过渡，又为未来预留了调整空间。三是延长管道折旧年限。《成本监审办法》将主要固定资产分 11 类明确了折旧年限和残值率。考虑天然气管道实际使用寿命，将天然气管道的折旧年限从 30 年延长到 40 年。拉长折旧和摊销年限符合行业特点及资产的实际使用情况和经济寿命，可以减少当期折旧和摊销费用，有利于降低当期管输费水平，进而有利于降低用气成本。四是其他市场主体经营的跨省管道暂按现行价格水平执行。《价格管理办法》适用于确定国家管网集团经营的跨省（区、市）天然气管道运输价格，其他市场主体经营的类似管道原则上按照国家管网集团价格执行，所有新投产管道按照所属价区运价率执行。这将使国家管网集团管输价格成为管输行业价格标杆，对其他市场主体的管道投资和建设起到鼓励先进和鞭策落后的作用。

（二）组织开展天然气管网和 LNG 接收站公平开放专项监管

2021 年 5 月 31 日，国家能源局印发《天然气管网和 LNG 接收站公平开放专项监管工作方案》（以下简称《方案》）。该《方案》在《2021 年能源监管重点任务清单》的框架下，细化了专项监管的具体要求。监管内容包括油气体制改革相关要求落实情况、天然气管网设施互联互通和公平接入情况、天然气管网设施公平开放信息公开情况、天然气管网设施公平开放服务和市场交易情况、天然气管网设施公平开放实际运行情况五方面的内容。《方案》发布的目的在于推动天然气管网设施公平开放，促进管网设施高效利用，规范管网设施运营企业开放服务行为，主要着眼于检查各地天然气管网设施运营企业对于2019年发布的《油气管网设施公平开放监管办法》及其相关文件的落实情况。《方案》还特别明确监管重点是山西、山东、浙江、安徽、广东、四川、陕西省内的天然气管网设施运营企业。其他省份可由相关派出机构根据实际情况决定是否组织开展。

（三）部署开展全国城镇燃气安全排查整治工作

2021年以来，一些地方城镇燃气事故多发频发，燃气安全形势严峻。2021年11月24日，国务院安全生产委员会印发《全国城镇燃气安全排查整治工作方案》，部署开展为期一年的全国城镇燃气安全排查整治，要求各地各有关部门和单位认真贯彻落实党中央、国务院决策部署，坚持长短结合、标本兼治，深刻吸取近年来国内外燃气事故教训，紧盯燃气安全运行重点部位和关键环节，全面排查整治老旧小区、餐饮等公共场所，以及燃气经营、燃气工程、燃气管道设施和燃气具等安全风险和重大隐患，开展综合性、精准化治理。同时，加快完善安全设施，加强预警能力建设，加快推进燃气管网等基础设施更新改造和数字化、智能化安全运行监控能力建设，普及燃气安全检查、应急处置等基本知识，提升燃气安全保障水平。

第四节 天然气行业数字化监管

一、我国天然气行业数字化监管的重要意义

（一）促进油气企业转型升级

中石油在2019年率先建立梦想云平台，这是中国油气行业第一个形成规模的大数据平台。它以统一数据库、统一技术平台、通用应用和标准规范体系为核心，将中国石油60多年的勘探与生产核心数据资产全面纳入，实现了油气勘探开发生产的跨越式迈进。油气大数据平台的建立、完善、运营，真正实现全行业、全社会共享，是一个全新的系统工程，需要全行业甚至行业内外共同参与。这不仅是一项新技术，更是一套全新的探索，基于大数据平台，油气企业的运营模式将会发生革命性的变革，带动石油勘探行业的发展。虽然各油气企业纷纷引

进了大数据技术，但目前来看，大数据技术在这一领域的应用仍处于初级阶段，尚有较大发展空间，通过改革激发市场主体活力，增强发展新动能，提高上游勘探部门的数字化水平。国家管网集团提出了市场化、平台化、科技数字化、管理创新“四大战略”，明确了打造智慧互联大管网、构建公平开放大平台、培育创新成长新生态“两大一新”战略目标，通过与中国电子开展战略合作，充分发挥其在信息技术和新型基础设施建设方面的优势，为国家管网集团提供专业的信息化、数字化服务，在信息安全、数字化转型和新型基础设施建设等领域共同构建合作发展新格局。

（二）提升天然气行业监管效能

天然气产业链发展中不断应用人工智能、物联网、BIM 等尖端新技术，如通过 2/3D 数字孪生技术搭建天然气站 3D 可视化系统、显示、监控、警报，天然气产业发展向着信息化、可视化、绿色化环境保护方向前进，就需要可视化、数字化、智能化燃气产业监管模式，这将大大提高管理效率，节约大量人力和物力。随着国家油气管网的“全国一张网”工作不断推进和数字化建设的发展，我国天然气管网平均负荷率已由 2020 年的 68%提高到 2021 年的 77%，在运 7 座 LNG 接收站平均利用率从纳入前的 44%提高到 60%。

二、夯实我国天然气行业数字化监管的基础

（一）油气勘探生产的数字化建设

数字化使石油公司可以及时有效地了解分析油藏性状、远程采集现场数据、优化工作流程和物流，实现解放员工、提高效率、降低成本。油气工业数字技术集中在大数据、高性能计算、用户交互、自动化、物联网、虚拟现实、实时分析、仿真建模、智能设备、机器学习、移动终端、机器人等领域。例如，物联网可以通过功能强大的智能化软件实施监控；传感器可以监控石油钻塔、炼油厂、车辆和电力系统，并传输数据、提供机械系统的数字表示。大数据软件可对传感器网络产生的大量数据快速处理分析，建立并优化仿真模型。上游勘探企业通过数字化转型驱动新商业模式、新生产模式和新产业生态。例如，科学制定气田生产策略的问题，气田生产应确定合理的储采比，并建设匹配的管道输气能力，保证下游长期稳定用气。

（二）基于数据挖掘的天然气市场价格形成机制

中国管道气价格最接近中国石油 ERP 系统成交价的加权统计，LNG 价格可以参考中海油 ERP 系统中的成交价，这些是对已成交价格的反映，而不能用于指导未来价格的确定。目前 LNG 储罐都已经配备了物联网设备，可以实时了解罐容量，LNG 槽车也都有 GPS 定位和载重量的数据。正在筹备的天然气期货上市之后，由储气库、LNG 储罐和 LNG 罐箱构成的天然气库存数据将受到市场的重点关注。如何整合这些零散的数据，集成到一个平台上，实现信息的透明化，是天然气价格市场化的重要一环。各交易中心需要通过市场机制促进油气勘探开发企业公开数据获取上游企业的生产数据和下游燃气企业的数据，整合中游管网披露的数据，建立市场需求和价格预测模型。如上海石油天然气交易中心的 E-GAS 平台数据库，由中国经济信息社提供支撑性基础数据，提供天然气行业的交易数据及会员单位提交的数据，目前，平台包括国内天然气行业地图、LNG 国际贸易地图、天然气行业资讯三大板块，我国天然气产、供、储、销四个环节的基础信息已经实现了基于 GIS 地图的可视化。

（三）构建数字化为主导的智慧燃气

智慧燃气要在智慧城市建设的基础上同步推进。一方面，智慧燃气要融合于城市大系统的发展，要与城市特色和优势，以及城市信息化基础条件相结合；另一方面，智慧城市发展还应与企业发展思路、业务场景实情，以及资金实力、研发能力相结合。推进智慧燃气发展需要政府明确的政策导向、补贴性的智慧燃气政策、在标准体系建设方面的共识。

第一，加强顶层设计，推进智能化标准体系建设。要加快“燃气智能化发展评价”和“智慧燃气标准体系”的建设，智慧燃气分级评价体系能明确智慧燃气的发展阶段，了解现在和未来的发展方向，确定智慧燃气实现需要达成的条件。智慧燃气标准体系则是为标准化发展路径的实施提供标准范式，实现有据可依，利于更快规模化建设智慧燃气系统。两个环节相辅相成，缺一不可。

第二，加强智能化设施投入，完成设施升级改造。燃气站箱方面，“高压”等重要节点的投入较大，智能化程度也较高，但是“中低压”智能化程度较低，用户数据无法与站箱衔接；阀井方面，缺乏防侵入以及阀位、液位监测等功能，存在安全隐患；管线方面，缺乏防破坏预警、防腐预警等功能；表具方面，非民用计量表智能化程度较高，但民用计量表基本不具备远传功能，缺乏对数据的分析与管理。

第三，完善数据库建设管理，增强智能化深度应用。要全面加强对管网设备设施的实时监控，建立设备档案，将相互关联的数据集中于同一系统中，形成设备数据的完整性视图；保证实际管网设备与图档数据的准确性；统一用户数据的识别，提高数据采集录用效率，降低成本，并及时更新；增强便捷性，让用户和运营方可以通过智能终端随时随地访问相关数据。

第四，完善智能信息平台，加强核心系统自主可控能力。要通过统一的信息化运营平台实现自上而下的统筹管理；各系统之间建立数据共享机制，从而对异常、事故、作业等管理过程进行闭环跟踪和管理；充分发挥数据的价值，挖掘其中蕴含的规律和模式，为企业的科学决策提供辅助支持；借助当前国内信息化高速发展的契机，实现核心信息平台模块等重要技术的自主可控。

三、天然气行业数字化监管的重点内容

（一）基于数据平台的天然气行业监管

数字管网建设也能更好地满足综合监管的需求。管网公司成立的初衷是构建“全国一张网”，有利于更好地在全国范围内进行油气资源调配，提高油气资源的配置效率，保障油气能源安全稳定供应。通过数据分析提高众多管网形成的复杂系统综合利用效率。通过大数据分析与挖掘来辅助决策，也是数字管网建设的目的之一。我国油气管网的密度仅是欧美成熟市场的 1/8。未来管网建设工程量巨大，但哪里需要扩建、新建，也要根据大数据辅助决策。除此之外，智能化技术在加快管道建设、保障天然气安全稳定供给方面也发挥着重要作用。为了保障国家管网公司将剩余管输和储存能力向社会公平开放，信息公开是前提。上气点、下气点、加气站的位置都要公开，设立统一的开口和计量标准，从而使参与者都可以依法合规地申请使用管网资源。通过数字管网建设，将基于云架构建设数据、平台和应用服务，形成统一的共享服务平台。未来，平台将在信息发布、综合监督、辅助决策等方面发挥重要作用，推动信息采集和信息披露发展。

（二）城市液化气全过程安全监管

建立智慧燃气安全监管云平台，运用信息化手段，实现对所有瓶装液化石油气储配站和液化天然气储配站视频监控、气瓶流转数据、用户实名制、从业人员规范化管理，从而实现瓶装液化气“来源可查、去向可追、责任可究”的监管目标，提升行业治理质效。一是把好源头关防止瓶装液化气出现安全问题。①防入侵。可通过对人、车黑白名单识别，增加对陌生人、陌生车辆进入二道门的智能识别与提醒。②防泄漏。接入燃气泄漏报警器实时监测数据，可实时监测场站设

施燃气泄漏风险，智能联动泄漏报警预警系统。③防串瓶。可对燃气企业充装非自有钢瓶进行颜色智能识别与提醒，建立燃气企业安全的一企一档，智能预警充装非自有钢瓶。④防疏忽。可通过现场网络广播实时呈现场站值班值守状态，以便规范人员操作，及时处置异常情况。二是把好配送关。智慧燃气安全监管云平台中的送气流转监管系统能够加强对气瓶流转的安全监管，实现与数据共享互通，确保钢瓶基础数据、充装数据合法合规。为送气工配置智能终端，建立一人一档，记录送气人的信息、资质，做到定人定岗。借助定位系统与燃气供应企业气瓶流转系统数据进行抽样比对，以确保送气到户。通过电子围栏、作业留痕等方法，对气瓶配送进行全程监管。三是把好用户关。智慧燃气安全监管云平台将针对燃气用户的安检形成电子档案，并将其中记录的安全隐患推送至管理部门，借助该平台，管理部门能更好地跟踪督办隐患整改进度及结果，充分落实燃气供应企业的安全责任和属地管理部门的监管责任。

（三）促进基于数字化的管道燃气安全监管

管道燃气在城市燃气中的占比越来越高，通过数字化提升管道燃气安全监管效率势在必行。

一是通过硬件升级构建数字化基础。在场站、管网和用户端分别配备了激光气体检测器和室内燃气检测器。其中，激光气体检测器具备高精度、高稳定、全天候“作战”的特点，一旦出现燃气泄漏等突发状况，该设备可在 1 秒内迅速做出反应，反应准确度高达 99.9%，为燃气使用各个环节提供无人化管理和安全运维保障。在“管网”检测环节，配备智能燃气巡检车，该车辆不仅能对城市管网线路进行远程监控、高精度检测燃气泄漏风险，且具有远传通信和数据实时上传终端平台的功能，能够第一时间迅速做出“报警”反应，成为“燃气安全助手”。在商户和居民用户端安装新一代无线远传气体传感器，可以实现“表一测一阀一平台一用户”闭环联动，实现远程控制，具备智能看家、风险预警事件上传报告等智慧功能，切实保障在使用端的燃气安全。

二是闭环治理燃气隐患。提升城市燃气管网设施的主动预警能力，增强风险防控能力，实现燃气安全快速响应，重点部位主动监测、整体空间动态扫描，全区域覆盖扫描，主动防控，杜绝隐患。通过 AI 人工智能算法，智慧燃气系统可以对整个区域的燃气情况进行分析和故障识别，建立燃气综合监控、预警和治理平台。在燃气调压站、管网、建设工地等点位安装智能燃气设备，实时收集燃气压力、流量、泄漏等方面的数据，搭建燃气感知的数据链条；同时，利用巡检车、手持检测设备、流动激光气体检测站等，对城市燃气管“线”进行实时监管和故障排查；此外，通过为居民和商户安装终端气体传感器，建立全域多维度的燃气泄漏数据平台，做到智慧燃气全“面”覆盖，将潜在的安全隐患暴露在可控范围内。应用数字孪生技术，通过物理模型，构建了燃气智慧仿真平台，可通过建模和模拟运行，实现对燃气复杂输配网络的高精度动态模拟仿真、能效监测、故障分析。

三是三级平台联动确保城市燃气安全。将燃气公司、行业主管单位、城市大脑三级机构作为智慧燃气管理的三级平台，利用智能设备和物联网技术，将实时数据分等级上传至三级平台，实现信息共享。如遇突发状况，平台可通过城市大脑应急指挥，将处置策略共享至燃气公司，并根据实际情况启动应急救援，从而实现从发现到管理，再到治理的闭环。

第六章 电力行业发展报告

电力作为最重要的基础性能源之一，其行业发展与国民经济息息相关，全社会用电量指标也常常被视为经济发展的替代性指标，用电量上升往往意味着经济向上发展。世界各国电力行业发展一般经历严格管制到适度放松的过程，这与电力行业地位及其行业结构相关，中国也不例外。中华人民共和国成立初期，电力行业实行严格的计划经济，20 世纪 80 年代初开始实行市场化改革，经过 40 多年的发展，基本改变电力短缺的局面，行业一体化结构也被打破，在发电市场基本实现市场化竞争。本章分别介绍了电力行业投资与建设、生产与供应、发展成效以及数字化监管。

第一节　电力行业投资与建设

改革开放后，电力行业以前所未有的速度发展，电力投资力度持续加大，电源建设不断迈上新台阶，电网建设规模逐年增加，但受宏观经济的影响，电力行业投资与建设亦有波动，近年来表现更为明显。

一、电力行业投资

如图 6-1 所示，2021 全国电力工程投资总额已超过万亿元，同比增长约 5.4%，与 2020 年相比，增长有所放缓，但投资总额刷新了历年的纪录。回顾近二十年的全国电力工程投资总额情况，总体上保持增长的势头。早期为填补电力供需缺口，2003～2007 年电力工程累计投资 20595 亿元，形成了一次大规模的电力投资建设浪潮，2008～2009 年全国电力工程基本建设投资规模继续增加，

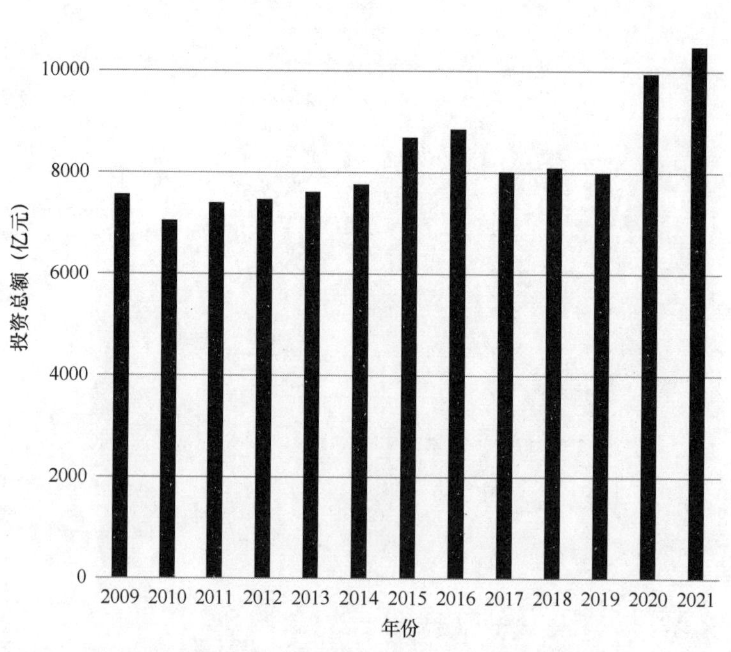

图 6-1　2009～2021 年全国电力工程投资总额

数据来源：同花顺 iFinD。

但增速放缓，2010 年则有所回落，随后 2010～2016 年全国电力工程投资总额再次保持持续增长势头，但增速却有起伏，2011～2014 年增幅不明显，2015 年较 2014 年有大幅度增加，但 2016 年增幅则又趋于平缓，同比增幅不足 0.2%，2017 年出现下滑，全国主要电力企业电力工程建设完成投资 8014 亿元，同比减少 9.5%。打断了连续 7 年保持增长的势头。与 2017 年相比，2018 年全国电力工程投资略有回升，2019 年略有下降，2020 年则出现较大幅度的增长，2021 年投资增速再次放缓，但投资总额创历史新高。

（一）电源投资总额先升后降

2002 年发电资产重组后，发电市场竞争效果初步显现，电源建设投资迅速增加，电力供应不足的问题很快得到解决。图 6-2、图 6-3 表明，近二十年间，全国发电装机容量一直保持增长的态势。2002～2006 年，全国发电装机容量增加迅猛，从 2002 年的约 3.6 亿 kW 增加到 2006 年的 6.2 亿 kW，年增长率从 5.87%升至 22.34%，随后，增速放缓，增长率表现为下降的趋势，直至 2015 年后增长率又有所回升。但从 2016 年开始又呈下降趋势，2016 年全国发电装机容量增长率与上年相比，下降 3.11 个百分点，2017 年、2018 年及 2019 年同比再次下降 0.54 个百分点、0.75 个百分点及 1.1 个百分点，但 2020 年全国发电装机容量增长率又出现较大幅度的回升，同比增长 3.7 个百分点，2021 年再次放缓，增长率同比下降 1.58 个百分点。

从电力投资结构来看，2021 年，全国主要电力企业合计完成投资 10786 亿元，比上年增长 5.9%。全国电源工程建设完成投资 5870 亿元，比上年增长

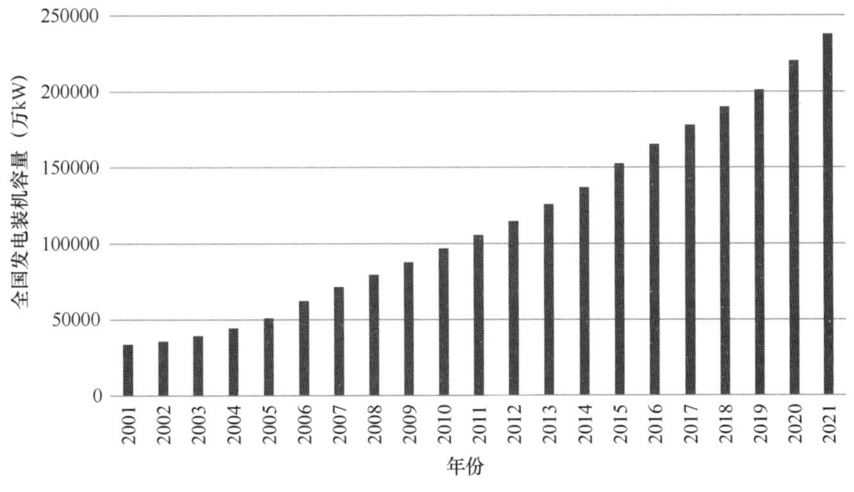

图 6-2　2001～2021 年全国发电装机容量

数据来源：同花顺 iFinD。

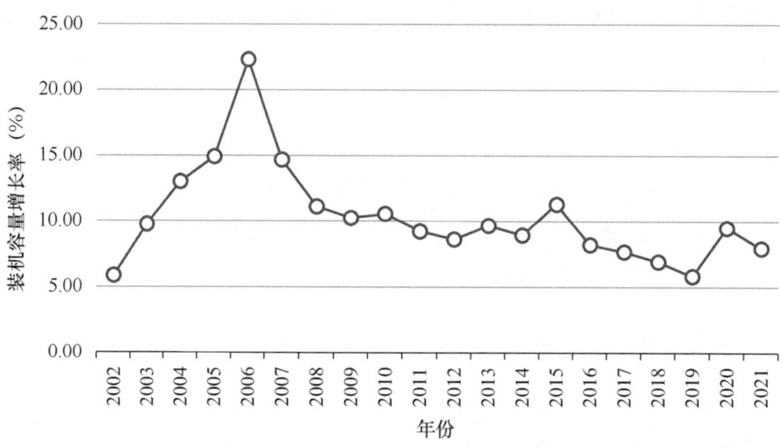

图 6-3　2002～2021 年全国发电装机容量增长率

数据来源：同花顺 iFinD，笔者整理而得。

10.9 %。其中，水电完成投资 1173 亿元，比上年增长 10.0 %；火电完成投资 707 亿元，比上年增长 24.6 %；核电完成投资 539 亿元，比上年增长 42.0 %；风电完成投资 2589 亿元，比上年下降 2.4%；太阳能发电完成投资 861 亿元，比上年增长 37.7%。

全国电网工程建设完成投资 4916 亿元，比上年增长 0.4%。其中，直流工程 380 亿元，比上年下降 28.6%；交流工程 4383 亿元，比上年增长 4.7%，占电网总投资的 89.2%。

（二）清洁能源投资占比持续提升

图 6-4 显示，从投资占比看，火电工程投资从 2008 年的 49.3%下降到 2021 年的 12.0%，占比降幅达近 38 个百分点；风电投资占比大幅提升，从 2008 年的 15.5%，提升到 2021 年的 44.1%，占比增幅近 30 个百分点；水电和核电投资占比波动性较大，没有明显的增幅或降幅。

（三）电网基本建设投资累计完成额平稳增长

1978～1995 年，电网基本建设投资占全部电力基本建设投资占比平均只有 25.34%。进入“九五”以后，全国长期严重缺电的局面逐步缓解，电力部门开始注意同步发展电网、调整电力工业产业结构。1998 年 7 月，国务院决定大规模推行城乡电网建设与改造工程，使电网基本建设投资占全部电力基本建设投资的平均占比在“九五”上升到 29.38%。“十五”期间，是中国省内或省间、区域内或区域间以 500kV 联网、城乡电网建设与改造工程、“西电东送”三大通道

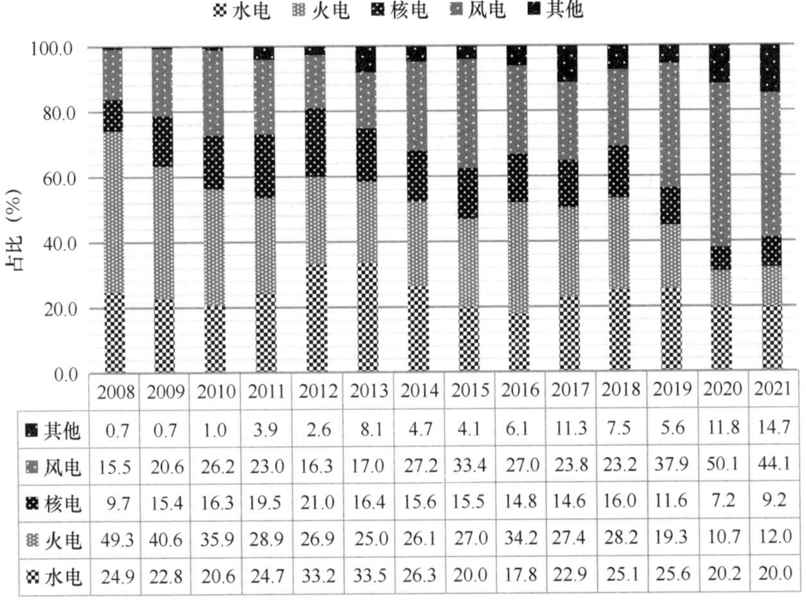

	2008	2009	2010	2011	2012	2013	2014	2015	2016	2017	2018	2019	2020	2021
其他	0.7	0.7	1.0	3.9	2.6	8.1	4.7	4.1	6.1	11.3	7.5	5.6	11.8	14.7
风电	15.5	20.6	26.2	23.0	16.3	17.0	27.2	33.4	27.0	23.8	23.2	37.9	50.1	44.1
核电	9.7	15.4	16.3	19.5	21.0	16.4	15.6	15.5	14.8	14.6	16.0	11.6	7.2	9.2
火电	49.3	40.6	35.9	28.9	26.9	25.0	26.1	27.0	34.2	27.4	28.2	19.3	10.7	12.0
水电	24.9	22.8	20.6	24.7	33.2	33.5	26.3	20.0	17.8	22.9	25.1	25.6	20.2	20.0

图 6-4　2008～2021 年各类电源投资占比

数据来源：笔者根据中电联发布的《中国电力行业年度发展报告》整理而得。

工程大力推进时期，电网基本建设投资占全部电力基本建设投资的平均占比又上升到 35.05%。“十一五”前 2 年，电网基本建设投资占全部电力基本建设投资的平均占比又上升到 39%，电源、电网的投资结构处于不断改善之中。

1999～2002 年，电网投资增速相对缓慢，2002 年以来电网投资增长较快。2004 年与 2009 年，输电线路新增速度明显加快，其中，2009 年 330 千伏输电线路几乎等于 1999 年、2002 年与 2004 年三个年份总的新增输电线路长度。2009 年，500 千伏以上与 220 千伏输电线路均有大幅增长。随着电网建设加快，输电效率也有提高，输电线路损失率从 1999 年的 8.1%下降到 6.72%。

2008 年，电网投资首超电源投资。全国电力基本建设投资完成额达到 5763 亿元，同比增长 1.52%。其中，电源电网分别完成投资 2879 亿元和 2885 亿元，同比分别下降 10.78%和增长 17.69%，电网基本建设投资占电力基本建设投资的 50.05%，近几年首次超过电源投资。

2010 年电网投资较 2009 年有所下降，2010～2013 年电网投资均低于电源投资，但从 2014 年开始，电网投资重新超过电源投资，且超过的额度有增长的趋势，“十二五”以来，2011～2018 年间，除 2017 年外，电网工程建设完成投资每年都有不同程度的提升。其中，2011 年完成投资 3682 亿元，同比增 6.8%；2012 年完成投资 3693 亿元，同比增 0.2%；2013 年完成投资 3856 亿元，同比增 4.4%；2014 年投资突破 4000 亿元，达 4119 亿元；2015 年完成投资 4639 亿元，增速首次达到两位数；2016 年投资首破 5000 亿元大关，达到 5431 亿元，增速升至 17.1%；因 2016 年电网投资增速较高的基数效应，2017 年我国电网工程建设完成投资 5339 亿元，同比下降 1.7%，为 2010 年以来首次下降；相比之下，2018 年电网工程建设投资 5374 亿元，较电源投资高出 2587 亿元，虽然增幅不大，但延续了我国电网工程建设完成投资持续增长的态势，2019 年电网工程投资 4856 亿元，与 2018 年相比，略有下降，但投资占比仍然高于电源工程投资，为 60.7%，连续第六年超过电源建设投入。2020 年和 2021 年电网工程投资分别为 4896 亿元和 4951 亿元，虽然投资规模延续增长态势，但占电力工程投资总额的占比却低于电源工程投资，分别为 49.2%和 47.2%，与 2019 年相比，下降幅度均在 10 个百分点以上（图 6-5）。

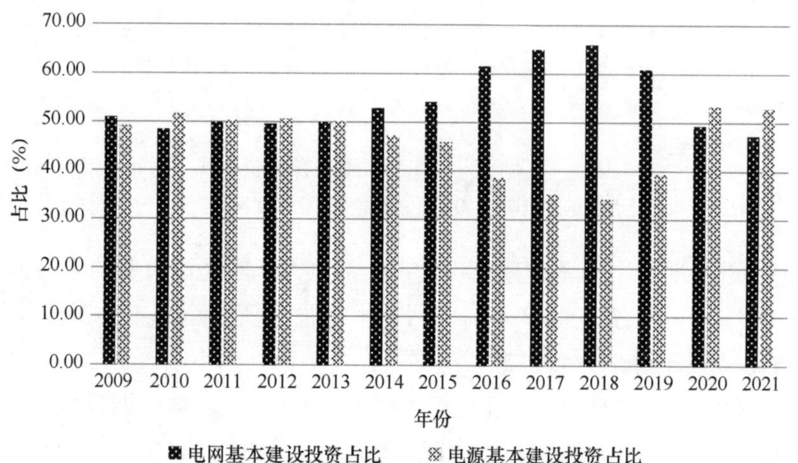

图 6-5　2009～2021 年电源和电网基本建设投资完成额占比

资料来源：同花顺 iFinD，笔者整理而得。

二、电力行业建设

（一）发电装机容量

自 2002 年以来，我国电力行业实行厂网分开，打破了电力行业原来高度一体化的垄断体系，调动了各方办电的积极性，电源建设速度进一步加快，成为中华人民共和国成立以来电源发展最快的一段时期。截至 2021 年底，我国发电装机容量与改革开放初期相比，已经增长了 40 倍以上。目前，我国的装机容量远超世界其他任何国家，2018 年我国的发电装机容量就已经是排名第二的美国的 1.59 倍。装机规模不断扩大的同时，电源结构也持续优化。电源建设贯彻了“优化发展火电，有序发展水电，积极发展核电和大力发展可再生能源发电”的方针，加快了水电、核电和可再生能源等清洁能源发电的建设步伐。新增能力保持较大规模，电源结构继续优化。

《中国电力行业年度发展报告 2022》显示：截至 2021 年底，全国全口径发电装机容量 237777 万 kW，比上年增长 7.8%。其中，水电 39094 万 kW，比上年增长 5.6%（抽水蓄能 3639 万 kW，比上年增长 15.6%）；火电 129739 万 kW，比上年增长 3.8%（煤电 110962 万 kW，比上年增长 2.5%；气电 10894 万 kW，比上年增长 9.2%）；核电 5326 万 kW，比上年增长 6.8%；并网风电 32871 万 kW，比上年增长 16.7%；并网太阳能发电 30654 万 kW，比上年增长 20.9%。

随着新的发电机组相继投产，全国发电设备容量继续平稳增长，且新能源发电装机容量占比不断提高。全国全口径非化石能源发电装机容量为 111845 万 kW，占全国发电总装机容量的 47.0%，比上年增长 13.5%；2021 年，非化石能源发电量为 28962 亿 kW·h，比上年增长 12.1%；达到超低排放限值的煤电机组约 10.3 亿 kW，约占全国煤电总装机容量的 93.0%。

清洁能源装机占比提升，电源结构继续优化。如图 6-6 所示，至 2021 年底，发电装机构成中，火电装机占比 54.56%，同比降低 2.03 个百分点；水电装机占比 16.45%，同比回落 0.37 个百分点；核电装机占比 2.24%，同比下降 0.03 个百分点；风电装机占比 13.82%，同比上升 1.03 个百分点；太阳能发电装机

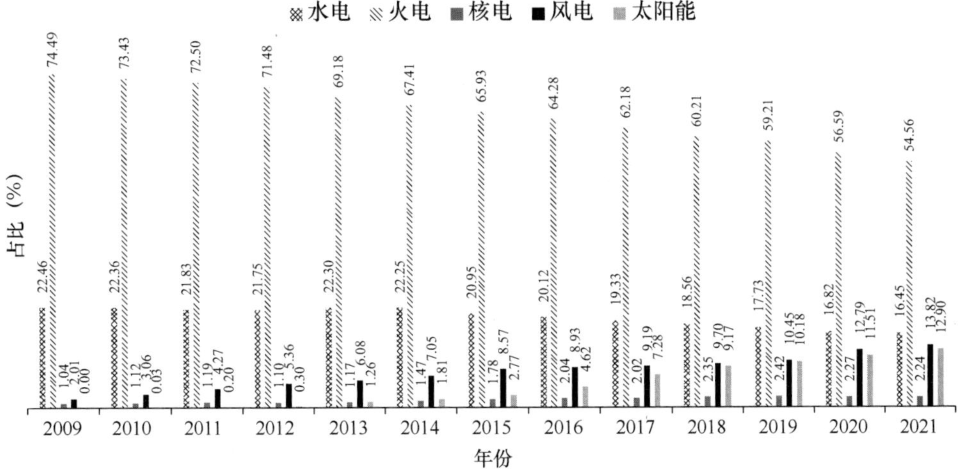

图 6-6　2009～2021 年发电装机构成图

数据来源：同花顺 iFinD。

占比 12.90%，同比提升 1.39 个百分点。风电和太阳能发电装机占比持续攀升。

（二）新增装机

2021 年，全国发电新增装机容量 17629 万 kW，同比下降 1515 万 kW，但与 2018 年和 2019 年相比，仍然是大幅度的增长（表 6-1）。分电源类型看，水电新增容量 2349 万 kW，同比增加 1036 万 kW，增幅 79%；火电新增容量 4628 万 kW，同比减少 1032 万 kW，降幅 18%；核电新增容量 340 万 kW，同比增加 228 万 kW，增幅 203%；风电新增容量 4757 万 kW，同比减少 2454 万 kW，降幅 34%；太阳能发电新增容量 5493 万 kW，同比增加 673 万 kW，增幅 14%。

2009～2021 年全国新增发电装机容量（万 kW）　　**表 6-1**

年份	总量	水电	火电	核电	风电	太阳能发电
2009	9667.35	2105.70	6585.76		973.00	2.79
2010	9124.00	1642.85	5830.56	173.69	1457.31	19.59
2011	9041.00	1225.00	5886.00	175.00	1585.00	169.00
2012	8315.00	1676.00	5236.00		1296.00	107.00
2013	10222.00	3096.00	4175.00	221.00	1487.00	1243.00
2014	10443.00	2180.00	4791.00	547.00	2101.00	825.00
2015	13184.00	1375.00	6678.00	612.00	3139.00	1380.00
2016	12143.00	1179.00	5048.00	720.00	2024.00	3171.00
2017	13019.00	1287.00	4453.00	218.00	1720.00	5341.00
2018	12785.00	859.00	4380.00	884.00	2127.00	4525.00
2019	10173.00	417.00	4092.00	409.00	2574.00	2681.00
2020	19144.00	1313.00	5660.00	112.00	7211.00	4820.00
2021	17629.00	2349.00	4628.00	340.00	4757.00	5493.00

数据来源：同花顺 iFinD。

（三）电网建设

《中国电力行业年度发展报告 2021》显示：截至 2021 年底，全国电网工程建设完成投资 4916 亿元，比上年增长 0.4%；全年新增交流 110 千伏及以上输电线路长度 51984km，比上年下降 9.2%；新增变电设备容量 33686 万 kV·A，比上年增长 7.7%。全年新投产直流输电线路 2840km，新投产换流容量 3200 万 kW，分别比上年降低 36.1%和 38.5%。

第二节　电力行业生产与供应

改革开放以来，我国电力行业生产与供应能力飞速发展，特别是2002年电力体制改革之后，电力供应短缺局面迅速扭转，电力生产运行安全也在快速增加。

一、电力行业生产

近二十年是我国电力行业生产飞速发展时期，全国发电设备容量平稳增长，发电量逐年增加，生产运行安全可靠性不断提升。近年来新能源发电装机容量占比不断提高，弃风弃光问题明显改善，风电设备利用小时数创新高，但区域发电仍然存在较大差异性。

（一）发电量及增长情况

如图6-7～图6-10所示，2001～2021年，发电量逐年增加。全社会发电量平稳增长，累计发电量增速稳步回升，特别是2002年以后，发电量增长迅猛，但近几年也有所放缓。

2021年，全国全口径发电量为83959亿kW·h，比上年增长10.1%，增速

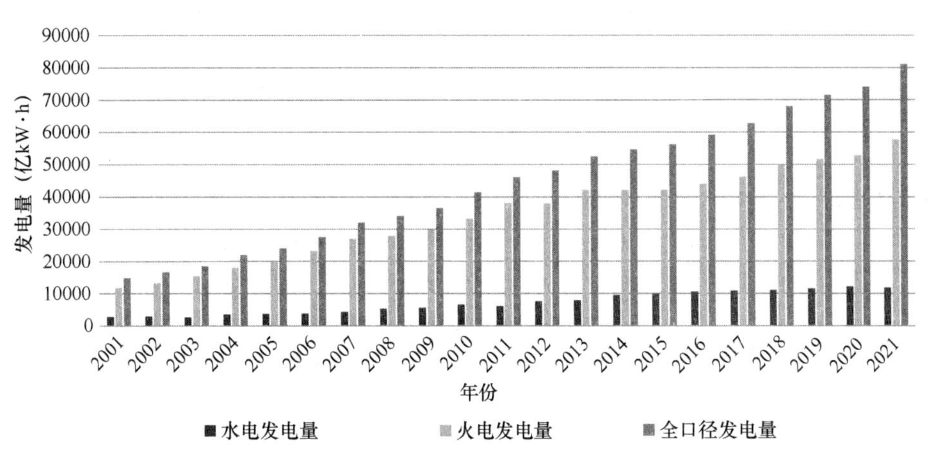

图6-7　2001～2021年全国发电量统计图

数据来源：同花顺iFinD。

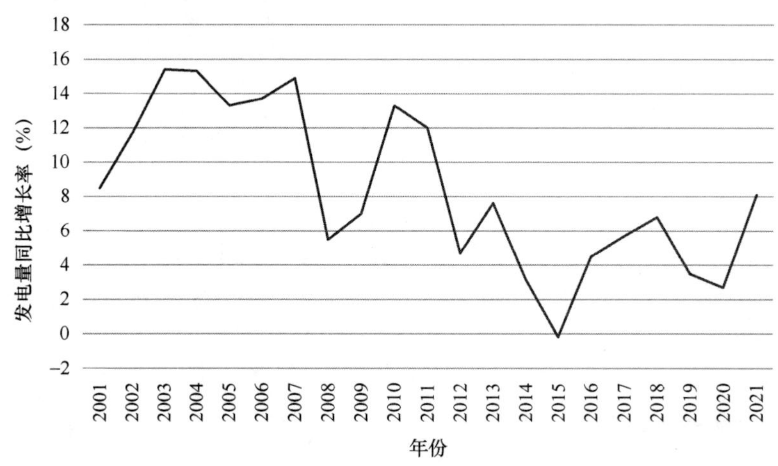

图 6-8　2001～2021 年全国发电量同比增长率

数据来源：同花顺 iFinD。

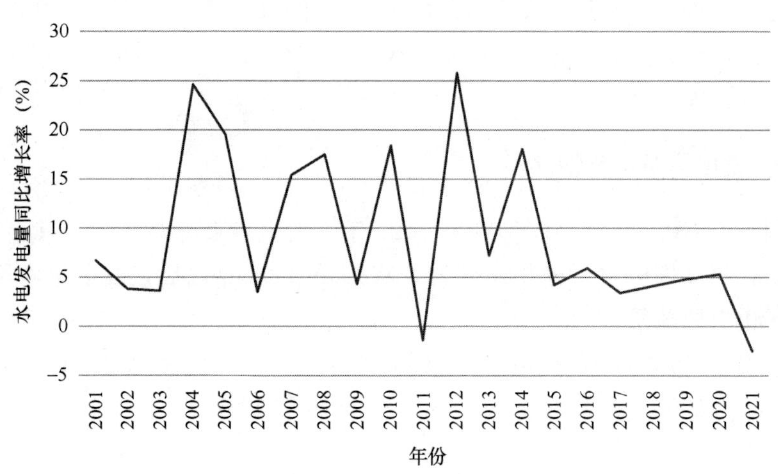

图 6-9　2001～2021 年全国水电发电量同比增长率

数据来源：同花顺 iFinD。

比上年提高 6.0 个百分点。其中，水电 13399 亿 kW·h，比上年下降 1.1%（抽水蓄能 390 亿 kW·h，比上年增长 16.3%）；火电 56655 亿 kW·h，比上年增长 9.4%（煤电 50426 亿 kW·h，比上年增长 8.9%；气电 2871 亿 kW·h，比上年增长 13.7%）；核电 4075 亿 kW·h，比上年增长 11.3%；并网风电 6558 亿 kW·h，比上年增长 40.6%；并网太阳能发电 3270 亿 kW·h，比上年增长 25.2%。①

① 数据来源：中国电力企业联合会。与同花顺 iFinD 数据略有出入。图 6-7～图 6-10 依据同花顺 iFinD 数据绘制而成。

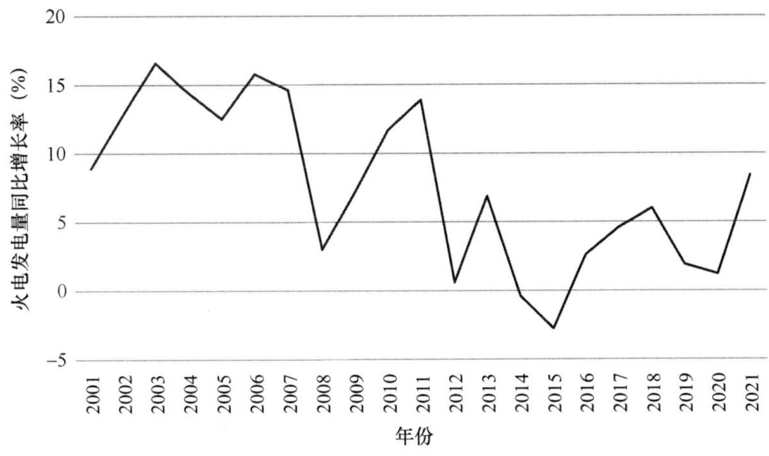

图 6-10　2001～2021 年全国火电发电量同比增长率

数据来源：同花顺 iFinD。

（二）电源结构情况

2021 年 1～12 月份，核电、风电、太阳能发电量占比同比均略有提升，水电发电量占比同比下降，火电占比亦有所下降，但下降幅度不大。根据国家统计局和中国电力企业联合会发布的数据，2021 年全年，水电发电量占全部发电量的比例为 15.96%，与上年同期相比下降 1.81 个百分点；核电、风电、太阳能发电量占全部发电量的比例分别为 4.85%、7.81%和 3.89%，与上年同期相比分别提高 0.05 个百分点、1.69 个百分点和 0.47 个百分点；火电发电量占全部发电量的比例为 67.48%，与上年同期相比下降 0.4 个百分点（图 6-11）。

（三）分区域发电情况分析

我国幅员辽阔，区域天然条件差异较大，分区域发电情况差异也很大。图 6-12 是 2021 年全国分区域发电情况，2021 年我国各省（区、市）发电量均实现正向增长。其中增速 20% 以上的地区有 2 个：西藏（26.85%）和广东（20.67%）增速最快；增速在 10%～20%的地区有 11 个：浙江（19.57）、重庆（17.95）、上海（16.40）、陕西（15.14）、江苏（14.40）、新疆（13.63）、海南（13.23）、山西（12.06）、湖南（12.06）、福建（11.31）和宁夏（10.65）；其余地区发电量增速在 0～10%。

与 2020 年相比，各地区增速整体上均有提升，2020 年发电量增速在 10%以上的地区仅有 1 个，新疆（12.30%）；发电量负增长的地区有 6 个：海南（−0.04%）、浙江（−0.18%）、湖南（−0.32%）、北京（−1.43%）、山东

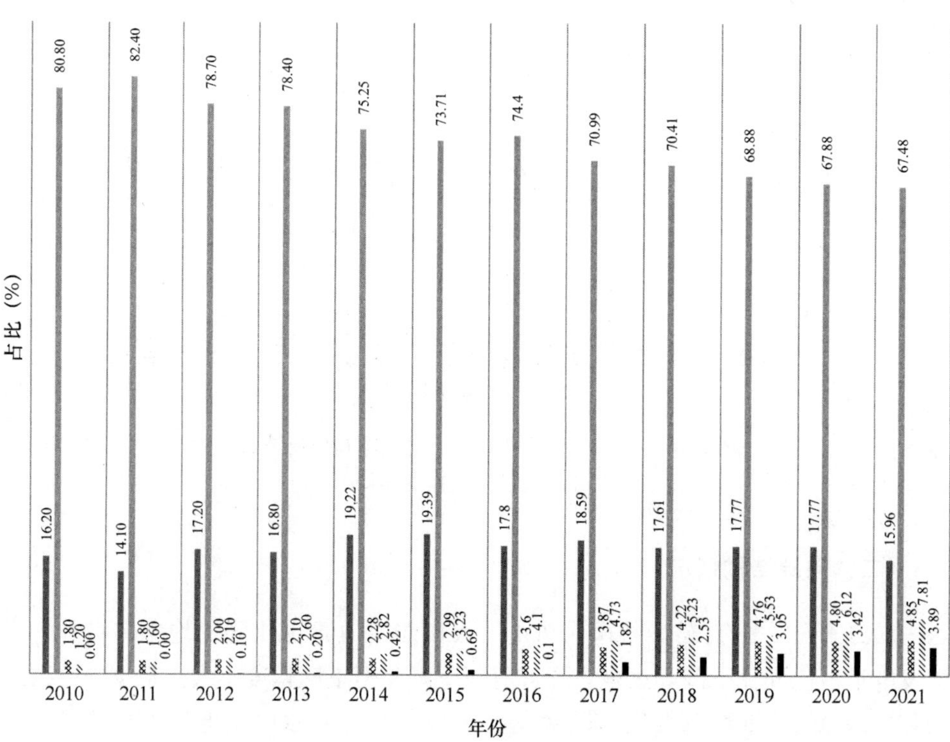

图 6-11　2010～2021 年全国发电量构成

数据来源：笔者根据国家统计局公布的数据和《中国电力行业年度发展报告》整理而得。

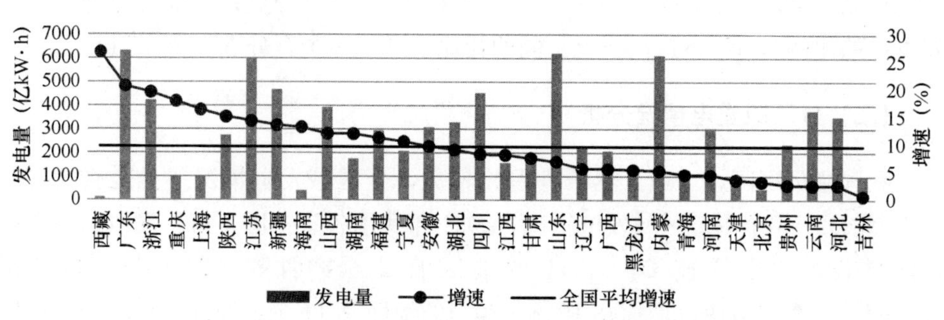

图 6-12　2021 年全国分地区发电量情况

数据来源：同花顺 iFinD，笔者整理而得。

（－1.54％）和安徽（－2.69％）；其余地区发电量增速在 0～10％。

与各省份发电量增长情况相比，发电量增速的地区差异更大，如图 6-13 所示，2021 年发电量增速最高的区域（华东）是最低区域（东北）的 3 倍有余，发电量华东地区也高于东北地区，但并不总是这样，例如，2020 年发电量增速

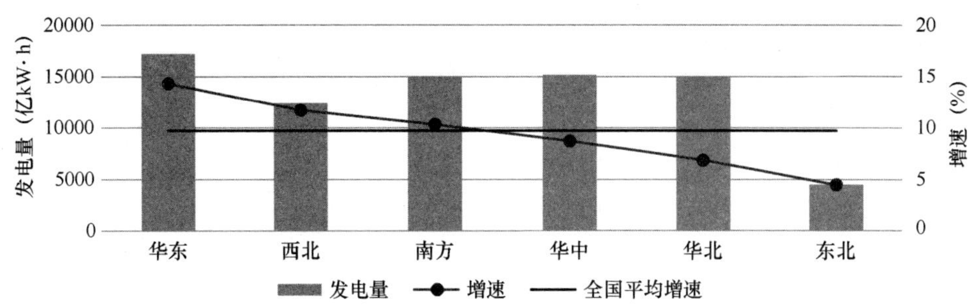

图 6-13 2021 年各地区发电量及增长情况

数据来源：同花顺 iFinD，笔者整理而得。

最高的区域（西北）是最低区域（华东）的近 18 倍，但发电量西北地区却不及华东地区，因为发电量不仅受地区用电需求的影响，还受装机增速等其他因素影响，未来，随着发电装机向资源禀赋丰富地区转移，跨区输电比例扩大，发电量增速的区域性差异将愈加明显。

分地区看，2021 年，华东地区发电量为 17228.64 亿 kW·h，同比增长 14.32 %，增速在各地区中最高；东北地区发电量为 4483.86 亿 kW·h，同比增长 4.47%，增速在各地区中最低，但仍然较去年有所增长。

（四）生产安全

2021 年，全国没有发生重大及以上电力人身伤亡事故，没有发生电力安全事故、水电站大坝漫坝、垮坝事故以及对社会有较大影响的电力安全事件。2021 年，全国发生电力人身伤亡事故起数同比持平，死亡人数减少 6 人，降幅 14%。

2021 年，全国发生电力人身伤亡事故 13 起、死亡 13 人。其中，发生电力生产人身伤亡事故 12 起，死亡 12 人，同比事故起数增加 4 起，死亡人数增加 1 人；发生电力建设人身伤亡事故 1 起，死亡 1 人，同比减少 4 起，死亡人数减少 7 人。未发生直接经济损失 100 万元以上的电力设备事故，同比持平。发生电力安全事件 3 起，同比持平。

二、电力行业供应

近年来，随着特高压电网建设提速，城市配电网以及农网升级改造稳步推进，全国建设新增变电容量及输电线路长度持续增加，电力供应能力及可靠性不断增强。

(一) 发电效率分析

1. 设备利用小时数分析

因发电装机容量快速增长，而电力需求增长缓慢，2005～2021 年发电设备平均利用小时数虽有起伏，但整体呈下降态势，其中 2013～2016 年降幅最大。2017～2018 年，受益于全社会用电量快速增长，以及发电装机增速放缓，全国发电设备平均利用小时数实现止跌回升。全年发电设备平均利用小时数分别为 3790h 和 3862h，同比增长 5h 和 72h。2019 年，全国发电设备平均利用小时数再次下降，而且降幅很大，全年发电设备平均利用小时数 3469h，同比下降 393h。2020 年和 2021 年全国发电设备平均利用小时数有所回升，全年发电设备平均利用小时数分别为 3758h 和 3817h，同比分别上升 289h 和 59h，上升幅度分别为 8.3％和 1.6％（图 6-14）。

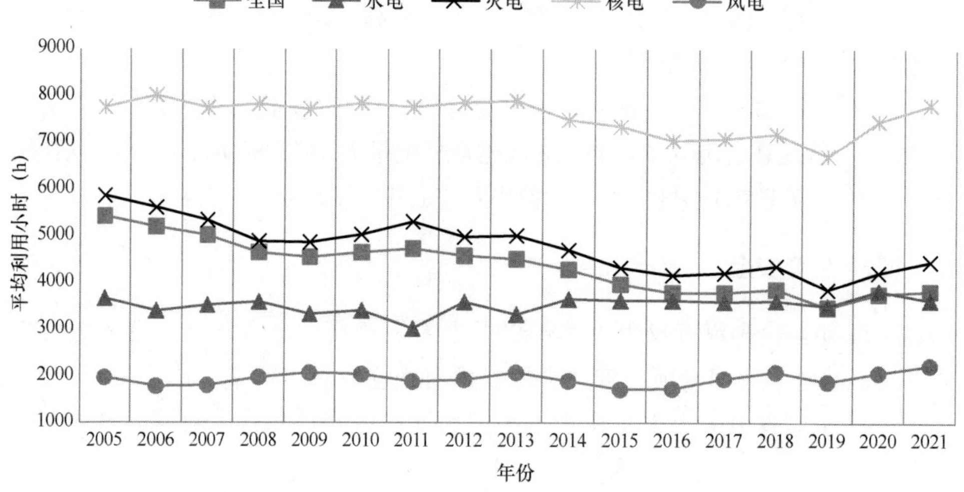

图 6-14　2005～2021 年全国发电设备累计平均利用小时数变动趋势图

数据来源：中国电力企业联合会、各年《电力工业统计资料汇编》、同花顺 iFinD。

分类型来看，2021 年，全国水电设备平均利用小时数为 3622h，比上年同期减少 205h；全国火电设备平均利用小时数为 4448h，比上年同期上升 232h；全国核电设备平均利用小时数为 7802h，比上年同期上升 349h；全国风电设备平均利用小时数为 2232h，比上年同期上升 159h。

2. 供电煤耗水平分析

如图 6-15 所示，2006～2021 年，供电煤耗逐步下降，下降幅度逐步减小。2017 年以前，年度同比降幅在 3g/kW・h 以上，2018～2019 年没有延续前几年 3g/kW・h 的下降值，年度降幅均为 1g/kW・h。2020 年和 2021 年，供电煤耗率降幅同比有所扩大，分别达到 2g/kW・h 和3.5g/kW・h。

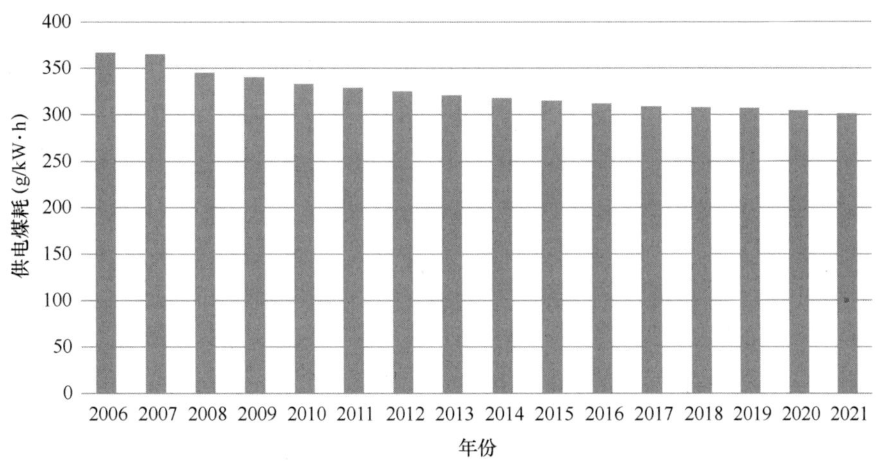

图 6-15　2006～2021 年供电煤耗趋势图

数据来源：中国电力企业联合会，同花顺 iFinD。

（二）电网运行状况

1. 电力供输能力持续增强

截至 2021 年底，初步统计全国电网 220kV 及以上输电线路回路长度 84 万 km，比上年增长 3.8%；全国电网 220kV 及以上变电设备容量 49 亿 kV·A，比上年增长 5.0%；全国跨区输电能力达到 17215 万 kW（跨区网对网输电能力 15881 万 kW；跨区点对网送电能力 1334 万 kW）；2021 年全国跨区送电量完成 7091 亿 kW·h，比上年增长 9.5%；电网更大范围内优化配置资源能力显著增强。

输变电方面，十三类输变电设施的可用系数保持在 99.4%以上；纳入电力可靠性统计的 220kV 及以上电压等级三类主要输变电设施中，架空线路可用系数为 99.466%，比上年上升 0.004 个百分点；变压器可用系数为 99.630%，比上年上升 0.058 个百分点；断路器可用系数为 99.839%，比上年降低 0.006 个百分点。直流输电方面，纳入电力可靠性统计的 38 个直流输电系统合计能量可用率为 96.461%，比上年上升 0.77 个百分点；能量利用率为 44.65%，比上年下降 2.70 个百分点。

供电方面，全国供电系统用户平均供电可靠率为 99.872%，比上年提高了 0.007 个百分点；用户平均停电时间 11.26h/户，比上年减少了 0.61h/户；用户平均停电频率 2.77 次/户，比上年增加 0.08 次/户。其中，城市地区的用户平均停电时间同比增加了 0.07h/户，平均停电频率同比增加了 0.07 次/户；农村地区的用户平均停电时间同比减少了 0.45h/户，平均停电频率同比增加了 0.2 次/户。

2. 线路损失率及变化情况

如图 6-16 所示，2008～2021 年线路损失率整体呈下降趋势，近年来，下降趋势更为明显，2019～2021 年连续 3 年线路损失率在 6%以下，分别为 5.90%、5.62%和 5.26%。

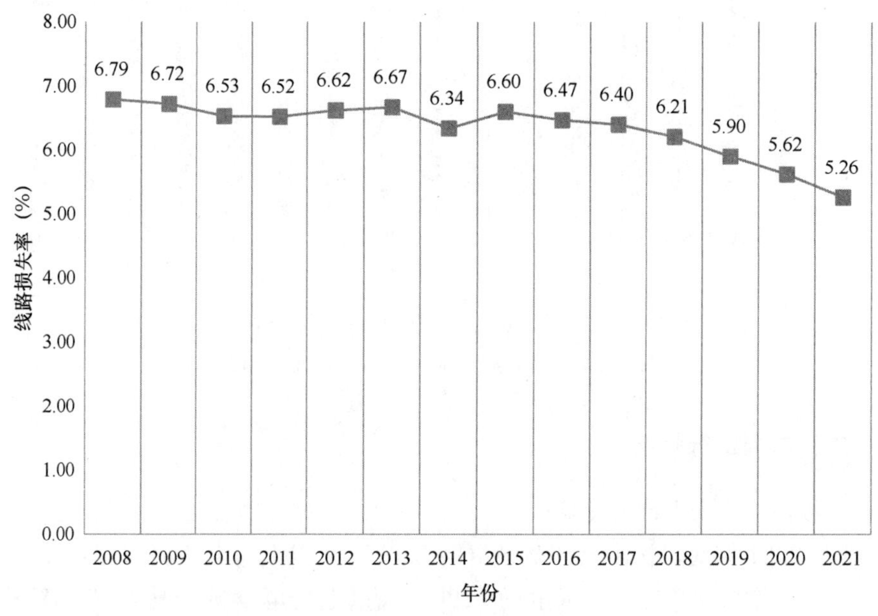

图 6-16　2008～2021 年线路损失率情况

数据来源：中国电力企业联合会、同花顺 iFinD。

（三）售电总量

如图 6-17 所示，2012～2021 年全国主要电网企业售电总量呈上升趋势。2012～2015 年增长较缓慢，2015 之后增长明显加快，特别是 2021 年，全国主要电网企业售电量 68541 亿瓦时，同比增长 11.3%，为近十年来的新高。

《中国电力行业年度发展报告 2022》显示：2021 年全国人均用电量 5899kW·h/人，比上年增加 568kW·h/人；受电煤供需紧张、部分时段天然气供应紧张等因素影响，全国电力供需形势总体偏紧，年初、迎峰度夏以及 9～10 月部分地区电力供应紧张，甚至采取了各种应急措施来保障能源供应。国家高度重视并出台一系列能源电力保供措施，电力行业认真贯彻党中央、国务院决策部署，落实相关部门要求，全力以赴保民生、保发电、保供热，采取有力有效措施提升能源电力安全稳定保障能力。

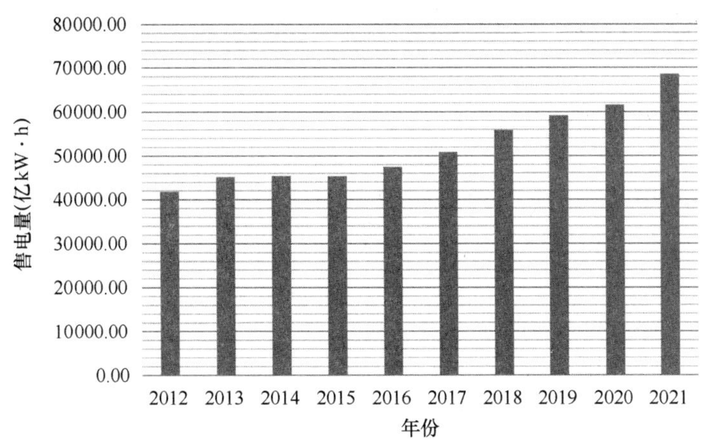

图 6-17 2012～2021 年全国主要电网企业售电量

数据来源：中国电力企业联合会发布《中国电力行业年度发展报告》。

第三节 电力行业发展成效

改革开放以来，随着经济体量的迅速扩大，我国电力行业开始高速发展，在发展速度、发展规模和发展质量方面取得了巨大成就，发生了翻天覆地的变化。在全国联网、解决无电人口等方面取得了举世瞩目的成绩，但也必须看到我国电力发展仍面临清洁能源消费占比偏低、配置资源效率低下、体制机制有待完善等重重挑战。2014 年 6 月，在中央财经委员会六次会议上，习近平总书记创造性提出“四个革命、一个合作”能源安全新战略。电力行业按照党中央、国务院统一部署，积极落实能源“四个革命、一个合作”发展战略，在保障电力系统安全稳定运行和可靠供应、提供电力能源支撑的同时，加快清洁能源发电发展，加大电力结构优化调整力度，持续推进电力市场化改革，大力推动电力科技创新，狠抓资源节约与环境保护，积极应对气候变化，倡导构建全球能源互联网，持续扩大电力国际合作，电力行业发展取得新的成绩，为国家经济社会发展、能源转型升级和落实国家“一带一路”倡议作出了重要贡献。

一、电力行业运行成效

（一）电力供输成效

改革开放 40 多年来，我国电力供应能力快速发展，建设规模也在不断扩大，电力工业作为国民经济发展最重要的基础产业，为经济增长和社会进步提供强力保障和巨大动力。

1. 电力供应能力持续增强

1978 年，我国发电装机容量为 5712 万 kW，其中，水电装机容量 1728 万 kW，占总装机容量的 30.3%，火电装机容量 3984 万 kW，约占总装机容量的 69.7%。总发电量为 2565.5 亿 kW·h，水电发电量 446 亿 kW·h，占总发电量的 17.4%，火电发电量 2119 亿 kW·h，占总发电量的 82.6%，仅相当于现在一个省的规模水平。人均装机容量和人均发电量还不足 0.06kW 和 270kW·h。发电装机容量和发电量分别位居世界第八位和第七位。改革开放之初的电力发展规模远低于世界平均水平，也因为严重短缺成为制约国民经济发展的瓶颈。

改革开放开启了电力建设的大发展，此后经历 9 年时间，到 1987 年我国发电装机容量达到第一个 1 亿 kW，此后又经历 8 年时间，到 1995 年达到 2.17 亿 kW。到了 1996 年，发电装机容量达到 2.4 亿 kW，发电装机容量和发电量跃居世界第二位，仅次于美国。2006 年起，每年新增发电装机容量在 1 亿 kW 左右。2011 年，我国发电装机容量与发电量超过美国，成为世界第一电力大国。2015 年，我国发电装机容量达到 15.25 亿 kW，人均发电装机容量历史性突破 1kW。截至 2021 年底，我国发电装机容量达到 237777 万 kW，发电量 83959 亿 kW·h，分别是 1978 年的 41.6 倍和 32.7 倍以上。40 多年来，我国电力工业从小到大，从弱到强，实现了跨越式快速发展。

此外，高参数大容量发电机组也成为电力生产的主力。改革开放初期，我国电力科技水平较为落后，只有为数不多的 20 万 kW 火电机组，30 万 kW 火电机组尚需进口。直到 20 世纪 80 年代才在国外的帮助下建成核电站。改革开放 40 多年来，随着技术进步及电源结构的优化，目前我国不仅在发电装机容量和发电量上是世界大国，而且电力装备业也已全面崛起，并已跻身世界大国行列。我国已装备了具有国际先进水平的大容量、高参数、高效率的发电机组。

2. 电网规模稳步增长

改革开放之初，我国电网建设相对滞后，全国 220kV 及以上输电线路长度仅 2.3 万 km，变电容量约为 2528 万 kV；历经 40 多年的建设，全国电网建设也取得了举世瞩目的成就，最高电压等级从 220kV、500kV 逐步发展到当前的 1000kV、±800kV，电压层级分布日趋完善。1978 年，我国 35 千伏以上输电线路维护长度仅为 23 万 km，变电设备容量为 1.26 亿 kV·A，截至 2021 年底，全国仅 220kV 及以上输电线路回路长度达到 84 万 km，220kV 及以上变电设备容量已接近 50 亿 kV·A。"十二五"时期，新疆、西藏、青海玉树藏族自治州、四川甘孜州北部地区相继结束了孤网运行的历史，全国彻底解决了无电人口用电问题，电网成为满足人民美好生活需要的重要保障。我国电网规模 2005 年以来稳居世界第一，电网建设总体保证了新增 1.7 亿 kW 电源的接入，满足了新增电量 8×10^4 亿 kW·h 的供电需求，有力支撑了社会经济的快速发展。

跨区输电能力大幅提升。我国的发电资源与电力负荷呈现明显的逆向分布，煤电资源主要分布在东北、华北和西北地区，风电资源主要集中在"三北"和华东沿海地区，太阳能光伏资源主要分布在西北和华北地区，而负荷中心集中于东南部沿海和中部地区，跨省跨区电网建设已成为我国解决资源分布不均、优化发电资源的重要手段，我国已基本建成"西电东送、南北互供、全国联网"的电网配置资源格局，特高压线路逐年增加，电力资源的大范围调配成为常态。2006～2018 年，我国跨区输电容量增长了 5 倍，西南、西北和华中三个区域的输出电量规模最大，合计占比超过 3/4；全国各省（区、市）中，20 个省（区、市）净电量输出超过 10TW·h，13 个省（区、市）净电量输入超过 10TW·h；作为水电资源丰富的西南地区，云南和四川是全国跨省外送电量比例最大的省份，2018 年均超过 40%；而北京和上海作为我国人口密度最大的城市（除香港和澳门外），年用电量超过 40%为外来电。2021 年全国跨省跨区输电能力达 1.7 亿 kW。

电网电压等级不断提升。改革开放之初，我国电网最高电压等级为 330 千伏，1981 年第一条 500 千伏超高压输电线路——河南平顶山至湖北武昌输变电工程竣工。1989 年，第一条±500kV 超高压直流输电工程——葛洲坝至上海直流输电工程，单机投入运行。2005 年第一个 750kV 输变电示范工程青海官亭至甘肃兰州东正式投运。2009 年建成投运第一条 1000kV 特高压输电线路（晋东南—荆门），我国电网进入特高压时代。2010 年建成投运两条±800kV 特高压直流输电线路（云广、向上），我国又迎来特高压交直流混联电网时代。2018 年±1100kV 新疆准东—安徽皖南特高压直流输电线路（3324km）投运。至 2021 年，我国共建成投运 32 条特高压线路。

（二）电力生产成效

1. 电源结构多元化和清洁化

改革开放 40 多年来，电力生产逐渐由初始的规模导向、粗放式发展过渡到以“创新、协调、绿色、开放、共享”新发展理念为引领的绿色低碳发展理念。经过 40 多年的发展，我国电源投资建设重点向非化石能源方向倾斜，电源结构持续向结构优化、资源节约化方向迈进，形成了水火互济、风光核气生并举的电源格局，多项指标世界第一，综合实力举世瞩目。

新能源发电投资占比显著提高。2021 年，风电、核电、水电、火电发电投资占电源总投资占比为 44.1%、9.2%、20.0%、12.0%。火电及其煤电投资规模大幅下降，接近 2006 年以来的最低水平。

电源结构得到明显改善。改革开放初，我国电源构成仅有火电与水电，结构较为单一，其中火电 3984 万 kW，占比 69.7%，水电 1728 万 kW，占比 30.3%。清洁能源发电量也只有水电的 446 亿 kW·h。其他清洁能源则从零起步。经过 40 多年的发展，特别是党的十八大以来，在“四个革命、一个合作”能源安全新战略指引下，我国的电源结构已形成水火互济、风光核气生并举的格局。截至 2021 年底，全国火电装机容量 12.97 亿 kW，在全国装机容量中占比 54.56%；水电装机容量 3.91 亿 kW，占比 16.44%；核电装机容量 0.53 亿 kW，占比 2.24%；风电装机容量 3.29 亿 kW，占比 13.82%；太阳能发电装机容量 3.07 亿 kW，占比 12.90%。

水电长期领先，综合实力举世瞩目。我国水电发展起步较早，并长期在世界水电领域保持领先的地位。2004 年，以公伯峡水电站 1 号机组投产为标志，中国水电装机容量突破 1 亿 kW，居世界第一。2010 年，以小湾水电站 4 号机组为标志，中国水电装机容量突破 2 亿 kW。2012 年，三峡水电站最后一台机组投产，成为世界最大的水力发电站和清洁能源生产基地。此后，溪洛渡、向家坝、锦屏等一系列巨型水电站相继开工建设。2021 年，中国水力发电装机容量 3.91 亿 kW，约占到全球水电总装机容量的 1/3。

风电、光电、核电后来居上，多项指标世界第一。2000 年时，我国风电装机容量仅有 30 多万 kW，2010 年则突破 4000 万 kW，超越美国成为世界第一风电大国，2015 年我国并网风电装机容量首次突破 1 亿 kW，截至 2021 年底，我国风电装机容量已达到 3.29 亿 kW。1991 年 12 月，我国自行设计、研制、安装的第一座核电站——秦山一期核电站并网发电。截至 2021 年底，我国核电装机容量 0.53 亿 kW，总装机容量跻身世界前五；1983 年，总装机容量 10kW 的我国第一座光伏电站在甘肃省兰州市榆中县园子岔乡诞生。近几年，光伏发电加速发展，光伏领跑者计划、光伏扶贫计划和分布式光伏全面启动，国内光伏发电产业发展由政策驱使逐步转向市场化，装机容量实现爆发式增长。光伏发电新增装机容量从 2013 年开始连续居于世界首位，并于 2015 年超越德国成为累计装机容量全球第一。

2. 电力科技水平不断提升

改革开放40多年来，我国通过实施一大批重大电力科技项目，推动电力科技实力实现跨越式提升，实现了科技实力从“赶上时代”到“引领时代”的伟大跨越。40多年来，我国出台了多项能源科技发展规划及配套政策，走出了一条引进、消化吸收、再创新的道路，能源技术自主创新能力和装备国产化水平显著提升。我国电力工业快速发展的背后，是电力科技实力不断提升的支撑。目前，我国多项自主关键技术跃居国际领先水平。

火电技术不断创新，达到世界领先水平。高效、清洁、低碳火电技术不断创新，相关技术研究达到国际领先水平，为我国火电结构调整和技术升级作出贡献。超超临界机组实现自主开发，大型循环流化床发电、大型IGCC、大型褐煤锅炉已具备自主开发能力，二氧化碳利用技术研发和二氧化碳封存示范工程顺利推进。燃气轮机设计体系基本建立，初温和效率进一步提升，天然气分布式发电开始投入应用。燃煤耦合生物质发电技术已在2017年开展试点工作。

可再生能源发电技术已显著缩小了与国际先进水平的差距。水电、光伏、风电、核电等产业化技术和关键设备与世界发展同步。中国水电工程技术挺进到世界一流，特别是在核心的坝工技术和水电设备研制领域，形成了规划、设计、施工、装备制造、运行维护等全产业链高水平整合能力。风电已经形成了大容量风电机组整机设计体系和较完整的风电装备制造技术体系。规模化光伏开发利用技术取得重要进展。核电已经从最初的完全靠技术引进，到如今以福清5号机组和防城港3号机组为代表的“华龙一号”三代核电技术研发和应用走在世界前列，四代核电技术、模块化小型堆、海洋核动力平台、先进核燃料与循环技术取得突破，可控核聚变技术得到持续发展。

电网技术水平处于国际前列。掌握了具有国际领先水平的长距离、大容量、低损耗的特高压输电技术，我们运行着全球最大的电网，使之成为我国大范围资源优化配置的重要手段。电网的总体装备和运维水平处于国际前列。特高压输电技术处于引领地位，掌握了1000kV特高压交流和±800kV特高压直流输电关键技术。已建成多个柔性直流输电工程，智能变电站全面推广，电动汽车、分布式电源的灵活接入取得重要进展，电力电子器件、储能技术、超导输电获得长足进步。

前沿数字技术与电力技术的融合正在成为新的科技创新方向。当前，发电技术、电网技术与信息技术的融合不断深化，大数据、移动通信、物联网、云计算等前沿数字技术与电力技术的融合正在成为新的科技创新方向，以互联网融合关键技术应用为代表的电力生产走向智能化。我国已开展新能源微电网、“互联网+”智慧能源、新型储能电站等示范项目建设，正在推动能源互联网新技术、新模式和新业态的兴起。

3. 电力生产安全不断提升

改革开放以来，我国电力生产安全性不断提升，但安全生产形势依然严峻。2021 年，全国虽然没有发生重大以上电力人身伤亡事故，没有发生电力安全事故、水电站大坝漫坝垮坝事故以及对社会有较大影响的电力安全事件，但仍然有电力人身伤亡事故 13 起，死亡 13 人。其中，发生电力生产人身伤亡事故 12 起，死亡 12 人，同比事故起数增加 4 起，死亡人数增加 1 人；发生电力建设人身伤亡事故 1 起，死亡 1 人，同比减少 4 起，死亡人数减少 7 人。未发生直接经济损失 100 万元以上的电力设备事故，同比持平。发生电力安全事件 3 起，同比持平。

（三）电力消费持续增长

改革开放以来，经济结构对应的产业电量排序经历了从“二一三”到“二三一”，再到“三二一”的调整，电力消费弹性系数，也经历了由小于 1 到大于 1 继而降至小于 1 的“A”形发展。通过产业结构调整促进电力消费结构优化，三次产业及居民用电结构表现出“两升两降”的特点，即第一、第二产业用电占比双降，第三产业及居民用电占比快速上升。2021 年，全社会用电量为 83128 亿 kW·h，同比增长 10.3%，较 2019 年同期增长 14.7%，两年平均增长 7.1%。分产业看，第一产业用电量为 1023 亿 kW·h，同比增长 16.4%；第二产业用电量为 56131 亿 kW·h，同比增长 9.1%；第三产业用电量为 14231 亿 kW·h，同比增长 17.8%；城乡居民生活用电量为 11743 亿 kW·h，同比增长 7.3%。

二、电力市场建设成效

我国坚持市场化的改革方向不动摇，市场作为资源配置的主导地位不断提升。在改革开放的大背景下，电力行业不断解放思想、深化改革，经历了电力投资体制改革、政企分开、厂网分开、配售分开等改革。电力体制机制改革既是我国经济体制改革的重要组成部分，也是我国垄断行业走向竞争、迈向市场化的一种探索。电力领域每一次改革，都为电力行业以及社会经济激发出无穷活力，产生深远影响。在售电侧改革与电价改革、交易体制改革、发用电计划改革等协调推动下，2021 年电力市场建设加快，交易更加活跃。

（一）电力投资体制改革促进投资主体多元化

改革开放前和改革开放初期，电力行业一直实行集中统一的计划管理体制，投资主体单一，运行机制僵化，投资不足且效率低下。20 世纪 80 年代初，为了解决电力短缺以适应国民经济蓬勃发展的新局面，以 1981 年山东龙口发电厂正式开工兴建为标志，拉开了电力投资体制改革的序幕。此轮电力投资体制改革通过集资办电、利用外资办电、征收每千瓦时 2 分钱电力建设资金交由地方政府办电等措施，吸引了大量非中央政府投资主体进行电力投资，打破了政府独家投资办电的格局，促进了电力投资主体多元化。这次改革比较成功地解决了电源投资资金来源问题，极大地促进了电力特别是电源的发展。1978 年，全国电力装机容量只有 5712 万 kW，至 2001 年底，全国各类电力装机容量已经达到 33849 万 kW。同时，从 1988 年到 2002 年，随着改革开放的不断深入，按照公司化原则、商业化运营、法治化管理的改革思路，我国电力行业逐步实现了政企分开，并颁布实施了《中华人民共和国电力法》，确立了电力企业的法人主体地位。

（二）厂网分开改革形成电源市场化竞争格局

2002 年，国务院出台《电力体制改革方案》（国发〔2002〕5 号），明确按照“厂网分开、竞价上网”的原则，将原国家电力公司一分为七，成立国家电网、南方电网两家电网公司和华能、大唐、国电、华电、中电投五家发电集团，以及四家辅业集团公司。出台了电价改革方案和相应的改革措施，改进了电力项目投资审批制度。在东北、华东、南方地区开展了电力市场试点工作。厂网分开后，电源企业形成了充分竞争的市场化格局，进一步提升和发挥了市场机制的推动作用，激发了企业发展的活力，使得电力行业迎来了又一次快速发展的新机遇，这期间无论是电源建设规模，还是电网建设规模，都达到过去几十年来电力建设的顶峰。

（三）新电改加快推动电力交易市场化

2015 年 3 月，《中共中央、国务院关于进一步深化电力体制改革的若干意见》印发，开启了新一轮电力体制改革，当年，6 个配套文件也相继出台，随后各项改革试点工作迅速推进。2017 年，电力体制改革综合试点扩至 22 家；输配电价改革试点已覆盖全部省级电网；售电侧市场竞争机制初步建立，售电侧改革试点在全国达到 10 个，增量配电业务试点则达到 195 个，注册登记的售电公司超过 1 万家；交易中心组建工作基本完成，组建北京、广州两个区域性电力交易中心和 32 个省级电力交易中心。电力现货市场建设试点启程，8 个地区被选为第一批电力现货市场建设试点。全国电力市场化交易规模再上新台阶。截至 2019 年底，北京电力交易中心举行增资协议签约仪式，共引入 10 家投资者，新增股东持股占比 30%。此外，国家电网区域 24 家省级交易机构均已出台股份制改革方案，22 家增资扩股实施方案已报国务院国资委审批，6 家交易机构增资方案获得国务院国资委批复，实现进场挂牌。我国电力交易机构股权结构进一步多元化。

截至 2021 年底，全国各电力交易中心累计注册市场主体 46.7 万家，数量较 2020 年增长 76.0%。2021 年，全国各电力交易中心组织完成市场交易电量 37787.4 亿 kW·h，比上年增长 19.3%；其中，全国电力市场电力直接交易电量合计为 30404.6 亿 kW·h，比上年增长 22.8%。市场交易电量占全社会用电量比例为 45.5%，比上年提高 3.3 个百分点。全国电力市场化交易规模再上新台阶。全国各电力交易中心组织完成的市场交易电量中，省内市场交易电量合计为 30760.3 亿 kW·h，比上年增长 18.0%，占全国各电力交易中心组织完成市场交易电量的 81.4%。全国各电力交易中心组织省间交易电量（中长期和现货）合计为 7027.1 亿 kW·h，比上年增长 25.8%，省间市场有效促进了资源在更大范围内配置。

（四）市场化改革降低企业用电成本

随着新一轮电力体制改革的推进，大用户直购电、跨省跨区竞价交易、售电侧零售等具有市场化特质的电量交易已初具规模，市场化交易电量占比日益提高，降低了企业用电成本。新电改历时 4 年，完成各省级电网（西藏除外）输配电价核定，核定后全国输配电价较原购销价差降低 1 分/kW·h，核减 32 个省级电网准许收入约 480 亿元，每千千瓦时平均降低电价 30.37 元，每年降低用电成本约 550 亿元。

（五）电力普遍服务水平显著提升

电力不仅支撑了我国工业的高速发展，满足了城市的消费，还大力服务于农村经济发展、农民生产生活。改革开放 40 多年来，通过全面解决无电地区人口用电问题、大力推进城乡配电网建设改造和动力电全覆盖、加大电力扶贫工作力度，电力普遍服务水平显著提升。

改革开放之初，我国的农村电气化水平极低，从 1982 年起，随着“自建、自管、自用”和“以电养电”等政策的实施，全国农村电气化建设有序推进。1983 年、1990 年、1996 年，国家先后组织了三批共 600 个农村水电初级化试点县建设。1996 年，全国有 14 个省（区、市）实现了村村通电、户户通电。截至 2012 年底，全国还有 273 万人口没有用上电，主要分布在新疆、四川、青海、甘肃、内蒙古、西藏等偏远地区。国家能源局于 2013 年正式启动《全面解决无电人口用电问题三年行动计划（2013～2015 年）》。至 2015 年底，随着青海省果洛藏族自治州班玛县果芒村和玉树藏族自治州曲麻莱县长江村合闸通电，全国如期实现“无电地区人口全部用上电”目标。

改革开放之初，农村电网薄弱，我国高度重视农村电网建设与改造，长期以来保持持续投入。1998 年以来，陆续实施了一二期农网改造、县城农网改造、中西部地区农网完善、无电地区电力建设，农网改造升级工程。2016 年，启动新一轮农村电网改造升级工程，截至 2021 年底，新一轮农网改造升级三大攻坚任务“农村机井通电”“小城镇中心村农网改造升级”“贫困村通动力电”顺利完成，显著提升了农村供电能力，农村电力消费快速增加，带动了农村消费升级和农村经济社会发展。

光伏扶贫成为精准扶贫的重要方式。光伏扶贫被国务院扶贫开发领导小组列为精准扶贫十大工程之一。2014 年，国家能源局、国务院扶贫开发领导小组联合印发《关于实施光伏扶贫工程工作方案》，并随后启动光伏扶贫试点工作。截至 2021 年底，覆盖贫困户数约 500 万户。此外，各地根据国家政策还自行组织建设了一批光伏扶贫电站。通过多年努力，光伏扶贫取得了稳定带动群众增收脱贫、有效保护生态环境、积极推动能源领域供给侧结构性改革“一举多得”的效果，成为精准扶贫的有效手段和产业扶贫的重要方式，增强了贫困地区内生发展活力和动力。

三、电力行业节能减排

为缓解资源环境约束，应对全球气候变化，国家持续加大节能减排力度，将节能减排作为经济社会发展的约束性目标。改革开放 40 多年来，电力行业持续致力于发输电技术以及污染物控制技术的创新发展，目前煤电机组发电效率、资源利用水平、污染物排放控制水平、二氧化碳排放控制水平等均达到世界先进水平，为国家生态文明建设和全国污染物减排、环境质量改善作出了积极贡献。

（一）电力能效水平持续提高

1978 年全国供电煤耗 471g/kW·h，电网线损率为 9.64%，厂用电率 6.61%。改革开放以来，受技术进步，大容量、高参数机组占比提升和煤电改造升级等多因素影响，供电标准煤耗持续下降。截至 2021 年底，全国 6000kW 及以上火电厂供电标准煤耗 301.5g/kW·h，比 1978 年降低 169.5g/kW·h，煤电机组供电煤耗水平持续保持世界先进水平；全国线损率 5.26%，比 1978 年降低 4.38 个百分点，居同等供电负荷密度国家先进水平。

（二）电力排放绩效显著优化

改革开放之初，我国以煤为主要燃料的火电厂对环境造成严重污染，1980

年，我国火电厂粉尘排放量为 398.6 万 t，二氧化硫排放量为 245 万 t。1990 年，电力粉尘、二氧化硫和氮氧化物排放量分别为 362.8 万 t、417 万 t、228.7 万 t。改革开放 40 多年来，电力行业严格落实国家环境保护各项法规政策要求，火电脱硫、脱硝、超低排放改造持续推进，截至 2021 年底，全国电力烟尘、二氧化硫、氮氧化物排放量分别约为 12.3 万 t、54.7 万 t、86.2 万 t，分别比上年降低 20.7%、26.4%、1.4%；单位火电发电量烟尘、二氧化硫、氮氧化物排放量分别为 22mg/kW·h、101mg/kW·h、152mg/kW·h。

2021 年，全国单位火电发电量二氧化碳排放量约为 828g/kW·h，比 2005 年降低 21.0%；全国单位发电量二氧化碳排放量约为 558g/kW·h，比 2005 年降低 35.0%。以 2005 年为基准年，从 2006 年到 2021 年，通过发展非化石能源，降低供电煤耗和线损率等措施，电力行业累计减少二氧化碳排放量约为 215.1 亿 t。其中，非化石能源发展减排贡献率为 56.7%，降低供电煤耗减排贡献率为 41.3%，降低线损率减排贡献率为 2.0%。

第四节　电力行业数字化监管

近年来，电力行业数字化改革如火如荼，数字化向电力生产、运营、服务等场景化应用拓展，推动电力企业由单一的电力供给向综合能源供给转化，并创新电力生产、供给、销售模式。伴随着电力行业的数字化变革，传统的电力监管模式也在发生改变，与之而来的是以“云计算、移动物联网、物联网、大数据”为手段数字化监管，实现从电力生产到电力消费的全流程监测信息采集与传输、供电相关信息集合管理与可视化供电安全指标监测预警等，从而实现智能感知、广泛互联、深度融合、业务协同、决策科学、服务主动的智慧供电监管平台。在中国，电力行业数字化监管已经成为电力监管机构的重要任务。为了实现电力行业数字化监管，电力监管机构正在采取一系列措施，例如建立数字化平台、加强供电安全和用电保护、提高监管效率等。

一、电力行业数字化监管背景

电力行业数字化监管本质上是源于电力行业信息化的发展。在新基建的推动下，新型基础设施建设将为数字经济搭建底层平台。电力革命与数字革命融合成为必然趋势，数字化监管的发展将对电力行业进行数字贯通和价值整合，推动电力业务在线化和智能化，重塑电力业务模式和商业模式，通过提升电力生产效率和供给效率，降低电力经营成本，激发新的服务模式，在“碳中和”目标下，将对中国电力生态产生重大影响。

（一）“双碳”目标的实现需要数字化监管

实现“双碳”目标是中国对世界的郑重承诺，也是我国新型电力系统全面铺开建设的重要动因。这一战略目标的实现很大程度上取决于能源与电力的清洁化程度，以及数智化与分布式能源、智慧能源电力和清洁低碳能源开发利用等技术的应用。国家能源局数据显示，火电是我国主要的电力供给来源，装机容量占比达50%以上，但在“双碳”目标的要求下，火电装机容量占比逐年减少，新能源电力装机容量占比和供电能力明显提高。与此同时，清洁能源消费占比持续提升，2021年水电、核电、风电及太阳能发电等清洁能源消费量占能源总消费量的25.5%。能源结构转型任重而道远，数字技术与电力技术的深度结合将成为推动电力企业可持续发展及实现“双碳”目标的重要引擎。

（二）电力供需动态均衡要求数字化监管

2021年，我国全社会用电量达83129亿kW·h，同比增长10.5%。分产业看，受数字经济发展影响，以第三产业为首的新兴领域用电需求陡增，如充换电服务业，2021年第三产业用电量同比增长17.8%。然而电力生产增速放缓，2021年全社会用电量超出发电量约2000亿kW·h。电力企业既需要保障电力供给的稳定可靠，解决电力峰值缺口等问题，也需通过电力技术创新和电力市场化改革，进一步降低供电成本，让社会用户享受电力规模经济带来的“便宜电”，顺应电力消费结构变化趋势。

（三）电力行业可持续发展要求数字化监管

传统电力产业“发—输—变—配—用”各节点彼此孤立，难以协同，导致电力生产效率低，难以产生高经济效益。5G、AI、大数据、IoT等数字化技术与日常生产、经营、管理等各环节融合，不仅能有效助力电力企业减少各生产环节的冗余性，构建安全可控、绿色低碳、高效敏捷的综合性能源基础设施，最终还能实现绿色能源运用；电力行业数字化监管是为了建立现代电力系统，实现安全、高效、绿色、低碳的电力生产与供应。同时也成为能源生产结构、存储形式、分享机制及消费模式变化背景下的破局之道。

（四）政策引导建立电力行业数字化监管

为适应能源结构转型，国家发展和改革委员会、能源局等部门出台一系列政策来完善全国统一电力市场体系，进一步培育多元竞争的市场主体，健全电力市场交易规则及系统运行调节机制，完善适应可再生能源局域深度利用和广域输送的电网体系，提高电力系统“源网荷储”一体化水平。在国家的支持和引导下，“智能电网”“大数据”“新能源”“电力市场交易”等关键词频频出现在各省市的政策规划中。整体来看，各省市十分重视智能电网、储能以及特高压基建等方面的规划与建设。电力行业数字化监管相关政策文件见表 6-2。

电力行业数字化监管相关政策文件 **表 6-2**

政策名称	发布机构	发布时间	主要内容
关于促进智能电网发展的指导意见	国家发展和改革委员会、国家能源局	2015.07.07	到 2020 年，初步建成安全可靠、开放兼容、双向互动、高效经济、清洁环保的智能电网体系，实现清洁能源的充分消纳，提升输配电网络的柔性控制能力
关于推进“互联网＋”智慧能源发展的指导意见	国家发展和改革委员会	2016.02.29	2016～2018 年，着力推进能源互联网试点示范工作；2019～2025 年，着力推进能源互联网多元化、规模化发展，初步建成能源互联网产业体系，成为经济增长重要驱动力
关于可再生能源发展“十三五”规划实施的指导意见	国家能源局	2017.07.19	加强可再生能源目标引导和监测考核、加强可再生能源发展规划的引领作用、加强电网接入和市场消纳条件落实、创新发展方式促进技术进步和成本降低、健全风电、光伏发电建设规模管理机制
关于促进储能技术与产业发展指导意见	国家发展和改革委员会、国家能源局、工业和信息化部、财政部	2017.10.11	储能是构建能源互联网，推动电力体制改革和促进能源新业态发展的核心基础；“十三五”期间，建成一批不同技术类型、不同应用场景的试点示范项目；“十四五”期间，储能项目广泛应用，形成较为完整的产业体系，成为能源领域经济新增长点
国家能源局综合司关于做好可再生能源发展“十四五”规划编制工作有关事项的通知	国家能源局	2020.04.09	推动可再生能源持续降低成本、扩大规模、优化布局、提质增效，实现高比例、高质量发展，为推动“十四五”期间可再生能源成为能源消费增量主体，实现 2030 年非化石能源消费占比 20％的战略目标奠定坚实基础

续表

政策名称	发布机构	发布时间	主要内容
关于推进电力源网荷储一体化和多能互补发展的指导意见	国家发展和改革委员会、国家能源局	2021.02.25	通过优化整合本地电源侧、电网侧、负荷侧资源，探索构建源网荷储高度融合的新型电力系统。利用存量常规电源合理配置储能，实施存量“风光水火储一体化”提升，稳妥推进并严控增量
“十四五”现代能源体系规划	国家发展和改革委员会、国家能源局	2022.01.29	推进能源绿色低碳化进程、加快能源产业数字化和智能化升级等举措，全面构建适应新能源特点的新型电力系统、以新能源为主体的能源结构、以安全绿色低碳智慧为特征的现代能源体系

（五）技术进步支撑能源行业数字化监管

大数据、云计算、物联网、人工智能等技术在电力领域的大规模、大范围应用赋能软、硬件设备，实现电源侧、电网侧、负荷侧及储能侧各类可控资源与信息的数据接入与处理，全面提升我国电力产业的数字化、网络化和智能化水平。数字化技术与“电、气、热、信”等多网进行横向紧密耦合，与“源网荷储”等各环节进行纵向高效深度融合，有助于多终端、跨地域、跨业务电网的建设，实现万物互联及人机交互。新基建以点带链、以链带圈，推动电力产业在生产、输电、交易、用电的全链路数字化发展，助力可靠、安全、高效、智能的能源电力互联网建设，全方位增强电力系统总体运行效率。

二、电力行业数字化监管实践

（一）电力行业数字化的投入

据艾瑞咨询统计，电力数字化市场规模呈稳健增长态势，2019 年受《关于进一步严格控制电网投资的通知》影响，两大电网的投资增速有所放缓。“十四五”规划明确了智慧电网、智慧电厂的建设目标，两大电网及发电集团在数字平台、物联网平台及场景化应用软件上的投入需求将持续释放。据艾瑞建模测算，2021 年中国电力数字化核心软件及服务市场规模为 414 亿元，2021～2025 年复合增长率为 19.3%，预计 2025 年市场规模达 839 亿元（图 6-18）。

国家电网公司和南方电网公司在智慧化转型方向上也纷纷加大投资。建设新

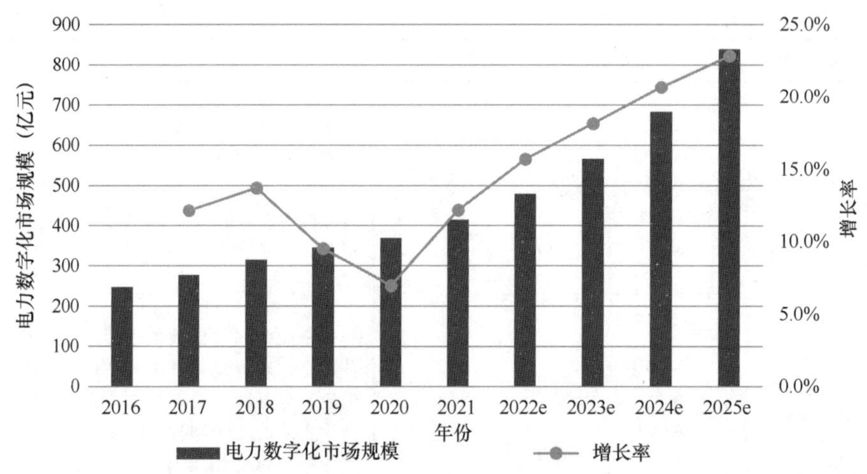

图 6-18　中国电力行业数字化市场规模预测

数据来源：艾瑞咨询。

型数字化基础设施，建立以企业大数据中心为代表的工业互联网平台和人工智能平台等，把信息基础设施、融合基础设施作为重点方向，同时将加大数字化设备采购和服务创新。2019 年，国家电网公司发布《泛在电力物联网白皮书 2019》，未来将围绕电力系统各环节，充分应用移动互联、人工智能等现代信息技术、先进通信技术，实现电力系统各个环节万物互联、人机交互，具有状态全面感知、信息高效处理、应用便捷灵活特征的智慧服务系统，打造能源互联网生态圈，适应社会形态，打造行业生态，培育新兴业态。2020 年，国家电网公司在涵盖了数字化平台、能源大数据中心、电力大数据应用、5G 应用等十大领域的数字基础设施上建设投资约 247 亿元；2019 年，南方电网公司也正式印发《公司数字化转型和数字南网建设行动方案（2019 年版）》，明确提出“数字南网”建设要求，将数字化作为公司发展战略路径之一，加快部署数字化建设和转型工作。南方电网公司将聚焦电网数字化、运营数字化和能源生态数字化三个重点，将电网生产、管理、运营等能力进行有效集成并实现数字化、智慧化，通过“4321”建设方案，逐步实现全面的数字化转型升级。2019～2020 年南方电网公司合计投资 85 亿元，推动数字化建设方案实施。在“十四五”期间国家电网、南方电网数字化转型投资额合计值将达到 1090 亿元，复合年增长率 17.0%，其中国家电网占比约 82.6%，投资额约 900 亿元；南方电网占比约 17.4%，投资额约 190 亿元。

（二）电力行业数字化监管的发展

早期电力数字化转型聚焦生产与管理环节，核心目标是应用通信、自动控制、计算机、传感等信息技术，保障电力生产的稳定可靠及综合管理水平的提升。随着产业发展，电力企业对全链数字化转型的需求开始萌芽，并逐步深化数字技术与各环节的融合。直至“十三五”末，多数电力企业已奠定扎实的信息基础，积累海量电力数据，大型电力集团已构建统一的数字平台，初步形成全面的转型体系。“十四五”期间，以建设新型电力系统为目标，大数据、云计算、物联网、人工智能等与电力技术将进一步深化结合，推动电力企业数智化转型。

与大多传统企业相同，早期电力企业数字化落地缺乏统一的顶层设计和复合型数字化人才等要素的支撑，导致数字化转型战略与企业传统的组织架构、业务流程、经营模式和企业文化不匹配，转型阻力大，且通常局限在某一部门或某一环节，无法实现全局效能的提升。在具体实施过程中，由于缺乏统一的选型标准，各级单位选择与不同的供应商合作搭建系统，导致 IT 架构难以统筹管理，电力数据无法实现高效沉淀及应用，数据孤岛严重。在此背景下建设的数字化系统仅能满足日常的生产经营活动，无法满足新型电力系统灵活敏捷与可靠高效的核心诉求，无法高效地应对复杂环境，电力企业自身也很难实现业务创新发展。

电力企业具备业务范围广、分布地域辽阔、管理幅度较大和决策流程长等特点，其转型的首要目标是建设集团各级全覆盖、业务内外全贯通的数字型现代企业，提升全链条、全业务的智慧集成。从转型框架看，首先，以智慧集成为目标导向，建设一体化、平台化、网络化的数字化底座，促进数据流、信息流、业务流的高效流转。其次，基于数字化底座推进全业务、全链条的数字化，实现对全局发展智能化应用的有效支撑；最终，加强集团内外部的信息共享与业务交融，与电力价值链各主体建立生态合作关系，实现电力的产销协同、服务延伸与智能决策，共同探求企业高质量发展。

（三）电力行业数字化监管的应用

1. 5G 通信支撑电力数字化应用

5G 具有大带宽、低延时、高可靠、广连接的特性，随着 5G 通信技术的成熟与发展，有力地支撑了电力行业智慧化应用中分布式清洁能源快速接入、智能电网精准控制低延时，以及新型商业模式高标准网络要求的需求。依托 5G 高传输速率，拓展无人化设备应用，依托“端到端网络保障 SLA、业务隔离、网络功能按需定制、自动化”的典型特征，助力电力行业智慧化转型，保障电力网络连接需求从而创造全新的商业模式。

2. 人工智能提升电力场景处理能力

人工智能技术的成熟发展及商业化应用为能源电力行业提供了新的智能化解决方案，在人员解放、效率提升方面发挥着重要价值，基于机器学习、深度学习的负荷感知预测及可再生能源预测提高了能源供给的稳定性，保障了电力系统的高效运行。此外，人工智能技术也为电网业务的多元化发展改进提供了有效支撑，通过计算机视觉、语音识别、机器人等实现智能化巡检、客服、营销等工作，最大限度地提高了电网精益化运行水平，提升工作效率的同时降低了安全隐患，通过智能化升级帮助企业降本增效。

3. 大数据技术深度挖掘电力数据价值

对于电力领域来说，能源互联网发展使其积累的海量能源数据能够进一步运用，并且随着电力需求增加，电力设备数据、电网运行数据、用户行为数据都将呈指数级增长；而借助大数据技术对能源电力数据进行深层挖掘分析，将充分发挥电力数据价值，实现电力设备的数字化运行，提高能源利用效率，保障电力系统供应稳定，同时向用户提供精准的个性化服务。

4. 云计算提供实时性安全保障

智慧能源云平台在泛在电力物联网体系建设中扮演重要角色，是开展综合能源服务的重要基础平台与对外“窗口”，具有规模大、可靠性高、通用性强等特点。而随着边缘计算的发展，利用云边协同、边边协同、边缘智能等技术解决电力系统面临的实时性高、数据周期短、任务复杂等难题成为新的应用方向，为电力系统提供边缘端的安全可靠应用服务。

5. 数字孪生提升电力企业运营效率

随着云计算、大数据等新一代信息技术快速发展，数字孪生技术在智慧电力行业拥有广阔的发展前景，基于数字孪生技术构建的生态体系贯穿智慧电力系统全生命周期过程，通过服务和模式创新，显著提升智慧电力生态系统的工作效率，降低电力产销成本，实现智慧电力系统规划、运行和控制方面的提质增效。

6. 区块链为电力交易改革创新奠定信用基础

区块链技术将极大改变电力系统生产和交易模式，电力交易主体可以点对点实现电力生产和交易、电力基础设施共享；电力区块链还可实现数字化精准管理，未来将延伸到分布式交易微电网、电力金融、碳证交易等互联场景，区块链的去中心化、智能合约等特征正在被应用至电力价值链的多个环节，成为电力行业数字化转型的重要驱动力之一。

三、电力行业数字化监管展望

“十四五”期间，清洁能源将成为中国能源领域的重要发展部分，助力国家能源转型和“碳中和”目标实现，绿色能源将成为构建智慧能源体系、推动绿色数字经济发展的核心方向，与之相对应的分布式技术、新兴技术等将快速推动产业整合；电力市场围绕能源形态变革，在市场机制和市场功能上将持续深入完善，电力服务立场日益鲜明，商业化服务方式更加多元丰富。在这些变革的影响下，电力领域智慧化转型地位和转型迫切度持续提高，智慧化转型成为应对电力危机和提升电力供应稳定的重要手段，作为数字化技术融合应用的综合体现，电力企业在智慧化转型方向、转型路径、转型模式上均面临着严峻考验。

随着“双碳”“行业数字化”“东数西算”等政策措施的进一步落实，电力企业不仅需以电力供应的绿色清洁为目标，稳步推进新型电力系统建设，还需以用户体验为核心，持续满足其越发多元化的用电需求，实现业务内容与模式的创新。为了实现这一目标，电力企业需深化前沿数字技术与电力科学技术的结合，实现“机器代替人力”这一目标；此外，企业更需与跨界主体合作，打造智慧电力生态圈，赋能数字经济发展。

数字化转型为电力创新升级提供了全新机遇，但同时也面临着巨大挑战。清洁能源和分布式技术的发展加速了电力供给形式分化，新能源的大规模推广应用依然存在诸多考验，如长时间稳定供给及恶劣突发性调控；同时，数字化转型作为电力企业数字化技术融合应用的重大实践，在转型思路和转型方式上都是全新探索，如何衡量企业智慧化转型带来的电力价值变现和商业价值提升均是转型成果的重大挑战。

面对考验与挑战，电力行业数字化转型应做好顶层设计，科学制定转型路径规划，学习借鉴国内外成熟方案，理论指导实践，构建系统转型蓝图及数字化转型提升目标，明确数字化转型发展的优先级，构建企业核心数字化监管部门，共享标准数据信息，从而最终作用于电力企业商业服务创新和价值创造，提供专业化、差异化电力服务体验。同时，重视电力行业数字化转型中的潜在风险，利用人工智能等技术搭建风险模型，建立电力行业数字生态体系。

为了应对数字化监管的挑战，我国电力行业需要采取一些有效的措施。首先，电力行业应加大对数字化监管的投资，以提高数字化监管的效率和质量。其次，电力行业应加强对技术人员的培养和培训，以保证数字化监管的高效运作。此外，电力行业还应加快推广和应用新技术，以适应数字化监管的发展趋势。同时，电力行业还需要制定和完善相关的法律法规，以保障数字化监管的合法性和权威性。我国电力行业数字化监管具有重要意义，需要加强相关技术的研究和开发，同时需要加强监管体系的建设和完善，以保证数字化监管在电力行业的高效实施。电力行业要制定科学的监管政策和标准，确保数字化监管具有公正、透明、可靠的特点。

第七章　电信行业发展报告[①]

从1994年至2008年的十五年间，我国电信行业先后经历了两次激烈的行业拆分重组。我国于20世纪90年代前中期开始计划并实施邮电的政企分离，由此开启了我国电信行业的第一次拆分重组。1994年吉通通信有限责任公司（吉通）和中国联合通信有限公司（中国联通）相继正式挂牌成立。1997年北京电信长城移动通信有限责任公司（电信长城）成立。1998年中国电信将其全国寻呼业务剥离出来，单独成立了国信寻呼集团公司（国信寻呼）。1999年国信寻呼和电信长城并入中国联通，中国国际网络通信有限公司（中国网通）成立。2000年中国电信集团公司和中国移动通信集团公司正式成立挂牌，分别负责移动电话业务和固网服务。2001年中国铁道通信信息有限责任公司（中国铁通）和中国卫星通信集团公司（中国卫通）正式挂牌成立。2002年北方九省一市电信公司从中国电信剥离，与中国网通、吉通合并，成立中国网络通信集团公司（中国网通）。至此，我国形成了中国联通、中国移动、中国卫通、中国铁通、中国网通和中国电信六家电信公司的格局。

2008年我国开始了新一轮电信行业重组。2008年中国卫通的基础电信业务并入了中国电信，中国电信收购联通CDMA网络，而中国联通则收购了中国网通成立了新中国联合网络通信有限公司。2009年中国铁通的铁路通信业务和相关资产划转给铁道部后，中国铁通仍作

① 本章前三节由甄小鹏（陕西科技大学讲师）撰写，第四节由甄艺凯撰写。本章所有图表均由本章作者整理加工。

为中国移动的独立子公司从事固定通信业务服务。至此中国网通并入中国联通，中国铁通并入中国移动，中国卫通的基础电信业务并入了中国电信，奠定了中国电信、中国移动和中国联通三家电信公司的基本格局。2014 年中国电信、中国移动、中国联通和中国国新又出资成立了中国铁塔股份有限公司，主要从事通信业相关基础设施的建设、维护和运营。

伴随着行业的拆分重组，我国通信技术也在频繁迅速更迭。在移动通信技术方面我国已经历三次技术变革。我国电信行业完成第一轮行业拆分重组后，中国移动及中国联通拥有 GSM 网络牌照（2G 牌照），而中国电信仅有固话及宽带牌照。完成第二次行业拆分重组后，于 2009 年初工业和信息化部正式向三大电信运营商正式发放了 3G 运营牌照，中国移动获得了 TD-SCDMA 牌照，中国联通获得了 WCDMA 牌照，中国电信则收购了中国联通的 CDMA 牌照。3G 技术方兴未艾，4G 时代便已到来。2013 年底工信部又向三大电信运营商发放了 4G 运营牌照。中国移动、中国电信和中国联通都获得了 4GLTE 牌照。2019 年 6 月工信部又向三大运营商正式发放了 5G 运营牌照，标志着 5G 技术开始大规模民用普及。在互联网传输技术方面我国也先后经历了 xDSL（数字用户线路）和 FTTH（光纤到户）两代传输技术。其中 xDSL 先后大致又分为 IDSL、HDSL、SDSL 和 ADSL 四种，相应传输速率逐渐提高。2012 年我国开始普及 FTTH/O 技术，其传输速度远高于 xDSL 技术。

我国电信行业长期大规模拆分重组和频繁技术进步冲击，导致我国电信行业在投资、建设、服务生产与供应等各方面，相较于其他城市公用事业表现出一些独有特点。其一，政府主导的行业拆分重组导致行业结构复杂且变化剧烈；其二，技术快速更迭导致行业服务种类繁多且更迭迅速；其三，反映行业状况的各项指标变化趋势复杂，不具有单调性，各项指标往往在短期内剧烈变动。本章将主要对我国电信行业在 2010～2020 年的发展情况进行归纳概述。这一时间跨度的选择有三方面原因。首先，2009 年我国完成了第二次电信行业的拆分重组，从而奠定了当前“电信、移动、联通三足鼎立”的基本格局；其次，由于统计口径和统计指标的差异，较多统计指标在更大的时间跨度上难以前后衔接；最后，2020 年为当前相关公开可得数据的最近披露年限。本章 2009～2019 年相关数据信息来源于 2009～2019 年的《中国通信统计年度报告》（中华人民共和国工业和信息化部，人民邮电出版社），2020 年数据信息来源于《2020～2021 中国信息通信业发展分析报告》（中国通信企业协会，人民邮电出版社）。

第一节　电信行业投资与建设

2010～2020 年我国电信行业固定资产投资累计完成 40991 亿元，年均增长 3.16%，历年投资规模处于 3022 亿～4525 亿元范围内。2010～2020 年间我国通信光缆建成长度保持较快平稳增长，年均增加 417.3 万 km，平均增速达 40%以上。截至 2020 年，全国光缆线路建成长度达到 5169.2 万 km，大约为 2010 年的 5 倍。同期我国移动电话基站建成数量保持较快增长，平均增速达 21%以上，年均建成 79.12 万座。截至 2020 年末，移动电话基站建成数量达到 931 万座，其中 4G 移动通信基站 544.1 万座。2020 年当年新建 5G 基站数量超 60 万座，建成并开通 5G 基站数量超过 71.8 万座。2020 年我国 xDSL 宽带接入端口数量仅为 700 万个，而 FTTH/O 宽带接入端口数量则达到了 8.8 亿个，表明我国在2013～2020 年基本完成了从 xDSL 向 FTTH/O 互联网传输技术的全面升级过渡。

一、电信行业固定资产投资概况

如图 7-1 所示，2010 年完成固定资产投资额为 3022 亿元，较 2009 年增加

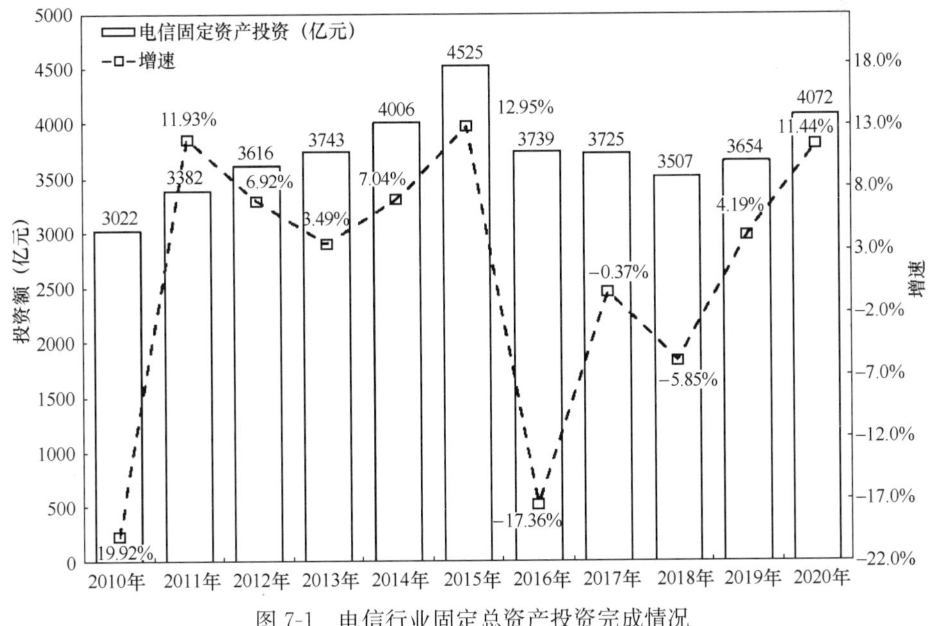

图 7-1　电信行业固定总资产投资完成情况

19.92%，为11年内最低。2011～2015年固定资产投资额逐年递增，其中2011年投资额为3382亿元，到2015年增加至4525亿元，为11年间最高。随后2016年和2017年，投资额骤降至3730亿元上下，较2015年降幅达17%左右。2018年投资额进一步降低至3507亿元。2018～2020年投资额再次开始逐年增加，到2020年增加至4072亿元。

二、电信行业通信能力建成情况

（一）光缆线路长度

2010～2020年，我国通信光缆建成长度保持较快平稳增长，年均增加417.3万km，平均增速达40%以上。如图7-2所示，2010年光缆线路长度为996.2万km，2010～2012年增速均保持在20%以上，到2012年光缆线路建成长度达到1479.3万km，较2009年增加78%以上。2013～2014年光缆线路建成长度增速有所放缓，年增速为18%左右，到2014年光缆线路建成长度为2061.3万km，较2009年增加1.4倍以上。2015～2017年，年增速再次提高至20%以上。随后2018～2020年增速逐年放缓，其中2018年为14.2%，2019年和2020年维持在9.5%上下。截至2020年，全国光缆线路长度达到5169.2万km，大约为2010年的5倍。

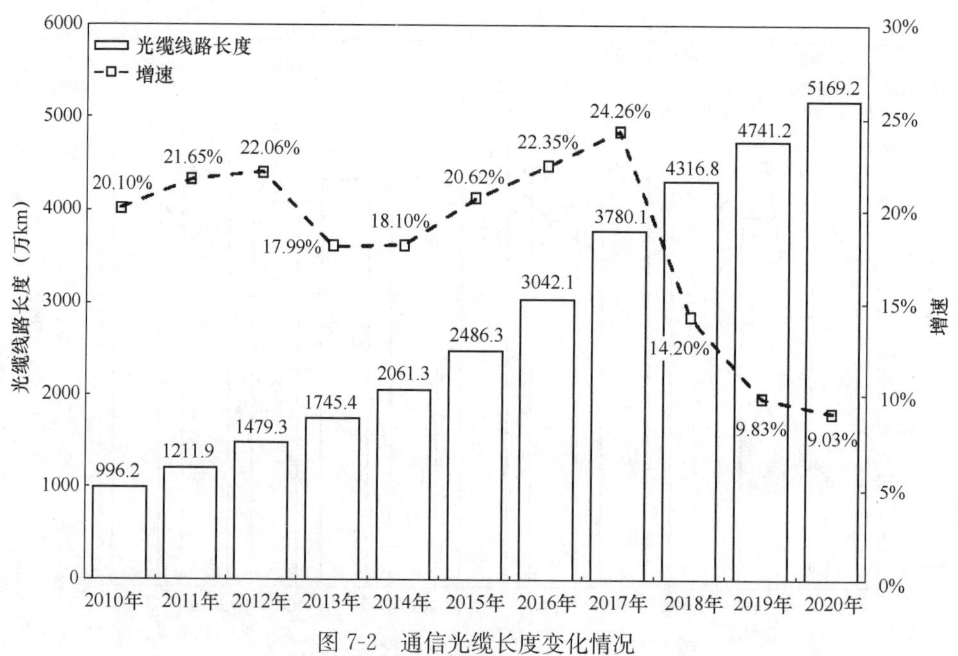

图7-2 通信光缆长度变化情况

通信光缆按照功能和布局可分为长途光缆、本地网中继光缆和接入网光缆。其中长途光缆用以远距离不同城市间通信信号传输，本地网中继光缆用以在城市内部连接各个通信中心机房，接入网光缆又称为用户光缆，用以连接家庭用户和通信机房。图 7-3、图 7-4 和图 7-5 反映了长途光缆和其他光缆线路长度的相关变化情况。由图 7-3 和图 7-4 可见，长途光缆线路长度相对其他类型光缆较短，2010 年长途光缆线路长度为 81.8 万 km，占比 8.2%，其他类型光缆长度则为 914.4 万 km，占比 91.8%。随后长途光缆和其他类型光缆长度基本上保持逐年增加，但长途光缆占比逐年下降。截至 2020 年，长途光缆长度为 111.8 万 km，占比 2.2%，其他类型光缆长度达 5057.4 万 km，占比 97.8%。

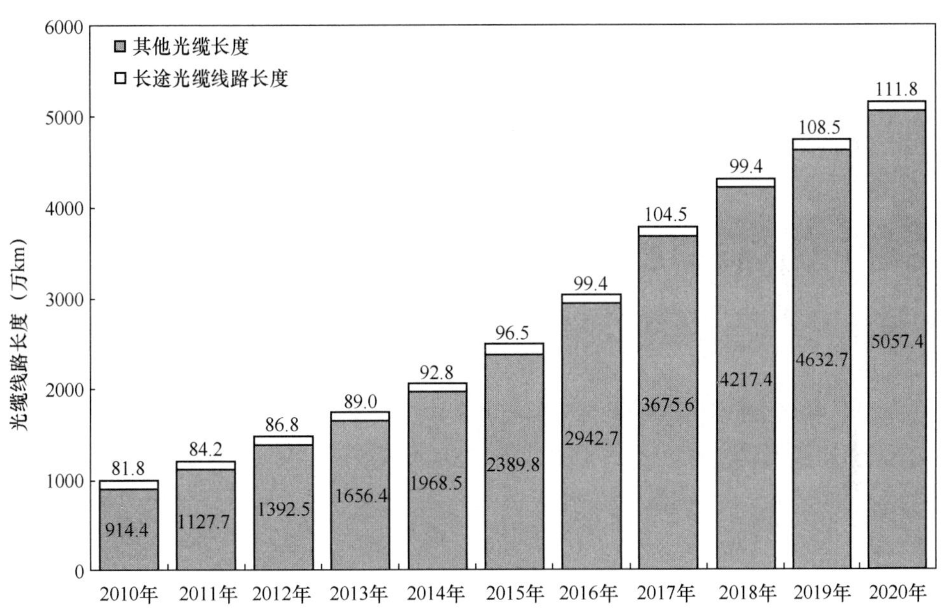

图 7-3　长途光缆和其他光缆长度变化情况

从图 7-5 来看，总体上 2010～2020 年长途光缆长度增速历年维持在 3%左右，但在 2010 年和 2018 年两年长度有所下降。相比之下，其他类型光缆长度则保持较快增长，在 2010～2017 年增速为 20%左右，随后增速出现下滑，2018 年为 14.74%，2020 年进一步降至 3.03%，与长途光缆增速持平。

（二）移动电话基站数量

移动电话基站即公用移动通信基站，是指在一定的无线电覆盖区中，通过移动通信交换中心，与移动电话终端之间进行信息传递的无线电收发信电台。移动基站数量是反映电信通信能力最为重要的指标之一。移动通信技术按照代际划

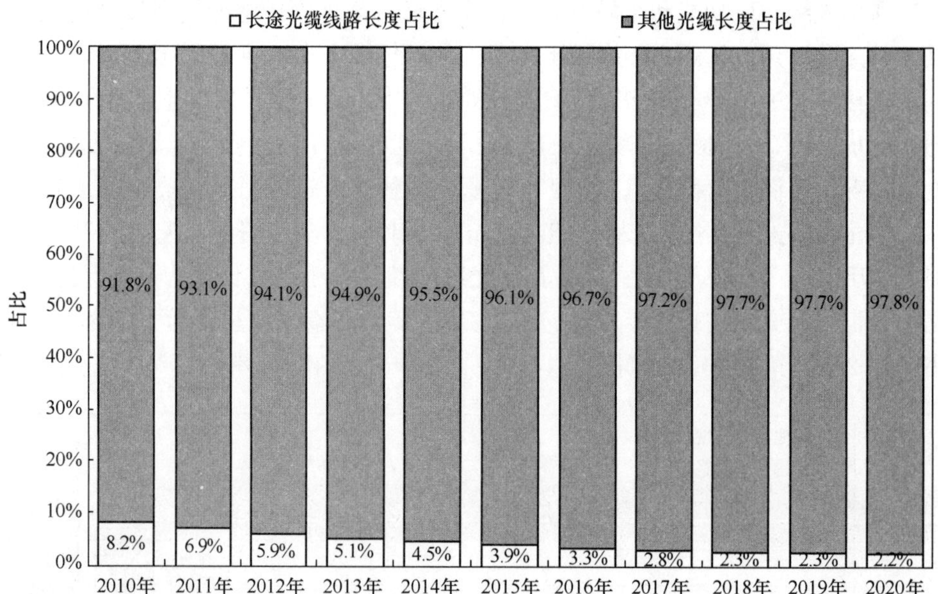

图 7-4　长途光缆和其他光缆长度占比变化情况

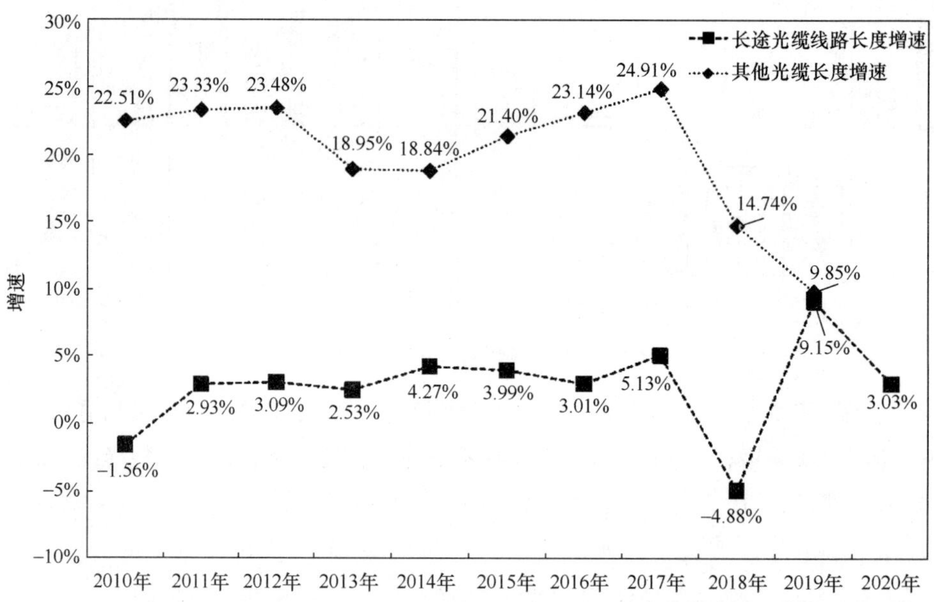

图 7-5　长途光缆和其他光缆长度增速变化情况

分，目前可分为 2G、3G、4G 以及 5G 四代技术，相应的移动电话基站也分为四类。我国早期三大电信运营商中，中国移动公司和中国联通公司拥有 2G 经营牌照（即 GSM 牌照），中国电信公司则运营固定电话、宽带业务，但拥有 CDMA

牌照。2009 年 1 月 7 日工信部正式向三大电信运营商正式发放了 3G 运营牌照，2013 年 12 月 4 日工业和信息化部再次向三大电信运营商发放了 4G 运营牌照。2019 年 6 月工业和信息化部向三大运营商正式发放了 5G 运营牌照，标志着 5G 技术开始民用普及。

如图 7-6 所示，2010～2020 年间我国移动电话基站建成数量保持较快增长，平均增速达 21%以上，年均建成基站 79.12 万座。2013 年底，4G 通信技术正式开始民用普及，由此 2014 年基站数量迅猛增加，增速骤增至 45.56%。随后基站数量增速又开始逐步放缓，到 2018 年增速降低至 7.84%。2019 年 5G 技术开始推广，增速再次大幅提高至 26%。截至 2020 年末，移动电话基站建成数量达到 931 万座。

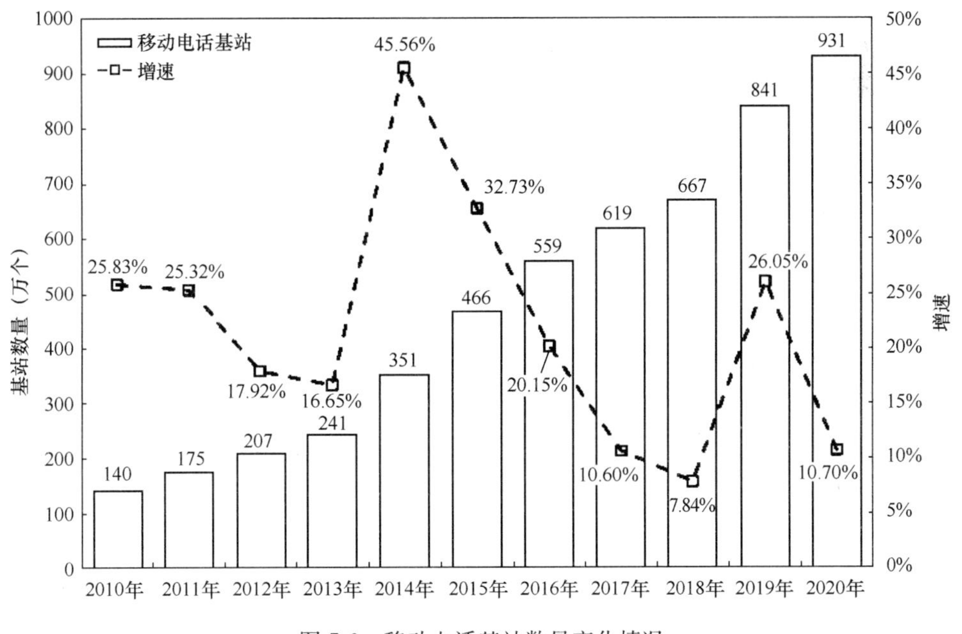

图 7-6 移动电话基站数量变化情况

图 7-7 和图 7-8 反映了 2010～2020 年间 4G 和其他类型移动电话基站数量及增速变化情况。首先，尽管新一代通信技术的出现会引起上一代通信基站数量比例的降低，但上一代移动电话基站数量绝对值仍会保持增加，表明一定时期内新旧移动通信技术共存，对旧技术的取代需要一定过程。其次，4G 通信技术开始普及后，其相应基站建设速度显著高于 3G 技术普及过程中的基站建设速度。

2014 年 4G 移动通信技术开始正式商用，大量 4G 基站建成开始投入使用。2014 年当年共建成 4G 移动通信基站 84.9 万座。2015 年 4G 基站累计建成数量骤增至 177.4 万座，较上年增加 108.95%，随后增速开始回落，到 2018 年仍有

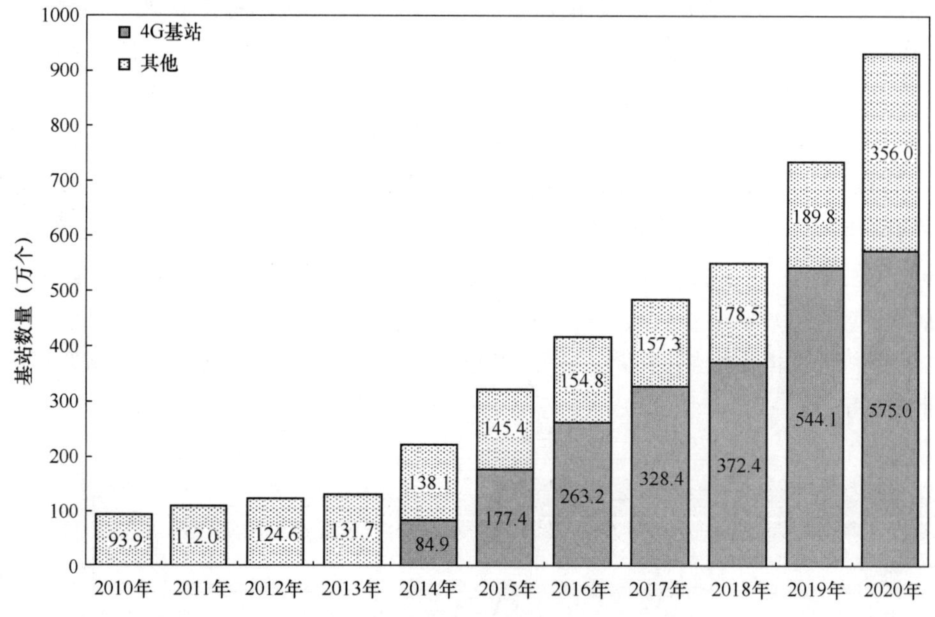

图 7-7　不同类型移动电话基站数量变化情况

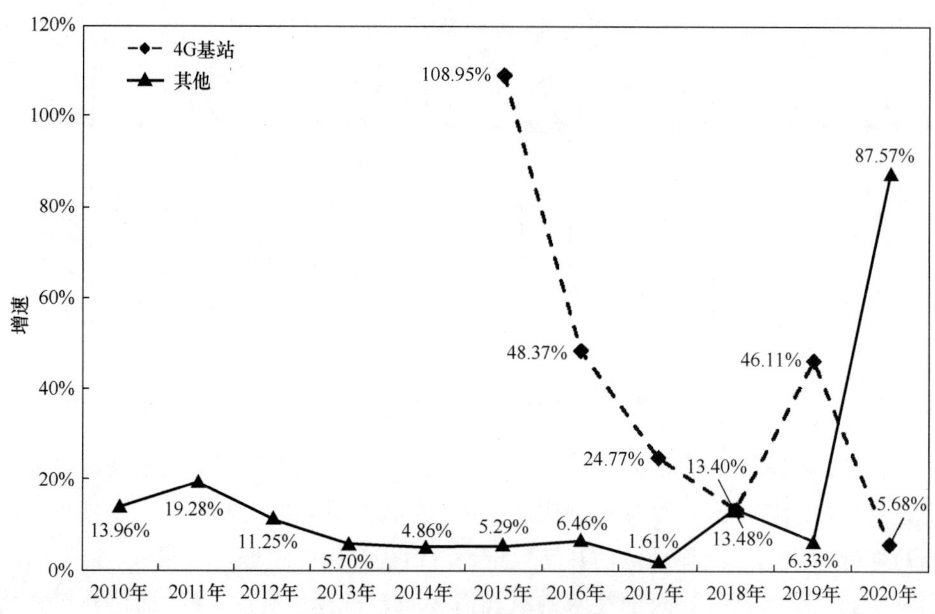

图 7-8　不同类型移动电话基站数量增速变化情况

13.48%的增速，2019 年增速又大幅回升至 46.11%。2019 年累计建成 4G 移动通信基站 544.1 万座，年均建成 4G 基站 91.8 万座，年均增速 48.3%。由此可见，4G 移动通信基站建设速度远快于 3G 通信技术普及过程中 3G 基站的建设速度。但到 2020 年，4G 基站建成数量为 575 万座，较上一年增速仅为 5.68%。与之相比，其他类型基站数量在 2020 年之前增速缓慢，2010 年基站数量为 93.9 万座，2019 年增长至 189.8 万座，2013 年之后增速基本保持在 6%以下。但到 2020 年其他类型基站骤增至 356 万座，较上年增加 87.57%，主要原因可能在于 5G 技术的大力推广。2020 年当年新建成 5G 基站数量超 60 万座，建成并开通 5G 基站数量超过 71.8 万座。

（三）互联网宽带接入端口

除基于电信运营商提供的移动互联网流量服务外，其余民用互联网通信均要通过互联网固定宽带接入互联网。互联网固定宽带不仅为 PC 机等固定终端提供互联网接入服务，移动终端也可通过终端路由器等设备连接互联网宽带。因此，互联网宽带接入端口数量是反映我国基础电信业中互联网接入服务的重要指标。

如图 7-9 所示，我国互联网宽带接入端口数量在 2010～2020 年间的变化过程大致可分为三个阶段。第一阶段为 2009～2012 年，该阶段互联网宽带接入端口数量迅速增加。2009 年我国互联网宽带接入端口数量为 1.38 亿个，随后大约以 31.2%的年均增速逐年增加，到 2012 年接入端口数量达到 3.21 亿个。第二阶段为 2013～2014 年，该阶段互联网宽带接入端口数量缓慢增加，两年增速均维持在 12%左右。第三阶段为 2015～2020 年，其中 2015 年增速骤然增加至 42.3%，互联网宽带接入端口数量增加至 5.77 亿个，随后增速又迅速下降，

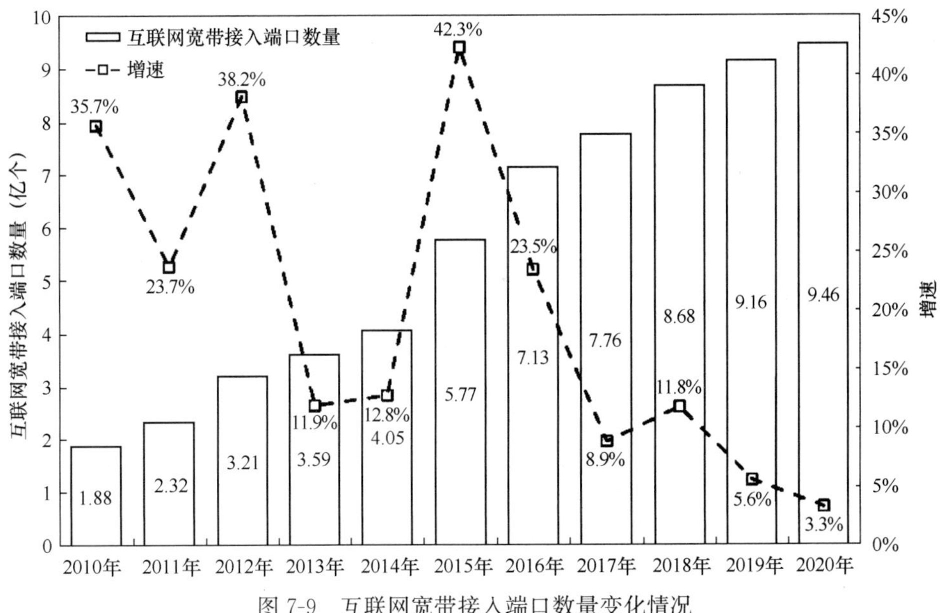

图 7-9 互联网宽带接入端口数量变化情况

2016～2018 年增速分别降低到了 23.5%、8.9%和 11.8%，接入端口数量分别增加到 7.13 亿个、7.76 亿个和 8.68 亿个。2019 年和 2020 年，增速进一步下滑至 3%～6%，接入端口数增加至 9.16 亿个和 9.46 亿个。

导致上述变化过程的主要原因可能在于，第一阶段互联网宽带接入端口快速增加为基于 xDSL 技术的接入端口普及过程。相比于当年需求，到 2012 年该类端口安装基本饱和。2013 年我国开始大规模普及 FTTH/O（光纤到户）技术，因而 2013 年开始新增的 FTTH/O 端口一部分用以替代 xDSL 旧端口，由此导致第二阶段内端口接入数量增长缓慢。

图 7-10 和图 7-11 一定程度上反映了上述分析。2010～2011 年 xDSL 端口均保持较快增长速度，而到 2012 年该类宽带接入端口增速已降至 2%，说明该类端口到 2012 年时已增长乏力。随后到 2013～2014 年，随着 FTTH/O 技术普及 xDSL 宽带接入端口开始减少，其增速降低至－7.1%和－6.1%，说明该类宽带接入端口可能正在被 FTTH/O 端口替代。到 2015 年后，FTTH/O 端口的急剧增加，2015 年增速达到 108.7%，相比之下 xDSL 宽带接入端口则进一步急剧减少，2015～2018 年增速分别为－27.5%、－61.3%、－42.8%及－51.4%。到 2019 和 2020 年，xDSL 宽带接入端口数量分别仅为 0.08 亿个和 0.07 亿个，而 FTTH/O 宽带接入端口数量则分别达到了 8.36 亿个和 8.80 亿个，表明我国在 2013～2020 年基本完成了从 xDSL 向 FTTH/O 互联网传输技术的全面升级过渡。

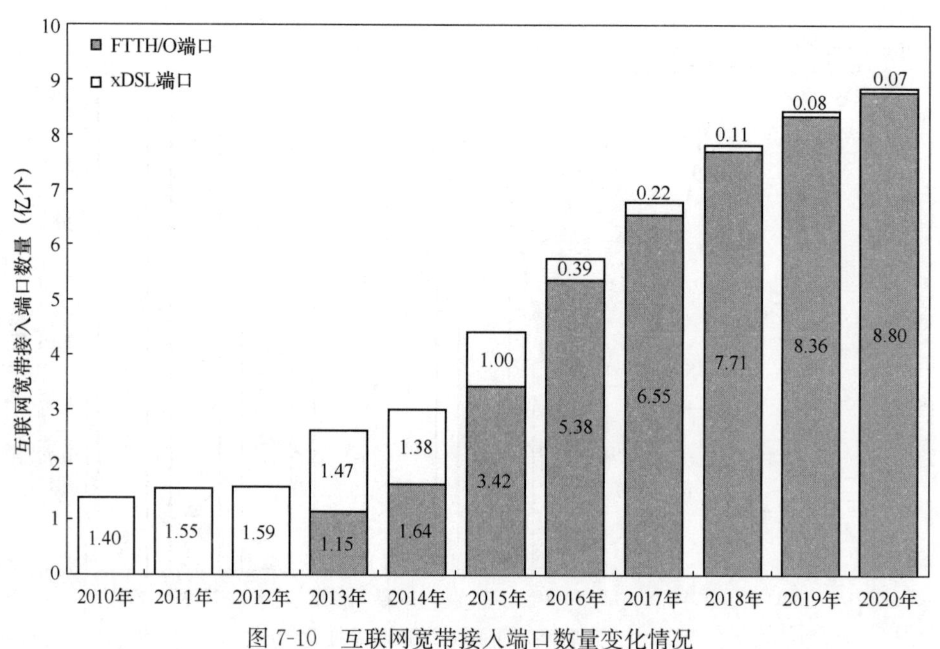

图 7-10 互联网宽带接入端口数量变化情况

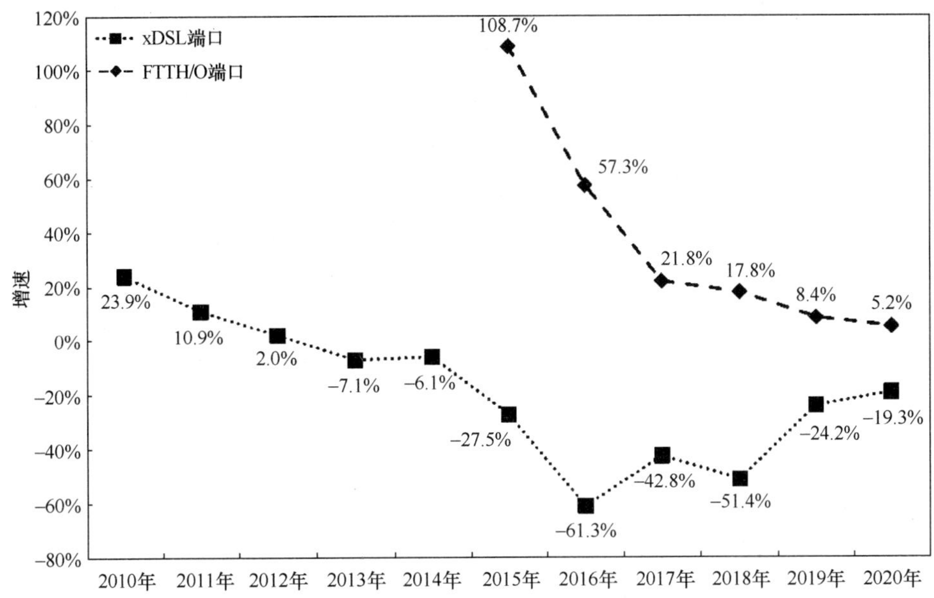

图 7-11　互联网宽带接入端口数量增速变化情况

第二节　电信行业生产与供应

2010～2020 年我国电信行业累计完成 455228.2 亿元业务量，年均增加 31.6%，2020 年当年业务总量达 128813.7 亿元。其间，固定电话通话业务量以年均−15.6%的速度逐年迅速减少，到 2020 年下降至 1026 亿分钟，较 2010 年减少了 80%以上。2010 年，我国移动电话去话时长为 21129 亿分钟，2014 年增加到 59012.7 亿分钟后开始逐年下降，到 2020 年通话时长降低至 22448 亿分钟。我国移动电话通话量经过 2007～2013 年快速增长后，在 2015 年开始缓慢负增长，显现出增长乏力的迹象，这表明移动电话通话可能遭受了互联网通信的冲击。

2010 年，我国移动短信业务总量为 8277.5 亿条，到 2017 年下降至 6641.4 亿条，但随后 2018～2020 年移动短信业务量开始快速增加，年均增速达 40%以上，2020 年当年增加至 17796 亿条。尽管短信业务量总体下滑，但“非点对点短信业务量”仍然处于快速增加中，表明“非点对点短信”在我国通信服务中仍具有重要价值和大量需求。2012 年我国移动互联网接入总流量仅为 8.8 亿 GB，人均接入流量 0.649GB，到 2020 年总量达到 1656 亿 GB，7 年内增长 180 倍以上。

2010～2020 年我国电信业固定电话用户以年均 4.8%的速度持续减少，到 2020 年固话用户规模缩减至 1.82 亿户。而同一时期内，我国移动电话用户规模以年均 8%的速度持续快速扩大，累计增加 7.35 亿户，至 2020 年达到 15.94 亿户。2010～2020 年，我国互联网宽带接入用户逐年快速增加，年均增速达 15.2%，累计增加 3.57 亿户。FTTH/O 技术开始投放市场后，其用户占比急剧扩大，截至 2020 年达到 93.9%，表明 FTTH/O 互联网接入技术在我国已基本实现普及。同期内，农村互联网宽带用户逐年扩大，2010 年该类用户为 0.25 亿户，2020 年增加至 1.42 亿户，相应其占比则从 2010 年的 19.6%增加至 2020 年的 29.6%，共增加 10 个百分点。

一、电信行业业务量

（一）电信行业业务总量

2010～2020 年，我国电信行业累计完成 455228.2 亿元业务量，年均增加 31.6%。根据电信行业业务总量变化趋势，以 2013 年为界，该过程大致可分为四个阶段。如图 7-12 所示，第一阶段为 2010～2012 年，在该阶段各年电信业务

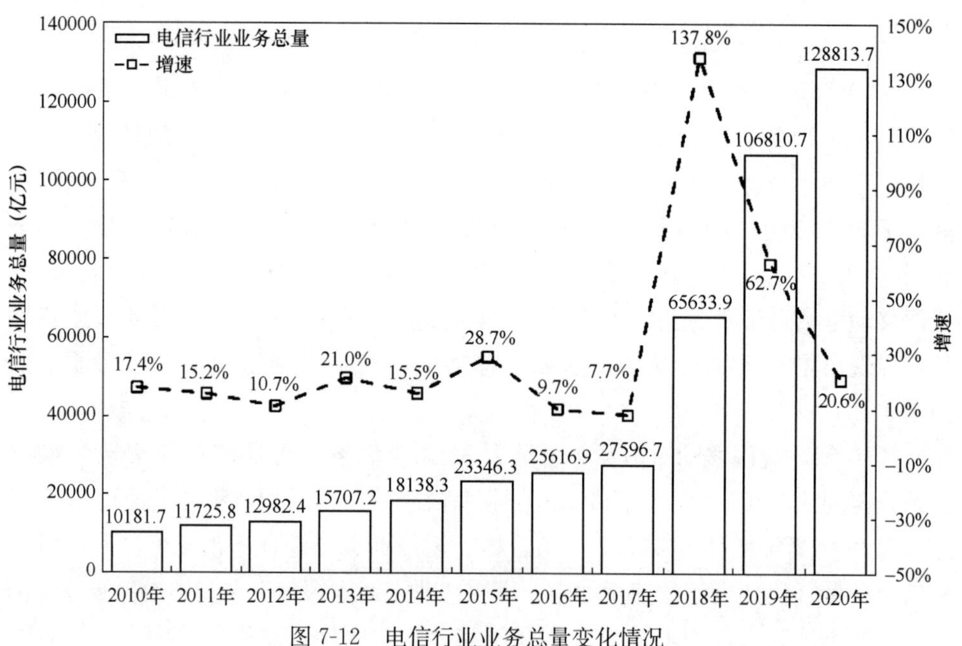

图 7-12　电信行业业务总量变化情况

完成总量大约以15%的增速逐年较快递增，至2011年达到11725.8亿元。2012年增速放缓至10.72%，当年完成业务总量为12982.4亿元。第二阶段为2013～2015年，该阶段业务总量增速急剧提高，业务总量呈现大规模增长。其中2013年业务总量急剧增加到15707.2亿元，较2012年增加了20.99%；随后2014年业务量增速有所放缓，为15.48%，业务总量为18138.3亿元；2015年电信业务总量再次出现大规模增加，并首次突破20000亿元，达到23346.3亿元，当年增速达到28.71%。第三阶段为2016～2017年，该阶段业务总量增速大幅回落，其中2016年增速为9.73%，业务量为25616.9亿元，2017年增速为7.73%，业务量增加至27596.7亿元。第四阶段为2018～2020年，其间业务量大幅增加，2018年增幅达到137.83%，业务量达到65633.9亿元，2019年业务量突破十万亿，达到106810.7亿元，2020年则进一步扩大至128813.7亿元。

（二）固定电话通话时长

2010～2020年，我国固定电话通话业务量一直处于逐年快速下降的过程中。图7-13是我国固定电话通话时长的变化情况，2009年固定电话通话时长为6715.2亿分钟，随后以年均-15.6%的速度逐年减少，到2020年下降至1026亿分钟，较2010年减少了80%以上。

图7-13 固定电话通话时长变化情况

（三）移动电话通话时长

移动电话是替代传统固话的主要通信方式之一。2010～2020 年间，我国移动电话通话量总体经历了“先增加，后减少”的过程。如图 7-14 所示，2010 年我国移动电话通话时长为 21129 亿分钟，当年增速为 23.78%，随后增速逐年降低，到 2014 年放缓至 1%，通话时长增加到 59012.7 亿分钟，为 2010～2020 年间最大值。随后 2015 年通话时长开始下降，当年增速为－2.6%，到 2020 年通话时长降低至 22448 亿分钟，当年降幅为－6.19%。

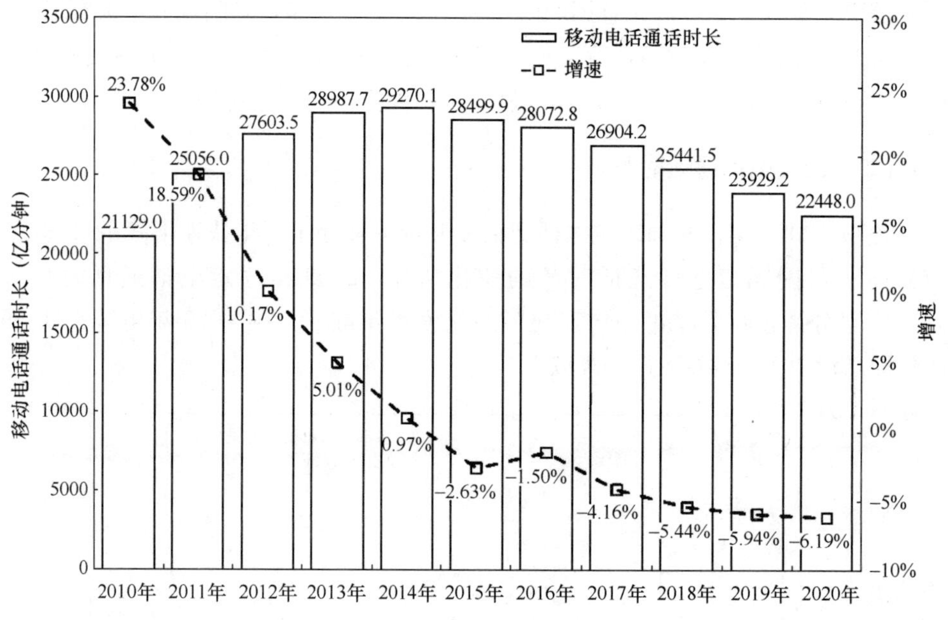

图 7-14　移动电话通话时长变化情况

移动通话量经过 2007～2013 年快速增长后，在 2015 年开始缓慢负增长，显现出增长乏力的迹象，这表明移动电话通话可能遭受了互联网通信的冲击。2013 年 4G 通信技术和光纤到户宽带开始大规模商业普及，这使得移动互联网和固定宽带的传输速度大幅度提高，从而能够在移动终端上实现较高质量的互联网语音通话，甚至是视频通话。

（四）移动短信业务量

移动短信是移动电话通话外的另一种重要通信方式。短信和彩信又分为“点对点”和“非点对点”两类。点对点短信是指两个通信终端（主要为移动电话）之间相互发送和接收短信/彩信，主要使用者为个体居民；非点对点短信则主要是指移动终端（移动电话）与 SP 运营商[①]之间相互发送和接收的短信，其主要使用者是提供电信增值服务的 SP 运营商和其用户。

图 7-15 描述了 2010～2020 年国电信业移动短信业务量的变化情况。2010 年我国移动短信业务总量为 8277 亿条，然后逐年小幅增加，到 2012 年达到 8973 亿条，随后又开始逐年下滑，其中 2014～2015 年降幅较大，分别为－14.0%和－8.9%，到 2017 年下降至 6641.4 亿条。但随后 2018～2020 年移动短信业务量开始快速增加，年均增速达 40%以上，三年短信业务量分别猛增至 11398 亿条、15066 亿条和 17796 亿条。

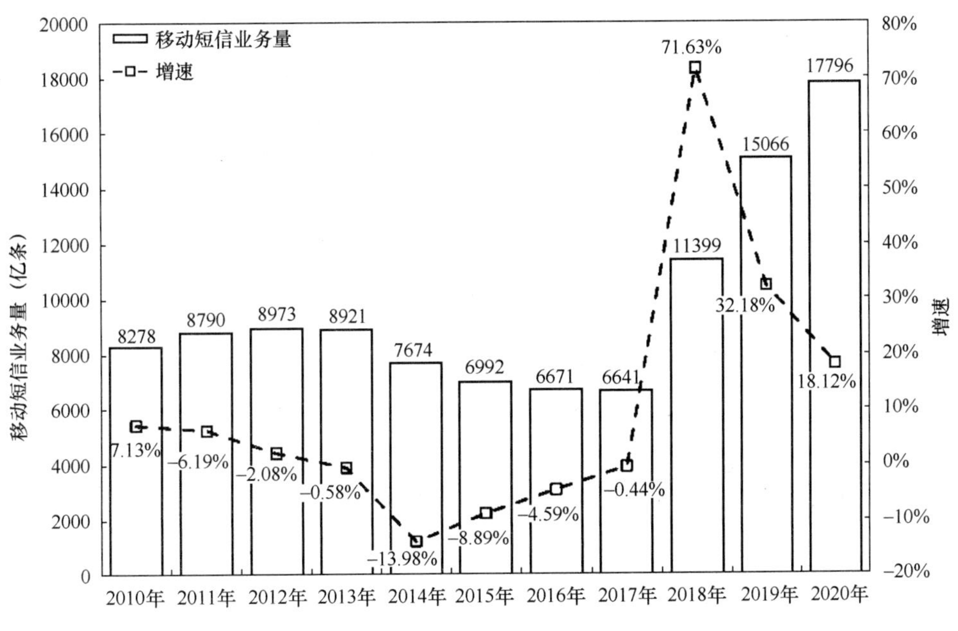

图 7-15　移动短信业务量变化情况

（五）移动互联网流量

近年来，我国电信业移动互联网业务几乎在以爆炸式的增长速度飞速发展，其中移动互联网接入流量增速甚至超过了几何级数增长速度。如图 7-16 所示，2012 年我国移动互联网接入总流量仅为 8.8 亿 GB，到 2020 年总量达到 1656 亿 GB，7 年内增长 180 倍以上。移动互联网接入流量增速在 2013～2018 年间逐年提升，2013 年和 2014 年增速分别为 44.3%和 62.8%，到 2015 年增速骤升至

① SP 运营商是指电信增值服务提供商，即通过运营商提供的增值接口为用户提供服务，然后由运营商在用户的手机费和宽带费中扣除相关服务费，最后运营商和 SP 再按照比例分成。

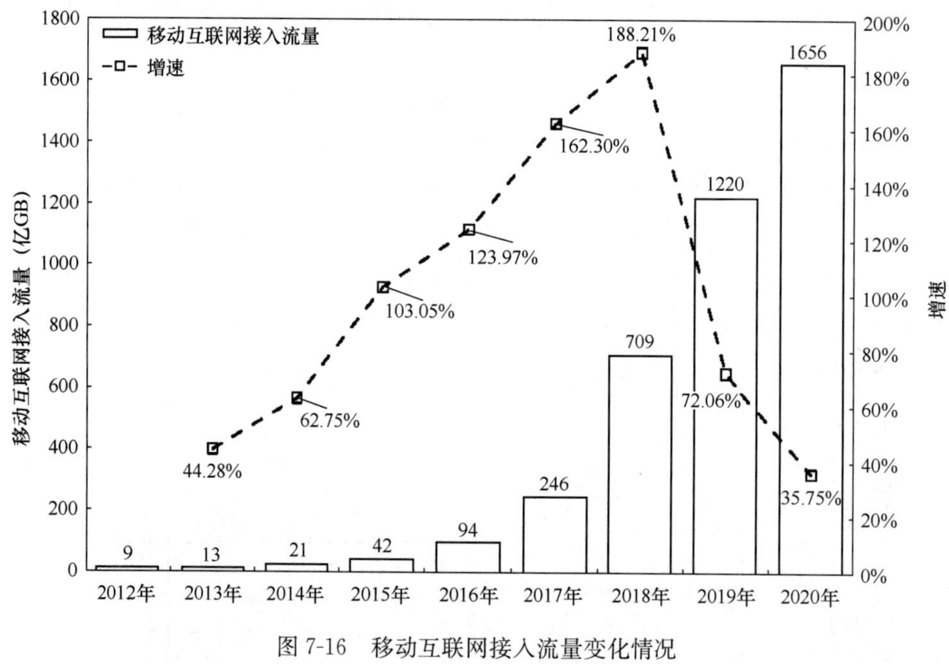

图 7-16　移动互联网接入流量变化情况

103.1%，2016～2018 年增速进一步增加到 124.0%、162.3%以及 188.2%。2019 年和 2020 年增速开始放缓，但仍然分别达到了 72.06%和 35.75%。

二、电信行业用户情况

（一）固定电话用户

2010～2020 年我国电信业固定电话用户大约以年均 4.8%的速度持续减少。图 7-17 描绘了 2010～2020 年我国固定电话用户规模变化情况，2010 年我国各类固定电话用户规模为 2.94 亿户，到 2020 年固定电话用户规模缩减至 1.82 亿户，累计减少 1.12 亿户。2010～2012 年固定电话用户规模减少速度逐年放缓，由 2010 年的－6.18%降低至 2012 年的－2.44%。进入 2013～2016 年后，固定电话用户规模减少速度逐渐加快，2016 年达到－10.55%，固定电话用户规模由 2012 年的 2.78 亿户迅速降低至 2016 年的 2.07 亿户，降幅达 25.5%。2017～2019 年固定电话用户规模降幅逐渐缩小，总量基本维持不变，三年分别为 1.94 亿户、1.92 亿户和 1.91 亿户，其中 2018 年和 2019 年两年降幅仅为 0.86%和 0.55%。2020 年固定电话用户规模再次快速降低至 1.82 亿户，较上一年减少 4.82%。

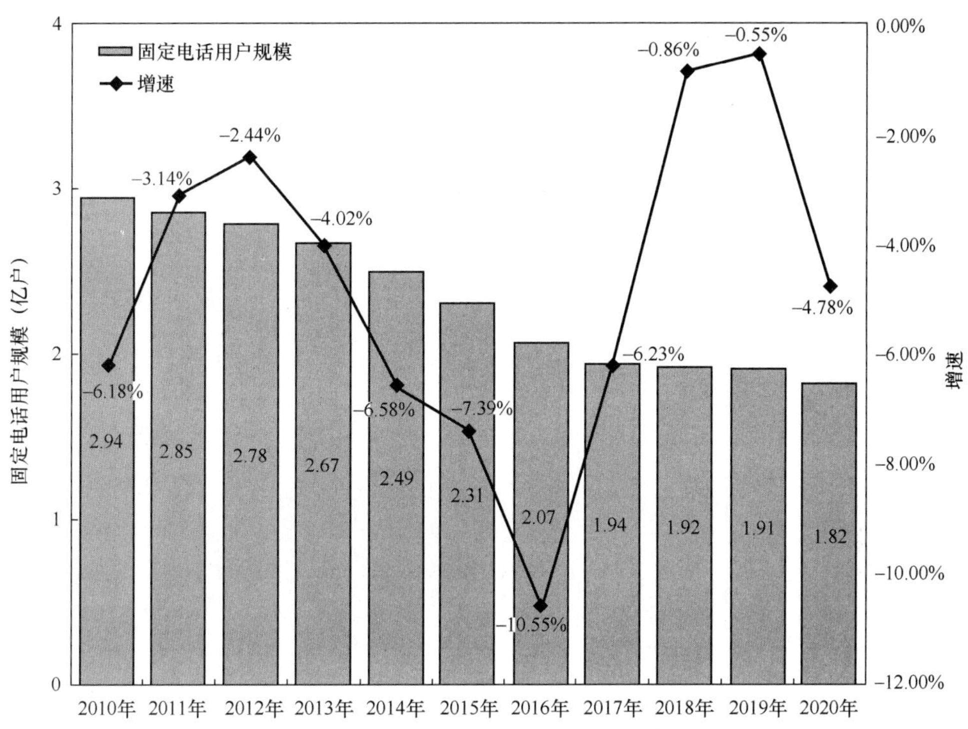

图 7-17 固定电话用户规模变化情况

（二）移动电话用户

2010～2020 年我国移动电话用户规模大约以年均 8%的增速持续快速扩大。2010 年我国移动电话用户规模为 8.59 亿户，至 2020 年达到 15.94 亿户，累计增加 7.35 亿户。如图 7-18 所示，移动电话用户规模从 2010 年的 8.59 亿户持续增长至 2014 年的 12.86 亿户，2015 年用户规模小幅下降至 12.71 亿户，随后又持续增加至 2019 年的 16.01 亿户，到 2020 年用户规模再次出现小幅下降，当年用户规模为 15.94 亿户。

我国电信业完成第二次行业拆分重组后，2009 年初工业和信息化部正式向三大电信运营商正式发放了 3G 运营牌照。如图 7-18 所示，得益于 3G 技术的推广，2010～2013 年移动电话用户规模快速增加。3G 技术方兴未艾，2013 年底工业和信息化部又向三大电信运营商发放了 4G 运营牌照。从 2014 年开始至 2020 年，非 4G 用户规模从 11.89 亿开始快速减少至 3.05 亿户，4G 用户规模则从 0.97 亿户逐年快速增加至 12.89 亿户。图 7-19 展现了这一过程中用户规模的变化速度，其中非 4G 用户从 2014 年开始增速持续为负，年均增速大约为－20%，而 4G 用户增速则一直为正，尤其是在 2015 年达到 342%，年均增速大约为

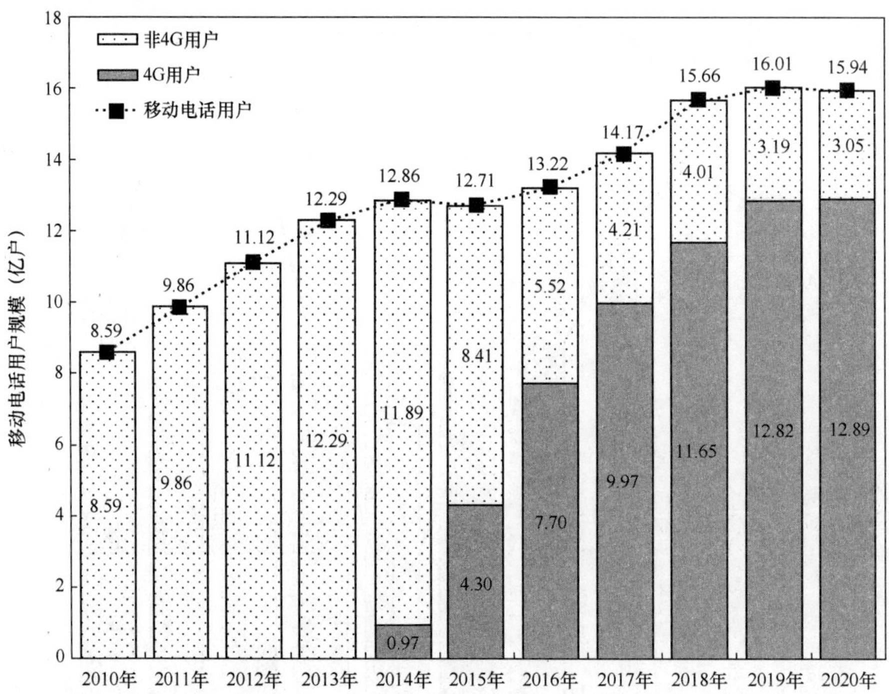

图 7-18　移动电话用户规模变化情况

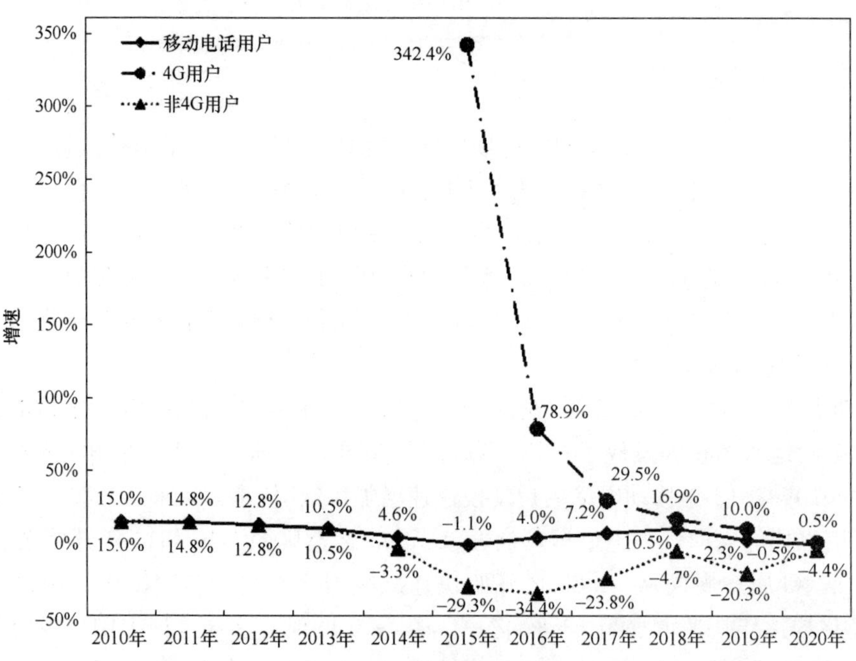

图 7-19　移动电话用户规模增速变化情况

80%。但值得注意的是，4G用户规模表现出了快速收敛的特点，增速逐年放缓，到2020年仅为0.5%。图7-20进一步描绘了2010～2020年移动电话用户构成变化情况。由图7-20可见，4G用户的出现导致非4G用户规模占比逐年下降，从2013年的100%最终降低到2020年的19.2%。4G用户规模占比从2014年开始便一直处于急剧扩张过程中，2014年占比仅为7.6%，2020年则达到80.8%。

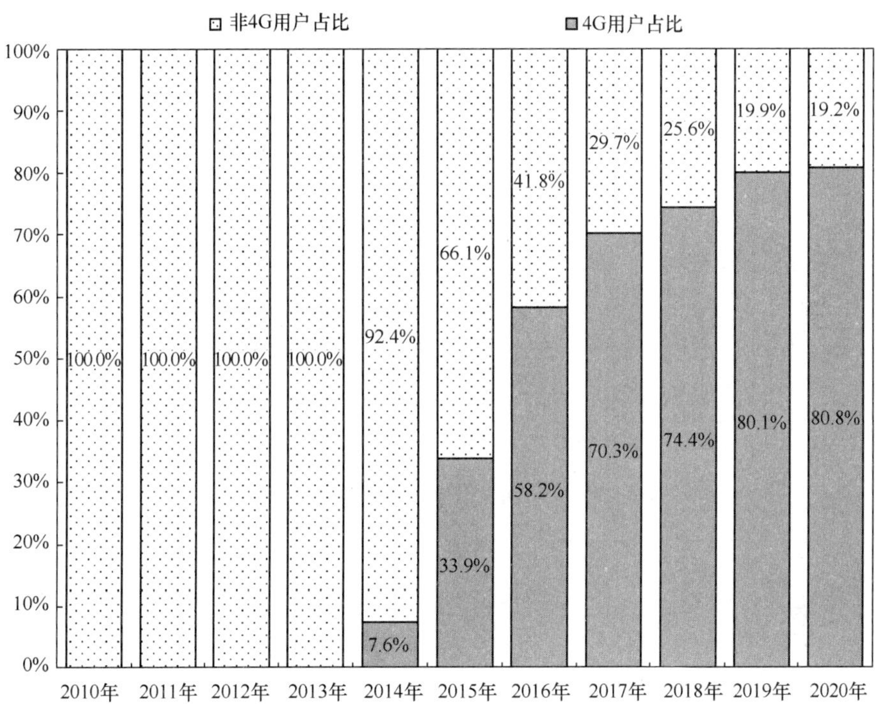

图7-20　移动电话用户构成变化情况

（三）互联网用户

2010～2020年我国互联网宽带接入用户逐年快速增加，年均增速达15.2%，累计增加3.57亿户。如图7-21所示，2010年我国互联网宽带接入用户规模为1.26亿户，当年增速21.5%。随后用户规模逐年扩大，但增速放缓，2014年用户规模增加至2.00亿户，增速放缓至6.0%。2015年增速急剧上升至29.4%，用户规模扩大到2.59亿户。2016～2018年增速下滑至16%左右，到2020年用户规模增加至4.84亿户，较上年增加7.6%。

目前我国互联网宽带接入形式可分为LAN（局域网）、xDSL（数字用户线路）和FTTH/O（光纤到户）三类用户。2013年，我国开始大规模普及FTTH/O互联网宽带技术。图7-22详细地描绘了2010～2020年xDSL和

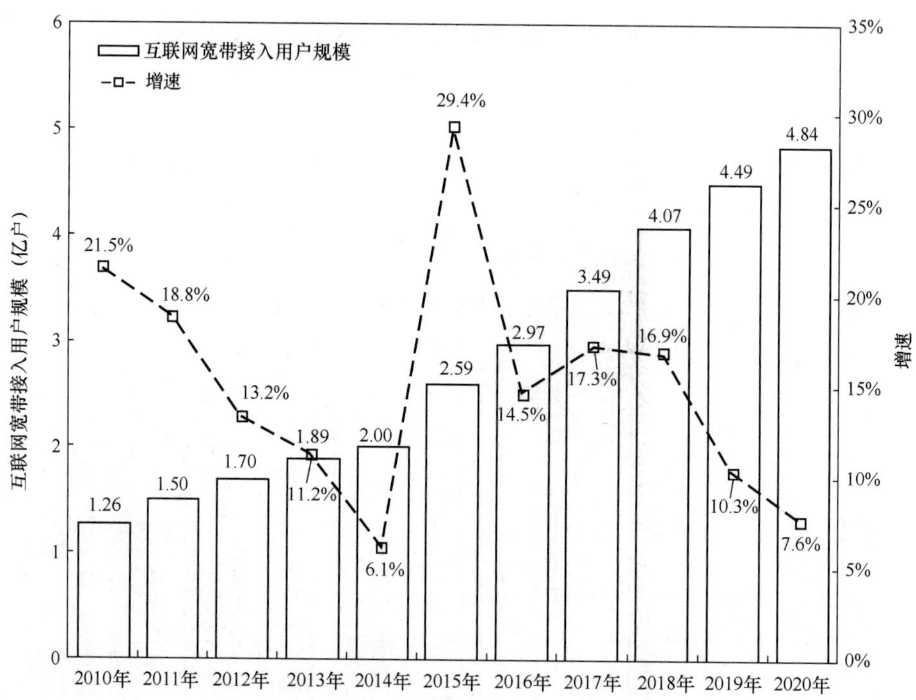

图 7-21　互联网宽带接入用户规模变化情况

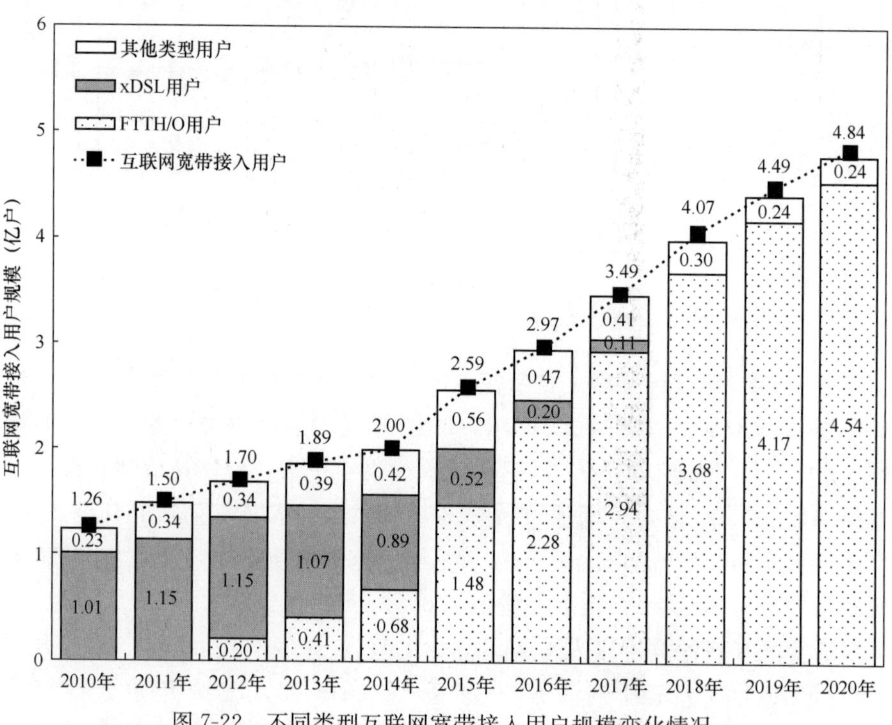

图 7-22　不同类型互联网宽带接入用户规模变化情况

FTTH/O 两类互联网接入用户规模变化情况。如图 7-22 所示，xDSL 用户规模在 2010～2012 年逐年扩大，2012 年 xDSL 用户规模达到 1.15 亿户，为历史最大值。2013 年 FTTH/O 开始大规模普及后，xDSL 用户规模开始迅速缩减，到 2018 年 xDSL 用户量接近于零。2012 年开始出现 FTTH/O 用户，当年规模为 0.2 亿户，随后该类用户数量急剧增加，到 2020 年达到 4.54 亿户。

图 7-23 反映了不同类型互联网接入用户规模占比情况。2010～2012 年，xDSL 用户与其他类型用户比例大约维持在 1∶4。2012 年开始出现 FTTH/O 用户后，xDSL 用户占比首先遭到挤压而开始逐渐减小，到 2015 年该类用户占比缩减至 20.2%，到 2017 年则仅占 3.2%。其他类型用户占比则从 2016 年开始出现减少，当年为 15.6%，到 2020 年降低至 4.9%。FTTH/O 用户数量占比则急剧扩大，2012 年占比 21.6%，2018 年达到 90.4%，2020 年进一步增加至 93.9%，表明 FTTH/O 互联网接入技术在我国已基本实现普及。

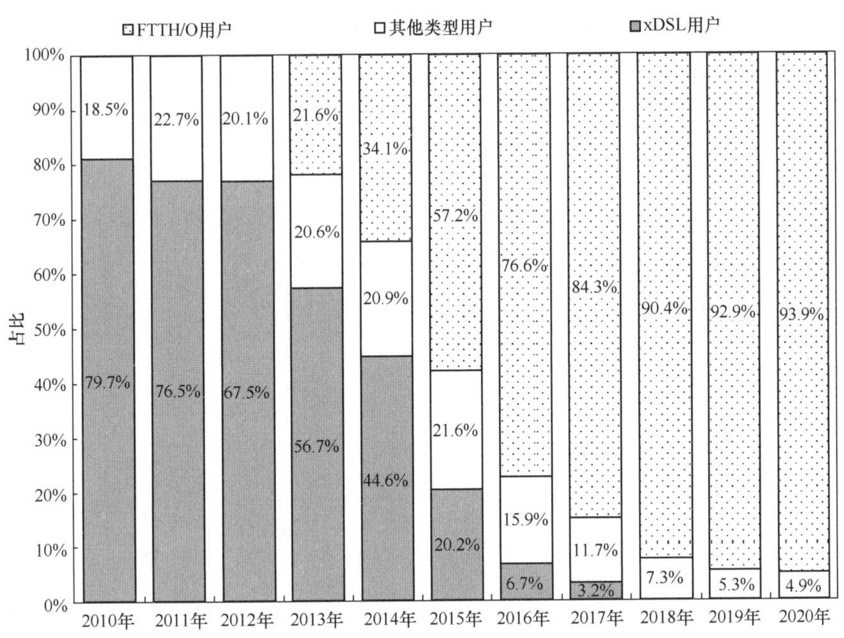

图 7-23　不同类型互联网宽带接入用户规模占比情况

图 7-24 进一步反映各类互联网宽带接入用户规模增速变化情况，可以发现，FTTH/O 用户规模同样表现出快速收敛的特点。2012 年 FTTH/O 技术开始应用，2013～2015 年保持较高增速，2015 年一度增加至 117.1%，随后增速又开始迅速回落，2017 年下降至 29.1%，随后增速逐年小幅回落，到 2020 年下降至 8.8%。与此同时，xDSL 用户增速迅速下降，2013 年为－6.5%，2016 年迅速降低至最低值－62.3%，2017 年虽有所回升，但仍有－43.3%，2018 年则进一

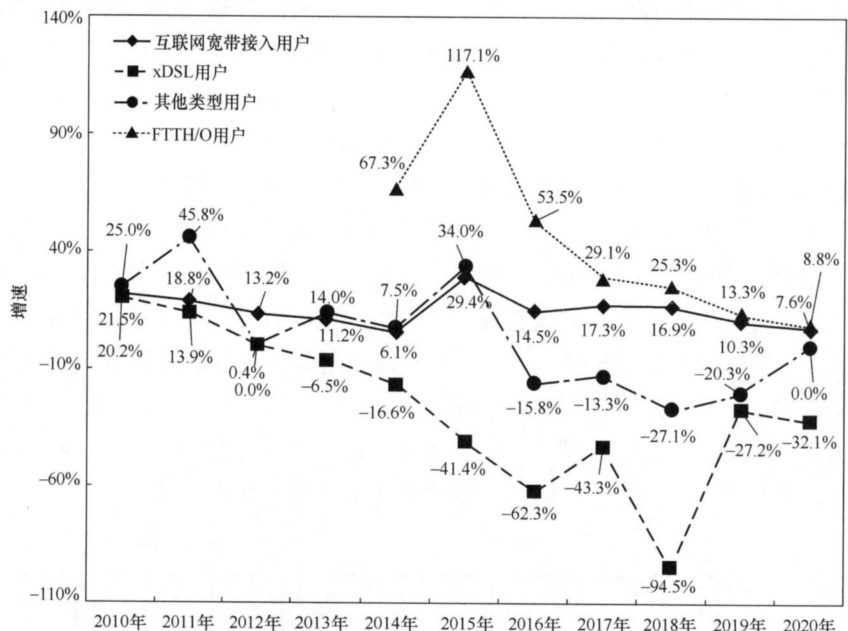

图 7-24　不同类型互联网宽带接入用户增速变化情况

步降至－94.5%，随后 2019 年和 2020 年基本维持在－30%左右。

图 7-25 和图 7-26 反映了我国互联网宽带城市和农村接入用户规模和增速变化情况。由图 7-25 可见，农村互联网宽带用户逐年扩大，2010 年该类用户为

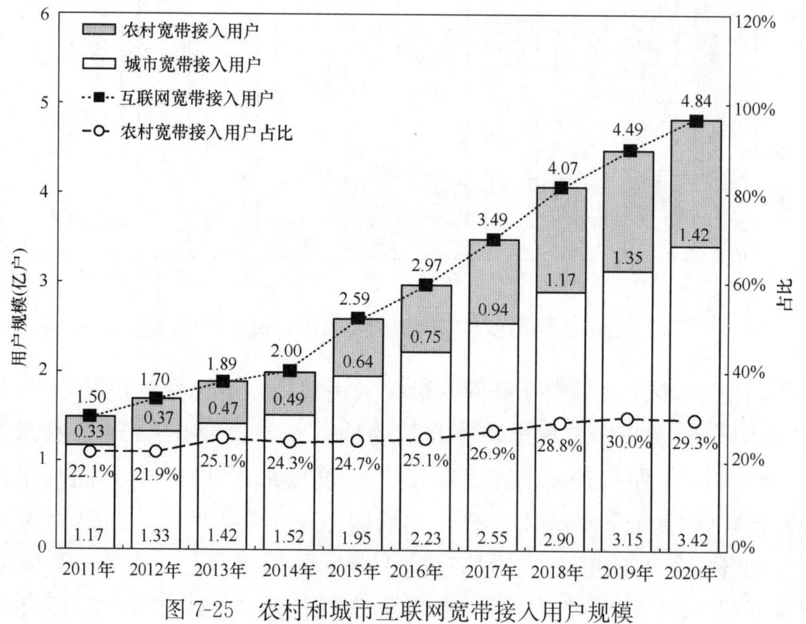

图 7-25　农村和城市互联网宽带接入用户规模

0.25 亿户，2020 年增加至 1.42 亿户，相应其占比则从 2010 年的 19.6％增加至 2020 年的 29.6％，共增加 10 个百分点。这表明，我国农村地区互联网宽带接入用户增速高于城市。由图 7-26 可见，农村用户增速在 2011 年、2013 年、2015 年、2017 年以及 2018 年均达到 30％左右，显著高于城市用户规模的同期增速。

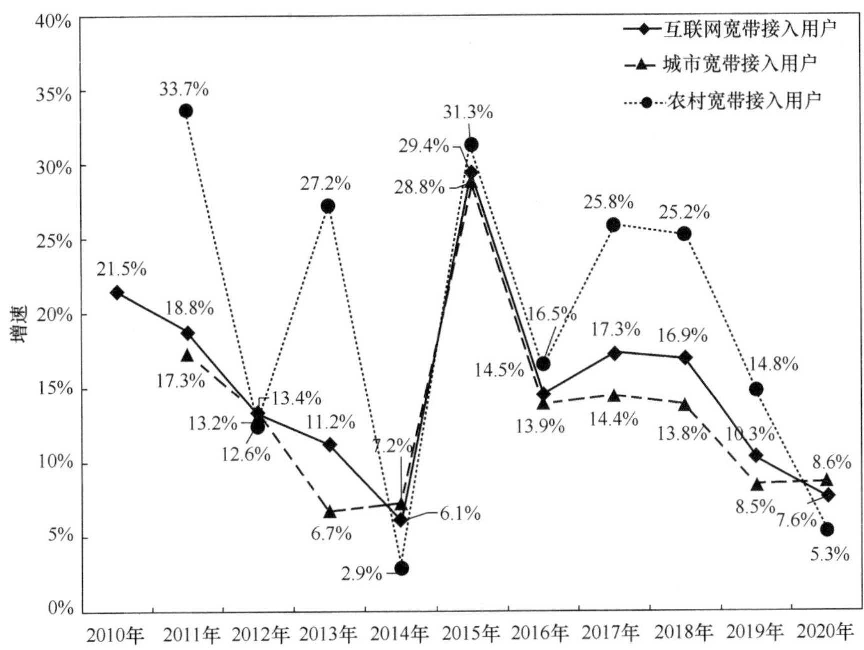

图 7-26　农村和城市互联网宽带接入用户规模增速情况

第三节　电信行业发展成效

2009 年我国电信业完成了第二次拆分重组后，奠定了“移动、电信、联通三足鼎立”的基本行业格局。经过十年发展，我国电信行业在资产投资积累、行业经济效益以及业务普及等各个方面，均取得了长足进步和显著成效。

在经济效益方面，2010～2020 年我国电信业业务总量保持快速增加，累计完成 446553.6 亿元业务量，年均增加 31％。2020 年电信业务量达到 128813.7 亿元。与此同时，我国电信业收入以 4.3％的年均速度逐年增加，并累计实现收入 137807.9 亿元，2020 年全年实现收入 13564 亿元。

在固定资产方面，不同固定资产指标规模均以较快增速逐年扩大。2009～2019 年间，我国电信业固定资产原值、固定资产总值以及固定资产净值分别以 5.5%、3.2%和 3.2%的年均增速逐年增加。2019 年三项固定资产规模指标分别为 40431.7 亿元、33575.3 亿元和 15604.4 亿元。2009～2019 年间，我国电信业固定资产折旧速度加快，新增固定资产占比持续下降。

在业务普及方面，2010～2020 年我国移动电话普及率快速大幅提高，2013 年我国移动电话普及率达到 90.3 部/百人，达到基本普及。2020 年普及率进一步增加至 114 部/百人，接近于 2010 年普及率的 2 倍，表明移动电话在我国居民中已达到完全普及并接近饱和的状态。同期内互联网固定宽带和移动互联网业务规模迅速扩大，互联网普及取得显著发展成效。移动电话和移动互联网通信的相继大规模普及，快速取代传统固定电话业务，到 2020 年固定电话普及率已下降至 13.0 部/百人，较 2010 年下降近一半。

一、电信行业经济效益

（一）电信行业业务总量

2010～2012 年电信业务完成总量以较快增速逐年递增。2010 年我国电信行业业务总量为 10181.7 亿元，随后大约以 15%的增速逐年增加。2012 年完成业务总量为 12982.4 亿元，增速放缓至 10.72%。2013～2015 年业务总量增速急剧提高，呈现出大规模增长，其中 2013 年急剧增加到 15707.2 亿元，较 2012 年增加了 20.99%，随后 2014 年业务量增速放缓至 15.48%，当年业务总量为 18138.3 亿元。2015 年电信业务总量再次出现大规模增加，并首次突破 20000 亿元，达到 23346.3 亿元，当年增速达到 28.71%。2016～2017 年业务总量增速大幅回落，其中 2016 年增速为 9.73%，业务量为 25616.9 亿元，2017 年增速为 7.73%，业务量增加至 27596.7 亿元。2018～2020 年电信业务总量出现爆发式增长，三年业务量分别达到 65633.9 亿元、106810.7 亿元和 128813.7 亿元，相应增速分别达到 137.8%、62.7%和 20.6%。

（二）电信业收入

2010～2020 年间，我国电信业收入大体逐年增加，累计实现收入 137807.9 亿元，年均增加 4.3%。如图 7-27 所示，2010 年全年我国电信业实现收入 9079 亿元，随后收入规模及收入增速逐年增加，2011 年增速达 8.8%，2012 年首次突破 1 万亿元大关，达到 10758.3 亿元。2013 年电信业收入继续保持 8.5%的增

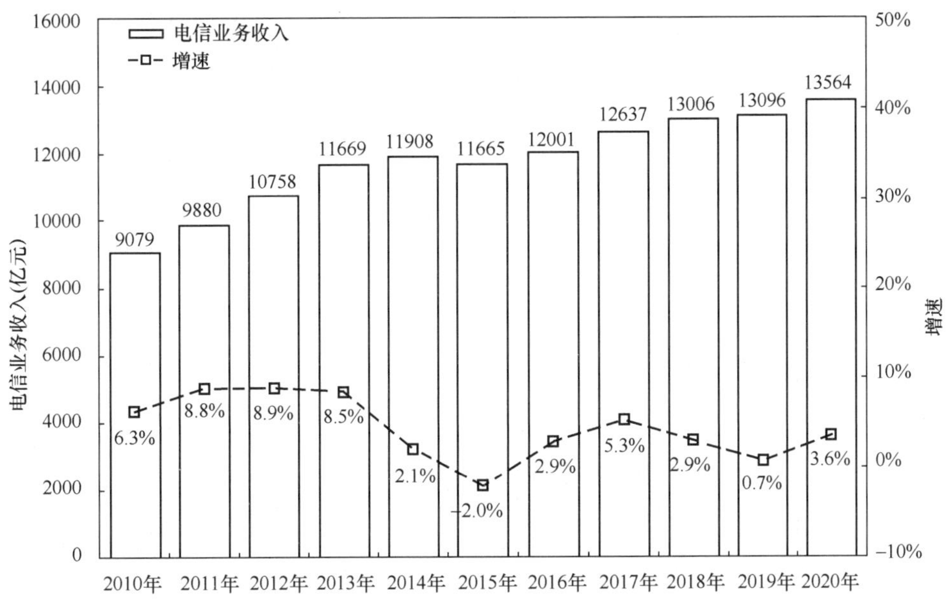

图 7-27 电信业收入变化情况

速，但随后增速开始放缓，至 2015 年增速下滑至－2.0％，当年全年实现收入 11665.2 亿元。2016～2018 年收入增速再次提高，分别达到 2.9％、5.3％和 2.9％。2019 年增速有所放缓，全年实现收入 13096.1 亿元，较上年增加 0.7％。2020 年增速提高至 3.6％，全年实现收入 13564 亿元。

二、电信行业资产状况①

2009～2019 年间，我国电信行业资产原值以年均 5.5％的增速逐年递增。如图 7-28 所示，除 2015 年外其余各年规模逐年增加，增速整体呈递减趋势，保持在 5.0％～9.0％之间。2009 年我国电信业资产原值为 24660.9 亿元，增速 9.1％；到 2019 年电信业资产原值达到 40431.7 亿元，为 11 年间资产原值最高的年份，当年增速为 1.6％。

2009～2019 年我国电信行业资产总值整体呈不断扩大趋势，年均增加 3.2％。如图 7-29 所示，2009 年我国电信行业资产总值为 21169.0 亿元，随后逐年递增，增速保持在 5％左右。2016 年电信行业资产总值规模达到 31803.9 亿元，并在随后的 2017 年和 2018 年两年基本维持不变，2019 年该项规模达到

① 作者未检索到 2020 年我国电信行业资产状况的相关数据，因此较上年报告该部分内容未作更新。

图 7-28　电信行业固定资产原值变化情况

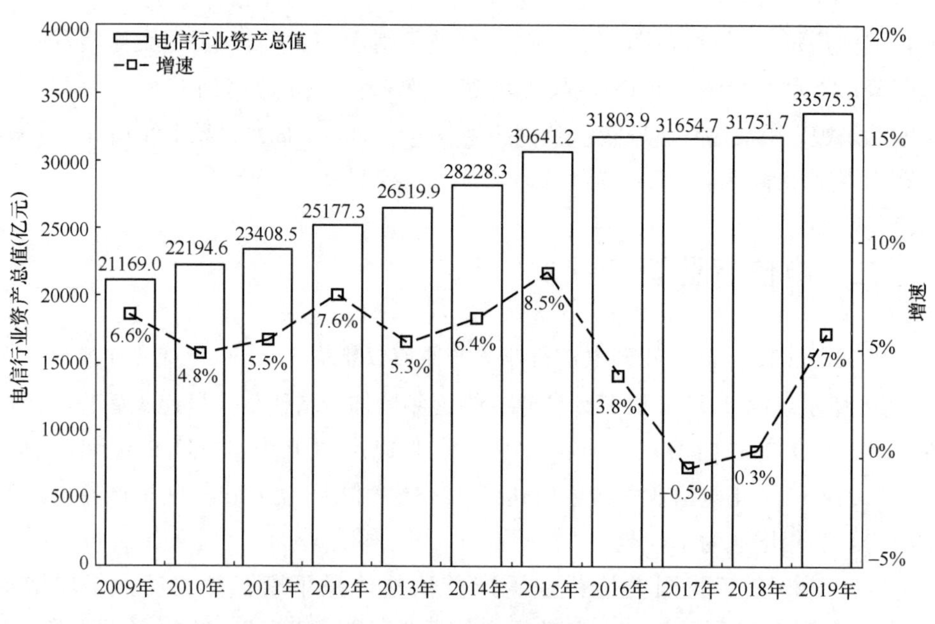

图 7-29　电信行业资产总值变化情况

33575.3 亿元，较上年增加 5.7%，为历年来规模最大的年份。

2009～2019 年我国电信行业资产净值整体呈不断扩大趋势，年均增加 3.2%。如图 7-30 所示，2009 年我国电信行业固定资产净值为 12086.5 亿元，随后逐年增

图 7-30　电信行业固定资产净值变化情况

加直至 2014 年，到 2015 年电信固定资产净值规模出现下滑，较上年减少 4.2%。2016～2017 年资产净值再次持续增加，2017 年电信行业固定资产净值达 15743.7 亿元，为历年最高水平。2018～2019 年两年较上年均出现小幅下滑。

图 7-31 中的“电信固定资产有用系数”反映了 2009～2019 年间我国电信业

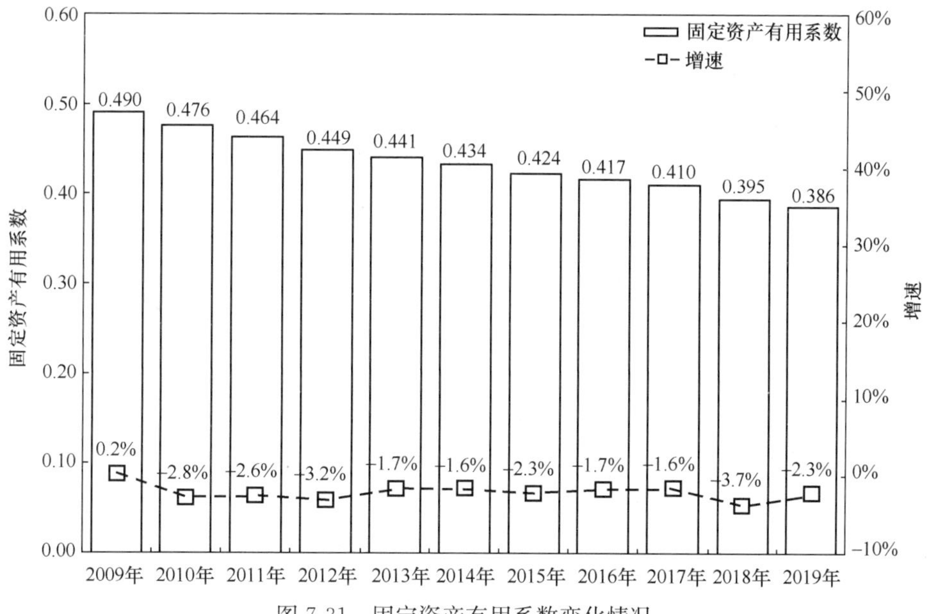

图 7-31　固定资产有用系数变化情况

固定资产折旧（新旧）程度。如图 7-31 所示，2009 年固定资产有用系数为 0.490，随后大约以 2%的速度逐年递减，到 2019 年固定资产有用系数下降至 0.386。结果表明，近 11 年来我国电信业固定资产折旧速度加快，新增固定资产占比下降。

三、电信行业业务普及率

移动电话和移动互联网通信的相继大规模普及，导致传统固定电话业务被快速取代，进而在统计数据上表现出固定电话普及率的快速下降。如图 7-32 所示，2010 年我国固定电话普及率为 22.1 部/百人，随后大约以 6.6%的速度逐年快速降低，到 2017 年固定电话普及率已下降至 13.9 部/百人，较 2008 年下降近一半。2018～2019 年固定电话普及率下降放缓，基本维持在 1%左右。2020 年我国固定电话普及率为 13.0 部/百人。

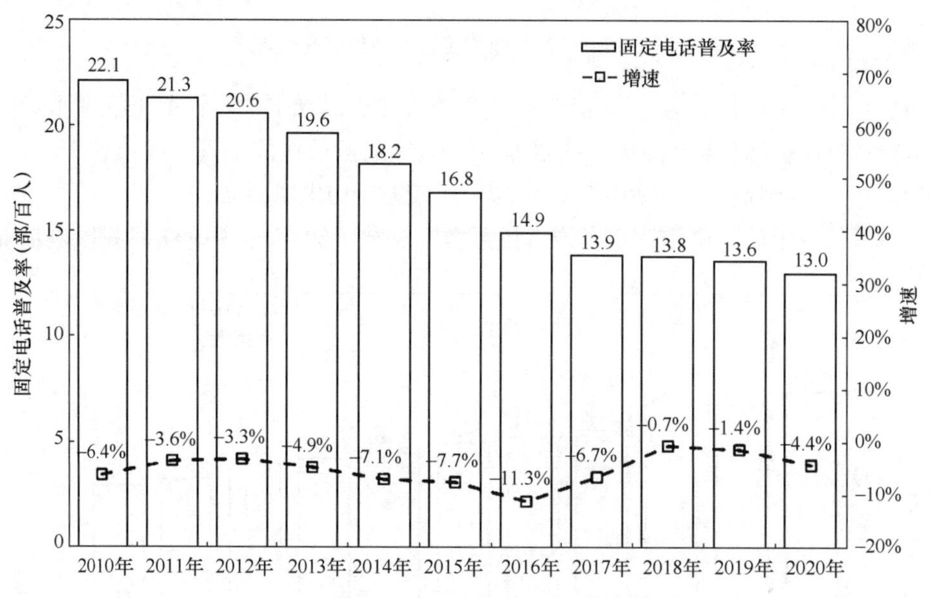

图 7-32　固定电话普及率变化情况

2010～2020 年我国移动电话普及率快速大幅提高，2013 年普及率已达到 90.3 部/百人，标志我国已基本实现移动电话普及。如图 7-33 所示，2010 年我国移动电话普及率为 64.4 部/百人，随后普及率以较快增速逐年上升，但增速逐年放缓。其中 2010 年增速为 14.4%，到 2014 年增速下降至 4.1%，而普及率上升至 94 部/百人。2015 年移动电话普及率小幅下降至 92.5 部/百人，随后又开始回升。到 2020 年我国移动电话普及率上升至 114 部/百人，接近于 2010 年普

图 7-33　移动电话普及率变化情况

及率的 2 倍，这表明移动电话的平均拥有量已超过每人一部而基本达到饱和状态。

第四节　电信行业数字化监管

电信业由于具有显著的规模经济、范围经济、网络外部性从而属于典型的需要管制的自然垄断行业，这是传统的电信行业需要监管的基本理论逻辑①。而随着数字技术的进步，电信行业有了需要监管的新理由，本节将着重讨论大数据技术的进步所带来的新的监管逻辑。

随着大数据技术的进展，电信运营商这个本来提供基础通信业务的供应商，变成了掌握大量基础数据的企业。《国内运营商大数据的应用与发展》② 指出，这些数据主要包括：用户身份数据（姓名、电话、身份证等）、通信业务数据（通话、费用记录、业务订购、客服等）、位置信息数据（接打电话、使用短信的

① 关于此点更具体的介绍请参阅王俊豪主编的《管制经济学原理（第 2 版）》第十二章中的相关内容。

② 杨玉清，邓璐，何阳：《国内运营商大数据的应用与发展》，《电信网技术》，2018 年第 5 期；（这里引用的相关内容参见其文第 47 页）。

小区位置等）、上网行为数据（终端数据、搜索、支付、消费记录等）。

杨玉清等（2018）认为，电信业大数据的典型应用场景有：①为金融业提供数据服务，如金融征信大数据服务；②用于运营商自己的精准营销业务；③为其他行业的零售商提供精准营销服务；④反电信诈骗；⑤用于公共安全的维护；⑥优化公共交通服务水平；⑦为旅游管理部门、景区、游客提供大数据服务[①]。本书将提供一个更接近经济学逻辑的分类方法，上述 7 个不同的应用场景事实上可以分为三个不同的应用方向：（1）大数据用于运营商自己的经营过程，如上述应用场景②；（2）为其他行业提供数据服务，如上述应用场景①、③和⑥中的部分内容（向游客提供服务）；（3）与相关政府部门合作，提供公共服务与公共产品，如上述应用场景中的④、⑤、⑥，以及⑦中的部分内容（为景区和旅游主管部门提供服务）。电信业的大数据作为一种要素既可以生产私人物品（如上述应用方向（1）和（2））也可以用来生产公共物品（上述应用方向（3）），而无论是私人物品的生产还是公共物品的生产，电信运营商都将因大数据的特性而面临新的监管要求。

首先考虑数据具有非竞争性（Nonrivalry），即对同一份数据来说，一家企业的使用并不影响其他企业的使用，这意味着数据要素具有报酬递增的特性（Jones and Tonetti，2020）[②]。如对金融行业提供数据服务，可以对不同的金融企业提供支持，而不必花费更多的成本。一旦数据库建立起来以后，其价值并不会因更多的使用途径而下降。假若电信企业掌握了这种数据产品（服务）的独家销售权，需要在监管政策上考虑如下可能的设计：（1）对市场势力的规制。统一定价的情形下，为了追求更高的利润，数据产品的价格可能过高；因此，应考虑进行价格规制，同传统的网络产品一样，考虑边际成本定价或者平均成本定价[③]。数据产品一旦开始生产，其边际成本可以低到忽略不计，更合适的价格规制方法似乎是平均成本定价法，但考虑到数据产品的生产和销售过程是一个长期过程，很难准确预计产品的研发等固定投入需要分摊到多少个产品上。因此，考虑进行基本的投资回报率规制[④]。如果用一定的货币或服务补偿来换取消费者同

---

① 这里所引用的内容（电信业大数据的 7 个典型应用场景）参见杨玉清等（2018）一文的第 48-50 页的相关内容（杨玉清，邓璐，何阳：《国内运营商大数据的应用与发展》，《电信网技术》，2018 年第 5 期），与原文表述并不完全一致。

② Jones，C. I.，and Tonetti，C.，2020，“Nonrivalry and the Economics of Data”，American Economic Review，vol. 110（9），pp. 2819-2858.

③ 采用边际成本和平均成本定价的价格管制方式可参阅王俊豪主编的《管制经济学原理（第 2 版）》第五章第二节中的相关内容（第 106 页-107 页）。

④ 投资回报率规制的相关内容可参阅王俊豪主编的《管制经济学原理（第 2 版）》第五章第三节中的相关内容（第 108 页-109 页）。

意分享数据，数据产品的规制价格需要考虑这部分边际成本的增加。（2）数据产品具有创新性，收益率规制可能对创新造成负向影响。鉴于此，应通过激励政策促使电信行业生产更多这种“价值永不消失”的产品。综合上述两点，监管政策设计考虑的核心问题是，动态创新效率与静态社会福利之间的辩证统一。没有动态创新则不可能有静态社会福利的讨论，因此，需要赋予垄断企业一定的垄断权力，但长期垄断则可能对静态市场效率造成损害。

其次，考虑数据使用中所面临的隐私保护问题。隐私保护需要考虑是否存在负外部性问题。以电信的精准营销为例，当数据可以用来精准营销时，可以提高电信行业的运营效率，节省运营开支，减少消费者的打扰成本（Dimakopoulos and Sudaric，2018①），减少消费者的搜寻成本，但可能会面临隐私所造成的社会福利损失②。这里的负外部性问题甚至会在不同数据提供者之间出现——即一部分人同意分享数据，但企业却可以通过这部分人的数据特征推测出另一部分人的情形（Choi，Jeon ，and Kim，2019③；Acemoglu，Makhdoumi，Malekian，and Ozdaglar，2019④）。在监管政策设计上，应考虑数据带来的效率改进与隐私所造成的社会福利损失之间的权衡，遵循“两优相权，取其重；两劣相权，取其轻”的原则，使企业行为符合帕累托最优的效率标准。在监管政策实践上，除了严格保护消费者隐私外，还应考虑在技术上通过隐私计算的方式来进一步实现隐私监管合规，从而更好地发挥数据的作用。

最后，考虑电信数据用于公共物品生产所带来的正外部性。以提供反电信诈骗的公共服务为例，据杨玉清等（2018）的论述，电信运营商能够为有效降低电信诈骗建立起事前、事中、事后三层屏障，从而能够极大挽回电信诈骗所带来的损失⑤。可以预测，依靠电信数据建立起来的反诈骗系统将会不断趋于完善，而在未来，随着这一系统更加成熟、高效地运作，将会有成千上万的人受益。但这

---

① Dimakopoulos and Sudaric（2018）在他们的模型中设定，随着数据收集量的增加，消费者因广告而受到的打扰成本在下降，即消费者会接收到更精准的广告推送。（Dimakopoulos，P. D. and Sudaric，S.，2018，“Privacy and Platform Competition”，International Journal of Industrial Organization，vol. 61，pp. 686-713.）

② 这里隐私所造成的福利损失可能指的是，只要有个人数据被其他市场主体所知晓，消费者就会面临一定程度的效用损失；也可能是，消费者数据以某个概率泄露以后所带来的期望负效用。后文相关含义与此同。

③ Choi，J. P.，Jeon，D. S. and Kim，B. C.，2019，“Privacy and Personal Data Collection with Information Externalities”，Journal of Public Economics，vol. 173，pp. 113-124.

④ Acemoglu，D.，Makhdoumi，A.，Malekian，A. and Ozdaglar，A.，2019，“Too Much Data：Prices and Inefficiencies in Data Markets”，working paper，NBER.

⑤ 这里所引用的内容参见杨玉清等（2018）一文第 49 页的相关内容。（杨玉清，邓璐，何阳《国内运营商大数据的应用与发展》，《电信网技术》，2018 年第 5 期）。

里可能面临的问题是，这一公共服务因为比较难以实现向私人收费而存在的搭便车问题（如通过电信数据破获了实施电信诈骗的犯罪分子，可能会使所有存在潜在被骗风险的消费者受益），进而可能造成公共产品供给不足（未达到社会效率最优的产出数量）。解决的办法是，这部分公共物品的生产应一定程度上由财政进行补贴，以实现公共物品产出的最大化。反诈骗系统的高效运行需要大量数据作为支撑，消费者可能因为顾及隐私而不愿意提供更多的数据。解决的方法是，监管政策应该提高消费者保护隐私的水平，建设灵活的数据交易机制，通过监管政策和市场机制共同实现可能存在的帕累托改进①。

附录　数据来源列表

[1] 中华人民共和国工业和信息化部，2009，《2008 中国通信统计年度报告》，人民邮电出版社.

[2] 中华人民共和国工业和信息化部，2010，《2009 中国通信统计年度报告》，人民邮电出版社.

[3] 中华人民共和国工业和信息化部，2011，《2010 中国通信统计年度报告》，人民邮电出版社.

[4] 中华人民共和国工业和信息化部，2012，《2011 中国通信统计年度报告》，人民邮电出版社.

[5] 中华人民共和国工业和信息化部，2013，《2012 中国通信统计年度报告》，人民邮电出版社.

[6] 中华人民共和国工业和信息化部，2014，《2013 中国通信统计年度报告》，人民邮电出版社.

[7] 中华人民共和国工业和信息化部，2015，《2014 中国通信统计年度报告》，人民邮电出版社.

[8] 中华人民共和国工业和信息化部，2016，《2015 中国通信统计年度报告》，人民邮电出版社.

[9] 中华人民共和国工业和信息化部，2017，《2016 中国通信统计年度报告》，人民邮电出版社.

[10] 中华人民共和国工业和信息化部，2018，《2017 中国通信统计年度报告》，人民邮电出版社.

[11] 中华人民共和国工业和信息化部，2019，《2018 中国通信统计年度报告》，人民邮电出版社.

① 事实上，从社会整体角度去看，即便存在一定程度的隐私泄露风险（或存在着确定的隐私造成的效用损失），消费者提供数据的行为最终也可能会具有更大的社会价值（如果所提供的数据在公共服务生产中的价值超过隐私损失的话）。因此，在政策设计上，应以实现所有可能的帕累托改进结果作为主要目的之一，如建立某种数据交易或赎买机制。

[12] 中华人民共和国工业和信息化部，2020，《2019 中国通信统计年度报告》，人民邮电出版社．

[13] 中国通信企业协会，2021，《2020—2021 中国信息通信业发展分析报告》，人民邮电出版社．

第八章　铁路运输行业发展报告

第一节　铁路运输行业投资与建设

铁路是国家战略性、先导性、关键性重大基础设施，是国民经济大动脉、重大民生工程和综合交通运输体系骨干，在经济社会发展中的地位和作用至关重要。2021 年，面对复杂严峻的形势，我国铁路投资和建设坚持质量第一、效益优先，全面贯彻新发展理念，深化铁路供给侧结构性改革，实现设施网络更加健全完善。2021 年，铁路固定资产投资规模为 7489 亿元，较 2020 年下降 4.2%。铁路建设方面，2021 年新增 25 个县开通铁路，中老铁路、张吉怀高铁、京港高铁赣深段等铁路新线开通运营，加速完成"八纵八横"高铁网，拓展普速铁路网覆盖，基本形成了布局合理、覆盖广泛、层次分明、安全高效的铁路网络。

一、铁路固定投资规模持续放缓

在"十四五"开局之年，铁路建设统筹区域经济社会发展状况、路网整体规划布局、建设资金保障等因素，兼顾需要与可能，按照"保开通、保在建、保开工"的顺序，一方面保持一定的投资强度，进一步发挥铁路建设投资的拉动效应；另一方面，更加重视铁路投资效率效益，合理控制铁路建设负债规模，防范债务风险，保证铁路建设高质量、可持续发展。到 2021 年底，全国铁路固定资产投资（含基本建设、更新改造和机车车辆购置）完成 7489 亿元，相比 2020 年减少 330 亿元。虽然铁路投资整体幅度下降，但下半年，尤其四季度以来，投资降幅逐月减缓。2021 年上半年，铁路投资同比减少 8.3%，达到最高峰；前 7 个月和前三季度降幅也都在 7%以上；前 10 个月，降幅首次回落至 6%区间，前 11 个月降幅再次收窄到 5%以内。近年来，在我国经济适应"新常态"后，铁路固定资产投资适当放缓。根据铁道统计公报，2015～2021 年，全国铁路固定资产投资分别为 8238 亿元、8015 亿元、8010 亿元、8028 亿元、8029 亿元、7819 亿元和 7489 亿元（图 8-1）①，2021 年铁路固定资产投资额较 2020 年下降 4.2%。

① 2021 年铁道统计公报，http：//www.nra.gov.cn/xxgk/gkml/ztjg/tjxx/hytj/202205/t20220507_326368.shtml.

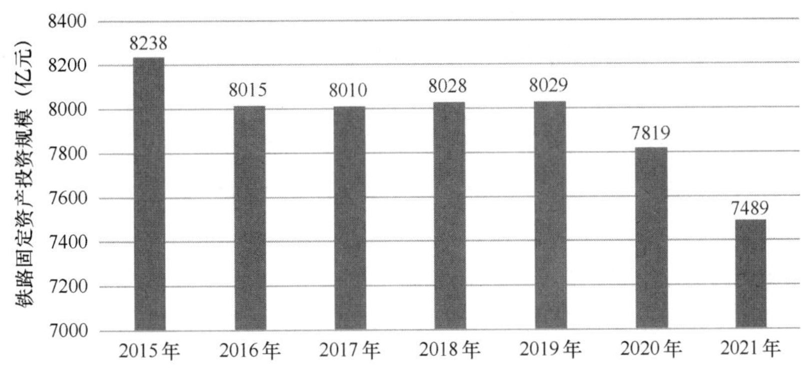

图 8-1 2015～2021 年我国铁路固定资产投资规模

资料来源：国家铁路局发布的历年铁道统计公报。

二、铁路建设保持世界领先水平

（一）铁路里程位居世界前列

改革开放 40 多年以来，铁路行业发展实现了历史性突破和成就，其中的突出亮点之一正是我国近年来大力发展的高铁。2008 年 8 月，我国第一条高铁——京津城际高铁开通运营，是中国高铁时代正式到来的里程碑。随后，我国的高速铁路发展态势迅猛，目前我国已经形成了世界上最具现代化的铁路网和最发达的高铁网。2021 年，全国铁路营业里程达到 15 万 km，比上年增长 2.53%（图 8-2），铁路复线率为 59.5%，电化率为 73.3%；国家铁路营业里程 13.1 万 km。复

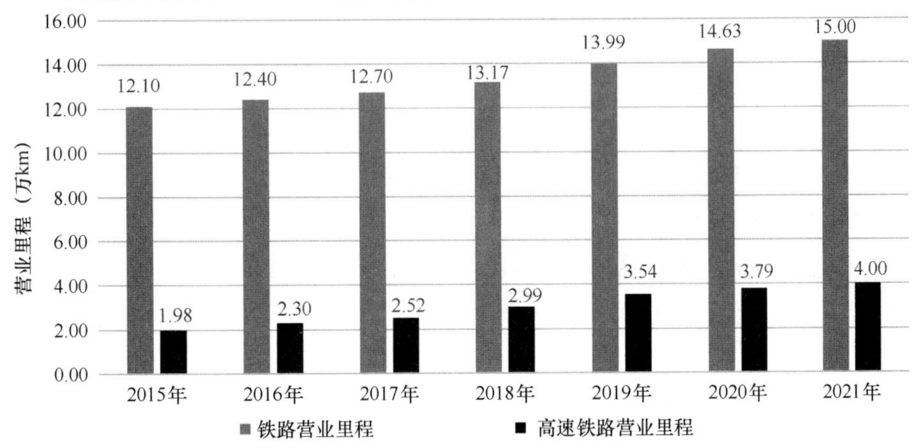

图 8-2 2015～2021 年我国铁路营业里程

资料来源：交通运输行业统计公报。

线率 61.9%；电化率 75.4%。高速铁路营业里程达到 4 万 km，比上年上升 5.54%，高铁营业里程占铁路营业里程达到 26.7%。西部地区铁路营业里程 6.1 万 km。全国铁路路网密度 156.7km/万 km^2，增加 4.4km/万 km^2。

2021 年，铁路建设新开工项目 28 个，累计在建项目 180 个，在建总里程 2.3 万 km。全国投产新线 4208km，其中高铁 2168km。北京至哈尔滨、连云港至乌鲁木齐高铁全线贯通；张吉怀、安九、赣深高铁、沈佳高铁墩白段等重大项目建成投产；沿江高铁武宜段等一批服务国家重大战略的项目开工建设。截至 2021 年底，新增 25 个县开通铁路，“复兴号”动力集中性动车组在 51 条普速铁路上运行，覆盖了 31 个尚未通高铁的地级城市，西藏高原拉林铁路投入运营，历史性地实现复兴号对 31 个省（区、市）的全覆盖。总体而言，铁路建设里程位居世界前列，“八纵八横”高铁网正加速完成，普速铁路网覆盖不断拓展，基本形成了布局合理、覆盖广泛、层次分明、安全高效的铁路网络。

（二）巩固拓展脱贫攻坚成果同乡村振兴有效衔接成为未来建设的重点

链接中西部地区交通，推进中西部和贫困地区、革命老区铁路建设发展，补强交通基础设施短板，提高贫困地区铁路网覆盖通达水平是脱贫攻坚的总要。2021 年，铁路部门扎实推进老少边及脱贫地区铁路建设，高质量推进川藏铁路等重大项目，全年完成投资 3728.8 亿元，占铁路基建投资的 74.9%。随着兴泉铁路兴国至清流段、浦梅铁路建宁至冠豸山段等线路相继开通运营，江西东部的宁都、石城，福建西部的宁化、清流、明溪、大田、德化、永春等革命老区县正式接入全国铁路网。西藏第一条电气化铁路拉林铁路开通运营，“复兴号”高原内电双源动车组同步投入运营，历史性地实现“复兴号”对 31 个省（区、市）全覆盖。拉林铁路形成了以青藏铁路为主通道、拉日铁路和拉林铁路为东西两通道的“一主两翼”铁路交通格局，进一步完善了西藏的路网结构，西藏和高原铁路建设发展进入新的阶段，促进了区域经济社会发展和民生改善。

此外，公益性“慢火车”开行质量的不断提升，打通了服务乡村振兴的“最后一公里”。2021 年，“慢火车”共运送旅客 1.7 亿人次、同比增长 12.2%，强化涉农物资运输服务保障，运送货物 7.2 亿 t、同比增长 3.8%，减免费用 14.8 亿元，同时向中央和省级定点帮扶地区投入资金 2.37 亿元，完成消费帮扶 6.7 亿元。2021 年底，铁路部门在渝怀线、焦柳线等沿线车站进行“慢火车＋双站长”模式探索，邀请铁路沿线村镇领导兼任公益性“慢火车”停靠站地方站长，与铁路站长共同负责车站内外环境、基础设备设施维护等，利用创新手段推动

"慢火车"全面提质，发挥铁路运输优势助力乡村振兴。

(三) 城市轨道交通网络不断完善

近十几年来，我国城镇化快速发展，2021 年末全国常住人口城镇化率达到 64.72%，相比于 2008 年 46.99%的人口城镇化率有了大幅提升，并且以大城市为依托、以中小城市为重点，逐步形成辐射作用大的城市群。按照《"十四五"铁路发展规划》方案，预计到 2025 年，全国铁路营业里程将达到 17 万 km 左右，其中高铁（含城际铁路）5 万 km 左右，覆盖 98%城区人口 50 万人以上城市。随着城镇化水平提高、城市群发展带来的人口和产业集聚，强劲的客运需求对交通基础设施承载能力提出了更高要求。

近年来，我国城市轨道交通建设发展取得突破性进展。2021 年，中国城市轨道交通运营里程 8708km，是 2015 年（3618km）的 2.4 倍（图 8-3）。随着城市轨道交通运营里程的增长，中国城市轨道交通运营车站也逐渐增加，截至 2021 年底，中国城市轨道交通运营车站 5216 座，同比增长 11.93%。2015—2021 年中国开通轨道交通运营线路呈逐年增长趋势，截至 2021 年底，中国开通轨道交通运营线路 269 条，较 2020 年增长 36 条，增长率为 15.45%。我国开通轨道交通的城市数量从 2015 年的 26 个增长到 2021 年的 51 个，在 6 年间开通轨道交通的城市数量几乎翻倍。在 51 个开通运营城市轨道交通的城市中，上海的运营里程最长，达 825km；北京的运营线路最多，有 27 条。

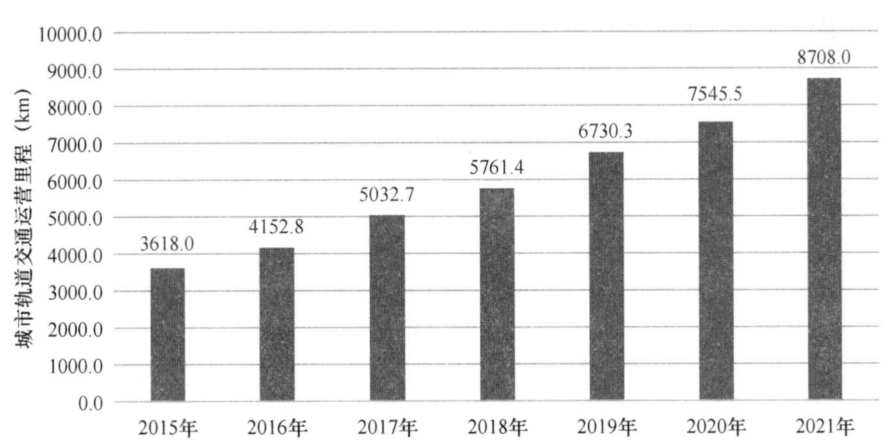

图 8-3　2015～2021 年我国城市轨道交通运营里程

资料来源：智研咨询。

第二节　铁路运输行业运输与服务能力

2021年，铁路行业统筹疫情防控和建设运营，以切实保障和改善出行需求、运输需要为目标，圆满完成了建设任务，确保了铁路大动脉畅通，保证了事关国计民生重点物资运输，营造了安全健康的出行环境，为服务国家战略实施、服务经济社会发展作出了积极贡献。首先，铁路运输质量显著提高。2021年，铁路客运量实现恢复性增长，货运总发送量突破47亿t，持续推进运输结构调整，提高“公转铁”承接能力，服务中欧班列高质量发展，保障了国内国际运输环境循环畅通。其次，铁路服务水平进一步提升。过去一年来，铁路行业加快高铁列车升级提速，不断提高客运服务质量，强化铁路公益性运输作用，逐步推广高铁票价差异化的浮动定价机制，推出“静音车厢”等便民服务，不断打造服务精品。

一、铁路运输质量显著提高

（一）铁路客运量实现恢复性增长，客运安全体系更完善

国家铁路局发布的2021年铁道统计公报显示，2021年全年，全国铁路旅客发送量为26.12亿人，比上年增加4.08亿人，增长18.5%（图8-4）；其中，国家铁路旅客发送量25.33亿人，比上年增长16.9%。全国铁路旅客发送量在2021年5月时曾一度接近疫情前水平，5月全国铁路旅客发送量完成2.88亿人

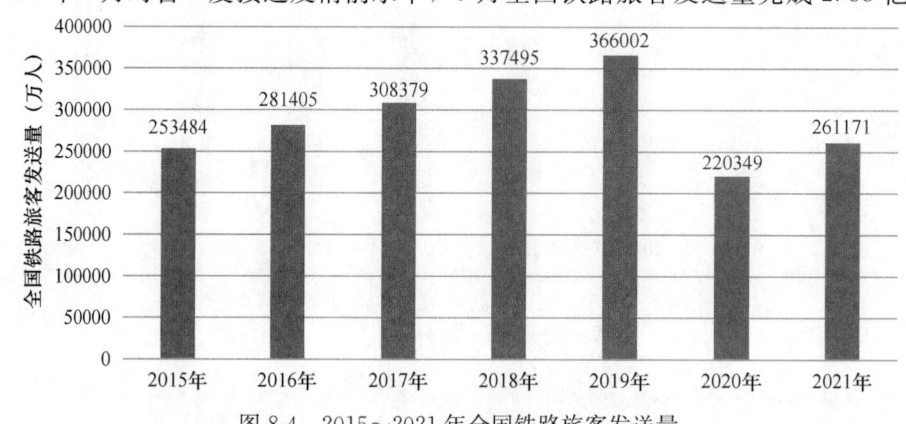

图8-4　2015～2021年全国铁路旅客发送量

资料来源：铁道统计公报。

次，同比增长 85.81%，仅比 2019 年减少 5.32%，全国铁路旅客发送量已恢复到 2019 年同期的 96%。2021 年 7 月至年底，受疫情反复影响，铁路客运量增幅呈不断减少态势。全国铁路旅客周转量完成 9567.81 亿人公里，比上年增加 1301.62 亿人公里，增长 15.7%（图 8-5）。其中，国家铁路旅客周转量 9559.09 亿人公里，比上年增长 15.8%。“复兴号”系列的开发实现对 31 个省（区、市）全覆盖，“复兴号”智能动车组在京张、京沪、京广、京哈、徐兰、成渝等高铁扩大体验运营，新型奥运版“复兴号”智能动车组在京张高铁上线运行。到 2021 年底，全路配备“复兴号”系列动车组 1191 组，累计安全运行 13.58km，运送旅客 13.7 亿人次。

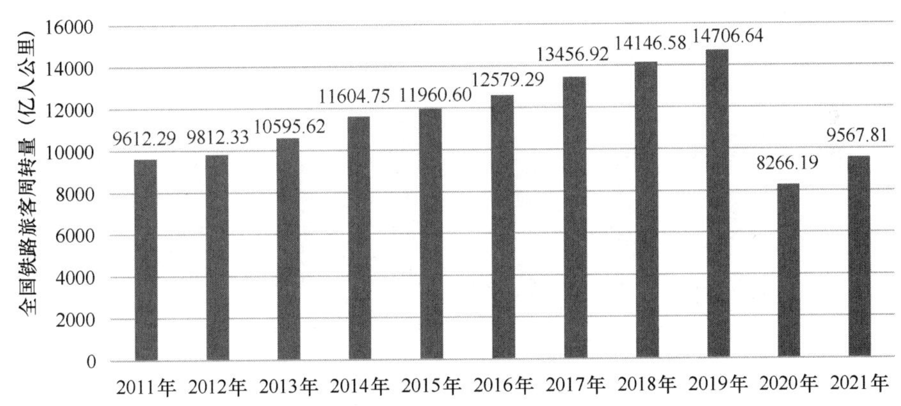

图 8-5　2011～2021 年全国铁路旅客周转量

资料来源：铁道统计公报。

为积极推进客运提质计划，更加精准实施“一日一图”，铁路部门建立运力安排快速反应机制，动态优化客运供给，最大限度降低疫情影响。此外还大力开行红色旅游列车，优化客运产品的供给。积极满足各地开展党史学习教育组织研学活动的需要，大力开行去红色教育资源站点的红色旅游列车；同时，根据各地旅游推介方案，在运力、票额、票制等方面优化供给、提供保障，积极开展“坐着火车游”旅游产品销售板块。

在铁路运营过程中，落实各方各级安全责任，不断优化升级客运安全体系。2021 全年全国铁路未发生铁路交通特别重大、重大事故，全国铁路交通较大事故同比下降 92.3%，事故死亡人数同比下降 25%，连续八年未发生重特大事故，铁路安全形势持续稳定。

（二）铁路货运总发送量突破 47 亿 t，保障重点物资运输工作

2021 年，铁路货运量持续增长。全国铁路货运总发送量完成 47.74 亿 t，比

上年增加 2.21 亿 t，增长 4.9%（图 8-6）。其中，国家铁路完成货运总发送量 37.26 亿 t，比上年增长 4.0%。全国铁路货运总周转量完成 33238.00 亿吨公里，比上年增加 2723.54 亿吨公里，增长 8.9%（图 8-7）。其中，国家铁路完成货运总周转量 29950.01 亿吨公里，增长 9.3%。2021 年，国家铁路单日装车数、集装箱单日装车数、电煤单日装车数、货物单日发送量等多项指标接连创历史新高。国家铁路全路日均装车达到 16.8 万车，同比增加 7048 车，增长 4.4%，再创历史新高，单日最大装车数也屡破纪录，最高达到 186616 车；货物平均运程 804km，同比提高了 39km。全路集装箱日均装车 3.61 万车，同比增加 5512 车；集装箱平均运距、净载重、单箱收入同比分别提升了 1%、5%和 5.3%。

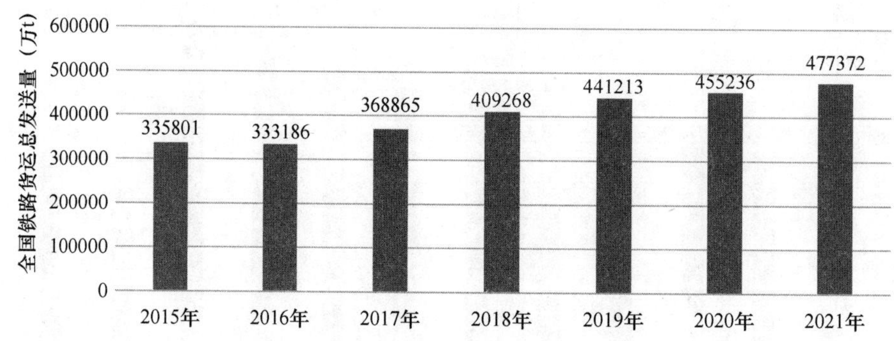

图 8-6　2015～2021 年全国铁路货运总发送量

资料来源：铁道统计公报。

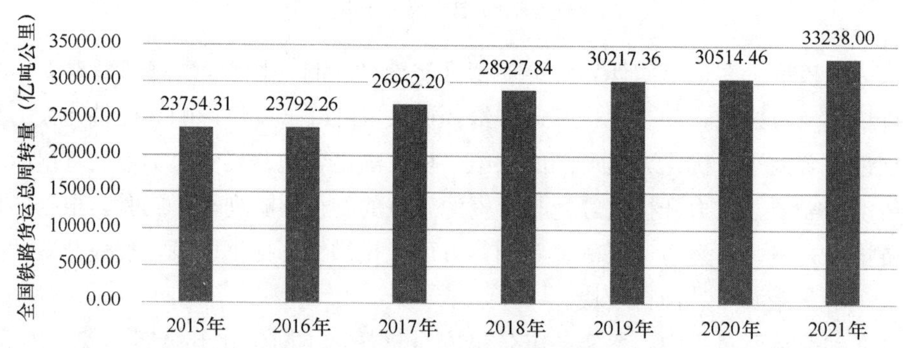

图 8-7　2015～2021 年全国铁路货运总周转量

资料来源：铁道统计公报。

移动装备方面，全国铁路机车拥有量为 2.17 万台，其中，内燃机车 0.78 万台，电力机车 1.39 万台。全国铁路货车拥有量为 96.6 万辆。国家铁路机车拥有量为 2.09 万台，其中，内燃机车 0.74 万台，电力机车 1.35 万台。国家铁路货车拥有量为 89.2 万辆。

2021 年，铁路行业充分发挥全路“一张网”“一盘棋”和运输集中统一指挥优势，有力保障了粮食、电煤、应急、防疫等重点物资运输工作。铁路行业及时调整运输结构、增加货运能力、坚守电煤保供底线、确保电煤和国家重点物资运输，在全路开展电煤保供专项行动。到 2021 年底，363 家铁路直供电厂存煤 7099 万 t，较 9 月底增加 4117 万 t，可耗天数 23 天。全年国家铁路煤炭发送量超过 19 亿 t，运送涉农货物 7.2 亿 t、同比增长 3.8%，助力了农业的稳定生产。此外，铁路行业持续为防疫物资运输开辟“绿色通道”以有效应对国内疫情反复的情况。及时对接各地防疫物资运输需求，强化铁路运输组织，通过开行专列、组织高铁运输等方式提高防疫物资的运输时效，为防疫物资提供充足运力保障。同时，科学精准加强铁路口岸和车站疫情防控工作，做好“外防输入”工作，为统筹疫情防控和经济社会发展提供了有力支撑。总之，铁路行业坚持把以货补客作为全年运输经营的大格局，深入实施货运增量行动，全面优化货运布局，释放煤运大通道运力，大力发展多式联运，实施铁路 95306 整体升级，促进货运量持续增长。

（三）提升铁路货物增量，“公转铁”转型持续深化

为有效缓解公路货运压力，保障物流畅通的同时实现交通运输绿色发展，铁路行业持续推进“公转铁”重点项目建设。2021 年，新天钢集团天钢公司“公转铁”专用铁路项目正式开通投运，随着该项目建成，天钢公司金属矿石、煤炭、焦炭和钢材等大宗货物铁路货运比例可以提升到 80%以上，专线铁路每年的运量达 1300 万 t，可有效降低企业运输成本，减少汽运车辆排放，预计年可降碳 8 万 t，实现经济效益和社会效益双赢。2021 年，北京运输结构调整最终实现了 230 万 t 货物“公转铁”，全年减少约 10 万辆次大货车运行。

铁路运输具有运量大、能耗低、排放少、污染小等优势，是典型的节能环保绿色交通工具。为降低碳排放量，铁路部门构建多层级、一体化综合交通枢纽体系，优化枢纽场站布局，发展煤炭多式联运，加速推进“公转铁”、多式联运的运输方式，相继推出“一站式”“门到门”“站到站”“站到门”等运输方服务，既提高了装车效率，实现快捷便利的交通运输，也节省了来回装卸车所消耗的时间，降低了碳污染排放指数。下面对北京市“公转铁”交通排放进行量化分析，2021 年实现碳减排 1.3 万 t、二氧化氮减排 490t、PM2.5 减排 6.1t。可以说，铁路多承担一份运量，就能多节约一份资源，减少一份污染，为实现“碳达峰”

“碳中和”目标提供了强有力支持①。

（四）中欧班列开行逆势上扬，稳定国际供应链产业链

2021 年，开行中欧班列 1.5 万列、发送货物 146 万标箱，同比分别增长 22%、29%；统筹开好西部陆海新通道班列，全年发送货物 57 万标箱，同比增长 57.5%。2016 年至 2021 年，中欧班列年开行数量由 1702 列增长到 15183 列，年均增长 55%；运输货物品类从最初的手机、笔记本电脑等 IT 产品，扩大到汽车配件及整车、化工、机电、粮食、酒类、木材等 5 万余种产品；年运输货值由 80 亿美元提升至 749 亿美元，增长了 9 倍，在中欧贸易总额中的占比从 1.5%提高到 8%。同时，全程运行时间从 24 天压缩至 12 天，班列运输效率大幅提高，与其他物流方式相比，极大节省了全程物流费用，促进了社会物流成本的降低。

面对世界疫情对国际物流供应链的冲击，口岸交接采取特殊作业办法，使中欧班列始终保持安全畅通，积极承接海运、空运转移货源，充分发挥了战略通道作用。中欧班列优先保障国际合作防疫物资运输，实行优先承运、优先装车、优先挂运，做到快装快运、应运尽运，已累计向德国、波兰、比利时等欧洲国家运送防疫物资 1362 万件，超过 10 万 t，成为各国携手抗疫的“生命通道”。

为共建“一带一路”重要项目，中欧班列已成为世界运输体系的重要组成部分。在巩固和稳定既有入欧主要通道基础上，国铁集团还探索开辟了跨里海、波罗的海以及经乌克兰、芬兰等国家的新通道、新路径，推动形成“畅通高效、多向延伸、海陆互联”的中欧班列境外通道网络格局。2021 年，中欧班列铺画 78 条运行线，通达欧洲 23 个国家的 180 个城市，较去年增加 2 个国家和 88 个城市，通达城市数量增长了 96%。

二、铁路服务水平显著改善

（一）高铁列车升级提速，运客能力持续扩张

我国高铁在投入运营后，在列车开行数量、速度等级、本线与跨线比例、单车载客能力等方面进行了数轮升级。高铁列车进行提速将有助于改善服务质量，提升旅客发送能力，推进出行服务快速化、便捷化，通过高铁构筑大容量、高效率的区际快速客运服务，提升主要通道旅客运输能力。以京沪高铁为例，时速

---

① 北京市运输结构调整“公转铁”的实践与思考，http：//www.iii.tsinghua.edu.cn/info/1121/3078.htm.

300km的列车在2011年占比63.81%，2016年底占比98%，全线开行列车已实现“全高速”。2017年9月，“复兴号”动车组在京沪高铁上有7对运行，一年后增至23对，其中15对按照350km/h的速度运行。2019年1月，京沪高铁首次投入运营17辆超长版“复兴号”动车组，载客能力提升了7.5%。2021年，京沪高铁开通运营十周年，全年列车运送旅客3529.1万人次，同比增长27.1%；跨线列车营业里程完成7250.4万km，同比增长4.8%。至2021年底，全国铁路配备“复兴号”系列动车组达1191组，累计安全运行13.58亿公里，运送旅客13.7亿人次。“复兴号”智能动车组在京张、京沪、京广、京哈、徐兰、成渝等高铁扩大体验运营，以及西藏高原拉林铁路的投入运营，历史性地实现复兴号对31个省（区、市）的全覆盖。此外，“复兴号”不断实现科技创新，强化了我国高铁技术在世界领跑地位。2022年，“复兴号”在京张高铁率先实现时速350km自动驾驶功能，形成了涵盖时速160km、250km、350km等不同速度等级，适应高原、高寒、风沙等各种运营环境的“复兴号”系列产品。

（二）公益性运输作用凸显

我国铁路现代化进程快速推进，铁路快速发展对经济社会发展作出了积极贡献，通过承担公益运输任务和打造现代物流体系，满足多元化需求。一批快速铁路建成投产，大大缩短区域时空距离，为促进区域协调发展、加快城镇化和工业化进程提供支撑。高速铁路发展推动了产业结构优化升级、增强企业科技创新能力并带动沿线旅游、商贸等服务业的快速发展，促进综合运输体系优化。西部铁路的建设和运营，改善了西部地区基础设施条件，增强了地区自我发展能力，加快了老少边穷地区脱贫致富和经济社会发展，坚持巩固铁路扶贫成果，为实现脱贫攻坚目标作出贡献。根据国家铁路局的统计数据，近年来铁路在抗击重大自然灾害和其他应急运输中发挥了骨干支撑作用，铁路90%的运力用于确保关系国计民生的煤炭、冶炼、石油、粮食等重点物资运输，承担了学生、农资等大量公益性运输任务，保障了国民经济平稳运行和人民群众生产生活需要。

（三）高铁票价改革试点推开，定价机制改革加速

2021年，高铁票价差异化的浮动定价机制逐步推广。成渝、京沪高铁已于2020年开启了票价市场化改革，高铁票价不再执行固定票价，区分季节、时段、席别、区段等，实行优质优价、有升有降。2021年，厦深高铁，南广高铁，广深、广珠及珠机城际等一系列的高铁和城际实行计次票和定期票等新票制。计次票持有者可乘坐限定次数的指定发车、到达站间规定列车的车票。定期票持有者可在有效期内，乘坐有限次数、指定到达、发车站及席别的列车车票。新票制下

对应票价也会有所优惠，“20次计次票”每张票相当于原有票价的9.5折，“30日定期票”，若坐满60次，每张票相当于原有票价的7折，坐满50次，每张票相当于原有票价的8.2折。这种新票制灵活便捷、经济实惠，满足了固定区间密集出行的通勤客流以及频繁出行的商务客流的需求。

（四）提升服务质量，打造服务精品

成渝、京沪高铁试点推出“静音车厢”服务。“静音车厢”内的车载视频系统默认静音，车内自动广播音量也设置在最高音量的40%内。餐品小车在进入“静音车厢”后将停止产品介绍，服务人员也需要小声回复并进行相关服务。“静音车厢”可为旅客提供更加安静舒适的旅行环境，愿意遵守相应行为规范的旅客可以在购票时自行选择。

铁路行业加快建设铁路客户服务中心，实行“一站式”办理、“一条龙”服务，拓展服务功能，提升服务水平。以京沪高铁为例，依托铁路12306客服中心，京沪高铁沿线主要车站开展全渠道特殊重点旅客预约服务，对行动不便需要照顾的重点旅客提供从到站、上车、乘车、下车、出站全流程重点服务。同时进一步为商务座旅客服务提质，在京沪高铁沿途主要客站，为商务座旅客提供专用安检通道、专属候车区、专人引导进出站等服务。

第三节　铁路运输行业发展成效

2021年是党和国家历史上具有里程碑意义的一年。以习近平同志为核心的党中央带领我们实现了第一个百年奋斗目标，开启了实现第二个百年奋斗目标新征程。这一年里铁路部门全面贯彻党的十九大和十九届历次全会精神，坚决落实党中央、国务院决策部署，勇担交通强国铁路先行历史使命，有力有效应对疫情汛情及市场变化带来的多重考验，奋力推动铁路高质量发展取得新成效，铁路安全保持稳定，建设任务全面完成，运输保障能力进一步增强，市场化改革持续深入，经营管理取得较好成效，绿色低碳发展迈出新步伐，实现“十四五”良好开局。

一、市场化改革推动高质量发展

目前，我国发达的铁路网已形成，铁路的快速发展成为推动经济社会发展的

强劲引擎，形成了大量优质铁路资产。但同时，铁路也面临着债务规模攀升的挑战。2021 年末，国铁集团资产负债率为 66.33%，较 2020 年上升 0.7 个百分点，低于 2021 年末全国央企平均水平。由于当前我国还处于铁路建设高峰期，未来铁路负债率仍将相对偏高。因此，为降低国铁企业负债和优化资本结构，可以通过市场直接募集资金并用于新建项目资本金，进一步拓宽权益性融资渠道，同时市场在更大范围内吸引社会投资者参与铁路建设和运营，有利于盘活存量资产和放大铁路资产价值。

在深入推进铁路资产资本化股权化证券化方面，2021 年，国铁集团完成大秦公司可转债发行上市，金鹰重工、中铁特货股改上市，铁路基础设施 REITs 试点项目有序实施，推进沪昆客专浙江省和武广客专广东省路地股权调整。此外，国铁集团出资进一步向干线集中，实施 7 个省域、31 家合资公司重组。其中，6 个省域公司可实现地方控股，地方政府优势得到更好发挥，国铁集团在支持地方发展的过程中亦实现资本布局的进一步优化。2021 年 8 月 18 日，金鹰重型工程机械股份有限公司（简称金鹰重工）在深交所创业板挂牌交易，成为国铁集团旗下企业深交所第一股。2021 年 9 月 8 日，中国国家铁路集团有限公司所属中铁特货物流股份有限公司在深圳证券交易所主板成功挂牌上市，这是 2020 年以来继“京沪高铁”“铁科轨道”“金鹰重工”成功上市之后，铁路市场化改革取得的又一重要成果。中铁特货能够在众多现代物流企业中脱颖而出，其优势在于能够充分依托铁路网络资源的天然优势，形成了高效的物流网络，实现门到门全程物流。相较于公路、水路运输而言，铁路运输服务具有物流价格较低、货运量大、安全性高、受气候影响小、全天候运输等优点。在运输组织方面，可以根据运输任务采取整列运输、大组运输或零散运输模式。中国铁路勇担“交通强国、铁路先行”的历史使命，坚持市场化改革方向，全面提升铁路对经济社会发展的服务保障水平。

此外，铁路行业内部积极实行市场化改革。国铁企业改革三年行动方案明确的改革措施全面实施，总体完成率超过 80%，完成国家规定的年度任务。同时，深化管理和机制变革，优化调整站段布局，试点推进机辆一体化管理改革，扎实推进高铁综合维修一体化改革，深化高铁基础设施段改革试点，统筹推进动车组、和谐型机车修程修制改革，巩固深化货车事业部管理改革成果，完成物资供应单位改革，发达路网和先进装备红利进一步释放。

二、科学技术支撑产业先进制造力

（一）铁路科技创新能力不断提升

2021 年，高铁自主创新持续深化，形成了涵盖时速 160km、250km、350km 等不同速度等级，适应高原、高寒、风沙等各种运营环境的复兴号系列产品。“复兴号”在京张高铁率先实现时速 350km 自动驾驶功能，强化了我国高铁技术世界领跑地位，扩大了世界高铁商业化运营最高速度的适用范围。“复兴号”智能动车组在京张、京沪、京广、京哈、徐兰、成渝等高铁扩大体验运营，极大改善了旅客的出行方式。此外，通过技改提质、安全评估，“复兴号”动力集中型动车组在 51 条普速铁路上运行，覆盖了 31 个尚未通高铁的地级城市。新型奥运版“复兴号”智能动车组在京张高铁上线运行。国铁集团组织研制复兴号高原内电双源动车组，在西藏高原拉林铁路投入运营，历史性地实现“复兴号”对 31 个省（区、市）的全覆盖。深化川藏铁路工程关键技术创新，牵头实施 20 项国家重点专项，协调组建国家川藏铁路技术创新中心，成都研发基地开工建设。“CR450 科技创新工程”纳入国家“十四五”规划纲要，重大项目和重大课题全面启动。一批降本增效类信息化项目取得良好成效。

（二）技术标准不断完善

国铁集团编制实施《“十四五”铁路科技创新规划》以及《“十四五”网络安全和信息化规划》，制定发布 83 项技术标准和 26 项重要标准性技术文件，推动铁路关键核心技术攻关，组织 248 项重大科技创新成果入库，择优推荐国家级奖项。同时，指导首批 14 个铁路行业科技创新基地规范化运行，推进北斗铁路行业综合应用示范工程，组织出版“高铁工程技术创新丛书”29 册，推动铁路人才培养和新技术应用。

（三）深化国际合作

2021 年，铁路行业服务中欧班列高质量发展，利用好铁路合作组织和多双边机制等平台，加强沟通协调，推进国际联运便利化，全年开行 1.5 万列，发送货物 146 万标箱，同比分别增长 22％、29％；统筹开好西部陆海新通道班列，全年发送货物 57 万标箱，同比增长 57.5％。中老铁路顺利开通运营，中尼铁路前期工作深入推进，中俄同江大桥建成，蒙内铁路持续安全运营，为保障国内国际循环畅通、国际贸易供应链稳定作出了突出贡献。此外，为推进中国铁路标准国际化，统筹行业资源，年内我国主持 29 项、参编 61 项 ISO、IEC、UIC 等铁路国际国外标准的制修订工作，主持编制的 4 项 ISO 国际标准和 1 项 UIC 标准正式发布，同时还完成中国标准外文译本发布 50 项。

三、绿色铁路促进生态文明建设

铁路作为国家重要的交通基础设施和运输骨干，在促进交通运输绿色转型发展、助力“双碳”目标实现方面具有绿色、低碳、环保优势，实现“双碳”目标是对世界的承诺，也是国家高质量发展的内在需求。国家铁路局 2021 年统计公报结果显示，在综合能耗上，国家铁路能源消耗折算标准煤 1580.74 万 t，比上年增加 85.86 万 t，增长 5.7%。单位运输工作量综合能耗 4.07 吨标准煤/百万换算吨公里，比上年减少 0.16 吨标准煤/百万换算吨公里，下降 3.9%。单位运输工作量主营综合能耗 4.02 吨标准煤/百万换算吨公里，比上年减少 0.15 吨标准煤/百万换算吨公里，下降 3.5%（图 8-8）。进入“十四五”，铁路行业将坚持绿色发展理念，持续助力绿色交通体系建设，进一步发挥大运量、高能效、低排放的运输优势，构建绿色运输通道，实现社会效益与经济效益双增长。

2021 年，在主要污染物排放量上，国家铁路化学需氧量排放量 1611t，比上年减排 12t；二氧化硫排放量 0.2 万 t，比上年减少 0.1 万 t（图 8-9）。同时重视沿线绿化，国家铁路绿化里程 6.06 万 km，比上年增加 0.1 万 km，增长 1.7%。

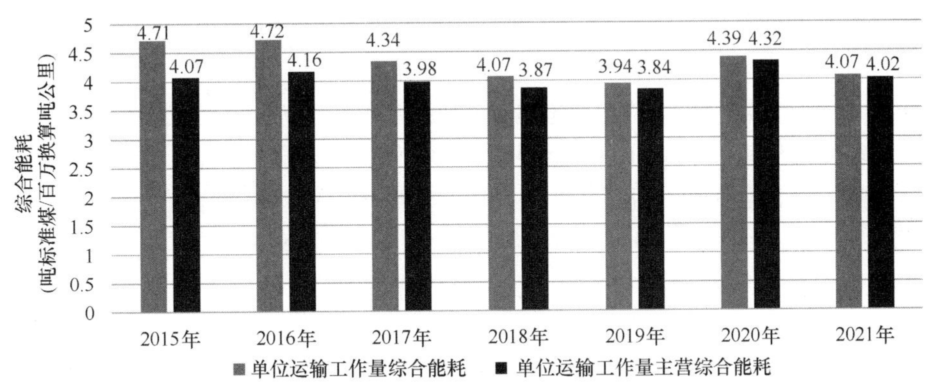

图 8-8　2015～2021 年我国铁路运输工作量能耗

资料来源：铁道统计公报。

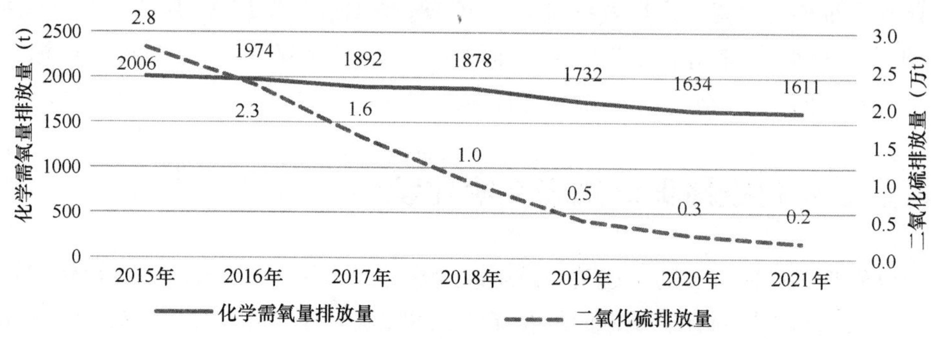

图 8-9　近年来我国铁路污染物排放量

资料来源：2021 年铁道统计公报，国家铁路集团有限公司 2021 年统计公报。

四、治理体系助力现代化铁路建设

2021 年，铁路行业落实法治政府建设要求，持续推进法规制度和标准体系建设，夯实依法行政履职基础。一是制度体系进一步完善。《中华人民共和国铁路法》修订取得实质性进展。国家铁路局推进落实新《中华人民共和国安全生产法》的 11 项制度办法制修订，出台《铁路营业线施工安全管理办法》等，持续清理原铁道部规范性文件，进一步完善了包括“一法三条例”、33 件规章、367 件规范性文件的制度体系。二是标准体系进一步健全。国家铁路局编制发布《“十四五”铁路标准化发展规划》，制定《铁路标准体系建设方案》和框架结构图明细表，形成了涵盖装备技术、工程建设、运输服务三大领域共计 237 项国家标准、1151 项行业标准的铁路标准体系，实施标准建设三年计划，年内编制标准 227 项、发布 38 项。三是应急管理工作进一步规范。应急管理工作机制更加完善，国家铁路局建立突发事件应急预案体系，修订综合应急预案，编制实施 9 类专项预案。四是自身建设进一步加强。国家铁路局制定实施《国家铁路局政府部门建设规划（2021—2025 年）》，实施事业单位五年发展规划和三年行动，进一步夯实履职基础，提升履职能力、工作质量和监管效力。

第四节　铁路运输行业数字化监管

近年来，互联网、大数据、云计算等技术加速创新，数字经济、数字技术给生产生活带来广泛而深刻的影响。习近平总书记在中共中央政治局第三十四次集体学习时强调，要促进数字技术与实体经济深度融合，赋能传统产业转型升级，催生新产业新业态新模式，不断做强做优做大我国数字经济。中国铁路是规模庞大的实体产业，已建成并运营世界上最现代化的铁路网和最发达的高铁网，拥有海量的建设、运营数据和丰富的应用场景，具备推动数字经济和铁路产业深度融合的基础条件和发展潜力。党的十八大以来，铁路部门认真贯彻落实党中央决策部署，全面提升铁路信息化建设水平，积极推进数字技术与铁路业务融合发展。智能技术体系、智能客货运输服务与铁路建设安全智能管控等一系列关键举措构建起了铁路数字经济新生态。2020 年，"深化铁路网和互联网双网融合，发展铁路数字经济和网络经济"被写入《新时代交通强国铁路先行规划纲要》，与数字经济的深度融合成为推动新时代铁路高质量发展的重要内容。

一、构建智能铁路技术体系

智能高速铁路是广泛应用云计算、大数据、物联网、移动互联、人工智能、北斗导航、BIM、5G 等新一代信息技术，综合高效利用资源，实现高速铁路移动装备、固定基础设施及内外部环境间信息的全面感知、泛在互联、融合处理、主动学习和科学决策，实现全生命周期一体化管理的新一代高速铁路系统。从我国高铁发展需求来看，高铁智能化发展的关键在于如何基于信息新技术赋能赋智，进一步提高效率、提升安全性和提供更高品质的服务，即基础设施的数字化、运营装备智能化、调度指挥综合化、运输服务个性化和安全保障泛在化。

结合我国高铁智能化特点和需求，我国铁路提出了技术体系、数据体系、标准体系三位一体的智能高速铁路体系架构。智能高速铁路技术体系框架是从技术层面对智能建造、智能装备、智能运营三大板块的核心要素、关联关系等进行的整体设计。智能高速铁路数据体系框架是从数据层面按照数据全生命周期管理流程对智能高速铁路内外部数据资源的汇集、治理、共享和分析等进行的整体设计。智能高速铁路标准体系框架是从标准层面对智能高速铁路建造、装备、运营全产业链成套技术及相关基础和支撑标准进行的整体设计。

目前，以智能京张、智能京雄铁路等为依托，我国初步构建了覆盖智能建造、智能装备、智能运营 3 个领域的智能铁路技术体系、数据体系和标准体系。成功研制时速 350km 京张智能动车组、时速 250km 复兴号动车组，自主化 C3 列控系统和自动驾驶系统试用考核顺利推进，时速 350km 复兴号自动驾驶功能进一步优化。研发智能综合调度系统，开展浩吉铁路智能关键技术试验验证。总体来说，中国智能高铁的研究历经了从体系架构设计，到关键技术攻关，再到京张高铁示范应用，构成了一个完整闭环，形成了智能高铁体系架构 1.0 成果。

二、打造智能客货运输服务

一是搭建铁路客票系统世界级平台。2011 年，由中国铁路自主研发的铁路 12306 网站上线运营。截至 2021 年底，12306 注册用户已达到 6.8 亿，累计售票 195.8 亿张，成为全球最大的票务交易系统，约 90%车票通过互联网渠道售出，数以亿计的群众因此受益。在新冠疫情“大考”中，铁路数字化技术的进步发挥了重要作用。为满足疫情防控期间旅客无接触进出站需求，铁路部门加快了普速铁路电子客票的技术研发。2020 年 6 月 20 日，全国 1300 多个普速铁路车站成功迈入电子客票时代。2021 年底，12306 系统售票能力已达到每日 2000 万张，旅客可在全国 2959 个车站享受电子客票“一证通行”的便利。同时铁路客票系统每年可为社会节约购票的直接交通成本超百亿元。不仅如此，“铁”与“数”融合发展还带来了“扫码乘车”、网上订餐等便利化服务。

二是推进铁路货运与互联网“接轨”。2015 年，95306 网站正式上线。作为一个集大宗物资交易、小商品交易、行业资讯、物流服务于一体的大型综合电子商务平台，95306 网站大大提升了铁路货运便利化程度。2021 年底，95306 实现整体升级。24 小时网上办货、精准追踪货物、电子支付运费等新功能新服务惠及万千企业货主，5.5 万家货主申领数字证书并通过电子签名办理业务，有效解决了受疫情影响难以在线下办理货运业务和传递单据等问题，极大方便了广大货主发货，每年可为货主节省往返铁路货运站的人工、交通等综合成本 10 亿元以上。此外，货运票据电子化、多式联运平台、国际联运无纸化通关等系统相继应用，支撑跨运输方式、跨国界的物流信息共享，成为近年来中欧班列快速增长背后的“数字驱动力”。2021 年，国铁集团印发《中欧班列信息集成平台建设行动计划》，开工建设了中欧班列信息集成平台项目，主要建设内容和任务包括开通中欧班列门户网站，打造信息发布、境内外全程业务、客户服务的重要窗口，实现与中欧班列相关主体间信息互联互通。

三是投产铁路数字化安全管理系统。为确保信息安全，国铁集团目前已建立起较为完善的铁路信息系统安全等级保护制度，初步构建人防、物防、技防“三位一体”的网络安全防护体系，下一步还将打造一支与铁路数字化发展相适应的网信技术力量，确保核心技术自主可控。国家铁路局为了提高铁路项目监督管理工作的数字化网络化智能化水平，研究建设数字化监督管理系统，通过数字化监督管理系统，可以自动随机检查并公开检查问题信息，极大地保障了铁路建设、运维、管理的效率。

三、智能管控铁路建设安全

提升铁路工程建设安全管理，就是要通过对生产要素的过程控制，使安全生产要素的不安全状态减少或消除。但复杂的地质环境、点多线长的生产组织、品类繁杂的机械设备、安全意识较低的劳务人员，决定了铁路建设安全的高风险特性。针对建设安全管理工作的实际情况，铁路部门借助“互联网＋”和“大数据”分析技术研发新系统，持续推进智能化管控，确保铁路建设项目安全进行。

一是提升建设安全智能管控水平。在指挥部和项目部两个层面，同步推动以过程管控为重点、以数字信息为资源、以智能建造为导向的全新安全管控中心建设，用科学便捷、准确有效的“大数据”把传统的“人盯人”的战术转移到科学管理上。

二是坚持创新发展，实现智能管控。借助5G、大数据、物联网等现代化信息手段，积极构建集“人、机、网”一体的“安全管控平台”，实行全过程、全覆盖的有效监控。首先，确保视频监控全覆盖。把“视频架到一线、探头安到岗点”作为安全管控的要件，在对营业线施工实现“零距离”全覆盖视频管控的基础上，将隧道、路基、特殊结构桥梁等重难点、高风险施工和存在重大危险源的分部分项工程作业全部纳入“安全管控平台”，实行24小时全天候、全覆盖的人机联网视频管控。其次，实现数据信息共享互通。运用互联网技术，国铁集团研发出实现全线、全专业、全过程工程建设精细化管控的铁路工程管理平台，有助于对铁路工程建设项目质量、安全、工期、进度、投资等信息的共享和管控分析。最后，实现精准智能管控。运用大数据分析手段，对检测数据、施工质量评价、安全性能评估和物料信息等进行全面科学分析，自动生成对参建单位的分析统计图与问题报告单等，精准反映参建单位的安全管理问题，精准作出分析，生成有针对性的安全提示表，实现由事后整改问题变为事先预防风险。

第九章　政 策 解 读

第一节　综合性法规政策解读

《关于加强城市地下市政基础设施建设的指导意见》解读

一、出台背景

城市地下市政基础设施建设是城市安全有序运行的重要基础，是城市高质量发展的重要内容。当前，城市地下市政基础设施建设总体平稳，基本满足城市快速发展需要，但城市地下管线、地下通道、地下公共停车场、人防等市政基础设施仍存在底数不清、统筹协调不够、运行管理不到位等问题，城市道路塌陷等事故时有发生。为进一步加强城市地下市政基础设施建设，住房和城乡建设部出台《关于加强城市地下市政基础设施建设的指导意见》（以下简称《意见》）。

二、核心内容

（一）总体要求

以习近平新时代中国特色社会主义思想为指导，全面贯彻党的十九大和十九届二中、三中、四中、五中全会精神，按照党中央、国务院决策部署，坚持以人民为中心，坚持新发展理念，落实高质量发展要求，统筹发展和安全，加强城市地下市政基础设施体系化建设，加快完善管理制度规范，补齐规划建设和安全管理短板，推动城市治理体系和治理能力现代化，提高城市安全水平和综合承载能力，满足人民日益增长的美好生活需要。坚持系统治理、坚持精准施策、坚持依法推进、坚持创新方法的工作原则。到 2023 年底前，基本完成设施普查，摸清底数，掌握存在的隐患风险点并限期消除，地级及以上城市建立和完善综合管理信息平台。到 2025 年底前，基本实现综合管理信息平台全覆盖，城市地下市政基础设施建设协调机制更加健全，城市地下市政基础设施建设效率明显提高，安全隐患及事故明显减少，城市安全韧性显著提升。

（二）开展普查，掌握设施实情

各城市人民政府负责组织开展设施普查，从当地实际出发，制定总体方案，明确相关部门职责分工，健全工作机制，摸清设施种类、构成、规模等情况。充分运用前期已开展的地下管线普查等工作成果，梳理设施产权归属、建设年代、结构形式等基本情况，积极运用调查、探测等手段摸清设施功能属性、位置关系、运行安全状况等信息，掌握设施周边水文、地质等外部环境，建立设施危险源及风险隐患管理台账。设施普查要遵循相关技术规程，普查成果按规定集中统一管理。在设施普查基础上，城市人民政府同步建立和完善综合管理信息平台。有条件的地区要将综合管理信息平台与城市信息模型（CIM）基础平台深度融合，与国土空间基础信息平台充分衔接，扩展完善实时监控、模拟仿真、事故预警等功能，逐步实现管理精细化、智能化、科学化。

（三）加强统筹，完善协调机制

统筹城市地下空间和市政基础设施建设，各城市人民政府要建立完善城市地下市政基础设施建设协调机制，推动相关部门沟通共享建设计划、工程实施、运行维护等方面信息，切实加强工程质量管理。地下管线工程应按照先深后浅的原则，合理安排施工顺序和工期，施工中严格做好对已有设施的保护措施，严禁分散无序施工。地铁等大型地下工程施工要全面排查周边环境，做好施工区域内管线监测和防护，避免施工扰动等对管线造成破坏。科学制定城市地下市政基础设施的年度建设计划，强化工程质量安全要求，争取地下管线工程与地面道路工程同步实施，力争各类地下管线工程一次敷设到位。

（四）补齐短板，提升安全韧性

各地要将消除城市地下市政基础设施安全隐患作为基础设施补短板的重要任务。各城市人民政府对普查发现的安全隐患，明确整改责任单位，制定限期整改计划；对已废弃或“无主”的设施及时进行处置。严格落实设施权属单位隐患排查治理责任，确保设施安全。各地要扭转“重地上轻地下”“重建设轻管理”的观念，切实加大城市老旧地下市政基础设施更新改造工作力度。各地要统筹推进市政基础设施体系化建设，提升设施效率和服务水平。运用第五代移动通信技术、物联网、人工智能、大数据、云计算等技术，提升城市地下市政基础设施数字化、智能化水平。

（五）压实责任，加强设施养护

严格落实城市地下市政基础设施建设管理中的权属单位主体责任和政府属地责任、有关行业部门监管责任，建立健全责任考核和责任追究制度。设施权属单位要加强设施运行维护管理，不断完善管理制度，落实人员、资金等保障措施，严格执行设施运行安全相关技术规程，确保设施安全稳定运行。加强城市地下市政基础设施运营养护制度建设，规范设施权属单位的运营养护工作。建立完善的设施运营养护资金投入机制，合理制定供水、供热等公用事业价格，保障设施运营正常所需资金。定期开展检查、巡查、检测、维护，对发现的安全隐患及时进行处理，防止设施"带病"运行。健全设施运营应急抢险制度，迅速高效依规处置突发事件，确保作业人员安全。

（六）完善保障措施

各省级人民政府要健全牵头部门抓总、相关部门协同配合的工作机制，督促指导本地区城市人民政府扎实推进城市地下市政基础设施建设各项工作，完善项目资金、政策制度等保障措施。住房和城乡建设部会同有关部门对设施普查和综合管理信息平台建设工作进行指导和支持。各地要组织开展城市地下市政基础设施运行效率评估，找准并切实解决突出问题和短板，保障设施安全运行。住房和城乡建设部会同相关部门进行监督指导，推动效率评估各项任务措施落地见效。各地要加大对城市地下市政基础设施建设工作的宣传，推广可借鉴案例，推介可复制经验，引导市场主体积极参与，发动社会公众进行监督，增强全社会安全意识，营造良好舆论氛围。

三、主要评价

《意见》是贯彻落实党中央、国务院决策部署，坚持以人民为中心，坚持新发展理念，落实高质量发展要求，统筹发展和安全，为人民群众营造安居乐业、幸福安康的生产生活环境，推动城市建设高质量发展的重要体现；《意见》是坚持问题导向、目标导向、结果导向，推动解决城市地下基础设施规划建设管理存在的突出问题，补齐规划建设和安全管理短板，统筹推进市政基础设施体系化建设，提升设施效率和服务水平的重要举措。加强城市地下市政基础设施建设作为实施城市更新行动的重要内容，抓好《意见》贯彻落实，有利于城市人民政府根据地下空间实际状况和城市未来发展需要，立足城市地下市政基础设施高效安全运行和空间集约利用，统筹城市地下空间和市政基础设施建设，合理部署各类设施的空间和规模；有利于推动建立完善城市地下市政基础设施建设协调机制，推动相关部门沟通共享建设计划、工程实施、运行维护等方面信息，加快推进基于信息化、数字化、智能化的新型城市基础设施建设和改造，提升城市地下市政基础设施数字化、智能化水平和运行效率；有利于扭转“重地上轻地下”“重建设轻管理”观念，切实加大城市老旧地下市政基础设施更新改造工作力度，落实城市地下市政基础设施建设管理中的权属单位主体责任和政府属地责任、有关行业部门监管责任，确保各项工作落到实处。

第二节　供水行业法规政策解读

《关于加强城市供水安全保障工作的通知》解读

一、出台背景

党的二十大报告明确提出，统筹水资源、水环境、水生态治理，推动重要江河湖库生态保护治理，基本消除城市黑臭水体。城市供水是一项重要的民生工程，做好供水安全保障、提高供水质量事关人民群众生命健康和民生福祉。近年来，极端天气、水质污染、公共卫生事件时有发生，城市供水安全面临严峻挑战。牢固践行总体国家安全观，完善国家应急管理体系，亟须统筹供水高质量发展和供水安全保障。

为全面推动城市供水高质量发展，持续增强供水安全保障能力，及时防范卫生安全风险，住房和城乡建设部、国家发展和改革委员会、国家疾病预防控制局联合发布了《关于加强城市供水安全保障工作的通知》（以下简称《通知》）。通知总体要求，自 2023 年 4 月 1 日起，城市供水全面执行《生活饮用水卫生标准》GB 5749－2022；到 2025 年，建立较为完善的城市供水全流程保障体系和基本健全的城市供水应急体系。

二、核心内容

《通知》从供水设施改造、供水检测与应急能力、城市供水服务、健全保障措施等四个方面提出十项具体安全保障措施。

（1）在推进供水设施改造方面，提出升级改造水厂工艺。各地因地制宜，组织城市供水企业对照《生活饮用水卫生标准》GB 5749－2022 要求，开展水厂净水工艺和出水水质达标能力复核，重点关注潜在风险指标，强化水源风险应对。加强供水管网建设与改造：明确要求管材和建设质量符合规范，各地编制供水管道老化更新改造方案，还提出应采取分区计量、压力调控、优化调度、智能化管理等措施，提升供水管网管理水平。推进居民加压调蓄设施统筹管理：摸清底数，统筹布局建设消毒设施，更新改造不符合规范的设施，鼓励居民加压调蓄设施依法依规移交给供水企业实行专业运行维护。

（2）在提高供水检测与应急能力方面，提出加强供水水质检测。明确企业、各部门职责，依据法规加强城市供水水质监测能力建设，建立健全城市供水水质监督检查制度。加强供水应急能力建设：各地要完善供水应急预案，明确不同风险状况下的供水应急响应机制，在企业层面完善应急净水工艺运行方案，在政府层面完善国家供水应急救援体系运行机制。加强供水设施安全防范：对取水口、水厂、泵站等重点目标及其重点部位综合采取人防、技防、物防等安全防范措施，同时提高供水设施应对突发事件和自然灾害的能力，增强供水系统韧性。

（3）在优化提升城市供水服务方面，提出推进供水智能化管理水平。鼓励供水企业智能化改造，实现设施底数动态更新、运行状态实时监测、风险情景模拟预测、优化调度辅助支持等功能，推动城市级、省级供水监管平台建设和信息共享。推进供水信息公开：各地要在保障供水安全的前提下因地制宜制定简洁、标准化的供水服务流程，明确服务标准和时限，优化营商环境。

（4）在健全保障措施方面，提出落实落细责任。城市人民政府对供水安全负主体责任，城市供水主管部门要加强对城市供水的指导监督，疾病预防控制主管部门要加强饮用水卫生监督管理和监测。强化要素保障：各地要加大投入力度，加快推进供水基础设施建设，各地价格主管部门可合理制定并动态调整供水价格。综合考虑当地经济社会发展水平和用户承受能力等因素，价格调整不到位导致供水企业难以达到准许收入的，当地人民政府应当予以相应补偿。

三、主要评价

《通知》坚持以人民为中心的发展思想，牢固树立总体国家安全观，全面、系统加强城市供水工作，精准把握城市供水发展规律及存在的深层次矛盾，着力构建完善的城市供水质量管理体系、应急保障体系和政府监管体系。

（1）构建城市供水质量管理体系。《通知》提出城市供水设施改造项目：水厂工艺、供水管网以及居民加压调蓄设施，要求各地编制供水设施更新改造方案，明确企业和政府部门在升级改造过程中的法律职责和参考标准。

（2）构建城市供水应急保障体系。《通知》要求全面提高城市供水水质检测能力，完善城市供水水质监测体系，针对突发污染和相关突发事件，建立完善的供水应急预案，加强对供水设施的安全管理，建立健全供水安全防范管理制度。

（3）构建城市供水政府监管体系。《通知》明确城市供水安全监管主体、各部门监管职责以及监管法律依据，强化统一领导与部门协同监管，要求企业和监管部门尽快建设、更新、改造智能化感知装备，实现城市供水智能化管理。同时，在提升监管信息化过程中，要求各地强化信息公开的监督管理和指导。

《城镇供水定价成本监审办法》解读

一、出台背景

为提高城镇供水定价的科学性、合理性，加强供水成本监管，规范供水定价成本监审行为，根据《中华人民共和国价格法》《城市供水条例》《政府制定价格成本监审办法》等有关法律法规规定，制定本办法。

二、核心内容

《城镇供水定价成本监审办法》明确了定价成本构成和核定方法。主要内容：一是明确城镇供水定价成本构成范围。按照合法性、相关性、合理性原则，规定城镇供水定价成本包括固定资产折旧费、无形资产摊销和运行维护费，并对计入定价成本的项目作了具体规定。二是明确定价成本和有效资产核定方法。细化明确固定资产折旧、原水费、材料费、动力费、人工费等成本费用的审核标准，对可计提收益的有效资产范围及其核定方法作出明确规定，对供水企业职工人数定员、管网漏损率控制等建立激励约束机制。

《城镇供水定价成本监审办法》与《城市供水定价成本监审办法（试行）》的不同之处主要有以下几个方面。一是对城镇供水成本构成的维度进行了调整。与《城镇供水价格管理办法》相呼应，《城镇供水定价成本监审办法》对城镇供水定价成本的构成维度进行了调整，供水定价成本不再从制水成本、输配成本和期间费用的角度进行梳理，而是由折旧费、运行维护费两大部分构成。对供水企业关注的二次供水设施运行维护成本，也明确归入输配费用当中。二是各项费用的内涵和核定原则更加清晰。由于成本构成维度的调整，十年来供水行业发生的实际变化等因素，相应地许多费用的内涵和成本核定的细则也发生了变化，政策原文中都进行了名词解释和核定原则说明。三是强化供水企业在成本监审方面的义务。成本监审制度的定期性、规范性和对供水企业的监管性得到强化，供水企业需建立、健全成本核算制度和成本监审报表制度，定期向定价机关上报，以保障供水价格制定是一个合理、公开、科学的过程。

三、主要评价

《城镇供水定价成本监审办法》建立了促进供水企业降本增效的激励约束机制。在人工成本考核方面，设立了供水企业职工人数定员上限标准；在管网漏损考核方面，设定了管网漏损率控制标准。供水企业超出规定标准的部分，不得计入供水定价成本；低于规定标准的，按规定标准计算。修订后的办法还增加了供水企业自用水率等约束性指标。激励和约束机制的建立有利于破解“鞭打快牛”问题，有利于激励供水企业精减人员，降低管网漏损率，挖掘潜力，加强成本控制，提高生产经营效率和市场竞争力，推动行业高质量发展。

第三节　排水与污水处理行业法规政策解读

《关于推进开发性金融支持县域生活垃圾污水处理设施建设的通知》解读

一、出台背景

为贯彻落实党的十九届五中全会关于实施乡村建设行动的决策部署，中央财经委员会第十一次会议关于“全面加强基础设施建设，构建现代化基础设施体系”的要求，住房和城乡建设部、国家开发银行于2022年6月29日联合发布《关于推进开发性金融支持县域生活垃圾污水处理设施建设的通知》（以下简称《通知》），旨在统筹推进县域生活垃圾污水处理设施建设。

二、核心内容

《通知》主要从重点支持内容、建立动态项目储备库、优先信贷支持、建立协调机制等四部分，对建设县域生活垃圾污水处理设施工作展开指导。

(1) 重点支持内容。《通知》指出此次设施建设工作的重点将围绕支持县域生活垃圾收运处理设施建设和运行、支持县域生活污水收集处理设施建设和运行、支持行业或区域统筹整合工程建设项目等三方面展开，并列举了以上三方面重点工作的具体范围。

(2) 建立动态项目储备库。《通知》要求省级住房和城乡建设部门会同国家开发银行省（区、市）分行指导县级住房和城乡建设部门尽快梳理“十四五”时期县域生活垃圾污水处理设施建设项目，明确设施规模、建设时序、投资总额、融资需求等内容。《通知》还规定了县级住房和城乡建设部门开展项目的方式、项目申报的上级单位，并要求省级住房和城乡建设部门会同国家开发银行省（区、市）分行建立项目储备库，承担项目开展的监督职责。

(3) 优先信贷支持。为保障县域生活垃圾污水处理设施建设项目的开展，《通知》对符合条件的项目和企业出台了优惠政策，具体包括：对纳入省级住房和城乡建设部门县域生活垃圾污水处理设施建设项目储备库内的项目，要求国家开发银行省（区、市）分行为其开辟“绿色通道”，并在项目尽调、审查审批、贷款和利率等方面提供支持；对综合业务能力强、扎根本地从事生活垃圾污水处理的企业，在合法合规的前提下，规定优先支持其承接相关项目，并在贷款期限、利率定价等方面给予扶持。

(4) 建立协调机制。《通知》要求：住房和城乡建设部、国家开发银行要建立工作协调机制，共同开展相关研究，共同培育孵化大型专业化的建设运营主体；省级住房和城乡建设部门、国家开发银行省（区、市）分行要建立工作协调机制，及时共享开发性金融支持相关项目信息及调度情况，每年 12 月底前将开发性金融支持县域生活垃圾污水处理设施建设项目进展表分别上报住房和城乡建设部、国家开发银行。

三、主要评价

县域统筹推进生活垃圾污水处理设施建设，有助于提升城乡基础设施建设水平、拉动有效投资；有助于改善城乡人居环境、缩小城乡差距；有助于推动县城绿色低碳建设、促进高质量发展。《通知》的下发及执行，反映了住房和城乡建设部、国家开发银行对推进县域生活垃圾污水处理设施建设工作的高度重视，相关工作的开展对“全面加强基础设施建设，构建现代化基础设施体系”具有重要意义。

《关于做好 2022 年城市排水防涝工作的通知》解读

一、出台背景

为深入贯彻落实习近平总书记关于防汛救灾工作重要指示批示精神，按照党中央、国务院决策部署，落实国家防汛抗旱总指挥部办公室《关于对照问题教训查找短板弱项 切实做好汛前准备工作的通知》（国汛办电〔2022〕2 号）要求，统筹发展和安全，坚持人民至上、生命至上。2022 年 3 月 31 日，住房和城乡建设部办公厅、国家发展和改革委员会办公厅印发《关于做好 2022 年城市排水防涝工作的通知》（建办城函〔2022〕134 号，以下简称《通知》），旨在指导城市做好排水防涝工作，“宁可十防九空，不可失防万一”，做好迎战汛期各项准备，尽全力避免人员伤亡事故，保持安全稳定的社会环境。

二、核心内容

《通知》共包括 8 个部分，首先明确郑州“7・20”特大暴雨灾害教训，提出了对城市排水防涝工作的具体意见和要求，以指导各地扎实推进排水防涝工作，确保城市安全度汛。

（1）深刻汲取郑州“7・20”特大暴雨灾害教训。《通知》明确，要深刻汲取郑州“7・20”特大暴雨灾害教训，坚决克服麻痹思想和经验主义，始终对城市内涝灾害保持高度警惕，主动适应和把握排水防涝的新特点、新规律，立足防大汛、抢大险、救大灾，确保城市安全度汛。

（2）严格落实工作责任。各城市排水防涝安全责任人要按照《住房和城乡建设部关于 2022 年全国城市排水防涝安全责任人名单的通告》要求，加强组织领导和统筹协调，建立健全多部门协同、全社会动员的城市防汛应急管理体系，做到守土有责、守土尽责。加强日常防范和事前、事中、事后全过程管理，避免对城市排水防涝工作仅做一般化部署、原则性要求，力戒形式主义、官僚主义。

（3）加强设施清疏养护。抓住汛前时机，加强排水防涝设施的日常巡查、维护。对雨水排口、闸门、排涝泵站等设施开展巡查，定期对排水管道、雨水口和检查井进行清淤、维护。及时补齐修复丢失、破损的井盖，落实防坠落措施，防止发生窨井伤人等安全事故。整治疏浚具有排涝功能的城市河道，对于汛期河道行洪水位可能淹没雨水排口的，要采取增加拍门等防倒灌措施。加强泵站、闸门、拍门等设施的维护检修，保证设施设备安全、正常运行。

（4）强化安全隐患整改。认真排查、整改风险隐患和薄弱环节。对下凹式立交桥、隧道、地下空间、地铁、棚户区以及城市低洼地等风险点，建立隐患清单，制定“一点一策”整治方案，加快推进治理；对于汛前确实难以整治到位的，要设置警示标识，制定专门处置方案，消除安全隐患。对位于地下空间的二次供水、供配电、排水泵站等关键设施设备，根据受淹风险程度，因地制宜采取建设封闭抗淹设施、迁移改造或建设备用设施等方式分类实施改造，提高灾害应对能力。

（5）全力做好防汛应急准备和处置。及时修订完善应急预案，明确预警等级及其具体启动条件，落实各相关部门工作任务、响应程序和处置措施，强化极端天气条件下停工、停运、停产和转移避险等措施。实施洪涝“联排联调”，科学合理及时做好河湖、水库、调蓄设施的预腾空或预降水位工作，增大调蓄空间，确保雨水行泄通畅。

（6）加快构建城市排水防涝体系。要加快建立“源头减排、管网排放、蓄排并举、超标应急”的城市排水防涝工程体系。依托国家重大建设项目库，将“十四五”规划城市防洪排涝重大工程项目台账中的各项任务逐一落实到具体建设项目，组织做好项目入库、按时填报项目进展。加强项目前期准备工作，强化政策支撑和要素保障，加快开工建设一批重大项目，做到竣工一批、在建一批、开工一批、储备一批。压实建设、设计、施工、监理单位责任，加强质量安全问题检查整改，杜绝安全隐患。

（7）加大培训和宣传引导。《通知》要求，要以案为鉴，把郑州“7·20”特大暴雨灾害作为案例纳入干部培训内容，强化各级责任人专题培训，提高领导干部应对灾害的能力和水平。充分发挥各类媒体作用，开展防灾避险科普宣传，增强群众防灾减灾意识和自救互救能力。完善信息发布制度，公开透明、积极负责任地回应社会关切。

（8）加强汛期值班值守。《通知》要求，严格落实24小时值班和领导带班制度，第一时间掌握雨情、水情、涝情等相关信息，发现险情灾情迅速采取应对措施。实行汛期城市涝情“一日一报”制度，按时报告内涝积水基本情况、成因及应对措施等，第一时间上报人员伤亡情况。发生积水内涝事件后，要认真回溯分析，梳理薄弱环节，有针对性地细化完善应急措施。

三、主要评价

《通知》旨在指导城市做好排水防涝工作，统筹发展和安全。强化城市排水防涝应急处置能力，确保人民的生命安全。《通知》督促城市对汛前准备以及内涝治理等工作进行全面自查，扎实推进排水防涝工作。一方面，深刻汲取历史灾害教训，始终对城市内涝灾害保持高度的警惕性。另一方面，主动适应和把握排水防涝的新特点、新规律，提高防灾减灾救灾和防范化解风险挑战的能力和水平。积极落实《通知》的相关要求，抓早抓实城市防汛应对各项准备工作，切实担负起保护人民群众生命财产安全的责任，为党的二十大胜利召开营造安全稳定环境。

第四节　垃圾处理行业法规政策解读

《中华人民共和国固体废物污染环境防治法》（2020 年修订）解读

一、出台背景

党的十八大以来，以习近平同志为核心的党中央高度重视固体废物污染环境防治工作，习近平总书记多次就固体废物污染环境防治工作作出重要指示，亲自部署生活垃圾分类、禁止洋垃圾入境等工作。《中共中央、国务院关于全面加强生态环境保护坚决打好污染防治攻坚战的意见》中明确提出，加快修改固体废物污染防治方面的法律法规。固体废物污染环境防治是打好污染防治攻坚战的重要内容，事关人民群众生命安全和身体健康，新冠疫情发生以来，以习近平同志为核心的党中央统筹推进疫情防控和经济社会发展工作，强调要坚定不移打好污染防治攻坚战，强化公共卫生法治保障。全国人大常委会高度重视《中华人民共和国固体废物污染环境防治法》（以下简称《固废法》）修订工作，专门听取审议国务院关于研究处理《固废法》执法检查报告及审议意见情况的报告，在关于全面加强生态环境保护依法推动打好污染防治攻坚战的决议中明确提出加快《固废法》的修订工作。

二、核心内容

（一）崇尚绿色生产和生活方式

2020 年修订的新版《固废法》以立法的形式提出“推行绿色发展方式”和“倡导简约适度、绿色低碳的生活方式”，将固体废物减量化主要思路由末端回收处理，转向生产和消费端的低碳环保绿色行为，旨在通过培养绿色生活方式和消费习惯，从源头杜绝浪费、强化资源利用，形成全民参与固体废物污染防治的社会格局。

（二）明确固体废物污染防治责任

1. 实行目标责任制和考核评价制

将固体废物污染防治目标的完成情况纳入生态文明建设目标考核体系中，通过完善绩效考核和责任追究制度，创新考核方法和评价方式，强化各级政府对固体废物治理的重视程度，从而在宏观和整体层面形成具有系统性、综合性、协同性的治理方案，推动固体废物环境污染问题的全面解决。

2. 推行跨行政区域的联防联控机制

2020 年修订的新版《固废法》提出，省、自治区、直辖市之间可以协商建立跨行政区域固体废物污染环境的联防联控机制，统筹规划制定、设施建设、固体废物转移等工作。政府部门可以通过辖区间协商，实行处理处置设施共建共享，共同探索配套政策和制度措施，解决固体废物处理处置能力的区域供需失衡和结构性短板问题。打击非法倾倒和处置固体废物行为，同样需要跨行政区的合作，共同堵住监管漏洞，消除风险隐患。

3. 建立信息化监管体系

建立固体废物污染环境防治信息平台，运用大数据、物联网、定位系统、智能终端等先进的技术和设备，对固体废物的全生命周期，尤其是危险废物的产生、收集、储存、转移、利用、处置等行为，进行即时定位、查询、跟踪、预警、考核，实现全过程实时可视化监控；通过对平台的申报数据、行为数据、信用数据进行整合分析，评估和判断固体废物产生单位和处理处置单位的环境风险，为实施分级分类管理、提升环境监管效率、确保固体废物妥善处理提供科学依据。

4. 健全固体废物污染防治领域的信用记录制度

2020 年修订的新版《固废法》创新性地提出，由生态环境主管部门会同相关部门建立信用制度，将产生、处理处置固体废物单位和其他生产经营者的相关信用记录纳入全国信用信息共享平台。该条款将企业和个人的涉固体废物的相关行为与社会信用体系挂钩，极大地震慑了存在固体废物环境违法行为的企业。建立以信用为核心的监管方式，有助于形成自觉守法守信的良好生产和经营氛围。

（三）强化产生者的固体废物处理处置责任

1. 产生工业固体废物的单位需执行排污许可管理制度

排污许可证中纳入了环境影响评价文件及批复中与污染物排放相关的主要内容，成为企事业单位在生产运营期接受环境监管和环境执法部门实施监管的主要依据。排污许可管理制度是“控制污染物区域总量”向“监管单一固定源排放”的精细化管理的体现。2020 年修订的新版《固废法》要求产生工业固体废物的单位应当取得排污许可证，并执行排污许可管理制度的相关规定，如实提供固体废物环境管理相关资料，为探索实现固体废物的“一证式”管理提供了上位法支撑。

2. 电器电子、铅蓄电池、车用动力电池等产品的生产者应落实责任延伸制度

2020 年修订的新版《固废法》要求生产者以自建或者委托等方式，建立与产品销售量相匹配的废旧产品回收体系，实现有效回收和利用。规范废弃产品的回收处理活动，有助于构建公平的竞争环境，并且对于推动生产企业落实资源环境责任、提高产品的资源环境效益和国际综合竞争力、发展循环经济构建循环社会具有重要意义。

3. 产生工业固体废物和危险废物的单位要建立管理台账

2020 年修订的新版《固废法》不仅要求建立台账工业固体废物和危险废物管理台账，还对未建立台账者制定了具体的罚则。台账记录了固体废物的种类、数量、流向、储存、利用、处置等信息，是追溯和查询固体废物处理处置情况的重要依据。管理台账与管理计划、信息申报、排污许可等制度相互配合，在产生源对数量记录与处理流向进行规范，进一步提升了固体废物环境管理水平。

三、主要评价

从《固废法》的历次修改情况可以看出，我国的固体废物环境管理与时俱进，能够紧密结合经济社会现状，多维度协同解决固体废物环境问题，助力高质量可持续发展。

2020 年修订的新版《固废法》强调通过形成绿色生产和生活方式推进源头

减量，体现了固体废物环境管理思路从污染控制向绿色引导的转变。通过实行目标责任制和考核评价制、创新运用全过程信息化追溯、健全社会信用体系在固体废物污染防治领域的应用，落实政府的固体废物治理和监管责任；通过落实排污许可管理制度、生产者责任延伸制度、台账制度，全链条多角度协同管控，强化产生者的固体废物处理处置责任；通过完善查封扣押、按日连续处罚、企业和负责人双处罚、打击环境犯罪等措施，突出违法者需要承担的法律责任。除此以外，2020 年修订的新版《固废法》还从全局出发，针对生活垃圾、建筑垃圾、农业固体废物等具体的废物类别，完善了相应的污染环境防治制度，全面保障经济社会的高质量可持续发展。

《关于开展小微企业危险废物收集试点的通知》解读

一、出台背景

小微企业主要是指危险废物产生量相对较小的企业，还包括机动车维修点、科研机构和学校实验室等社会源。小微企业危险废物产生量少，但种类杂、点多面广，如不及时收集处理将存在较大环境风险隐患。小微企业长期以来受危险废物收集处理难困扰，亟须打通危险废物收集“最后一公里”。

为贯彻落实 2020 年修订的新版《固废法》关于精准治污、科学治污、依法治污的重要指示精神，按照《强化危险废物监管和利用处置能力改革实施方案》关于开展危险废物收集试点等有关要求，加强小微企业危险废物污染防治，防范小微企业危险废物环境风险，保障人民群众身体健康，将有助于推动各地完善小微企业危险废物收集体系建设，加快解决小微企业的危险废物收集处理难题。

二、核心内容

（一）充分认识危险废物试点的重要意义

要高度重视试点作为支持小微企业发展的一项具体环保举措，充分发挥政府部门引导和政策支持作用，有效打通小微企业危险废物收集“最后一公里”，解决小微企业的危险废物收集处理问题。有序推动建立小微企业危险废物收集体系，探索形成一套可推广的小微企业危险废物收集模式，研究完善危险废物收集单位管理制度，有效防范小微企业危险废物环境风险。

（二）因地制宜统筹布局

生态环境部门结合实际，自 2022 年 2 月 19 日起至 2023 年 12 月 31 日，通过开展试点推动做好小微企业危险废物收集工作，统筹考虑行政区域内小微企业分布情况及危险废物收集能力，合理确定小微企业危险废物收集试点单位数量和布局，避免能力过剩。试点区域宜选择行政区域内副省级城市和其他条件较好的地市。依托小微企业集中的工业园区开展试点。引导和支持具有危险废物收集经验、具备专业技术能力、社会责任感强的单位开展试点。

（三）严格审查确定收集单位

依据危险废物相关法规标准，按照高标准、可持续的原则，严格收集单位审查，及时公开审查确定的收集单位相关信息并主动接受监督。收集单位应具有环境科学与工程、化学等相关专业背景中级及以上专业技术职称的全职技术人员，具有符合国家和地方环境保护标准要求的包装工具、储存场所和配套的污染防治设施，具有防范危险废物污染环境的管理制度、污染防治措施和环境应急预案等；应具有与所收集的危险废物相适应的分析检测能力，不具备相关分析检测能力的，应委托具备相关能力单位开展分析检测工作；原则上应将行政区域内危险废物年产生总量 10t 以下的小微企业作为收集服务的重点，同时兼顾机关事业单位、科研机构和学校等单位及社会源。

（四）明确收集单位责任

生态环境部门应指导督促收集单位严格落实危险废物相关环境保护法律法规和标准要求。收集单位应依法制定危险废物管理计划，建立危险废物管理台账，通过全国固体废物管理信息系统如实申报试点过程的危险废物收集、储存和转移等情况，并运行危险废物电子转移联单；按照规定的服务地域范围和收集废物类别，及时收集转运服务地域范围内小微企业产生的危险废物，分类收集储存，并按相关规定将所收集的危险废物及时转运至危险废物利用处置单位。鼓励收集单位采用信息化手段记录所收集危险废物的种类、来源、数量、储存和去向等信息，实现所收集危险废物的信息化追溯。鼓励收集单位为小微企业提供危险废物管理方面的延伸服务，推动小微企业提升危险废物规范化环境管理水平。

（五）强化环境监督管理

省市级生态环境部门应依法加强对收集单位危险废物收集、储存、转移等过程的环境监管，将收集单位作为危险废物规范化环境管理评估重点，依法严厉打击非法转移、倾倒、处置危险废物等环境违法行为。建立收集单位退出机制，违反试点要求、存在重大环境违法问题或试点期间发生重大环境污染事件的，终止其试点工作。

（六）加强技术帮扶和协调沟通

省市级生态环境部门应对收集单位开展危险废物管理相关培训。鼓励有条件的地方建立技术帮扶组，组织现场学习交流，及时指导或帮助收集单位和小微企业解决危险废物收集相关技术问题。加强与其他相关部门的协调沟通，对收集单位的危险废物转移、储存等方面给予支持与指导，并告知收集单位自觉接受其他相关部门监管。

（七）做好宣传和公众监督

省市级生态环境部门应加强对试点工作的宣传，充分利用网络、广播、电视、报刊等新闻媒体，广泛宣传危险废物收集试点的相关政策，力争做到收集地域范围内小微企业全覆盖。通过政府网站公布本行政区域全部收集单位名称、地址、联系方式及每个收集单位服务地域范围等信息，并通报同级相关部门。建立有奖举报机制，鼓励公众对非法收集、处置危险废物等环境违法行为进行监督和举报。

三、主要评价

随着国家环境治理政策趋严及细化，过去经常被忽略的小微企业危险废物集中回收等环境问题逐渐被国家环境治理部门重视起来，并以法规及政策的形式加强对小微企业的环境管理，这不仅能突显我国环境治理部门对危险废物等环境治理的决心，更能体现出对任何单位部门污染环境行为的零容忍，对我国经济、社会和环境可持续发展的一种深化和发展。

对小微企业开展危险废物收集，开篇是规范和监管好小微企业危险废物收集试点。《关于开展小微企业危险废物收集试点的通知》中先是提出建立小微企业危险废物收集试点的意义，接着指出试点建设应该因地制宜统筹布局，然后明确提出收集单位（试点单位）在危险废物收集过程中应该承担的责任，紧接着指出省市级环境治理部门要对试点收集单位强化环境监督管理，最后指出要加强对危险废物收集试点的技术帮扶、协调沟通、做好宣传和公众监督，从而能够为之后全国危险废物的收集工作积累丰富经验并打好基础。

第五节　天然气行业法规政策解读

《天然气管道运输价格管理办法（暂行）》和《天然气管道运输定价成本监审办法（暂行）》解读

一、出台背景

我国天然气市场发展初期，大部分地区只能由单气源或者单主体供气，天然气管道运输价格实行的是“一线一价”，价格主管部门为每条天然气管道核定价格。2016 年《天然气管道运输价格管理办法（试行）》（以下简称《价格管理办法》）和《天然气管道运输定价成本监审办法（试行）》（以下简称《成本监审办法》）实行“一企一价”，价格主管部门以企业法人为单位，按照准许成本加合理收益的方法核定每个管道运输企业的准许总收入，然后用准许总收入除以总周转量，确定企业的管道运价率，适用于该企业所属的所有天然气管道。“一企一价”使得管道运营企业可以在不同管道之间实现交叉补贴，有利于提高单个管道项目的风险承受能力，鼓励企业投资成本较高的新管道建设，促进不同管道运营企业之间的竞争。理论上来说，企业规模越大、运营管道越多，交叉补贴的可能性越大，风险承受能力越强，市场竞争力也就越强。然而，由于天然气管道的自然垄断属性、运营主体较少、网络化程度低等，管道之间实际上缺乏竞争。出于对不同区域价格承受能力、特定项目投资核算等方面的考虑，三大石油公司均成立了多个具有独立法人资格的子公司或财务独立核算的分公司，甚至一条管道就成立一家独立的管道公司，“一企一价”实际上与“一线一价”并行存在。在国家管网集团运营之前，全国跨省天然气管道存在多达 19 个不同的运价率。同一区域不同管道的运输价格不同，不仅增加了管道运输价格管理难度，而且妨碍天然气市场公平竞争。很显然，谁能够抢得低价的管道运输服务，谁就可以在天然气销售市场获得巨大的竞争优势，这显然不利于建立统一的竞争性天然气市场机制。

二、核心内容

第一，《价格管理办法》明确了跨省天然气管道运输价格的定价原则、定价方法和定价程序。主要内容：一是按照“准许成本加合理收益”的原则制定跨省天然气管道运输价格。即通过核定准许成本、监管准许收益确定准许收入，核定管道运价率。二是实行“一区一价”。根据我国天然气市场结构和管道分布情况，将跨省天然气管道划入西北、西南、东北及中东部 4 个价区，分区核定运价率，实行“一区一价”。三是对准许收益率实行动态调整。明确统筹考虑国家战略要求、行业发展需要、用户承受能力等因素，对准许收益率实行动态调整。

第二，《成本监审办法》明确了定价成本构成和核定方法。主要内容：一是明确定价成本构成范围。按照合法性、相关性、合理性原则，规定管道运输定价成本由折旧及摊销费、运行维护费构成，并对可计入定价成本的项目作了具体规定。二是明确成本核定方法。分类明确了主要固定资产折旧年限，对运行维护费的有关参数取值作了明确规定，进一步加强垄断行业定价成本监管。

第三，确立标杆定价。2019 年国家管网集团成立后，原属三大石油公司的跨省天然气管道基本上全部纳入了国家管网集团。虽然并没有法律规定包括三大石油公司在内的其他企业不可以建设运营跨省天然气管道，但出于“全国一张网”的考虑，国家管网集团应该是建设跨省天然气管道的主要力量。因此，与 2016 年试行办法不同，两个暂行办法明确规定其适用于确定国家管网集团经营的跨省天然气管道运输价格，其他市场主体经营的跨省天然气管道按照国家管网集团价格执行。今后，国家管网集团的价格就是标杆价格，其他企业经营跨省天然气管道的，直接执行国家管网集团的价格。

第四，分区定价。两个暂行办法仍然沿用了“准许成本加合理收益”定价方式，即先确定管道运营企业的准许成本、有效资产和准许收益率，计算出准许收益，然后准许成本、准许收益、税金相加计算出管道运营企业的准许总收入。但是在“分区定价、一区一价”模式下，价格主管部门参考各价区监审期间最末一年的实际收入比例等因素，将准许收入分配至各价区。两个暂行办法还规定，在各价区间分配准许收入时，适当考虑管道建设运营成本、未来投资需求和地区经济发展状况等因素。由于管道运价率＝准许总收入÷总周转量，准许总收入越高，管道运价率也就越高。相信准许收入在各价区之间分配时会比较照顾西北、东北、西南三个价区，中东部价区管道资产收益率会高于其他三个价区，进一步调动企业在中东部投资建设天然气管道的积极性，促进管网互联互通。

三、主要评价

第一，充分释放改革红利。管道资产折旧年限从 30 年改为 40 年。2016 年试行办法把管道运输企业固定资产分为四类，即天然气管道、通用设备及设施、房屋、建筑物和其他，折旧年限分别为 30 年、12 年、30 年及按有关财务规定。两个暂行办法进一步细化了管道运输企业固定资产分类，明确了各类资产折旧年限及残值率，其中天然气管道折旧年限从 30 年改为 40 年，办公用房折旧年限从 30 年改为 50 年，其他设备设施折旧年限从 12 年改为 15 年到 25 年不等。延长折旧年限，有利于降低计算准许收入时的准许成本，从而降低管道运价率，释放改革红利。

第二，定价成本设置更合理。管道弃置、封存费及承担国家应急保供任务而发生的储气服务费纳入定价成本。管道弃置、封存费用并非当期发生的费用，而是在管道因服役期满、闲置需要拆除或封存时发生的费用。这部分费用是否纳入定价成本，在 2016 年试行办法中没有明确，在两个暂行办法中作为其他费用被明确列入输气成本。国家管网集团除提供管道运输服务，同时也拥有储气库、LNG 接收站等资产，提供储气服务、LNG 接收加工服务。根据两个暂行办法规定，国家管网集团应当单独建立账目，单独核算管道运输业务成本和收入，储气服务、LNG 接收加工服务成本不得计入管道运输成本。但是国家管网集团为承担国家要求的应急保供任务而发生的储气服务费用，最终受益者是全体管道天然气用户，因此两个暂行办法把这部分费用纳入输气成本，由全体用户分担，更为合理。

第三，价格管理体现动态性和科学性。两个暂行办法沿用了 2016 年试行办法中 8%准许收益率，但是明确规定 8%并不是一成不变的，将来会根据国家战略要求、行业发展需要、用户承受能力等因素进行动态调整，体现了天然气管道运输价格管理充分适应我国天然气市场不同阶段的发展需求。国家管网集团应当与所有用户签订管道运输合同，并根据价格主管部门制定的运价率，以及天然气入口与出口的路径和距离，明确管道运输费用。也就是说，在签订合同之前，只有管道运价率是确定的，特定入口与出口之间的运输价格会因选择的路径不同而不同。举例来说，在甲地与乙地之间有 A、B 两条管道，B 管道距离较远，用户在签订合同时需确定通过哪条管道运输，通过 B 管道运输的用户需支付较高的管道运输费。

《关于完善进口液化天然气接收站气化服务定价机制的指导意见》解读

一、出台背景

接收站是进口液化天然气资源的重要通道，气化服务价格是指接收站向用户提供将液化天然气进行气化处理及相关必要服务所收取的费用，包括液化天然气接卸、临时存储、气化等相关费用。其中，临时存储期限原则上不超过45天，具体由各地结合实际情况确定。2015年接收站气化服务价格由中央下放至省级价格主管部门制定。近年来，随着国家油气管网运营机制改革持续推进，接收站逐步向第三方开放，但由于缺乏统一明确的气化服务定价方法，加之一些省份接收站气化服务价格多年不调整，不利于接收站公平开放。对此，各方面普遍希望国家层面出台指导意见，指导各地完善定价机制，规范定价行为，合理制定价格水平。2022年国家发展和改革委员会发布《关于完善进口液化天然气接收站气化服务定价机制的指导意见》(以下简称《指导意见》)。

二、核心内容

第一，健全气化服务定价方式。气化服务价格实行政府指导价管理，由省级价格主管部门制定省（区、市）内接收站最高气化服务价格。鼓励一个省（区、市）制定一个最高气化服务价格。各接收站可在不超过最高气化服务价格的前提下，结合自身建设运营成本和市场供需情况，自主确定具体服务价格。

第二，完善价格制定方法。最高气化服务价格按照“准许成本加合理收益”的方法制定，即通过核定气化服务成本、监管准许收益确定准许收入，再除以气化量进而核定气化服务价格。新建接收站投产运营初期，可参照可行性研究报告核定临时价格。气化服务成本包括与气化服务相关的折旧及摊销费、运行维护费等，通过成本监审核定。对于一省份有多个接收站且各站成本相差不大的，可将平均成本确定为准许成本。准许收益按有效资产乘以准许收益率计算确定。有效资产指企业投资的、与气化服务相关的可计提收益的资产，由固定资产净值、无形资产净值和营运资本构成。准许收益率由省级价格主管部门统筹考虑区域经济发展水平、行业发展需要、用户承受能力等因素确定，原则上不超过8%。气化服务与其他服务共用的成本和资产，应当根据成本动因，按照业务量比例、固定资产原值比例、收入比例等方法进行合理分摊。接收站气化量据实核定，但实际气化量低于政府核定气化能力 60%的，原则上按政府核定气化能力的 60%确定。

第三，合理设定价格校核周期。最高气化服务价格原则上每三年监审校核一次，如遇重大变化，可提前校核。监审后的成本较上一监管周期变动较大的，可调整价格水平。各接收站具体气化服务价格调整应及时报告省级价格主管部门。

第四，细化其他服务价格管理。已包含在气化服务价格中的接卸、临时存储等费用，如因业务多元化发展需单独提供服务并收费，可按照气化服务价格的一定比例收取，具体比例由省级价格主管部门结合各环节成本情况确定，也可由接收站与用户协商确定。除不具备沿线开口分输的短途管道外，接收站外输管道运输费用，原则上应从气化服务价格中剥离，并按照管道运输价格有关规定单独制定。液态装车、储气服务（不包括气化服务环节的临时存储）、船舶转运等衍生服务价格，可由接收站在依法依规的前提下通过协商、竞拍等市场化方式确定。

三、主要评价

第一，进一步提高接收站气化服务价格的规范性。《指导意见》是国家首次专门就接收站气化服务价格制定的政策文件，为各地制定和调整气化服务价格提供了政策指导，有利于更好促进接收站公平开放。同时，通过实行相对灵活的政府指导价管理方式，有利于激发接收站活力和积极性，更好发挥价格杠杆调节供需的作用，助力天然气行业高质量发展，保障国家能源安全。《指导意见》明确了气化服务价格定义及内涵，将气化服务价格由政府定价转为政府指导价，实行最高上限价格管理，鼓励“一省份一最高限价”，并明确按照“准许成本加合理收益”的方法制定最高气化服务价格。

第二，进一步提高接收站气化服务价格的科学性和动态性。《指导意见》可以概括为“四个统一”和“一个明确”：一是统一定价方式。气化服务价格由政府定价转为政府指导价，实行最高上限价格管理。鼓励实行“一省份一最高限价”。二是统一定价项目。气化服务价格包括液化天然气接卸、临时存储、气化等相关费用，除不具备沿线开口分输的短途管道外，其他外输管道运输价格原则上从气化服务价格中剥离。三是统一定价方法。按“准许成本加合理收益”方法制定最高气化服务价格。四是统一重要参数。对准许收益率、实际气化量核定等提出原则性要求。五是明确价格校核周期。最高气化服务价格原则上三年校核一次。

第三，提高接收站气化服务价格的灵活性。将气化服务价格由政府定价转为政府指导价，可以在保持政府监管的前提下，赋予接收站一定的定价自主权，建立更加灵活、更有弹性的价格机制，有利于激发接收站积极性，更好发挥价格杠杆调节供需的积极作用。鼓励实行“一省份一最高限价”，有利于通过标杆价格方式，引导接收站合理定价，从长远看，也有利于促进天然气行业上游统一大市场形成。

第四，强化信息公开促进市场竞争机制。省级价格主管部门应通过门户网站向社会公开最高气化服务价格。接收站应通过门户网站、公平开放信息平台或其他有关平台等向社会公开具体气化服务价格，便于用户查询、使用和监督。拒不公开或虚假公开的，价格主管部门可会同有关部门依法查处。

第六节 电力行业法规政策解读

《关于促进新时代新能源高质量发展的实施方案》解读①

为达到2030年我国风电、太阳能发电总装机容量达到12亿kW以上，加快构建清洁低碳、安全高效能源体系的目标，2022年5月14日，国务院办公厅转发国家发展和改革委员会、国家能源局《关于促进新时代新能源高质量发展的实施方案》（国办函〔2022〕39号）（以下简称《实施方案》）。

一、出台背景

经过长期发展，我国已成为世界上最大的能源生产国和消费国，形成了煤炭、电力、石油、天然气、新能源、可再生能源全面发展的能源供给体系，技术装备水平明显提高，生产生活用能条件显著改善。尽管我国能源发展取得了巨大成绩，但也面临着能源需求压力巨大、能源供给制约较多、能源生产和消费对生态环境损害严重、能源技术水平总体落后等挑战。2020年9月，习近平总书记作出“碳达峰、碳中和”重大宣示，12月又明确提出到2030年我国非化石能源占一次能源消费比例达到25%左右，风电、太阳能发电总装机容量达到12亿kW以上。2021年12月，习近平总书记在中央经济工作会议上强调传统能源逐

① 资料参考国家能源局网站《政策通知》栏目相关文章。

步退出要建立在新能源安全可靠的替代基础上。2022 年 1 月，习近平总书记在中央政治局第三十六次集体学习中明确提出，要加大力度规划建设以大型风光电基地为基础、以其周边清洁高效先进节能的煤电为支撑、以稳定安全可靠的特高压输变电线路为载体的新能源供给消纳体系。习近平总书记的重要讲话和指示为新时代新能源发展提出了新的更高要求。为深入贯彻落实习近平总书记的重要讲话和指示精神，促进新时代新能源高质量发展，国家发展和改革委员会、国家能源局发布了《关于促进新时代新能源高质量发展的实施方案》。

二、核心内容

《实施方案》围绕新能源发展的难点、堵点问题，在创新开发利用模式、构建新型电力系统、深化“放管服”改革、支持引导产业健康发展、保障合理空间需求、充分发挥生态环境保护效益、完善财政金融政策等七个方面完善政策措施。

（一）创新新能源开发利用模式

创新新能源开发利用模式重点在推进以沙漠、戈壁、荒漠地区为重点的大型风电光伏基地建设；加大力度支持农民利用自有建筑屋顶建设户用光伏，积极推进乡村分散式风电开发；在具备条件的工业企业、工业园区加快发展分布式光伏和分散式风电等新能源项目，积极推进工业绿色微电网、源网荷储一体化、新能源直供电等模式创新；开展绿色电力交易试点，推动绿色电力在交易组织、电网调度、价格形成机制等方面体现优先地位。

（二）加快构建新型电力系统

加快构建新型电力系统主要是通过源网荷储空布局和建设的系统优化，全面提升电力系统能力，增加配电网接纳分布式新能源的能力；加强有源配电网的规划、设计、运行方法研究，合理确定配电网接入分布式新能源比例要求；稳妥推进新能源参与电力市场交易，电力市场规则的设计要充分考虑新能源的特点；在政策机制上强化落实可再生能源电力消纳责任权重制度。

（三）深化新能源领域“放管服”改革

深化新能源领域“放管服”改革主要体现在提升项目审批效率，完善新能源项目投资核准（备案）制度；优化新能源项目接网流程；健全公共服务体系，在全国新能源资源勘查、数据共享、检测认证等方面健全新能源公共服务体系。

（四）支持引导新能源产业健康有序发展

引导新能源产业健康有序发展要推进科技创新与产业升级，建立产学研一体化平台，推进高效太阳能电池、先进风电设备等关键技术突破；保障产业链供应链安全，出台推动能源电子产业发展的指导意见；提高新能源产业国际化水平，积极参与风电、光伏、海洋能、氢能、储能、智慧能源及电动汽车等领域国际标准、合格评定程序的制定和修订。

（五）保障新能源发展合理空间需求

保障新能源发展合理空间需求表现在完善新能源项目用地管制规则，建立自然资源、生态环境、能源主管部门等相关单位的协同机制；提高国土空间资源利用效率，新建新能源项目要严格执行土地使用标准，鼓励推广应用节地技术和节地模式，用地节约集约化程度必须达到国内同行业先进水平。

（六）充分发挥新能源的生态环境保护效益

充分发挥新能源的生态环境保护效益体现在大力推广生态修复类新能源项目，科学评价新能源项目生态环境影响和效益，研究出台光伏治沙等生态修复类新能源项目设计、施工、运维等标准规范，支持开展具有生态环境保护和修复效益的新能源项目；助力农村人居环境整治提升，因地制宜推动生物质能、地热能、太阳能供暖，在保障能源安全稳定供应基础上有序开展新能源替代散煤行动，促进农村清洁取暖、农业清洁生产。

（七）完善支持新能源发展的财政金融政策

完善支持新能源发展的财政金融政策主要指优化财政资金使用，按照以收定支原则用好可再生能源发展基金，利用好现有资金渠道支持新能源发展；完善金融相关支持措施，在依法合规、风险可控、商业可持续的前提下，金融机构可以自主确定是否对已纳入可再生能源发电补贴清单的项目发放补贴确权贷款；丰富绿色金融产品服务，加大绿色债券、绿色信贷对新能源项目的支持力度。

三、主要评价

《实施方案》重点解决新能源“立”的问题，能更好发挥新能源在能源保供增供方面的作用。可以从六个方面进行评价：一是《实施方案》坚持统筹新能源开发和利用，坚持分布式和集中式并举，突出模式和制度创新，有力地推动了全民参与和共享发展；二是相比较于传统的电力系统，《实施方案》提出加快构建新型电力系统，适应新能源比例持续提高的要求，在规划理念革新、硬件设施配置、运行方式变革、体制机制创新上做系统性安排，更有利于碳达峰、碳中和的实现；三是《实施方案》立足新能源项目建设的规模化、市场化发展需求，继续深化“放管服”改革，重点在简化管理程序、提升服务水平上，更切合新能源项目点多面广、单体规模小、建设周期短等特点；四是《实施方案》从提升技术创新能力、保障产业链供应链安全、提高国际化水平等方面支持引导新能源产业健康有序发展；五是《实施方案》进一步强化新能源发展用地用海保障，通过明确用地管理政策、规范税费征收、提高空间资源利用率、推广生态修复类新能源项目等措施，推动解决制约新能源行业发展的用地困境；六是《实施方案》根据“十四五”风光等主要新能源已实现平价无补贴上网，财政政策支持的方向和模式需要与时俱进的要求，提出多种贴近新能源发展需求的财政金融手段。

《“十四五”新型储能发展实施方案》解读①

为贯彻落实“四个革命、一个合作”能源安全新战略规划，推动“十四五”新型储能高质量规模化发展，国家发展和改革委员会、国家能源局于 2022 年 1 月联合印发了《“十四五”新型储能发展实施方案》(发改能源〔2022〕209 号)(以下简称《实施方案》)。新型储能是构建新能源为主体的新型电力系统、推动能源绿色低碳转型的重要装备基础和关键支撑技术，是实现碳达峰、碳中和目标的重要支撑。

一、出台背景

“十三五”以来，电化学储能、压缩空气储能等技术创新取得长足进步，新型储能累计装机已超过 400 万 kW，“新能源+储能”、常规火电配置储能、智能微电网等应用场景不断涌现，商业模式的拓展标志着我国新型储能实现由研发示范向商业化初期过渡。国家和地方层面政策机制不断完善，对能源转型的支撑作用初步显现。随着电力系统对调节能力需求的提升和新能源开发消纳规模的不断加大，尤其是沙漠戈壁荒漠大型风电光伏基地项目集中建设的背景下，新型储能建设周期短、选址简单灵活、调节能力强，与新能源开发消纳的匹配性更好，优势逐渐凸显，加快推进先进储能技术规模化应用势在必行。“十四五”时期是我

① 资料参考国家能源局网站《政策通知》栏目相关文章。

国实现碳达峰目标的关键期和窗口期，加快新型储能技术创新体系建设机不可失。

2021 年，国家发展和改革委员会、国家能源局联合印发了《加快推动新型储能发展的指导意见》，提纲挈领指明了新型储能发展方向，在该文件的基础上，《实施方案》进一步明确发展目标和细化重点任务，提升规划落实的可操作性，旨在把握“十四五”新型储能发展的战略窗口期，加快推动新型储能规模化、产业化和市场化发展，保障碳达峰、碳中和工作顺利开展。

二、核心内容

《实施方案》坚持以技术创新为内生动力、以市场机制为根本依托、以政策环境为有力保障，稳中求进推动新型储能高质量、规模化发展的总体思路。《实施方案》的基本原则中充分体现了以规划为引领、以创新为驱动、以市场为主导、以机制为保障、以安全为底线的发展思路，明确统筹规划、因地制宜，创新引领、示范先行，市场主导、有序发展，立足安全、规范管理四项发展原则。在发展目标中，更注重通过支持技术和商业模式创新、健全标准体系、完善政策机制等措施，充分激发市场活力，推动构建以需求为导向，以充分发挥新型储能价值为目标的高质量规模化发展格局。

《实施方案》的核心内容为六项重点任务，分别从技术创新、试点示范、规模发展、体制机制、政策保障、国际合作等重点领域对“十四五”新型储能发展的重点任务进行部署。

（一）加强新型储能技术创新的战略性布局和系统性谋划

《实施方案》提出对新型储能技术创新加强战略性布局和系统性谋划，从推动多元化技术开发、突破全过程安全技术、创新智慧调控技术三个层面部署集中技术攻关的重点方向，提出研发储备技术方向，鼓励不同技术路线“百花齐放”，同时兼顾创新资源的优化配置；强调推动产学研用的融合发展，以“揭榜挂帅”等方式推动创新平台建设，深化新型储能学科建设和复合人才培养；建立健全以企业为主体、市场为导向、产学研用相结合的绿色储能技术创新体系，充分释放平台、人才、资本的创新活力，增强技术创新的内生动力。

（二）推进先进储能技术试点示范建设

《实施方案》聚焦新型储能多元化技术路线、不同时间尺度技术和各类应用场景，以稳步推进、分批实施的原则推动先进储能技术试点示范，加快首台

（套）重大技术装备等重点技术的创新示范，以工程实践加速技术迭代和更新，促进成本下降；推动重点区域开展区域性储能示范区建设，结合应用场景积极推动制定差异化政策，在一些创新成果多、体制基础好、改革走在前的地区实现重点突破。结合新型储能处于商业化初期阶段实际，《实施方案》鼓励各地在新型储能发展工作中，坚持“示范先行”原则，避免一味地追求规模，积极开展技术创新、健全市场体系和政策机制方面的试点示范。通过示范应用带动技术进步和产业升级，推动完善储能上下游产业链条，支持储能高新技术产业基地建设。

（三）优化新型储能建设布局

《实施方案》坚持优化新型储能建设布局，推动新型储能与电力系统各环节融合发展。在电源侧，加快推动系统友好型新能源电站建设，以新型储能支撑高比例可再生能源基地外送，促进沙漠戈壁荒漠大型风电光伏基地和大规模海上风电开发消纳，通过合理配置储能提升煤电等常规电源调节能力。在电网侧，因地制宜发展新型储能，在关键节点配置储能提高大电网安全稳定运行水平，在站址走廊资源紧张等地区延缓和替代输变电设施投资，在电网薄弱区域增强供电保障能力，围绕重要电力用户提升系统应急保障能力。在用户侧，灵活多样地配置新型储能支撑分布式供能系统建设、为用户提供定制化用能服务、提升用户灵活调节能力。同时，推动储能多元化创新应用，推进源网荷储一体化、跨领域融合发展，拓展多种储能形式应用。

（四）推动新型储产业市场化发展

《实施方案》提出明确新型储能独立市场主体地位，推动新型储能参与各类电力市场，完善与新型储能相适应的电力市场机制，为逐步走向市场化发展破除体制障碍。面向新型储能发展需求和电力市场建设现状，分类施策、稳步推进推动新型储能成本合理疏导。研究探索对发挥系统调峰作用的新型储能，参照抽水蓄能管理并享受同样的价格政策。努力拓宽新型储能收益渠道，助力规模化发展。拓展新型储能商业模式，探索共享储能、云储能、储能聚合等商业模式应用，聚焦系统价值、挖掘商业价值，创新投资运营模式，引导社会资本积极投资建设新型储能项目。

（五）健全新型储能管理体系

《实施方案》强化标准的规范引领和安全保障作用，完善新型储能全产业链标准体系，加快制定安全相关标准，开展多元化应用技术标准制修订。要求加快建立新型储能项目管理机制，规范行业管理，强化安全风险防范。鼓励各地加大新型储能技术创新和项目建设支持力度，完善相关支持政策。加快建立新型储能项目管理机制，强化安全风险防范，规范项目建设和运行管理。

（六）完善新型储能领域国际能源合作机制

《实施方案》提出完善新型储能领域国际能源合作机制，搭建合作平台，拓展合作领域；推动新型储能技术和产业的国际合作，实现新型储能技术和产业的高质量引进来和高水平走出去。

为保障《实施方案》有效落地，《实施方案》也提出了一系列的保障措施。在协调保障方面，提出建立包含国家发展和改革委员会、国家能源局与有关部门的多部门协调机制，做好与各项规划统筹衔接；在行业管理方面，提出建设国家级新型储能大数据平台，开展实施方案各项重点任务监测，提升行业管理信息化水平；在责任落实方面，要求各省级能源主管部门编制新型储能发展方案，明确各项任务进度和考核机制。同时，国家能源局根据监督评估情况，适时对实施方案进行优化调整。

三、主要评价

《实施方案》是立足新型储能行业发展现状，积极化解新阶段主要矛盾的重要举措。“十三五”期间，我国新型储能处于由研发示范向商业化初期过渡的阶段。在技术创新方面，电化学储能、压缩空气储能等技术在高效率、低成本、长寿命、高安全等方面取得长足进步，锂离子电池初步具备商业化发展条件；在项目建设方面，新型储能项目装机规模提升至 330 万 kW，排名世界第一，涌现出“新能源＋储能”、常规火电配置储能、智能微电网、共享储能等一批多元应用场景，同时在参与辅助服务、合同能源管理、峰谷价差套利等商业模式方面开展了初步探索；在政策机制方面，出台了一批示范应用、市场价格、财税补贴等相关政策，政策环境得到初步改善。总体来看，“十三五”新型储能发展取得了实质性进步，实现了历史性转折。但也要清醒地认识到，步入商业化初期发展阶段，新型储能行业顶层规划引导不足、成本疏导机制不明确、项目管理政策不完善、标准体系不健全等问题逐步凸显为行业发展的主要矛盾，将制约“十四五”时期新型储能高质量规模化发展。

《实施方案》是面向“十四五”重大发展机遇，促进新型储能高质量规模化发展的重要部署。“十四五”时期是我国实现“碳达峰”目标的关键期和窗口期，也是新型储能发展的重要战略机遇期。随着新能源规模不断增大，电力系统对调节能力需求大幅提升，新型储能建设周期短、选址简单灵活、调节能力强等优势逐渐凸显，加快推进先进储能技术规模化应用势在必行。我国新型储能技术创新正在迅速向并跑、领跑迈进，面向世界能源科技竞争，支撑绿色低碳科技创新，加快新型储能技术创新体系建设刻不容缓。新型储能是催生能源工业新业态、打造经济新引擎的突破口之一，在构建国内国际双循环相互促进新发展格局背景下，加速新型储能产业布局面临重大机遇。国家能源主管部门首次在能源电力规划以外单独制定新型储能发展的“五年”实施方案，将进一步强化对行业发展的系统性引领，对加快推动新型储能规模化、产业化和市场化发展，保障“碳达峰、碳中和”工作顺利开展，具有十分重要的意义。

第七节　电信行业法规政策解读①

《基础电子元器件产业发展行动计划（2021—2023 年）》解读

一、出台背景

当今世界正在进入以信息产业为主导的经济发展时期，因此作为关系国民经济安全和发展的战略性、基础性、先导性产业，信息技术产业是世界主要国家高度重视、全力布局的竞争高地。电子元器件作为支撑信息技术产业发展的基石，更是保障产业链、供应链安全稳定的关键。党中央、国务院始终高度重视电子元器件产业发展，习近平总书记多次发表“补齐短板，维护产业链、供应链安全”的重要讲话。党的十九届五中全会提出，要加大重要产品和关键核心技术攻关力度，推进产业基础高级化、产业链现代化。当前我国电子元器件产业存在整体大而不强、龙头企业匮乏、创新能力不足等问题，制约信息技术产业发展。面对百年未有之大变局、产业大升级、行业大融合的态势，加快电子元器及关键配套材料和设备产业发展，提升产业链供应链现代化水平，对于促进我国信息技术产业发展、推动经济体系优化升级、实现国民经济高质量发展具有重要意义。为深入贯彻党中央、国务院决策部署，持续提升保障能力和产业化水平，支持电子元器

① 本节由许诺（浙江财经大学博士后）撰写。

件领域关键短板产品及技术攻关，工业和信息化部于 2021 年 1 月 15 日印发了《基础电子元器件产业发展行动计划（2021—2023 年）》（以下简称《行动计划》）。此次行动计划以习近平新时代中国特色社会主义思想为指导，以推动高质量发展为主题，以深化供给侧结构性改革为主线，以改革创新为根本动力，以做强电子元器件产业、夯实信息技术产业基础为目标，以关键核心技术为主攻方向，支持重点行业市场应用，建立健全产业链配套体系，推动基础电子元器件产业实现高质量发展，保障国家信息技术产业安全。

二、总体目标

《行动计划》结合当前电子元器件产业发展现状和未来趋势，提出了到 2023 年，优势产品竞争力进一步增强，产业链安全供应水平显著提升，面向智能终端、5G、工业互联网等重要行业，推动基础电子元器件实现突破，增强关键材料、设备仪器等供应链保障能力，提升产业链供应链现代化水平的总体目标和 3 个分目标：

（1）产业规模不断壮大。电子元器件销售总额达到 21000 亿元，进一步巩固我国作为全球电子元器件生产大国的地位，充分满足信息技术市场规模需求。

（2）技术创新取得突破。突破一批电子元器件关键技术，行业总体创新投入进一步提升，射频滤波器、高速连接器、片式多层陶瓷电容器、光通信器件等重点产品专利布局更加完善。

（3）企业发展成效明显。形成一批具有国际竞争优势的电子元器件企业，力争 15 家企业营收规模突破 100 亿元，龙头企业营收规模和综合实力有效提升，抗风险和再投入能力明显增强。

三、核心内容

为实现上述目标，《行动计划》提出了 7 个专项行动（共包含 21 项具体的子任务）：

（1）提升产业创新能力。一是攻克关键技术。实施重点产品高端提升活动，突破制约行业发展的专利、技术壁垒，补齐电子元器件发展短板，保障产业链供应链安全稳定；二是构建多层次联合创新体系。在电子元器件领域探索成立制造业创新中心，加大技术研发力度，搭建产学研用紧密结合的协同创新和成果转化平台，鼓励各地围绕特色或细分领域，开展关键技术研发与产业化，形成差异化发展；三是完善知识产权布局。

(2) 强化市场应用推广。一是支持重点行业市场应用。在智能终端、5G、工业互联网和数据中心、智能网联汽车等重点行业推动电子元器件差异化应用，加速产品吸引社会资源，迭代升级；二是强化产业链深层次合作。推动电子元器件及其配套材料和设备仪器企业、整机企业加强联动，共同开展产品研制，引导上下游企业通过战略联盟、资本合作、技术联动等方式形成稳定合作关系；三是加速创新型产品。面向人工智能、先进计算等新兴需求，开发重点应用领域急需的电子元器件，推动整机企业积极应用创新型产品，加速元器件产品迭代升级。

(3) 夯实配套产业基础。一是突破关键材料技术。支持电子元器件上游材料与辅助材料等的研发和生产，提升配套能力，推动关键环节电子专用材料研发与产业化；二是设备仪器培养能力。支持技术难度大、应用价值高、通用性强的配套电子专用设备与仪器的研发与产业化；三是健全产业配套体系。鼓励和引导化工、有色金属、轻工机械、设备仪器等企业进入电子元器件领域，推动产学研用协同创新，实现全产业链协同发展，提升关键环节配套水平。

(4) 引导产业转型升级。一是提升智能化水平。引导企业搭建数字化设计平台，基于机器学习与人工智能技术，推进关键工序数字化、网络化改造，优化生产工艺及质量管控系统，提升智能制造水平；二是推广绿色制造。优化电子元器件产品结构设计，开发高附加值、低消耗、低排放产品，实现绿色生产。制定电子元器件行业绿色制造相关标准，完善绿色制造体系；三是培育优质企业。鼓励龙头企业整合资源，扩大生产规模、提升核心竞争力和抗风险能力。培育具有自主知识产权、产品附加值高的专精特新“小巨人”和制造业单项冠军企业。

(5) 促进行业质量提升。一是加强标准化工作。加强关键核心技术和基础共性技术的标准研制，提升标准的供给质量和水平。引导社会团体加快制定发布具有创新性和国际性的团体标准，鼓励企业事业单位和专家积极参与国际标准化活动，开展国际标准制定；二是提升质量品牌效益。引导企业建立以质量为基础的品牌发展战略，丰富品牌内涵，提升品牌形象和影响力。开展质量兴业、品牌培育等活动，定期发布质量品牌报告；三是优化市场环境，引导终端企业优化电子元器件产品采购模式，推动构建公平、公正、开放、有序的市场竞争环境。

(6) 加强公共平台建设。一是建设分析评价公共平台。支持国家级电子元器件分析评价公共服务平台建设，加强质量品质和技术等级分类标准建设，为电子系统整机设计、物料选型提供依据；二是建设科技服务平台。支持公共服务平台建设，鼓励建设专用电子元器件生产线，为 MEMS 传感器、滤波器、光通信模块驱动芯片等提供流片服务；三是建设创新创业孵化平台。支持电子元器件领域创业支撑平台建设，推动建立一批基础电子元器件产业生态孵化器、加速器，鼓励为初创企业提供资金、技术、市场应用及推广等扶持。

（7）完善人才引育机制。一是加大人才培养力度。深化产教融合，推动高等院校优化相关学科建设和专业布局，鼓励企业建立企业研究院、院士和博士后工作站等创新平台，建立校企结合的人才综合培训和实践基地，支持企业开展员工国内外在职教育培训；二是加强人才引进培育。多渠道引进高端人才和青年人才，加快形成具有国际领先水平的专家队伍，发挥行业组织及大专、高等院校作用，鼓励企业培育和引进掌握关键技术的科技领军人才和团队，为产业发展提供智力支持；三是引导人才合理流动。引导企业通过合规途径招聘人才，保障人才在企业间的正常流动，鼓励企业为人才创造有利的成长空间，提升福利待遇，完善人才职业晋升通道，提升电子元器件行业人才归属感。

四、主要评价

作为一类意义重大的战略产品，电子元器件供应链的自主可控是诸多产业生存、发展和安全的基本保障。当前基础电子元器件正进入以新型电子元器件为主体的新一代元器件时代，它将基本取代传统元器件，满足更广泛的数字技术、微电子技术发展的要求，体现了当代和今后电子元器件向高频化、片式化、微型化、薄型化、低功耗、响应速率快、高分辨率、高精度、高功率、多功能、组件化、复合化、模块化、智能化等的发展趋势。

《行动计划》提出的 7 个专项行动充分强调了创新性、配套性、融合性和标准性：一是推动创新方面，规划了提升产业创新能力、强化市场应用推广等重点工作。鼓励电子元器件开展关键技术创新、产业模式创新，突破制约行业发展的专利、技术壁垒，补齐电子元器件发展短板；二是在发展产业方面，规划了夯实配套产业基础、引导产业转型升级等重点工作。推动上下游产业协同发展，鼓励与上游的电子材料相关企业和下游的化工机械、仪器设备等企业广泛合作，提升关键环节配套水平，实现关键材料技术突破、设备仪器配套能力提升；三是在服务行业方面，规划了促进行业质量提升、加强公共平台建设、完善人才引育机制等重点工作。推动企业、高等院校和研究机构多渠道引进人才，深化产教融合；四是要进一步建立健全标准体系、提升产品质量。指导相关研究机构、行业企业，加强关键核心技术和基础共性技术的标准研制，鼓励先进标准的制定与实施。推动建立以质量为基础的发展战略，推广质量强企、质量兴业理念，进一步激发电子元器件产业发展动力。

值得注意的是，《行动计划》首次将基础电子元器件产业的高质量发展问题提升到国家战略高度，为电子元器件产业绘制了明确的发展路线图，提出推动基础电子元器件产业实现突破以及三方面明确发展目标：一是产业规模不断壮大。

到 2023 年，电子元器件销售总额达到 21000 亿元，进一步巩固我国作为全球电子元器件生产大国的地位，充分满足信息技术市场规模需求；二是技术创新取得突破。到 2023 年，突破一批电子元器件关键技术，行业总体创新投入进一步提升，射频滤波器、高速连接器、片式多层陶瓷电容器、光通信器件等重点产品专利布局更加完善；三是企业发展成效明显。到 2023 年，形成一批具有国际竞争优势的电子元器件企业，力争 15 家企业营收规模突破 100 亿元，龙头企业营收规模和综合实力有效提升，抗风险和再投入能力明显增强。《行动计划》通过政策引导实现纲举目张，将有效弥补短板弱项，改善我国电子元器件大而不强的现状，巩固我国作为全球电子元器件生产大国的地位。

《工业互联网创新发展行动计划（2021—2023 年）》解读

一、出台背景

作为新一代信息通信技术与工业经济深度融合的全新工业生态、关键基础设施和新型应用模式，工业互联网对支撑制造强国和网络强国建设，提升产业链现代化水平，推动经济高质量发展和构建新发展格局，都具有十分重要的意义。为贯彻落实国务院《关于深化“互联网＋先进制造业”发展工业互联网的指导意见》，工业和信息化部于 2018 年 6 月 7 日印发了《工业互联网发展行动计划（2018—2020 年）》和《工业互联网专项工作组 2018 年工作计划》，发布实施十余项落地性文件，不断完善政策体系，实施工业互联网创新发展工程。为深入贯彻习近平总书记对工业互联网的一系列重要指示精神，落实党中央、国务院决策部署，进一步巩固提升发展成效，更好地谋划推进未来一个阶段发展工作，工业互联网专项工作组于 2020 年 12 月 22 日制定出台了《工业互联网创新发展行动计划（2021—2023 年）》（以下简称《行动计划》）。此次行动计划以习近平新时代中国特色社会主义思想为指导，坚持新发展理念，坚持以深化供给侧结构性改革为主线，以支撑制造强国和网络强国建设为目标，顺应新一轮科技革命和产业变革大势，统筹工业互联网发展和安全，提升新型基础设施支撑服务能力，拓展融合创新应用，深化商用密码应用，增强安全保障能力，壮大技术产业创新生态，实现工业互联网整体发展阶段性跃升，推动经济社会数字化转型和高质量发展。

二、总体目标

《行动计划》结合当前产业发展实际和技术产业演进趋势，确立了到2023年工业互联网新型基础设施建设量质并进，新模式、新业态大范围推广，产业综合实力显著提升的总体目标和5个分目标：

（1）新型基础设施进一步完善。覆盖各地区、各行业的工业互联网网络基础设施初步建成，在10个重点行业打造30个5G全连接工厂。标识解析体系创新赋能效应凸显，二级节点达到120个以上。打造3～5个具有国际影响力的综合性工业互联网平台。基本建成国家工业互联网大数据中心体系，建设20个区域级分中心和10个行业级分中心。

（2）融合应用成效进一步彰显。智能化制造、网络化协同、个性化定制、服务化延伸、数字化管理等新模式、新业态广泛普及。重点企业生产效率提高20%以上，新模式应用普及率达到30%，制造业数字化、网络化、智能化发展基础更加坚实，提质、增效、降本、绿色、安全发展成效不断提升。

（3）技术创新能力进一步提升。工业互联网基础创新能力显著提升，网络、标识、平台、安全等领域一批关键技术实现产业化突破，工业芯片、工业软件、工业控制系统等供给能力明显增强。基本建立统一、融合、开放的工业互联网标准体系，关键领域标准研制取得突破。

（4）产业发展生态进一步健全。培育发展40个以上主营业务收入超10亿元的创新型领军企业，形成1～2家具有国际影响力的龙头企业。培育5个国家级工业互联网产业示范基地，促进产业链供应链现代化水平提升。

（5）安全保障能力进一步增强。工业互联网企业网络安全分类分级管理有效实施，聚焦重点工业领域打造200家贯标示范企业和100个优秀解决方案。培育一批综合实力强的安全服务龙头企业，打造一批工业互联网安全创新示范园区。基本建成覆盖全网、多方联动、运行高效的工业互联网安全技术监测服务体系。

三、核心内容

为实现上述目标，《行动计划》提出了5方面、11项重点行动和10大重点工程，着力解决工业互联网发展中的深层次难点、痛点问题，推动产业数字化，带动数字产业化。

（1）在基础设施建设方面：一是实施网络体系强基行动，推进工业互联网网络互联互通工程，推动IT与OT网络深度融合，在10个重点行业打造30个5G

全连接工厂。二是实施标识解析增强行动，推进工业互联网标识解析体系增强工程，完善标识体系构建，引导企业建设二级节点不少于 120 个、递归节点不少于 20 个。三是实施平台体系壮大行动，推进工业互联网平台体系化升级工程，推动工业设备和业务系统上云上平台数量比 2020 年翻一倍。

（2）在持续深化融合应用方面：一是实施数据汇聚赋能行动，制定工业大数据标准，促进数据互联互通。二是实施新型模式培育行动，推进工业互联网新模式推广工程，培育推广智能化制造、网络化协同、个性化定制、服务化延伸、数字化管理等新模式。三是实施融通应用深化行动，推进工业互联网融通应用工程，持续深化“5G＋工业互联网”融合应用。

（3）在强化技术创新能力方面：一是实施关键标准建设行动，推进工业互联网标准化工程，实施标准引领和标准推广计划，完成 60 项以上关键标准研制。二是实施技术能力提升行动，推进工业互联网技术产品创新工程，加强工业互联网基础支撑技术攻关，加快新型关键技术与产品研发。

（4）在培育壮大产业生态方面：一是实施产业协同发展行动，推进工业互联网产业生态培育工程，培育技术创新企业和运营服务商，再建设 5 个国家级工业互联网产业示范基地，打造 10 个“5G＋工业互联网”融合应用先导区。二是实施开放合作深化行动，营造开放、多元、包容的发展环境，推动多边、区域层面政策和规则协调，支持在自贸区等开展新模式新业态先行先试。

（5）在提升安全保障水平方面：实施安全保障强化行动，推进工业互联网安全综合保障能力提升工程，完善网络安全分类分级管理制度。加强技术创新突破，实施保障能力提升计划，推动中小企业“安全上云”，强化公共服务供给，培育网络安全产业生态。

四、主要评价

工业互联网作为新一代信息技术与制造业深度融合的产物，通过人、机、物的全面联网，促进制造资源泛在连接、弹性供给与高效配置。工业互联网技术不断突破，既为经济创新发展注入新动能，也为促进产业融合提供了新机遇。此次的《行动计划》相比起步期的《工业互联网发展行动计划（2018—2020 年）》政策涉及范围、任务数量、支持力度和聚焦程度均有所增加，主要体现在：一是工业互联网与 5G 融合。《行动计划》深化了“5G＋工业互联网”融合发展，5G 将深度赋能工业互联网发展，进一步驱动工业互联网在工业生产中发挥提质、增效、降本、绿色、安全的作用。从运营商、政府、工业企业等多角度促进 5G 和工业互联网的协同发展；二是工业互联网大数据建设。《行动计划》推动工业互联网大数据中心建设。数据中心需求动力正面临由消费互联网到产业互联网的切换，以智慧城市、智慧交通、智能制造等为代表的产业互联网场景将引起数据量爆发式的增长，成为数据中心增长的重要推手及核心力量。各行业大数据分中心的建设及服务能力提升将赋能行业数据的高效流通及集成共享，进一步释放对算力与存储需求，加速前期数据中心资源消化，利好数据中心产业长期发展；三是工业互联网产业链建设。《行动计划》注重工业互联网产业生态培育工程建设，改变过去工业软件、工业控制系统等核心工业软件被国外巨头主导的格局，有助于国产高端工业平台和工业软件的发展。一系列支持工业互联网实现新技术融合以及产业生态推进的节点目标旨在推动工业互联网新型基础设施建设以及产业综合实力的提升。

《物联网新型基础设施建设三年行动计划（2021—2023年）》解读

一、出台背景

物联网是以感知技术和网络通信技术为主要手段，实现人、机、物的泛在连接，提供信息感知、信息传输、信息处理等服务的基础设施。随着经济社会数字化转型和智能升级步伐加快，物联网已经成为新型基础设施的重要组成部分。党中央、国务院高度重视物联网新型基础设施建设发展，“十三五”以来，工业和信息化部始终大力推进物联网产业发展，已印发《信息通信行业发展规划物联网分册（2016－2020）》，引导物联网技术研发、应用落地和产业发展。党的十九届五中全会提出“系统布局新型基础设施”；国家“十四五”规划纲要提出推动物联网全面发展，将物联网纳入7大数字经济重点产业，并对物联网接入能力、重点领域应用等作出部署。“十四五”时期是物联网新型基础设施建设发展的关键期，为深入贯彻落实好党中央、国务院决策部署，贯彻落实《中华人民共和国国民经济和社会发展第十四个五年规划和2035年远景目标纲要》，系统谋划未来三年物联网新型基础设施建设，工业和信息化部等8部门于2021年9月10日共同印发《物联网新型基础设施建设三年行动计划（2021－2023年）》（以下简称《行动计划》）。此次《行动计划》以习近平新时代中国特色社会主义思想为指导，立足新发展阶段，贯彻新发展理念，构建新发展格局，坚持问题导向和需求导向，打造支持固移融合、宽窄结合的物联网接入能力，加速推进全面感知、泛在连接、安全可信的物联网新型基础设施建设，加快技术创新，壮大产业生态，深化重点领域应用，推动物联网全面发展。

二、总体目标

《行动计划》结合当前物联网产业发展存在的问题以及未来的发展趋势，提出了到2023年底在国内主要城市初步建成物联网新型基础设施，社会现代化治理、产业数字化转型和民生消费升级的基础更加稳固的整体目标以及4个分目标：

（1）创新能力有所突破。高端传感器、物联网芯片、物联网操作系统、新型短距离通信等关键技术水平和市场竞争力显著提升；物联网与5G、人工智能、区块链、大数据、IPv6等技术深度融合应用取得产业化突破；物联网新技术、新产品、新模式不断涌现。

（2）产业生态不断完善。推动10家物联网企业成长为产值过百亿、能带动中小企业融通发展的龙头企业；支持发展一批专精特新“小巨人”企业；培育若干国家物联网新型工业化产业示范基地，带动物联网产业加速向规模化、集约化、高价值发展。

（3）应用规模持续扩大。在智慧城市、数字乡村、智能交通、智慧农业、智能制造、智能建造、智慧家居等重点领域，加快部署感知终端、网络和平台，形成一批基于自主创新技术产品、具有大规模推广价值的行业解决方案，有力支撑新型基础设施建设；推进IPv6在物联网领域的大规模应用；物联网连接数突破20亿。

（4）支撑体系更加健全。完善物联网标准体系，完成40项以上国家标准或行业标准制修订工作；建立面向网络安全、数据安全、个人信息保护的物联网安全保障体系；建设试验检测、知识产权服务、科技成果转化、人才培养等公共服务平台。

三、核心内容

为实现上述目标，《行动计划》分别从创新能力、产业生态、深化融合、体系优化等方面提出了4大专项行动：

（1）创新能力提升行动。一是突破关键核心技术。贯通“云、网、端”，围绕信息感知、信息传输、信息处理等产业链关键环节，体系化部署创新链。实施“揭榜挂帅”制度，鼓励和支持骨干企业加大关键核心技术攻关力度，突破智能感知、新型短距离通信、高精度定位等关键共性技术，补齐高端传感器、物联网芯片等产业短板，进一步提升高性能、通用化的物联网感知终端供给能力。二是推动技术融合创新。面向“5G＋物联网”，充分利用5G网络的高可靠、低时延、大连接特点，丰富通信技术供给，拓展物联网应用场景；面向“大数据＋物联网”，实现数据高效协同处理，深度挖掘物理世界数据价值；面向“人工智能＋物联网”，建立“感知终端＋平台＋场景”的智能化服务；面向“区块链＋物联网”，建立感知终端的信用体系，保障数据确权和价值流通；三是构建协同创新机制。鼓励地方联合龙头企业、科研院所、高校建立一批物联网技术孵化创新中心，打通科技成果转化链条，推进科技成果中试熟化和工程化应用。鼓励龙头企业联合上下游企业组建物联网产业技术联盟，探索“专利＋标准＋开源社区”发展模式，激发创新活力。依托基金会、开源社区，聚集开发者和用户资源，共同打造成熟的开源产品和应用解决方案，形成具有国际竞争力的协同创新生态。

（2）产业生态培育行动。一是培育多元化市场主体。培育一批技术领先、资源整合能力强的龙头企业，深化产学研联合创新，促进创新链、产业链、资金链高效配置，推动感知终端、平台、网络设施的规模化部署。培育一批物联网领域专精特新“小巨人”企业，面向特定场景和细分领域，成为先进技术产品和适用性解决方案供应方。培育一批物联网运营服务商，开展方案设计、集成实施、网络运维、经营管理、网络信息安全防护等服务。二是加强产业集聚发展。支持产业特色鲜明、基础条件好、应用示范效果突出的地区建设物联网新型工业化产业示范基地，持续发挥现有示范基地的品牌知名度和影响力。加快推动产业集聚发展，做好新产品、新服务、新模式的先行先试，优化政策、人才、技术、资金等资源要素配置。

（3）融合应用发展行动。一是社会治理领域。推动交通、能源、市政、卫生健康等传统基础设施的改造升级，将感知终端纳入公共基础设施统一规划建设，打造固移融合、宽窄结合的物联接入能力，搭建综合管理和数据共享平台，充分挖掘多源异构数据价值，推动智慧城市和数字乡村建设，提升社会管理与公共服务的智能化水平。二是行业应用领域。以数字化转型、智能化升级为驱动力，加快感知终端应用部署，支持运用新型网络技术改造企业内网和行业专网，建设服务平台，打造一批与行业适配度高的解决方案和应用标杆。三是民生消费领域。推动感知终端和智能产品的应用部署，打造智慧家庭、智慧楼宇和新型社区，鼓励物联网与企业跨界合作。

（4）支撑体系优化行动。一是推进IPv6规模应用。完善物联网终端入网检测技术标准与规范，明确IPv6网络接入要求。促进IPv6升级改造和使用，推动新产品默认支持并开启IPv6功能。引导和鼓励企业面向行业应用采用基于IPv6

的应用解决方案，推广支持 IPv6 的物联网终端和模组的应用。二是加强标准体系建设。优化完善物联网标准体系，建立物联网全产业链标准图谱，加快新技术产品、基础设施建设、行业应用等国家和行业标准制修订，鼓励团体标准先行先试。持续深度参与国际标准化工作，提升我国在国际标准化活动中的贡献度。三是完善公共服务体系。支持专业服务机构创新工作思维理念，提升服务能力，搭建技术与标准公共服务平台，开展新技术验证、测试认证、产品质量分级和系统评价等服务。共同建立资源开放共享平台，开放各类资源。四是强化安全支撑保障。加快安全技术的研究，加快物联网安全监测、预警分析和应对处置技术手段建设，提升感知终端、网络、数据及系统的安全保障水平。加强物联网卡安全管理，推动形成售前风险评估、售时分类登记、售后使用监测的物联网卡全生命周期管理制度。加快物联网领域商用密码技术和产品的应用推广，建设面向物联网领域的密码应用检测平台，提升物联网领域商用密码安全性和应用水平。强化物联网应用场景与频谱资源使用的适配性，保障物联网频率使用安全。依托联盟协会，开展物联网基础安全“百企千款”产品培育计划，建设安全公共服务平台，开展安全能力评估，打造“物联网安心产品”。

四、主要评价

物联网为传统行业数字化转型升级提供了从物理世界到数字世界映射的基础支撑，物联网新型基础设施的规模化部署需要与千行百业紧密结合。而我国物联网产业发展仍然存在一些需要持续推进解决的问题，包括核心技术存在短板，产业生态不够健全，规模化应用不足以及支撑体系难以满足产业发展需要。因此，为了促进物联网基础设施建设，《行动计划》提出了三大量化指标：推动 10 家物联网企业成长为产值过百亿、能带动中小企业融通发展的龙头企业；应用规模持续扩大，物联网连接数突破 20 亿；支撑体系更加健全，完成 40 项以上国家标准或行业标准制修订工作。

为进一步促进具体的行动落地实施，《行动计划》提供了有力的政策支持和明确的路线部署方向：一是以社会治理现代化需求为导向，积极拓展市政、乡村、交通、能源、公共卫生等应用场景，提升社会治理与公共服务水平；二是以产业转型需求为导向，推进物联网与农业、制造业、建造业、生态环保、文旅等产业深度融合，促进产业提质增效；三是以消费升级需求为导向，推动家居、健康等领域智能产品的研发与应用，丰富数字生活体验。因此，《行动计划》为构建全要素、全生产链、全价值链、全面连接的新型工业生产制造和服务体系，对支撑制造强国和网络强国建设，提升产业链现代化水平，推动经济高质量发展和构建新发展格局，都具有十分重要的意义。

《新型数据中心发展三年行动计划（2021—2023年）》解读

一、出台背景

当前，随着5G、云计算、人工智能等新一代信息技术快速发展，信息技术与传统产业加速融合，数字经济蓬勃发展，数据中心作为各个行业信息系统运行的物理载体，已成为经济社会运行不可或缺的关键基础设施，在数字经济发展中扮演至关重要的角色。党中央、国务院高度重视数据中心产业发展。2020年3月，中共中央政治局常务委员会明确提出“加快5G网络、数据中心等新型基础设施建设进度”。国家“十四五”规划纲要从现代化、数字化、绿色化方面对新型基础设施建设提出了方针指引，党中央、国务院关于碳达峰、碳中和的战略决策又对信息通信业数字化和绿色化协同发展提出了更高要求。对标党中央、国务院的部署要求，当前我国数据中心还面临布局建设不优、算力算效不足、能源利用不充分、技术水平不高等问题，迫切需要引导传统数据中心向具备高技术、高算力、高能效、高安全特征的新型数据中心演进。在上述背景下，工业和信息化部于2021年7月4日印发了《新型数据中心发展三年行动计划（2021—2023年）》（以下简称《行动计划》）。此次行动计划以习近平新时代中国特色社会主义思想为指导，把握新发展阶段、贯彻新发展理念、构建新发展格局，以赋能数字经济发展为目标，推动新型数据中心建设布局优化、网络质量提升、算力赋能加速、产业链稳固增强、绿色低碳发展、安全保障提高，打造新型智能算力生态体系，有效支撑各领域数字化转型，为经济社会高质量发展提供新动能。

二、总体目标

《行动计划》结合数据中心产业现状和发展趋势制定了用3年时间，基本形成布局合理、技术先进、绿色低碳、算力规模与数字经济增长相适应的新型数据中心发展格局的整体目标以及2021年阶段目标和2023年目标：

到2021年底，全国数据中心平均利用率力争提升到55%以上，总算力超过120 EFLOPS，新建大型及以上数据中心PUE降低到1.35以下。

到2023年底，全国数据中心机架规模年均增速保持在20%左右，平均利用率力争提升到 60%以上，总算力超过 200 EFLOPS，高性能算力占比达到 10%。国家枢纽节点算力规模占比超过 70%。新建大型及以上数据中心 PUE 降低到 1.3 以下，严寒和寒冷地区 PUE 力争降低到 1.25 以下。国家枢纽节点内数据中心端到端网络单向时延原则上小于 20 毫秒。

三、核心内容

为实现上述目标，《行动计划》提出了 6 个专项行动（共包含 20 项具体子任务）：

（1）新型数据中心建设布局优化行动。一是加快建设国家枢纽节点。推动我国京津冀、长三角、粤港澳大湾区、成渝等国家枢纽节点适当加快新型数据中心集群建设进度，实现大规模算力部署，满足重大区域发展战略实施需要；贵州、内蒙古、甘肃、宁夏等国家枢纽节点重点提升算力服务品质和利用效率，打造面向全国的非实时性算力保障基地。二是按需建设各省新型数据中心。国家枢纽节点以外的地区，着力整合并充分利用现有数据中心资源，加快提高存量数据中心利用率。三是灵活部署边缘数据中心。积极构建城市内的边缘算力供给体系，支撑边缘数据的计算、存储和转发，满足极低时延的新型业务应用需求。四是加速改造升级“老旧小散”数据中心。分类分批推动存量“老旧小散”数据中心改造升级。“老旧”数据中心加快应用高密度、高效率的 IT 设备和基础设施系统，“小散”数据中心加速迁移、整合。五是逐步布局海外新型数据中心。支持我国数据中心产业链上下游企业“走出去”，重点在“一带一路”沿线国家布局海外新型数据中心，加强与我国海陆缆等国际通信基础设施有效协同，逐步提升全球服务能力。

（2）网络质量升级行动。一是提升新型数据中心网络支撑能力。以新型数据中心高速互联应用需求为牵引，推进骨干网建设升级，持续优化国家互联网骨干直联点布局，提升网间互联质量。积极推进东西部地区数据中心网络架构和流量疏导路径优化，支撑“东数西算”工程，降低国家枢纽节点间网络时延，不断提升网络质量。二是优化区域新型数据中心互联能力。优先支持国家枢纽节点内的新型数据中心集群间网络直连，稳妥有序推进国家新型互联网交换中心建设，促进跨网、跨地区、跨企业数据交互，支撑高频实时交互业务需求。三是推动边缘数据中心互联组网。推动边缘数据中心间、边缘数据中心与新型数据中心集群间的组网互联，促进数据中心、云计算和网络协同发展。基于业务场景，匹配边缘数据中心计算和存储能力，优化网络配置，降低网络时延，提升用户服务体验，支撑具有极低时延需求的业务应用。

（3）算力提升赋能行动。一是加快提升算力算效水平。引导新型数据中心集约化、高密化、智能化建设，稳步提高数据中心单体规模、单机架功率，加快高性能、智能计算中心部署，推动 CPU、GPU 等异构算力提升，逐步提高自主研发算力的部署比例，推进新型数据中心算力供应多元化，支撑各类智能应用。二是强化产业数字化转型支撑能力。鼓励相关企业加快建设数字化云平台。强化需求牵引和供需对接，推动企业深度上云用云。三是推动公共算力泛在应用。推进新型数据中心满足政务服务和民生需求，完善公共算力资源供给，优化算力服务体系，提升算力服务调度能力。

（4）产业链稳固增强行动。一是加强核心技术研发。鼓励企业加大技术研发投入，开展新型数据中心预制化、液冷等设施层，专用服务器、存储阵列等 IT 层，总线级超融合网络等网络层的技术研发。加快新型数据中心运营管理等软件层，以及云原生和云网边融合等平台层的关键技术和产品创新，提升软硬件协同能力。二是强化标准支撑引领。建立健全新型数据中心标准体系，推动云边服务器、软件定义存储、智能无损以太等 IT 和网络标准研制。加快推进边缘数据中心、智能计算中心等标准建设，支撑新技术新应用落地。三是构建完善产业链体系。聚焦新型数据中心供配电、制冷、IT 和网络设备、智能化系统等关键环节，锻强补弱。加强新型数据中心设施、IT、网络、平台、应用等多层架构融合联动，提升产业链整体竞争优势。

（5）绿色低碳发展行动。一是加快先进绿色技术产品应用。大力推动绿色数据中心创建、运维和改造，引导新型数据中心走高效、清洁、集约、循环的绿色发展道路。二是持续提升能源高效清洁利用水平。鼓励企业探索建设分布式光伏发电、燃气分布式供能等配套系统，引导新型数据中心向新能源发电侧建设，就地消纳新能源，推动新型数据中心高效利用清洁能源和可再生能源、优化用能结构，助力信息通信行业实现碳达峰、碳中和目标。三是优化绿色管理能力。深化新型数据中心绿色设计、施工、采购与运营管理，全面提高资源利用效率。支持采用合同能源管理等方式，对高耗低效的数据中心加快整合与改造。新建大型及以上数据中心达到绿色数据中心要求，绿色低碳等级达到 4A 级以上。

（6）安全可靠保障行动。一是推动提升网络安全保障能力。建设安全态势监测、流量防护、威胁处置等安全技术手段，面向数据中心底层设施和关键设备加强安全检测，防范化解多层次安全风险隐患。二是强化数据资源管理。加强数据中心承载数据全生命周期安全管理机制建设，落实行业数据分类分级、重要数据保护、安全共享、算法规制、数据管理成熟度评估模型等基础制度和标准规范，强化企业数据安全管理责任落实。三是提升新型数据中心可靠性。对承载重要信息系统以及影响国计民生和社会秩序的数据中心，结合业务系统的部署模式，增强防火、防雷、防洪、抗震等保护能力，强化供电、制冷等基础设施系统的可用性，提高新型数据中心及业务系统整体可靠性。

四、主要评价

在数字经济时代，全社会数据总量呈爆发式增长，需要对数量巨大、来源分散、格式多样的数据进行采集、存储和关联分析，数据计算、传输和应用需求也大幅度提升。新型数据中心是以支撑经济社会数字转型、智能升级、融合创新为导向，以 5G、工业互联网、云计算、人工智能等应用需求为牵引，汇聚多元数据资源、运用绿色低碳技术、具备安全可靠能力、提供高效算力服务、赋能千行百业应用的新型基础设施，具有高技术、高算力、高能效、高安全特征。尽管传统数据中心正加速与网络、云计算融合发展，向新型数据中心演进，但目前我国仍然存在布局不优、能源利用不充分、算力算效不足等缺陷。针对这些问题，《行动计划》的及时出台有助于统筹推进新型数据中心的发展的部署工作，为优化中国算力基础设施进行布局，为推动数字经济发展擘画了蓝图。

本次出台的《行动计划》主要有四个显著的特点：一是重点关注整体布局优化。数据中心的选址布局会受市场需求、资源环境等多方因素影响，《行动计划》在国家枢纽节点、省内数据中心、边缘数据中心、“老旧小散”数据中心、海外新型数据中心等五个方面都进行了重点任务的明确，迎合应用、贴合市场、符合国家战略。针对布局优化，提出“云边协同工程”，引导产业发展方向。二是着重推动网络质量升级。设立“数网协同工程”，建立新型数据中心网络协同机制，实现供给需求双方的高效对接，通过对网络质量的长期在线监测，多维度提升网络质量。三是首次提出算力指标。首次引入算力指标 EFLOPS 对数据中心发展质量进行评价，引导数据中心从粗放的机架规模增长向提升算力的高质量发展演进，从“政府”和“企业”两个方面着手，推动公共算力泛在应用，重点提升算力赋能的作用。四是实现“绿色低碳”。重点引导新型数据中心走高效、清洁、集约、循环的绿色低碳发展道路，形成绿色数据中心优秀案例集，并发布具有创新性的绿色低碳技术产品和解决方案目录，促进数据中心绿色低碳发展。综上可见，《行动计划》为我国数据中心产业发展（尤其是打造面向高质量发展的新型数据中心）和我国数字经济发展提供了有效支撑。

第八节 铁路运输行业政策法规解读

《关于加强铁路沿线安全环境治理工作的意见》解读

一、出台背景及意义

铁路是国民经济大动脉、国家重要基础设施和大众化交通运输工具，是我国综合交通运输体系的骨干，截至2020年底，运营里程已达14.6万km，其中高铁3.8万km，在我国经济社会发展中的地位和作用至关重要。党中央、国务院高度重视铁路安全工作，习近平总书记分别就高速和普速铁路安全作出重要指示，国务院领导多次作出重要批示，为铁路沿线安全环境治理指明了方向。各地有关部门高度重视，迅速部署开展铁路沿线安全环境隐患排查整治，2019年底以来，全国已消除高铁沿线6万余处、普速铁路沿线14.4万余处各类安全隐患，铁路沿线安全环境治理工作取得了显著成效。但一些历史性、深层次的问题整改难度大，严重威胁铁路行车安全，需要各方合力攻坚、彻底整治；部分问题隐患具有反复性、复杂性，治理涉及面广，需要明确各方责任，开展常态化管理，形成治理长效机制。

《关于加强铁路沿线安全环境治理工作的意见》（以下简称《意见》）的发布，是党中央、国务院统筹铁路领域安全和发展、加强铁路沿线安全环境治理的重大部署，是交通领域保障铁路安全、推进交通强国铁路先行战略的重要体现，也是国家铁路局党史学习教育走深走实、扎实为群众办实事、强化铁路安全监管的重要举措。《意见》的实施，有利于促进形成上下联动、横向贯通、多方合力的治理工作局面，有利于进一步健全完善治理长效机制、促进消除铁路沿线安全隐患，有利于保障铁路安全畅通、维护人民群众生命财产安全，必将对新时代中国铁路的安全发展高质量发展起到重要推动作用。

二、主要内容及解读

《意见》分为四个部分，共十一条。从铁路沿线安全环境治理的总体要求，提升多方共治合力，实施专项行动，增强监管能力等方面，全面指导强化铁路沿线安全环境治理工作。

第一部分，总体要求。坚持人民至上、生命至上，统筹安全和发展，提出了“构建政府主导、部门指导、企业负责、路地协同、多方共治的工作格局，依法解决突出问题，及时消除事故隐患，去存量、控增量，有效防范化解风险，持续改善铁路沿线安全环境”的工作目标，大力推进铁路沿线安全环境治理体系和治理能力现代化。

第二部分，完善工作机制，压实各方责任，提升多方共治合力。针对铁路沿线安全环境治理主体多样、涉及单位部门较多的问题，适应铁路政企分开改革、交通运输领域中央与地方财政事权和支出责任划分改革等要求，《意见》提出要完善各项工作机制，发挥部际联席会议制度统筹协调作用，加强对铁路沿线安全环境治理工作的分析研判和统筹协调，推动解决重点难点问题，建立健全治理长效机制，指导督促有关方面共同做好各项工作；压实各方治理责任，地方人民政府承担属地治理责任，铁路运输企业承担产权范围内治理责任，铁路监管部门承担专业监管责任，国务院有关部门承担涉及本领域有关问题隐患治理的指导督促责任，形成铁路沿线安全环境治理全链条责任体系。发挥平安中国建设护路联防作用，落实“双段长”工作机制，将铁路沿线安全环境治理工作纳入城市运行管理服务平台等协同监管，发挥行业专家、专业机构的专业治理作用，鼓励各方广泛参与治理，激发治理持久动力，提升多方共治合力，实现铁路沿线安全环境长治久安。

第三部分，坚持问题导向，实施专项行动，全力消除安全隐患。针对铁路沿线安全环境问题多发，着眼于持续发力合力整治历史性、长期性、深层次的问题，《意见》提出要实施存量隐患集中治理销号行动，以铁路两侧 500m 范围内的彩钢瓦、塑料薄膜、防尘网等轻质物体为重点，建立存量问题隐患库，制定针对性整治方案，实行闭环销号管理；实施重点问题合力攻坚行动，加强铁路线路封闭防护管理，加快上跨（下穿）铁路的道路、桥梁等设施产权移交，加快完成铁路道口“平改立”，优先实施时速 120km 以上线路、旅客列车径路、机动车通行繁忙道口的改造工程；实施常态化持续整治行动，将铁路线路安全保护区及桥下用地纳入有关规划统筹安排，依法严厉查处铁路沿线线路安全保护区内各类违法行为，建立举报投诉制度，及时调查核实处理社会各界反映的问题。通过治理突出问题，尽快改善铁路沿线安全环境，有效提高安全防护能力，防止问题隐患反弹。

第四部分，健全法治体系，增强监管能力，建立长效治理机制。针对治理制度体系不完善、治理保障能力较弱等问题，立足于既管当前又管长远，《意见》提出要完善法规制度，加快法律法规制修订，完善有关制度体系，实现排查治理工作制度化、规范化；加强督办考核，将铁路沿线安全环境治理工作纳入平安中国建设考核、安全生产考核，以及安全发展示范城市、文明城市等评比评价；强化科技支撑，运用智能化、信息化手段，多渠道采集信息，全过程动态掌握工作进展，实行问题隐患验收销号管理，提高信息化、精细化治理水平；提升应急能力，开展涉及铁路沿线安全环境应急预案的评估修订工作，完善突发事件报警联动机制，定期组织联合演练，建立健全铁路沿线安全环境突发事件应急管理体系，增强协调联动和应急处置能力；加强舆论宣传，结合安全宣传“五进”工作，主动宣传保护铁路沿线安全环境相关法规、政策等知识，加强爱路护路教育，不断提升全社会共同改善铁路沿线安全环境的意识，营造良好舆论氛围。

《“十四五”铁路标准化发展规划》解读

一、出台背景及意义

标准是经济活动和社会发展的技术支撑，是国家基础性制度的重要方面。标准化在推进铁路治理体系和治理能力现代化中发挥着基础性、引领性作用，是实现科学管理、规范铁路市场的有力支撑，对于服务行业发展、保障铁路建设和运营安全具有重要意义。

“十三五”时期，铁路行业发布了首个标准化发展专项规划——《铁路标准化“十三五”发展规划》，在规划指导下，铁路标准化工作取得了显著成效，为保障铁路建设和运营安全、促进铁路科技创新和产业升级、服务铁路“走出去”发挥了重要支撑作用。

“十四五”时期是我国全面建成小康社会、实现第一个百年奋斗目标之后，乘势而上开启全面建设社会主义现代化国家新征程、向第二个百年奋斗目标进军的第一个五年，也是加快交通强国建设、推动铁路高质量发展的关键时期。近年来，《中华人民共和国标准化法》《交通强国建设纲要》《国家标准化发展纲要》陆续修订、发布实施，对铁路标准化工作提出新要求、设立新目标、布置新任务。为贯彻落实党中央、国务院对于标准化工作的总体要求，使铁路标准化工作能够目标明确、有序发展、协调推进，国家铁路局编制了《“十四五”铁路标准化发展规划》（以下简称《规划》），作为指导“十四五”时期铁路标准化工作的纲领性文件。

二、主要内容及解读

《规划》包括 7 部分：

第一部分发展现状和形势要求。系统总结“十三五”时期铁路标准化取得的成绩，分析研判“十四五”时期铁路标准化面临的形势、要求、任务。

第二部分指导方针和主要目标。提出“十四五”时期铁路标准化发展的指导思想、遵循原则和发展目标。提出到 2025 年，铁路标准体系谱系化、一体化水平显著提升，标准更加先进适用，参与国际标准化活动能力不断增强，标准化基础不断夯实 4 个主要目标。

第三部分构建铁路标准体系新格局。从优化装备技术标准子体系、提质工程建设标准子体系、健全运输服务标准子体系 3 方面推进政府主导制定标准，鼓励团体标准、企业标准创新发展。

第四部分强化重点领域标准制修订。围绕装备技术、工程建设、运输服务领域设置 3 个专栏，提出机车车辆、勘测、运输组织等 18 个方面重点标准。

第五部分深化铁路标准化交流合作。提出积极参与国际标准制修订、开展国际标准化宣传、跟踪国际标准动态、加强标准翻译管理 4 个方面任务。

第六部分加强铁路标准化基础研究。从安全管理、系统装备、基础设施、安全防灾、绿色低碳等方面开展核心技术研究，推动标准化与科技创新互动发展。

第七部分提升标准化支撑保障能力。从完善标准化管理制度体系、加强标准化工作基础建设、推动铁路标准宣贯实施、健全规划落实机制 4 个方面，对标准化支撑保障能力进行部署。

第九节　法 规 政 策 列 表

一、综合性法规政策列表

1.《供水、供气、供热等公共企事业单位信息公开实施办法》（建城规

〔2021〕4号），2021年12月31日

2.《关于印发城市市政基础设施普查和综合管理信息平台建设工作指导手册的函》（建办城函〔2021〕208号），2021年5月14日

3.《关于加强城市地下市政基础设施建设的指导意见》（建城〔2020〕111号），2020年12月30日

4.《关于开展2020年度海绵城市建设评估工作的通知》（建办城函〔2020〕179号），2020年4月15日

二、供水行业法规政策列表

1.《关于加强城市供水安全保障工作的通知》（建办城〔2022〕41号），2022年8月30日

2.《关于组织开展公共供水管网漏损治理试点建设的通知》（发改办环资〔2022〕141号），2022年2月25日

3.《关于加强公共供水管网漏损控制的通知》（建办城〔2022〕2号），2022年1月19日

4.《城镇供水价格管理办法》（中华人民共和国国家发展和改革委员会、中华人民共和国住房和城乡建设部令第46号），2021年8月3日

5.《城镇供水定价成本监审办法》（中华人民共和国国家发展和改革委员会、中华人民共和国住房和城乡建设部令第45号），2021年8月3日

6.《关于做好2021年全国城市节约用水宣传周工作的通知》（建办城函〔2021〕174号），2021年4月19日

7.《关于做好2020年全国城市节约用水宣传周工作的通知》（建办城函〔2020〕164号），2020年4月9日

三、排水与污水处理行业法规政策列表

1.《关于推进开发性金融支持县域生活垃圾污水处理设施建设的通知》（建村〔2022〕52号），2022年6月29日

2.《关于发布行业标准〈城镇排水行业职业技能标准〉的公告》（中华人民共和国住房和城乡建设部公告2022年第68号），2022年4月29日

3.《关于印发"十四五"城市排水防涝体系建设行动计划的通知》（建城〔2022〕36号），2022年4月27日

4.《关于做好2022年城市排水防涝工作的通知》（建办城函〔2022〕134

号），2022 年 3 月 31 日

5.《关于发布国家标准〈城乡排水工程项目规范〉的公告》（中华人民共和国住房和城乡建设部公告 2022 年第 45 号），2022 年 3 月 10 日

6.《关于发布行业标准〈建筑屋面排水用雨水斗通用技术条件〉的公告》（中华人民共和国住房和城乡建设部公告 2021 年第 220 号），2021 年 12 月 23 日

7.《关于发布国家标准〈建筑给水排水与节水通用规范〉的公告》（中华人民共和国住房和城乡建设部公告 2021 年第 171 号），2021 年 9 月 8 日

8.《关于加快补齐医疗机构污水处理设施短板提高污染治理能力的通知》（环办水体〔2021〕19 号），2021 年 8 月 24 日

9.《关于印发"十四五"黄河流域城镇污水垃圾处理实施方案的通知》（发改环资［2021］1205 号），2021 年 8 月 17 日

10.《关于印发"十四五"城镇污水处理及资源化利用发展规划的通知》（发改环资〔2021〕827 号），2021 年 6 月 6 日

11.《关于发布国家标准〈室外排水设计标准〉的公告》（中华人民共和国住房和城乡建设部公告 2021 年第 58 号），2021 年 4 月 9 日

12.《关于做好 2021 年城市排水防涝工作的通知》（建办城函〔2021〕112 号），2021 年 3 月 16 日

13.《关于推进污水资源化利用的指导意见》（发改环资〔2021〕13 号），2021 年 1 月 4 日

14.《关于进一步规范城镇（园区）污水处理环境管理的通知》（环水体〔2020〕71 号），2020 年 12 月 13 日

15.《关于公布 2020 年全国农村生活污水治理示范县（市、区）名单的通知》（建村函〔2020〕173 号），2020 年 12 月 2 日

16.《关于提前下达新疆生产建设兵团 2021 年城市管网及污水处理补助资金预算的通知》（财建〔2020〕469 号），2020 年 10 月 30 日

17.《关于提前下达 2021 年城市管网及污水处理补助资金预算的通知》（财建〔2021〕468 号），2020 年 10 月 30 日

18.《关于组织推荐全国农村生活污水治理示范县（市、区）的通知》（建办村函〔2020〕392 号），2020 年 7 月 27 日

19.《关于发布〈排水沥青路面设计与施工技术规范〉的公告》（交通运输部公告 2020 年第 36 号），2020 年 7 月 2 日

20.《关于完善长江经济带污水处理收费机制有关政策的指导意见》（发改价格〔2020〕561 号），2020 年 4 月 7 日

21.《关于印发〈2020 年环保设施和城市污水垃圾处理设施向公众开放工作

实施方案〉的通知》(环办宣教函〔2020〕132号),2020年3月25日

22.《关于印发〈排水设施建设中央预算内投资专项管理暂行办法〉的通知》(发改投资规〔2020〕528号),2020年3月31日

23.《关于做好2020年城市排水防涝工作的通知》(建办城函〔2020〕121号),2020年3月17日

24.《关于2020年全国城市排水防涝安全及重要易涝点整治责任人名单的通告》(建城函〔2020〕38号),2020年3月5日

25.《关于做好新型冠状病毒感染的肺炎疫情医疗污水和城镇污水监管工作的通知》(环办水体函〔2020〕52号),2020年2月1日

四、垃圾处理行业法规政策列表

1.《关于印发"污泥无害化处理和资源化利用实施方案"的通知》(发改环资〔2022〕1453号),2022年9月22日

2.《国务院办公厅关于深化电子电器行业管理制度改革的意见》(国办发〔2022〕31号),2022年9月17日

3.《关于印发原材料工业"三品"实施方案的通知》(工信厅联原〔2022〕24号),2022年9月14日

4.《国务院办公厅关于进一步加强商品过度包装治理的通知》(国办发〔2022〕29号),2022年9月1日

5.《信息通信行业绿色低碳发展行动计划(2022—2025年)》(工信部联通信〔2022〕103号),2022年8月25日

6.《关于下达2022年第二批稀土开采、冶炼分离总量控制指标的通知》(工信部联原〔2022〕90号),2022年8月17日

7.《关于印发废旧物资循环利用体系建设重点城市的通知》(发改办环资〔2022〕649号),2022年7月19日

8.《关于开展2022年度循环再利用化学纤维(涤纶)企业公告申报工作的通知》(工信厅消费函〔2022〕145号),2022年6月28日

9.《国务院办公厅关于印发新污染物治理行动方案的通知》(国办发〔2022〕15号),2022年5月4日

10.《关于做好2022年家电生产企业回收目标责任制行动有关工作的通知》(发改办产业〔2022〕424号),2022年5月1日

11.《尾矿污染环境防治管理办法》(生环部〔2022〕26号),2022年4月6日

12.《关于加快推进废旧纺织品循环利用的实施意见》（发改环资〔2022〕526号），2022年3月31日

13.《关于印发深入打好城市黑臭水体治理攻坚战实施方案的通知》（城建〔2022〕29号），2022年3月28日

14.《关于印发加快推动工业资源综合利用实施方案的通知》（工信部联节〔2022〕9号），2022年2月10日

15.《关于加快废旧物资循环利用体系建设的指导意见》（发改环资〔2022〕109号），2022年1月17日

16.《国务院关于印发"十四五"节能减排综合工作方案的通知》（国发〔2021〕33号），2021年12月28日

17.《关于推进大宗固体废弃物综合利用示范建设的通知》（发改办环资〔2021〕1045号），2021年12月27日

18.《农村人居环境整治提升五年行动方案（2021—2025年）》（国务院2021年12月印发）

19.《关于开展工业固体废物排污许可管理工作的通知》（环办环评〔2021〕26号），2021年12月21日

20.《企业环境信息依法披露管理办法》（生环部〔2022〕24号），2021年12月11日

21.《排污单位自行监测技术指南 电池工业》（HJ 1204-2021）、《排污单位自行监测技术指南 固体废物焚烧》（HJ 1205-2021）、《排污单位自行监测技术指南 人造板工业》（HJ 1206-2021）、《排污单位自行监测技术指南 橡胶和塑料制品》（HJ 1207-2021）、《排污单位自行监测技术指南 有色金属工业-再生金属》（HJ 1208-2021）、《工业企业土壤和地下水自行监测技术指南（试行）》（HJ 1209-2021）、《废纸加工行业规范条件》，以上政策文件均由工业和信息化部2021年12月10日印发。

22.《排污许可证申请与核发技术规范 工业固体废物（试行）》（生态环境部办公厅2021年11月8日印发）

23.《粮食节约行动方案》（中共中央办公厅、国务院办公厅印发，2021年10月31日）

24.《限期淘汰产生严重污染环境的工业固体废物的落后生产工艺设备名录》（工业和信息化部2021年9月23日印发）

25.《危险废物转移管理办法》（生态环境部2021年9月18日通过，经公安部和交通运输部同意并印发）

26.《重点危险废物集中处理设施、场所退役费用预提和管理办法》（财政

部、发展改革委、生态环境部 2021 年 9 月 3 日印发）

27.《废锂离子动力蓄电池处理污染控制技术规范（试行）》（生态环境部 2021 年 8 月 7 日印发）

28.《关于印发污染治理和节能减排中央预算内投资专项管理办法的通知》（发改环资规〔2021〕655 号），2021 年 5 月 9 日

29.《市容环卫工程项目规范》（住房和城乡建设部 2021 年 4 月 9 日印发）

30.《园林绿化工程项目规范》（住房和城乡建设部 2021 年 4 月 9 日印发）

五、天然气行业法规政策列表

1.《关于“十四五”时期深化价格机制改革行动方案的通知》（发改价格〔2021〕689 号），2021 年 5 月 18 日

2.《天然气管网和 LNG 接收站公平开放专项监管工作方案》（国能综通监管〔2021〕64 号），2021 年 5 月 31 日

3.《天然气管道运输价格管理办法（暂行）和天然气管道运输定价成本监审办法（暂行）》（发改价格规〔2021〕818 号），2021 年 6 月 7 日

4.《关于完善进口液化天然气接收站气化服务定价机制的指导意见》（发改价格〔2022〕768 号），2022 年 5 月 20 日

5.《关于加强天然气输配价格监管的通知》（发改价格〔2020〕1044 号），2020 年 7 月 3 日

6.《关于加快推进天然气储备能力建设的实施意见》（发改价格〔2020〕567 号），2020 年 4 月 10 日

7.《中央定价目录》（国家发展和改革委员会令第 31 号），2020 年 3 月 13 日

六、电力行业法规政策列表

1.《电力二次系统安全管理若干规定》（国能发安全规〔2022〕92 号），2022 年 10 月 17 日

2.《加快电力装备绿色低碳创新发展行动计划》（工信部联重装〔2022〕105 号），2022 年 8 月 24 日

3.《关于完善能源绿色低碳转型体制机制和政策措施的意见》（发改能源〔2022〕206 号），2022 年 1 月 30 日

4.《“十四五”现代能源体系规划》（发改能源〔2022〕210 号），2022 年 1 月

29 日

5.《关于加快建设全国统一电力市场体系的指导意见》（发改体改〔2022〕118 号），2022 年 1 月 18 日

6.《关于进一步提升电动汽车充电基础设施服务保障能力的实施意见》（发改能源规〔2022〕53 号），2022 年 1 月 10 日

7.《“十四五”能源领域科技创新规划》（国能发科技〔2021〕58 号），2021 年 11 月 29 日

8.《“十四五”可再生能源发展规划》（发改能源〔2021〕1445 号），2021 年 10 月 21 日

9.《关于加快推动新型储能发展的指导意见（征求意见稿）》（国家发展和改革委员会），2021 年 4 月 21 日

10.《关于推进电力源网荷储一体化和多能互补发展的指导意见》（发改能源规〔2021〕280 号），2021 年 2 月 25 日

11.《电力可靠性监督管理办法（修订征求意见稿）》（国家发展和改革委员会），2020 年 9 月 16 日

七、电信行业法规政策列表

1.《物联网新型基础设施建设三年行动计划（2021—2023 年）》（工信部联科〔2021〕130 号），2021 年 9 月 27 日

2.《IPv6 流量提升三年专项行动计划（2021—2023 年）》（工信部联通信〔2021〕84 号），2021 年 7 月 8 日

3.《5G 应用“扬帆”行动计划（2021—2023 年）》（工信部联通信〔2021〕77 号），2021 年 7 月 5 日

4.《新型数据中心发展三年行动计划（2021—2023 年）》（工信部通信〔2021〕76 号），2021 年 7 月 4 日

5.《“双千兆”网络协同发展行动计划（2021—2023 年）》（工信部通信〔2021〕34 号），2021 年 3 月 24 日

6.《基础电子元器件产业发展行动计划（2021—2023 年）》（工信部电子〔2021〕5 号），2021 年 1 月 15 日

7.《工业互联网创新发展行动计划（2021—2023 年）》（工信部信管〔2020〕197 号），2021 年 1 月 13 日

8.《关于加强呼叫中心业务管理的通知》（工信部信管〔2020〕81 号），2020 年 6 月 8 日

9.《关于深化信息通信领域“放管服”改革的通告》(工信部政法函〔2020〕99号)，2020年5月11日

10.《网络安全审查办法》(十二部门第6号)，2020年4月13日

11.《关于推动5G加快发展的通知》(工信部通信〔2020〕49号)，2020年3月24日

12.《中小企业数字化赋能专项行动方案》(工信厅企业〔2020〕10号)，2020年3月18日

13.《关于推动工业互联网加快发展的通知》(工信厅信管〔2020〕8号)，2020年3月6日

14.《关于有序推动工业通信业企业复工复产的指导意见》(工信部政法〔2020〕29号)，2020年2月24日

15.《关于做好宽带网络建设维护助力企业复工复产有关工作的通知》(工信厅通信函〔2020〕25号)，2020年2月19日

16.《关于运用新一代信息技术支撑服务疫情防控和复工复产工作的通知》(工信厅信发〔2020〕4号)，2020年2月18日

17.《关于做好个人信息保护利用大数据支撑联防联控工作的通知》(中央网络安全和信息化委员会办公室)，2020年2月4日

八、铁路运输行业法规政策列表

1.《“十四五”铁路标准化发展规划》(国铁科法〔2021〕47号)，2021年12月21日

2.《“十四五”铁路科技创新规划》(国铁科法〔2021〕45号)，2021年12月14日

3.《铁路营业线施工安全管理办法》(国铁运输监〔2021〕31号)，2021年9月30日

4.《关于加强铁路沿线安全环境治理工作的意见》(国办函〔2021〕49号)，2021年5月19日

5.《国家铁路局行政许可实施程序规定》(国铁科法规〔2021〕5号)，2021年1月28日

6.《铁路运输企业准入许可实施细则》(国铁运输监规〔2021〕2号)，2021年1月6日

7.《铁路计量管理办法》(国铁科法规〔2020〕60号)，2020年12月21日

8.《铁路专用产品质量监督抽查管理办法》(国铁设备监规〔2020〕63号)，

2020 年 12 月 31 日

9.《铁路机车制式无线电执照核发管理办法》（国铁设备监规〔2020〕54 号），2020 年 12 月 22 日

10.《铁路工程标准施工招标资格预审文件》（国铁工程监〔2020〕50 号），2020 年 11 月 13 日

11.《国家铁路局课题研究计划管理办法》（国铁科法〔2020〕34 号），2020 年 9 月 11 日

12.《国家铁路局工作规则》（国家铁路局），2020 年 5 月 18 日

13.《高速铁路安全防护管理办法》（交通运输部令 2020 年第 8 号），2020 年 5 月 6 日

14.《铁路机车车辆驾驶人员资格许可实施细则》（国铁设备监规〔2020〕15 号），2020 年 4 月 30 日

15.《高速铁路工程安全防护管理办法》（交通运输部令〔2020〕8 号），2020 年 3 月 26 日

第十章　公用事业典型案例分析

第一节　供水行业案例分析

案例一　湖州市供水智能化建设案例

根据2020年住房和城乡建设部、中央网信办、科技部、工业和信息化部、人力资源社会保障部、商务部以及银监会等多部门发布的《关于加快推进新型城市基础设施建设的指导意见》，湖州市制定了《湖州市供水智能化建设试点实施方案》。

一、三位一体共建模式　建立健全长效机制

以智能化控制供水管网漏损为主要目标，湖州市采取“地方＋银行＋信息化企业（院校）”的三位一体共建模式，地方开放供水智能化建设项目，银行提供融资支持，信息化企业（院校）提供技术和人才，形成优势互补、收益共享的节水新模式。依托于信息化企业和高等院校的技术和人才支持，通过技术合作以及人才培养，建立健全智能化供水管网漏损控制标准工作流程和长效管理机制。同时，通过湖州市的供水智能化建设和改造升级，提升整个行业的水务智能化应用和管理水平，形成供水管网漏损控制的投资标准、管理标准、应用技术标准和评价标准，通过积极探索为湖州城市大脑及城市大数据平台实现数据交互，推动信息共享，加快城市数字化转型。

湖州市同时明确了供水智能化建设的近景目标，即到2021年底，完善智慧水务框架，建立建设标准和数据规范，形成应用支撑体系建设及标准规范体系，完成管网普查和分区计量监测体系建设和相关完善工作，基本完成物联网感知层建设，建立起“智慧水务”的雏形。供水管网综合漏损率下降到10%。到2022年底，建立和应用供水管网在线水力模型，建立供排水一体化的智慧水务综合管理平台，建立“水务大脑”，提高了管网改造、管网爆管预警、水质预警、渗漏预警以及优化调度效能，管网综合漏损率控制在8%及以下，圆满完成新城建试点工作内容和项目目标。

二、建设供水感知一张网

建设供水感知一张网核心是构建城市供水系统感知物联网，从而实现对水量、水压和水质的动态监测。通过新建和改造供水管网监测点，安装流量、压力、水质及噪声监测等感知设备150套，实时监测供水管网漏损情况，建成覆盖全市各个供水区域、各个压力梯度的一张网监测体系。

同时建设和完善“分区监控、分区控压、分区预警”的分区计量体系，完善集团四级分区计量监测体系；推动二次供水泵房管理平台建设，通过物联网采集接入改造及运营管理平台建设实现供水泵房相关数据信息智能上传与在线监控，提升二次供水设施管理水平；通过物联网远传水表建设，实现六大供水片区物联网水表自动远传10万户，并实现抄表数据实时上传，为小区漏损分析及提升抄表智能化提供技术支撑；通过实现全域分区分时控压，进一步降低管网漏损率；建立消火栓智能管控平台，有效解决偷盗水和消防设施破坏问题；建立漏水噪声监测系统，六大片区老旧及漏损可疑管网安装100套智能噪声监测终端，通过系统平台指示“漏损”的报警信息，对音频文件进行频谱分析，确认漏损状态，提高检漏智能化水平和效率。

三、建设供水基础设施一张图

一是推动完成GIS平台的迭代升级。通过一张基础数据图整合管网、泵站、水厂等信息，在做好基础数据维护和动态更新的同时，进一步开发供水管线基础数据管理、管网资产管理、管网测绘采集、管网工程管理，巡检养护、移动端应用等功能模块。二是完善地理信息的普查和物探管道。用物探和实地调查的方法确定管线的位置、埋深、走向和管线附属设施情况，新建管网和管网改造实行跟踪测量方式，并对以前老旧估测管网通过物探等手段重新进行精确测量，保证数据的准确性和完整性。三是建立健全信息基础平台建设，实现数据交叉应用，强化数据融合。具体包括完善分区计量管理平台，建立统一抄表平台和集团公司、片区公司、营业所三级分区拓扑的计量分析体系；完善供排水调度SCADA系统，实现将采集的压力等管网运行动态信息与管网GIS系统结合，并与水力模型系统对接，动态解算管网各位置压力，指导管网设计和管网优化调度；升级地理信息基础平台，与营业收费系统、热线系统、巡检系统等实现信息交叉互用；建设和完善水务数据中心和硬件基础设施建设，推进智能设备和智能装备应用。

四、供水管网智能化应用一盘棋

一是推进业务智能化应用。在建设和完善相关基础平台的同时，扩展智慧化应用，建立供水管网在线水力模型，整合厂站、管网模型应用，利用人工智能和大数据为规划设计、生产调度、供水安全、节能降漏等提供辅助决策依据，实现智慧水务综合管理平台下的“一盘棋”业务联动和应急处置管理。

二是建立专题数仓。整合业务系统数据，并对各业务数据进行提取、分析、汇总、挖掘，实现企业数据集成和建立统一数据共享平台，并提供营销分析、生产分析、管网分析、热线分析、水质分析、用水专题分析、管网水质专题分析、爆管专题分析、智能分析报告、报表中心、填报中心等一系列功能，提升智能化应用水平。

三是建立数据分析模型。立足供水行业关键经营指标，建立业务数据分析模型和指标体系，为各部门制定合理的考核指标标准，为降漏损提供科学决策依据。

四是建立健全智能化漏控标准工作流程。与第三方信息化企业就漏控托管服务开展合作，在漏损率偏高的其他营业所开展节水托管合同管理，漏损控制成效直接与合同收益挂钩，形成有效激励。同步建立适用智慧节水控漏标准工作流程、工作机制和管理制度。建立精细化的控漏管理体系及绩效考核体系，在集团所有营业所推行可复制的长效管理机制。

五是与城市大脑对接和共享。将湖州供水智能化管理平台与湖州市城市大脑及城市大数据平台实现数据交互，开放数据接口，实行信息共享，共享应用智慧社区、智慧城管、城市应急联动等应用场景。通过整合利用政府已有信息基础设施和数据资源，实现信息资源的最大化。同时充分整合供水智能化管理平台的信息与功能，打通信息壁垒，实现跨地域、跨系统、跨部门、跨业务的协同管理和服务。

保障公共应急突发事件协同，防范化解运营体系的重大风险。通过科学调度减少了爆管发生次数，地下管道安装检漏仪，做到了地下管网的全面感知，可以及时捡漏补漏，减少了水资源损失，更重要的是有效避免了地面沉降、塌陷等事故的发生。

五、供水智能化建设效益显著

湖州市通过供水智能化建设以及搭建智慧水务综合管理数字化平台取得了显

著的经济效益和社会效益。

社会效益体现在：一是，通过信息共享和实时监测防范化解运营体系重大风险，通过科学调度减少了爆管发生次数，及时捡漏补漏降低管网漏损率，减少水资源损失，有效避免地面沉降、塌陷等事故的发生。二是，通过水量在线监测及分析，关注残障人士和空巢老人等特需群体的生活风险；通过数据分析及预警，为企业解决供水难点和困点，并协助企业提升节水效能；优化流程，提高办事效率；改造10万个智能水表，提升用户的用水体验。

经济效益体现在：一是，基于模型及大数据分析，快速判断爆管事件，发现爆管事件时间由以前的平均4h下降到0.5h。二是，实现集团全体部门之间业务流程自动流转，提升了整体运营效能，整个业务流程缩短将近70%，节约人工成本。三是，依靠先进的监测工具进一步降低漏损，增加供水公司收入。

案例二　闲林水厂智慧化建设案例

一、水厂基本概况

闲林水厂隶属于杭州市水务集团有限公司，位于杭州市余杭区洞山村，水厂设计供水能力和实际供水能力均为60万t/d，为杭州市辖区供水能力最大的自来水厂。闲林水厂的水源为引自千岛湖的优质水源，其供水范围为杭州市主城区西北地区和余杭区西部，服务人口约600万人。闲林水厂于2021年5月29日正式投入试运行，是杭州市智能化程度最高的大型现代化智慧水厂。水厂生产工艺按照浙江省现代化水厂标准设计建设，采用加强常规处理并预留深度处理的工艺，具体处理工艺为稳压池—混凝沉淀—砂滤池过滤—加氯消毒。

二、绿色、节能、低碳的设计理念

闲林水厂将绿色、节能、低碳的理念融入整个水厂的设计、建设和运行中。闲林水厂也是杭州市第一座山地、重力流水厂，进厂原水借助山地水厂“高差”的地理优势，自流进入闲林水厂，出水也采用重力自流做节能运行方式，大大降低了能源消耗，同时也节约了生产成本。闲林水厂内还建有杭州主城区水厂中最深的调压井，用于调节进厂原水从原水输水隧洞流出后的动能。

除了结合天然地势优势，在保障进水水质的同时节约进出水输送能源消耗外，闲林水厂还建有排泥水处理系统，可以对制水过程中产生的污泥水进行回收处理，将循环经济、节约能源、节能减排的理念贯穿始终。

闲林水厂自2021年5月29日投入试运行以来，平均电耗约为15kW·h/kt，远低于67kW·h/kt的设计能耗，单位药剂成本0.030元/t，远低于0.098元/t的设计药剂成本，闲林水厂的电耗远低于其他设计供水能力相近的水厂，节能效果十分显著，是浙江省自动化水平较高的现代化水厂之一。

三、智能化、数字化、智慧化的管理模式

闲林水厂的管理主要围绕生产智能化、管理数字化、安防智慧化三方面管理理念开展，通过采集各类数据进行大数据分析，应用人工智能技术，实现了生产、运行、调度、水质等全过程的智能管理。

目前水厂已拥有较为完善的数据采集及分析管理体系，智能化与数字化运用体现在水厂生产运营中的各个环节中，一是可以通过传感器、通信网络和在线水质、水量监控仪表，对水质、水量等数据进行采集、存储，并可基于采集到的水质、水量数据进行综合分析和运行调度；二是以数据为基础对水厂生产运营进行自动化管控，实现水厂水位、水质、排泥的智能化控制，如通过水厂中的自动化加药系统，可做到药物投入量精准合适；三是切实实现了全厂全面监控，建立可实时监控各项生产指标完成情况的信息化管理驾驶舱，同时实现了部分岗位少人或无人化操作，大幅降低人力资源成本，逐步实现和完善生产运营和管理的科技化、数字化和智慧化。自投入运行至今，闲林水厂已建设成为融合智能、低碳两大先进理念的大型现代化智慧水厂。

第二节　排水与污水处理行业案例分析

案例　杭州市排水与污水处理智慧化监管

一、杭州市排水与污水处理的现状及智慧排水的背景

（一）杭州市排水与污水处理的现状

杭州地处中国华东地区、钱塘江下游、东南沿海、浙江北部、京杭大运河南

端。杭州是浙江省辖地级市、省会、副省级市、特大城市，杭州都市圈核心城市，环杭州湾大湾区核心城市，G60科创走廊中心城市，国务院批复确定的浙江省经济、文化、科教中心，长江三角洲中心城市之一。截至2019年，全市下辖10个市辖区、2个县，代管1个县级市，总面积16850km^2，建成区面积648.46km^2。

2020年，杭州市共有污水处理厂13座，污水处理能力为259.9万t/d，年污水处理总量80406万t，年产干污泥188009t，并全部完成无害化处置。排水管道长度为9434.4km，其中污水管道3956.5km，雨水管道4114.8km，雨污合流管道1363.1km。"十三五"期间，杭州市城市排水防涝工作成果显著，杭州市主城区已完成生活小区"污水零直排"建设项目514个，累计完成城市河道清淤174条287.59km，清淤量252.39万m^3，提高了城市防洪排涝的能力，水安全得到保障。提升改造河道闸泵站78座，开展安全鉴定35座，引水配水近85亿m^3，并设置11个监测断面，开展城市河道生态监测。通过以上综合措施，杭州城市河道水质持续改善，在2015年消除全市143条城市河道的黑臭，2017年全面"剿灭"河道劣Ⅴ类水，2020年全市137个城市河道常规监测断面水体主要监测指标氨氮和总磷平均浓度分别下降至1.3mg/L、0.12mg/L，还出现了如上塘河、白石港、十字港等Ⅲ类水河道，河道生物多样性逐步恢复。

（二）杭州市智慧排水改革的背景

随着城市化进程不断加快，排水设施规模不断扩大，排水管理工作要求也不断提高。改变传统管理方式，实现城市排水管理"智慧化"是保障城市排水设施安全运行的重要手段。为适应杭州市不断提升的城市发展定位及城市管理需求，满足杭州市智慧城市建设、信息经济发展、"五水共治"等工作要求，杭州市结合物联网、云计算、大数据、移动互联网等新一代信息技术来建设城区全覆盖、业务全覆盖的智慧排水综合管理平台，构建"更加安全化、更加高效化、更加科学化、更加绿色化、更加智慧化"的新型城市排水管信息系统，从而推动城市排水管信息系统设施的运行管理向标准化、可视化、集约化、联动化、智能化方向发展，支撑杭州市智慧城管"一中心，四平台"建设，持续提高杭州市排水管理的科学化、现代化水平。

2011年，杭州市逐渐开始着手排水管理信息系统的建设，并初步搭建了排水信息化管理平台，建立了储存各类重要信息的数据库，已经拥有排水系统管理的基础功能。后续，杭州市将从全局的角度对其进行分析建设，规范其信息管理，增强决策能力，消除"信息孤岛"的现象，实现整个平台的协调运营。

（三）杭州市智慧排水面临的问题

虽然杭州市智慧排水建设取得了一定的成绩，但随着科学技术和应用开发的不断创新，城市排水管理水平和抵御风险能力要求不断提高，杭州市的智慧排水建设仍面临一些挑战，还需在实践中不断深化、完善、成熟。

1. 基础信息采集程度不高

排水基础设施信息化建设和信息采集程度是影响排水部门业务能力增强、业务水平提升的重要因素。若排水信息系统的基础信息采集程度较低、内容较为单一贫乏，则容易造成数据更新缺乏时效性、数据精度偏低的后果，从而使得排水部门对排水管网信息系统的利用仅仅停留在表面，最终无法满足城市排水部门开展业务的基础需求。

2. 信息资源的集成缺乏共享

杭州市和各排水部门之间拥有独立的信息系统，各部门之间掌握的信息资源没有相互流通却又无法满足各部门自身的业务发展需求。在已建立的各类专业业务的应用系统中，由于各部门分管的环节不同，即使在一个网络环境中，也难以实现信息互通和资源共享，形成数据割据和信息孤岛，限制和阻碍了水务更高层次的智慧应用。同时，对所涉及的各类终端整合不够，导致一个功能一个系统，没有建立一体化管理平台。

3. 系统功效不健全

目前杭州市污水处理行业的智慧平台侧重于数据收集与分析，在实际场景应用和监测预警方面应用较为有限。究其原因，首先，污水处理行业的工作流程很难统一，从工艺控制、管理模式、运营水平兼具不统一性、差异性、规律性小等特征；其次，从实际运营来看，污水处理厂区信息化程度参差不齐，厂内生产、运维高度依赖经验型员工，厂外监管、调度大多利用电话等基础通信设备，监管难度大、协调效率低；另外，已建成的终端自动化仪表、过程自动化监视控制和日常生产数据采集系统，整个污水处理自动化控制管理系统依然待优化。

二、杭州市智慧排水的实施过程

杭州市自 2011 年开始筹备智慧排水系统建设工作，始终坚持以需求为导向、以规划为引领、以应用为核心，逐步开展排水与污水处理行业信息化建设工作，不断提高行业科技管理水平，增强信息技术与排水行业的深度融合。经过近十年的发展，杭州市智慧排水经历了“顶层设计—底层架构—平台建设”三个阶段。

（一）顶层设计

2011 年 10 月，杭州市被列为浙江省智慧城市建设示范试点城市之一，明确要求加强“三城三区”建设，打造智慧杭州。浙江省委十三届四次全会提出以“五水共治”（治污水、防洪水、排涝水、保供水、抓节水）为突破口倒逼城市排水系统升级。2015 年 4 月，浙江省治水办下发《2015 年度浙江省“五水共治”工作考核内容和评分细则》（浙治水办发〔2015〕12 号），在排涝水目标任务中对全省各市、区的排水信息化建设工作提出了“建立完善排水设施地理信息系统，运用信息化手段强化对既有排水设施的管理”的考核要求，并且根据市治水办《2015 年度杭州市“五水共治”工作考核内容和评分细则（市直部分）》有关要求，明确由市城市管理委员会负责督促完善全市排水设施普查和排水设施地理信息系统。2015 年 6 月 19 日，在市“五水共治”领导小组第二次全体（扩大）会议上，再次强调了要加快排水信息化工作。

因此，为统筹规划好杭州市智慧排水建设工作，杭州市城市管理委员会市政中心研究制定了《杭州市智慧排水顶层设计方案》，对杭州市智慧排水建设工作、进度安排、资金计划、城区分工进行了详细规划和明确，部署各城区开展排水设施信息化建设工作，整合全市各部门排水资源数据，打破数据壁垒，并系统性地提出了排水行业信息化软环境建设及网络平台、数据平台和应用平台建设的框架内容，为杭州市排水行业信息化建设确立了方向。

（二）底层架构

经过调研、培训、与科研单位交流对接，了解掌握信息化前沿技术和国内先进城市发展水平，杭州市将数据库建设作为信息化建设的基石，整合由各部门原有涉水资源数据并搭建数据库，在此期间杭州市城市管理委员会市政中心根据顶层设计方案，指导各区及水务集团开展信息化相关工作：

第一，按照已编制下发的普查标准，全面完成普查工作；

第二，搭建区级信息系统平台；

第三，启动排涝泵站自动化改造；

第四，陆续开展智能感知设备建设。

（三）平台建设

杭州以原有排水系统及信息化建设成果为基础，积极融入新一代信息技术和先进的设计理念，建立集、排、治、处、防、控、管及公众服务于一体的多功能智慧型综合系统平台，第一，整合杭州市各区、市水务集团及其他相关部门的排水管线普查及排水设施数据、物联网感知设施设备、排水泵站及污水处理厂运行数据、气象、雨情、视频、重点污染企业水质在线监测等数据；第二，实现排水设施在GIS系统中的展示、查询、统计、分析、快速录入等功能，开发排水泵站及污水处理厂管理分析、信息发布等功能，并预留排水模型建设模块；第三，开发移动端，并在移动端实现系统功能；第四，建设综合展示控制室。

杭州市智慧排水综合管理平台，将建立杭州市智慧排水信息采集、传输、应用的体系与规范，推动各区加快智慧排水建设与管理进程，整合城区雨污水管网、泵站、污水处理厂等相关数据，共享杭州市智慧城管应急指挥平台中的河道水位、视频监控数据，桥隧积水监控系统中的液位、视频数据，河道排放口监控系统中的视频数据等，提升对全市排水管渠、泵站、污水处理厂、检查井及其他相关附属设施的智能管控与辅助决策分析，推动对排水设施的运行管理向标准化、可视化、集约化、联动化、智能化方向发展，持续提高杭州市排水管理的科学化、现代化水平。

三、杭州市排水与污水处理行业的智慧监管

（一）杭州市排水与污水处理监管机构

杭州市城市管理行政主管部门负责全市排水监督管理工作。城乡建设行政主管部门按照杭州市人民政府规定的职责分工，负责排水监督管理相关工作。区、县（市）人民政府确定的管理部门［以下简称区、县（市）排水主管部门］负责本行政区域内的排水监督管理工作，并接受市城市管理、城乡建设行政主管部门的指导、监督。杭州市的其他行政管理部门，应当按照各自职责，协同做好排水管理相关工作。杭州市城市管理行政主管部门、县（市）排水主管部门会同本级相关行政管理部门编制本行政区域内的城镇排水与污水处理规划，明确排水标准、排水量和排水模式，排水设施规模、布局和建设时序，污水、污泥处理和利用，雨水收集利用等内容，报经本级人民政府批准后组织实施。

（二）杭州市排水与污水处理智慧监管架构

杭州市围绕“五水共治”工作中排涝水、治污水要求，按照“平战结合、资源整合、分步推进、全市统一”基本标准，安装一批水流、水质、水位智能感知设备，建立一个集地理数据、基础数据、实时数据于一体的排水基础信息库，开发一个集查询统计、分析预警、状态模拟、维护更新、信息共享等功效于一体的排水信息化管理系统，为水资源管理、水利政务管理、防汛抗旱等提供支持，力

争在3年内建成较为完善的排水智慧化管理体系，逐步实现“智慧排水”，到达省内一流、国内领先水平。

杭州市智慧排水系统以物联网、云计算、水动力分析等技术为支持，以“物联化排水防涝设施、互联化水务时空信息、模型化城市内涝风险、协同化专业管理服务”为特点，总体架构由感知层数据层、应用支持层、应用系统层以及信息公布层组成。智慧排水系统平台在规划、设计、建设过程中，将充分吸纳相关单位的需求，积极融入新一代信息技术和先进理念，以建成集信息共享、综合运行监控、应急处置、辅助决策分析、公共信息服务于一体的多功能综合系统平台。

（三）杭州市排水与污水处理智慧监管的主要内容

杭州市排水与污水处理行业智慧监管的主要内容包括以下几个方面：

1. 设施管理

通过GIS技术，将杭州市中心城区排水管网、泵站、污水处理厂、排水井盖等排水设施“叠加”至同一底图上，实现设施分级、分层管理。同时完善每处排水设施管养单位信息，全覆盖落实管理责任，消除监管盲区，实现排水设施“一张图”管理。

2. 运行管理

通过物联网和互联网技术，将污水泵站水泵运行电流、前后池液位、闸门开启度、提升流量统计等运行信息数据接入系统平台，实时监控泵站运行工况，可对历史运行数据自定义查询，实现数据对比分析，为监管部门决策提供信息支持。另外，在城市污水运行安全评估中应用大数据还可以优化城市排水部门的污水科学调度。

3. 水质监管

安装液位计、流量计、水质仪等感知设备，实时监控污水处理厂处理水量、进出水水质等重要运行信息，实现污水处理厂水量、水质变化在线监控和历史数据对比分析，准确掌握污水处理厂运行情况，确保出水稳定，达标排放。

4. 管道监管

管道CCTV检测（闭路电视内窥检测），是利用管道内窥摄像系统，连续、实时记录管道内部实际情况的一项新型应用工程技术。构建排水管道CCTV检测影像数据库，将最新检测影像信息导入系统，并能按区域、按路名等关键词检索播放，对管道内部存在的结构性、功能性病害缺陷性质进行判断，并对问题进行实地位置确定，为排水管道破损渗漏防治及维修等工作提供可靠的技术依据。

5. 养护监管

在排水巡查、养护车辆上安装智能车载GPS设备，实现对工作车辆的实时定位追踪、路线远程监控和历史轨迹回放，有效对巡查养护车辆进行监管，节约车辆管理成本，提高管养工作效率，同时杜绝违规用车。

6. 风险预警

在城市道路易积水点和桥涵低洼点等位置布设电子水尺或液位监控等感知设备，结合城市各气象站雨量监测点、河道水位监测点数据，实时监控雨天积水情况，并动态预警，为城市内涝风险分析和应急处置提供数据支撑，从而切实地增强城市排水部门控制内涝风险的业务能力，实现对城市内涝的有效预防。与此同时，相关的城市排水部门对城市排水管网信息的现状监测数据的动态定性进行分析，可以为城市雨水管网规划和建设提供科学、正确、合理的数据信息。

7. 水位动态监管

系统主要是通过在排水管网点及沿河雨水的排放口安装液位计并对其数据进行采集，随后将其采集的数据传输至城市排水部门的系统平台，从而最终实现对管道液位多视角的实时动态监测，提高历史数据查询以及分析的便利性、直观性与效率性。除此之外，此监控系统还可以动态监控管道水位运行情况和雨水排放口晴天出水情况，为污水运行分析和晴天排污监管提供数据支撑和实时预警。

四、杭州市智慧排水与监管的经验

近年来，通过对各部门排水数据共享整合、物联网感知设备建设、智慧平台功能开发完善等一系列工作推进，杭州市排水管理部门逐步建成了全市统一的“智慧排水”系统平台，推动了杭州市排水智慧化管理工作，在日常工作中也发挥了作用，取得了一定效果。因此，相关的城市排水部门可以从中总结经验，创新排水管信息系统的建设。

1. 合理构建框架

杭州市智慧排水系统以现有排水系统及信息化建设成果为基础，主动融入新一代信息技术和先进设计理念，搭建适应新时代城市排水与监管工作要求的框架，为建立排水智慧管理资源配置、团队建设、保障体系、管理体系一体化工作机制提供总体规划设计思路。提高智慧排水管理的精细化、信息化、现代化和智慧化水平，提高排水管理单位的经济和社会效益。

2. 全面落实设计

城市治水工作既需要顶层设计，更需要底层落实。杭州市以各级治水办为枢纽，不断完善“秀水卫士”的应用机制，形成“横向到边，纵向到底”多维联动。横向上，联动水环境管理、污水零直排、饮用水源、河长制、找寻查挖等各类涉水问题，与区县平台打通，集实时展示、分析研判、预警预测、闭环整改等于一体。纵向上，建立5色预警模式和闭环处置规范，明确闭环处置的人员、方式和时限等要求，形成较为完备的闭环处置规范。闭环模式实现了由“被动迎战”向“主动出击”的转变。杭州市从顶层到基层，全面落实智慧排水管理建设工作。

3. 利用数据优势

智慧排水数据中心是城市排水信息汇聚、交换、融合、分发中枢，杭州市智慧排水系统整合了来自杭州市政府和企业、市级和区级多个单位和部门的排水数据。通过构建标准信息交换流程、提供标准数据交换接口、约定标准数据格式，规范城市排水信息提供、处理和服务体系，实现排水管理信息高度共享，各级各部门信息互联互通，更有利于智慧化平台建设提速增效。

4. 发挥平台效能

智慧排水与智慧监管平台的建设效能须在实践中得以验证。杭州市智慧排水平台，是建立集排放、治理、处理、预防、控制、管理和公共服务于一体的多功能智慧排水平台，在落地应用中实现综合展示、实时监控、风险预警、辅助决策等智慧化管理功能，全面提高城市排水监控、资源管理、运维和应急处理能力。实现城市排水运行管理模式由被动向主动、由粗糙向精细、由人工向智慧的转变，解决城市排水现存的不足和问题，提高城市排水管理效率，提高城市防涝治污能力，提高城市排水基础设施智慧化水平。

第三节 垃圾处理行业案例分析

案例一 青海格尔木市生活垃圾分类处理PPP项目

一、项目情况

（1）所在地区：青海省海西蒙古族藏族自治州格尔木市

（2）所属行业：市政工程

（3）项目总投资：5005万元

（4）回报机制：可行性缺口补助

（5）合作期限：30年

（6）运作方式：BOT

（7）中标社会资本：凌志环保股份有限公司

（8）项目规模：项目公司负责生活垃圾分类处理厂（建设规模为 500t/d）工程的融资、设计、建设、运营维护和移交。在特许经营期满把全部项目设施完好、无偿移交给格尔木市城市管理行政执法局，并保证项目设施正常运行。

二、项目特色

项目符合《生活垃圾填埋场污染控制标准》GB 16889—2008 等相关国家和行业标准的要求，并且项目公司由中标社会资本独资组建。

（一）项目付费机制

垃圾处理服务结算单价分为垃圾处理服务基本单价和垃圾处理服务超出单价。垃圾处理服务基本单价是指乙方按照保证垃圾量及以下结算而应获得的单位垃圾处理服务费。垃圾处理服务超出单价指超出保证垃圾量那部分的垃圾处理服务单价，为垃圾处理服务基本单价的 60%。双方一致约定，垃圾处理服务费基本单价为 29.70 元/t。垃圾处理服务费＝保证垃圾量×垃圾处理服务基本单价＋（实际进场垃圾量＝保证垃圾量）×垃圾处理服务超出单价。垃圾处理服务费将采用“按日计量、按季支付、按年核算”的方式支付。垃圾量计量以进场后汽车衡（地磅）称重、电脑计量为准，除非另有规定。甲方将在次年 1 月对上一年度的垃圾处理总量进行核算，计算得出日均垃圾处理量。按照此方法计算得出的垃圾处理费扣除因绩效考核不合格的罚金后，即为甲方应向项目公司支付的上一年度最终的垃圾处理服务费。若此垃圾处理服务费高于或低于上一年度所支付给项目公司各季度垃圾处理费的总和，甲方将在次年支付第一季度垃圾处理服务费是核减或核增。

（二）项目付费机制要点分析

1. 处理单价的构成

处理单价＝（建设成本及合理收益＋运营成本及合理收益－可能的使用者付费）/估测处理吨数。从这个简单的公式不难看出，只要对等式右边的内容作出合理且全面的估测，就可以对处理单价有合理的预估。这部分预估的准确与否直接决定审批通过的可能性、社会资本收益的合理性等。那么如何做好预估，除了社会资本自身的技术工艺和融资能力外，还需要对 PPP 项目可能出现的风险作出评估，对 PPP 项目复杂结构与集约效应作出尽可能的量化。

2. 基础单价与超额单价

基础单价实际是保底量概念对应的垃圾付费机制。而超额单价实际上是我们常见的超额利润分配对应的付费机制，但本项目有所改变，超额部分是六折服务费处理，即超额处理对应的不是奖励而是一定程度的处罚。这种处理的考虑主要有两个方面的原因：一是稳定处理量和处理规模是社会运作的最优选择，二是遏制政府财政超前支付效果，三是避免利用保底量机制谋求不合理的超额利润。

3. 公平的调价机制

调价机制的设计除了超额单价的管控外，还有年终核算制度，并及时体现在下一年度第一季度付费的内容中。季支付、年核算，一方面考虑到了垃圾处理行业社会资本的回款诉求，另一方面采用较为公允的方式将制度设计的结果调整到公平合理的程度。从而能够保证一个财政年度一个调价处理，匹配财政、税收、运作的环节、进度与节奏。

4. "低价中标"困境无法避免

"低价中标"是近来垃圾处理PPP市场屡见不鲜的现象，按照一般行业测算逻辑，中标价格明显低于行业标准，中标价屡屡跌破底线，原因却在技术之外。很多低价中标实际上只是表面现象，一些项目会列支其他名目给出合理的服务费，或在商业条件中设计相当的条款予以冲抵。就算是真的低价中标，实际也是一些极具战略眼光和投资思维的社会资本，瞄准垃圾处理极有前景的未来市场，先下手为强的冒险做法。诚然低价中标始终是一个无法回避的非理性现象。无论以何种价格中标，必须确保效果和质量。

三、成功经验

（一）运用垃圾分类处理技术，提高再生资源利用水平

青海格尔木市生活垃圾分类处理PPP项目设计之初采用的就是生活垃圾分选工艺及垃圾协同分类处理工艺，在垃圾分类处理技术方面设计的是"人工分选＋滚筒筛＋磁选＋风选"技术手段。

（二）创新垃圾处理付费机制，保证垃圾处理行业健康发展

青海格尔木市生活垃圾分类处理PPP项目创新垃圾处理付费机制，在处理单价方面采用的是处理单价＝（建设成本及合理收益＋运营成本及合理收益－可能的使用者付费）/估测处理吨数；在基础单价与超额单价方面采用的是保底量概念对应的垃圾付费机制和超额利润分配对应的付费机制，超额部分是六折服务

费处理；在公平调价机制方面设计除了超额单价的管控外，还有年终核算制度。

案例二　苏州市吴中静脉园垃圾焚烧发电项目案例分析

一、项目情况

苏州市垃圾焚烧发电项目由一、二、三期工程组成，总投资超过 18 亿元人民币，设计日处理规模为 3550t，年焚烧生活垃圾 150 万 t，上网电量 4 亿 kW·h。项目采用国际先进的机械炉排技术，焚烧炉、烟气净化系统、自动控制、在线检测等关键设备均采用国际知名公司成熟的产品，烟气排放指标全面达到欧盟 2000 标准。

项目一期工程配置 3 台 350t/d 机械炉排焚烧炉，2 台 9MW/h 凝汽式汽轮发电机组，采用半干法加布袋除尘、活性炭吸附的烟气治理技术，烟气排放执行欧盟 1 号标准，日焚烧处理生活垃圾 1000t 左右。二期工程新增日处理垃圾能力 1000t，三期工程日处理能力 1550t，并预留 500t 能力。2011 年 9 月进行焚烧三期工程建设，并于 2013 年 1 月投入商业运行。

二、项目特色

（一）项目运作模式

1. 项目主体构成

项目合作双方分别为苏州市政府和光大国际，项目由苏州市市政公用局代表市政府签约；光大国际方面由江苏苏能垃圾发电有限公司签约。由苏州市市政公用局代表市政府授权该公司负责项目的投资、建设、运营、维护和移交。双方签订《苏州市垃圾处理服务特许权协议》，并于 2006 年、2007 年、2009 年等年度分别据其中具体条款变更事项签订补充协议。

2. 项目合作机制

项目分三期采用 BOT 方式建设，其中一期工程项目特许经营期为 25.5 年，二期工程特许经营期为 23 年，三期工程设定建设期为 2 年，并将整体项目合作期延长 3 年，即延至 2032 年。在此合作模式下，市政府充分发挥其监管作用并建立较为完善的监管体系，主要包括三方面：首先，项目所在地镇政府对产业园相关项目进行长期驻厂监管，并在厂内分别设有办公地点，对烟气、炉渣、飞灰等处置情况进行监管；其次，垃圾焚烧发电项目的所有烟气排放均已实现在线公布，且所有环保数据第一时间通过网络被传输到环卫处监管中心和区、市环保局，实现了政府对运行的实时数字化监管。再次，政府部门每年两次委托市级以上政府环保监测机构对项目开展定期及不定期的常规烟气检测及二噁英检测。

3. 社会资本收益机制

项目依靠经营净现金流收回投资，获得收益。项目收入主要由以下两部分构成：

(1) 垃圾处理费。双方最初约定项目基期每吨垃圾处理费为 90 元，当年垃圾处理费在基期处理费基础上，按照江苏省统计局公布的居民消费品价格指数 CPI 进行调整。

(2) 上网电价。上网电价部分执行有关标准，一期工程为 0.575 元/（kW·h)，二、三期工程为 0.636 元/（kW·h)。项目公司除负担正常经营支出外，还需要负担苏州市部分节能环保宣传费用。

(二) 项目监管体系的效果分析

本项目在 PPP 模式下，通过政府监管兼顾公平和效率，解决 PPP 项目的市场失灵问题，减少不完全竞争、外部经济效应、信息不对称等，以实现社会资源的优化配置，发挥最大的社会、经济效益。在 PPP 模式下，政府监管发挥着其他监管主体无法比拟的重要作用。项目是否具备良好的政府监管框架体系以及是否能切实做好监督管理，是保证 PPP 项目发起、建设及顺利运营的重要环节。

在垃圾焚烧发电项目中，政府在对垃圾焚烧项目进行监管时应当重点对污染物排放情况进行监管。吴中静脉园垃圾焚烧发电项目在实施过程中，建立了较为严格的监督制度和较为完善的监管体系，并产生了良好的监管效果，从检测结果来看，该项目各项烟气排放指标长期、稳定达到欧盟 2000 标准。

三、成功经验

(一) 建立互利、互助的项目合作机制

吴中静脉产业园以垃圾焚烧发电项目为核心，将各种垃圾的集中处理，炉渣、渗滤液、飞灰等危险废物处理等环节有效整合，形成了一体化的项目群，达到了整体效果最优。苏州市政府还与光大国际合作，采取 BOT 方式，先后建成了沼气发电、危险废弃物安全处置中心、垃圾渗滤液处置等项目，同时餐厨垃圾处理等其他固体废弃物处置项目也相继落户该区域内，这些项目相互配套形成了

一定的集约效应和循环效应。生活垃圾焚烧产生的热量以向园区周边的一个用户供热，形成区内资源与外界的资源整合。本项目建设本着优化废物综合利用网络，从废物产生、收集、输送到转化处理各个技术环节进行全过程优化，以实现经济、社会、环境效益的最大化。

（二）建立严密、完善的项目监督机制

吴中静脉园垃圾焚烧发电项目建立了较为严格的监督机制。所在地镇政府对产业园相关项目进行长期驻厂监管，专人24h联网监督重要的生产数据；所有烟气排放均已实现在线公示；政府实时监管，项目还引入第三方机构对环境各项指标进行检测，确保项目运行中的环境安全。例如，由省环境监测站每年对二噁英共检测四次等。通过建立严密、完善的项目监督机制，不仅有效确保了该项目在实施过程中的环境安全，还增强了社会公众（尤其是周边居民）对该项目的信任，有效消解社会公众（尤其是周边居民）可能产生的误解和抵触情绪。

（三）建立人本、公开的社会公众监督机制

吴中静脉园垃圾焚烧发电项目积极打造花园式环境并加大环保处理设施投入，严防二次污染，并与周边居民进行交流互动。在接受监督的同时，从当地居民对环境质量的要求出发进行生态修复，以提高区域内的环境友好性。项目所有烟气排放实现在线公布，并通过厂门口60m^2的电子显示屏向公众公示，主动接受社会公众和周边居民的监督，进一步增加了社会公众（尤其是周边居民）对该项目的了解，从而有效促进了政府、企业、居民在生活垃圾高效处置上的相互沟通与支持。

（四）建立科学、合理的价格调整机制

吴中静脉园垃圾焚烧发电项目建立了相应的价格调整机制。双方在PPP项目合同中明确约定垃圾处理费的价格调整机制：当年垃圾处理费在基期处理费基础上，按照江苏省统计局公布的居民消费价格指数CPI（累计变动3%情况下）进行调整；在PPP项目合同履行过程中，双方也在不停地根据实际情况（包括政策变化）对垃圾处理费的价格进行调整。双方于2006年及之后多次签订补充协议，对垃圾处理费价格进行调整，吴中静脉园垃圾焚烧发电项目的价格调整经验值得类似PPP项目学习和借鉴。

第四节　天然气行业案例分析

案例一　昆仑燃气综合能源转型之路

一、案例背景

在2020年9月召开的第75届联合国大会上，中国国家主席习近平向全世界作出“力争于2030年前二氧化碳排放达到峰值，努力争取2060年前实现碳中和”的庄严承诺。对于国内能源行业来说，这一承诺将有力地推动中国新能源产业的快速发展，同时也对传统化石能源的发展形成“强力约束”。当然，这也为中国城市燃气企业推进转型发展指明了目标和方向。绿色发展已经成为全球重要和新的经济发展理念。在这样的背景下，我国城市燃气行业已经走到了“转型”的十字路口。但是如何转型，企业尚没有成功先例可循。尽管在各种利好政策的推动下，我国新能源产业发展正处于上升阶段，在调整能源结构和推动高质量发展方面作用很大。但是，就新能源业务自身无论是技术管理还是运营模式、盈利模式等，都还处于成长阶段，“自我造血”机能不足，“经营靠补贴”的发展理念仍较普遍。城市燃气企业进入到可再生能源、发售电等新业务领域后，未来发展还会面临很多不确定性。因此，城市燃气企业不应仅仅为了呼应外部压力盲目制定和实施转型发展战略，而应首先对行业发展前景，特别是自身所处的外部环境，以及转型发展的动力、方向、优势、实现路径等基本问题进行分析和判断，紧紧围绕能源需求结构变化和特点，切实做好发展规划，稳妥把握转型发展节奏，提升转型发展的成功率。

二、案例内容

根据业绩公告，昆仑能源2022年上半年实现天然气销量210.46亿m^3，同比增加49.74亿m^3或30.95%。实现人民币收入647.39亿元，同比增长人民币180.25亿元或38.59%；除所得税前溢利人民币50.50亿元，同比增长人民币23.01亿元或83.70%；本公司股东应占溢利人民币204.61亿元，同比增长人民币 180.98 亿元或 765.89%。溢利增长的大头来自昆仑能源上半年正式将旗下管网基础设施转让给国家管网获得的收益。

从天然气主营业务来看，上半年，昆仑能源实现天然气销量 210.46 亿 m^3，同比增加 30.95%，其中，零售气量 120.42 亿 m^3，同比增加 20.20%。从新增用户来看，上半年新增用户 39.70 万户，同比增加 37.47%，其中居民用户 38.92 万户，工商业用户 0.78 万户；累计用户达 1275.5 万户。河北、江苏和山东区域终端销量超过 20 亿 m^3，湖北、浙江和天津等 9 个区域零售气量同比增幅超过 50%。在天然气销售板块，上半年，实现人民币收入 502.73 亿元，同比增长 36.91%；除所得税前溢利人民币 28.59 亿元，同比增长 29.90%。尽管大连接收站交给了国家管网，但昆仑能源的 LNG 产业还是不容小觑，手握两座接收站和 15 座 LNG 液厂。在城燃并购扩张方面，收购、新设、增资扩股控股项目 15 个，参股项目 1 个，本集团燃气项目达到 232 个。

昆仑能源作为绿色能源供应商，就是以天然气为主业，逐步往综合能源拓展。在天然气主业方面，昆仑首先提出的是全面提升终端业务发展质量，同时更重要的还是城燃项目并购。重点推进大型整装项目并购，瞄准大中型城市新兴产业园区，持续做强做优终端业务。坚持打造提质增效升级版，大力推动存量市场扩销提效，不断提升单体项目创效能力。其次是持续推进 LNG 产业链协同发展，最重要的是构建以接收站和工厂为基础、自营站点为支撑、终端用户为依托、物流优化为保障、罐箱配送为辅助的全产业链液态销售体系。在综合能源方面，昆仑提出加快推动天然气与新能源融合发展，包括有序推进气电光伏融合发展试点，积极探索新能源基地合作模式等。另外，昆仑也提到了积极布局分布式综合能源供应业务。在公告中昆仑能源并未提及这些综合能源的业绩，估计是都在试点发展之中。

三、案例分析

未来城市燃气企业的转型模式为以城市燃气业务为核心，打通天然气上下游产业链，形成下游终端市场、中游管网到上游气源和储备的全产业链布局；围绕终端用户需求，提供冷热气电综合能源解决方案，推动天然气与可再生能源融合发展，实现清洁能源综合运营和多能互补，持续提升能源效率和服务水平，从单一燃气供应向清洁能源综合运营转型。基于此，提出如下转型发展思路和建议：

第一，继续做强做精城市燃气主业。城市燃气企业经过 20 多年的积淀，很多城市燃气企业在项目建设、运营、管理、服务等方面已经积累了一套成熟的经验，这些经验恰恰是企业对外扩张的“资本”。因此，建议未来应不断加大对下游领域的投资力度，提高管网基础设施建设能力，充分挖掘用户需求，做强燃气分销业务；同时，加快开展规模体量较大的集团性、区域性城市燃气项目并购，持续扩大气量规模进而提升市场规模。

第二，加快完善天然气全产业链条。经过 20 多年的竞争和发展，部分城市燃气企业都试图在产业的上下端继续延伸产业链，以增加收入，稳定市场供给能力，通过设施建设的优势争夺这个地域性经营特点明显的市场。少数实力出众的大型城市燃气企业经过若干年的奋斗拥有了多个局部省、地市级别的城市规模管输网络，具备了几百公里规模的高压支干线输送能力，少量的 LNG 接收站，甚至建设了国际输气管线，以及参与国外的气田开发。这种能在实现基本城市供气业务以外拥有资源的企业，都是城市燃气行业里的明星企业。资源整合优势让这部分企业在城市燃气市场中的兼并扩张中占据了绝对有利地位。在上游方面，城市燃气企业应充分利用当前较为有利的国内外能源市场环境，积极获取上游天然气资源；在中游方面，持续参与国内天然气长输管线和储气库建设，掌握一定的天然气管网输送能力和储备能力。积极投资建设沿海 LNG 接收站，打造上游资源与下游消费市场的“枢纽”和天然气贸易通道；在下游方面，要持续挖掘用户价值，关注用户需求，构建以节能服务、计量服务、燃气保险、燃气具售卖和施工安装等为主的增值业务体系。

第三，加快新能源与传统城市燃气业务协同发展。新能源业务对于城市燃气企业来说，是一项崭新的业务领域，同时也与城市燃气项目、分布式能源项目等业务具有高度协同性。在开展城市燃气项目、分布式能源项目的同时可以充分利用项目所在地的太阳能、风能等自然条件，妥善布局太阳能发电、风力发电等与燃气业务可以形成协同效应的新能源业务，进而推进企业实现碳中和。建议城市燃气企业要依托由近千个城燃项目、近五亿的用气人口组成的终端配气网络，通过参股投资或技术合作等方式投资布局新能源、新业态，探索氢能、分布式光伏、储能等综合能源前沿技术领域；利用现有 LNG、CNG 加注站资源优势，依托已经形成的网络，开展制氢、加氢项目。

第四，加快系统性脱碳科技创新。城市燃气企业必须系统性地考虑以降低碳排放为出发点和归宿的转型发展，顺应社会发展需求，优化能源生产和供给结构。一是致力于不断降低天然气在生产过程的碳排放，这包括提升生产效率和能源利用效率两个方面。二是致力于不断减少对天然气在运输和消费过程中形成的甲烷泄漏，重点是对使用过程中产生的甲烷排放实施有效捕集，使之尽可能少地排放到大气中，同时变害为宝，推进碳综合利用，服务于人类社会发展。三是致力于根据业务开展地的自然条件，通过开展新能源业务减少含碳能源产品的使用，并力争向社会提供更多的低碳和无碳绿色能源产品。四是致力于围绕新能源业务建立业务和工作系统，加强对新能源产品的综合开发利用。例如，以新能源发电为基础建立天然气制氢体系，实现向“蓝氢”的转变，用技术发展推动制氢成本快速降低，提升氢能竞争力，以推进氢能业务布局发展，形成业务发展的良性循环。

第五，加快城市燃气企业向智慧化转型。坚持业务与技术双驱动，以用户为中心，运用智慧化技术手段实现用户、业务、装备、知识等多维度深度连接，为用户提供一站式服务体验，通过场景化服务设计、服务化平台建设、敏捷组织转型与开放生态协作，释放数字技术价值，把握数字经济时代融合创新机遇。在此基础上，积极推进智慧化转型的落地和商业化运作，努力实现“产业数字化”与“数字产业化”，进一步释放智慧化转型的效率、效果、效益。

案例二　无锡市智慧燃气安全监管平台的经验及启示

一、案例背景

2021年以来，一些地方城镇燃气事故多发、频发，燃气安全形势严峻。2021年11月24日，国务院安全生产委员会印发《全国城镇燃气安全排查整治工作方案》，部署开展为期一年的全国城镇燃气安全排查整治，要求各地各有关部门和单位认真贯彻落实党中央、国务院决策部署，坚持长短结合、标本兼治，深刻吸取近年来国内外燃气事故教训，紧盯燃气安全运行重点部位和关键环节，全面排查整治老旧小区、餐饮等公共场所，以及燃气经营、燃气工程、燃气管道设施和燃气具等安全风险和重大隐患，开展综合性、精准化治理。同时，加快完善安全设施，加强预警能力建设，加快推进燃气管网等基础设施更新改造和数字化、智能化安全运行监控能力建设，普及燃气安全检查、应急处置等基本知识，提升燃气安全保障水平。

二、案例内容

2022年8月30日，无锡市智慧燃气安全监管云平台项目正式投入使用，被列为全市数字经济提速和数字化转型治理四十个重点应用场景之一。该平台已于2020年12月完成建设并通过初步验收，经过各地管理部门及燃气企业的试用反馈，系统功能不断完善，稳定性、易用性不断提升，对燃气行业监管起到了很大的推进作用，不断推动着行业治理“智慧化”。

第一，实现燃气泄漏智慧化监管。无锡市、区两级 24 小时燃气泄漏报警监控运营中心已累计接入燃气泄漏报警设备 20561 套，涉及燃气场站、餐饮场所燃气用户 2 万余户，触发各类燃气报警 3.5 万余次。通过对报警信息的处置，处理重大燃气泄漏隐患 172 起，有效遏制了重大事故的发生。

第二，实现监管效率智能化提升。无锡市智慧燃气安全监管云平台已汇聚全市 18 家企业场站及全市 22.4 万户瓶装液化气用户。通过系统的“火眼金睛”自动识别疑似违规行为，并实时提醒燃气企业，以进一步约束及规范燃气企业的生产行为。

第三，实现重点场所全面化覆盖。针对瓶装液化气餐饮场所的入户安全检查已实现同标准、全覆盖，动态隐患整改率达 100%。锡气安码已实现市区餐饮场所 90%以上的覆盖，在溯源钢瓶状态、用户用气状态等智能数据分析与应用方面，也逐步建立机制、发挥作用。

第四，实现先进经验市场化推广。无锡在全省率先建成 24 小时燃气泄漏报警监控云中心，可以满足多地用户链接共享云报警监控，并已局部赋能上海、南京、盐城、常州等地市场。该平台先后获得 2020 年智慧江苏重点工程、2021 年“善治无锡”市域社会治理最佳创新案例等荣誉。

三、案例评析

（一）无锡市智慧燃气平台实现对液化气全过程安全监管

无锡市智慧燃气安全监管云平台能够运用信息化手段，实现对所有瓶装液化石油气储配站和 3 个液化天然气储配站进行视频监控、气瓶流转数据、用户实名制、从业人员规范化管理，从而实现瓶装液化气“来源可查、去向可追、责任可究”的监管目标，以“一夫当关”的姿态提升行业治理质效。

一是把好源头关防止瓶装液化气出现安全问题。（1）防入侵。可通过对人、车黑白名单识别，增加对陌生人、陌生车辆进入二道门的智能识别与提醒。（2）防泄漏。接入燃气泄漏报警器实时监测数据，可实时监测场站设施燃气泄漏风险，智能联动泄漏报警预警异常。（3）防串瓶。可对燃气企业充装非自有钢瓶进行颜色智能识别与提醒，建立燃气企业安全的一企一档，智能预警充装非自有钢瓶。（4）防疏忽。可通过现场网络广播实时呈现场站值班值守状态，以便规范人员操作，及时处置异常情况。

二是把好配送关。智慧燃气安全监管云平台中的送气流转监管系统能够加强对气瓶流转的安全监管，实现与数据共享互通，确保钢瓶基础数据、充装数据合法合规。为送气工人配置智能终端，建立一人一档，记录送气工人的信息、资质，做到定人定岗。借助定位系统与燃气供应企业气瓶流转系统数据进行抽样比对，以确保送气到户。通过电子围栏、作业留痕等方法，对气瓶配送进行全程监管。

三是把好用户关。智慧燃气安全监管云平台将针对燃气用户的安检形成电子档案，并将其中记录的安全隐患推送至管理部门，借助该平台，管理部门能更好地跟踪督办隐患整改进度及结果，充分落实燃气供应企业的安全责任和属地管理部门的监管责任。

（二）促进基于数字化的管道燃气安全监管

管道燃气在城市燃气中的占比越来越高，通过数字化提升管道燃气安全监管效率势在必行。

一是通过硬件升级构建数字化基础。在场站、管网和用户端配备激光气体检测器和室内燃气检测器。其中，激光气体检测器具备高精度、高稳定、全天候“作战”的特点，一旦出现燃气泄漏等突发状况，该设备可在 1s 内迅速作出反应，反应准确度高达 99.9%，为燃气使用各个环节提供无人化管理和安全运维保障。在“管网”检测环节，配备智能燃气巡检车，该车辆不仅能对城市管网线路进行远程监控、高精度检测燃气泄漏风险，且具有远传通信和数据实时上传终端平台的功能，能够第一时间迅速作出“报警”反应，成为“燃气安全助手”。在商户和居民用户端安装了新一代无线远传气体传感器，可以实现“表-测-阀-平台-用户”闭环联动，实现远程控制，具备智能看家、风险预警事件上传报告等智慧功能，切实保障在使用端的燃气安全。

二是闭环治理燃气隐患。提升城市燃气管网设施的主动预警能力，增强风险防控能力，实现燃气安全快速响应，重点部位主动监测、整体空间动态扫描，全区域覆盖扫描，主动防控，杜绝隐患。通过 AI 人工智能算法，智慧燃气系统可以对整个区域的燃气情况进行分析和故障识别，建立燃气综合监控、预警和治理平台。在燃气调压站、管网、建设工地等点位安装智能燃气设备，实时收集燃气压力、流量、泄漏等方面的数据，搭建燃气感知的数据链条；同时，利用巡检车、手持检测设备、流动激光气体检测站等，对城市燃气管“线”进行实时监管和故障排查。此外，通过为居民和商户安装终端气体传感器，建立全域多维度的燃气泄漏数据平台，做到智慧燃气“全面”覆盖，将潜在的安全隐患暴露在可控范围内。应用数字孪生技术，通过物理模型，构建燃气智慧仿真平台，可通过建模和模拟运行，实现对燃气复杂输配网络的高精度动态模拟仿真、能效监测、故障分析。

三是三级平台联动确保城市燃气安全。将燃气公司、行业主管单位、城市大脑三级机构作为智慧燃气管理的三级平台，利用智能设备和物联网技术，将实时数据分等级上传至三级平台，实现信息共享。如遇突发状况，平台可通过城市大脑应急指挥，将处置策略共享至燃气公司，并根据实际情况启动应急救援，从而实现从发现到管理，再到治理的闭环。

第五节 电力行业案例分析

案例 杭州下沙供电所多元融合运营案例分析

杭州下沙供电所属于超大型供电所，与之相匹配的职工人数应该是 224 人，但是下沙供电所目前职工人数仅 104 人，缺口 120 人，人力资源缺口严重，限制了供电所高效运营。为解决人力资源瓶颈，提质增效，下沙供电所进行了一系列多元融合举措，取得了良好成效。

一、杭州下沙供电所基本情况介绍

下沙供电所成立于 2020 年 1 月 1 日，由原下沙供电营业部调整而来。供电所辖区范围 152km^2，为钱塘新区江东大桥以西（104km^2）部分，江干区九堡街道、彭埠街道大部分区域（48km^2），有 35kV 及以下用户 23.35 万户（其中重要用户 7 户），职工 104 人，负责配电网运检、故障抢修和营销业务。

下沙供电所营业面积包括杭州经济技术开发区、江干九堡街道和彭埠街道部分地区，负责 10kV 及以下供电服务、供电抢修工作，有用户 22.7 万户（其中高压用户 1550 户、东湖高架以东低压客户 13.3 万、东湖高架以西低压客户 9.3 万）、年售电量 39 亿 kW・h（全口径售电量 56 亿 kW・h）、负荷峰值 92 万 kW。

2020 年初，原国网杭州供电公司下沙供电营业部改建制为国网杭州市钱塘新区供电公司下沙供电所，即城区供电服务机构由原虚拟供电所运营模式转为实体化供电所建制运行，下沙供电所下设九堡、白杨两个低压供电服务站，负责供电所低压业务层面实体化运作的具体实施，形成了贯穿 0.4kV 至 35kV 多电压等级、全业务管理、扩大业务权限的超大型供电所组织体系架构。

二、下沙供电所多元融合运营举措

下沙供电所为城区型供电所，在人力资源严重受限的情况下，摸索出一条专业互浸、数智转型、职能优化的多元融合运行模式。

（一）互浸互融式专业融合

1. 互浸式组团运行模式

根据城区特性和供电所人员紧缺的现状，各项工作宜采用专业统筹的模式进行集约化管理。同时，专业化管理存在流程周期长、应急能力弱的问题，所以下沙供电所制定了对上级按专业分工对接，对内部分融合专业的互浸式组团运行模式，主要有以下 5 个工作组：营商环境组、电网设备组、后勤综合组、优质服务组、线损分析组。

2. 互浸互融式专业融合

（1）高压业扩管理。负责辖区内客户的业扩勘察、供电方案编制、竣工验收、装表和通电投运等工作。

（2）低压业扩管理。低压业扩工作参照《国网杭州供电公司关于印发〈低压业扩接电作业管理细则〉的通知（杭电规〔2018〕16）》执行。新小区方面配合公司运检部、营销部做好新建小区的方案编制、工程配套、现场验收等工作，验收合格后应编制《新建小区验收合格单》上报运检部和营销部，经分管领导审批（其中《营配贯通验收单》须经主要领导审批）后交市公司运检部安排投运计划。

（3）配电无主工程。根据电网运行情况，及时调整网架运行方案和公变增容布点，根据公司上级部门工程管理要求，及时组织开展项目可研、初设、预算、物资储备、验收和工程决算工作。配合上级部门做好特殊项目的现场勘察和工程方案编制，工程项目需经公司领导、运检部批准后方可执行。

（4）迁改工程。迁改工程由公司运检部统一管理，根据需求，可由下沙供电所技术员（网格设备主人）代为勘察并制定工作方案，最终方案由运检部确认。

（二）“运抢合一”的同质化运行策略

为加强运检业务融合，提高工作效率，下沙供电所将运检一班、二班融合，将主业人员合并为设备运检班，负责辖区内运行检修和抢修职能。运抢融合后，运维能力提升 30%。“运抢合一”同质化运行图如图 10-1 所示。

具体措施如下：

（1）落实网格化运维体系。通过运检班组人员重组，加强运检工作人员力

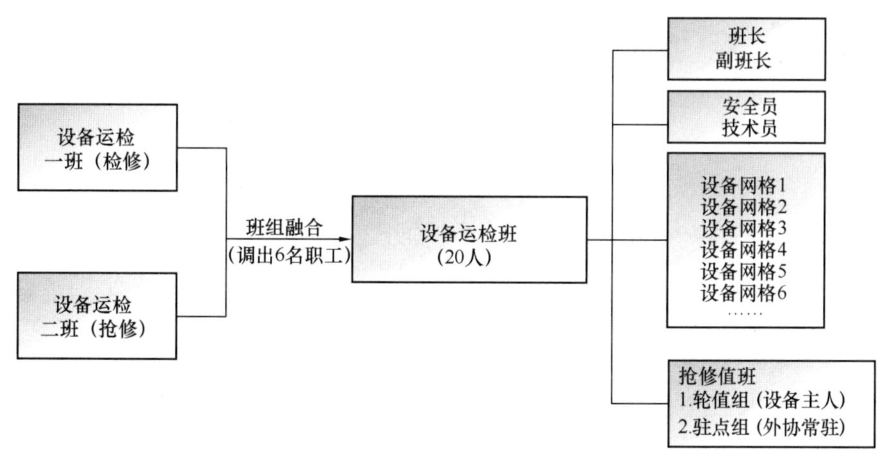

图 10-1 “运抢合一”同质化运行图

量，远期目标达到 1 个网格长对应 1 个网格，将运维和客户服务等工作落实到网格主人，形成“电网规划细化到网格、设备运维对应到网格、客户服务体现到网格、网格管理落实到责任主体”的工作局面。

（2）提升运检人员综合技能。通过“运抢合一”的工作模式，有效促进原有运行人员和抢修人员的技能和工作经验交流，从而全方位提高运检人员综合技能，提高设备运维水平。编制配电线路巡视作业指导书和巡视记录卡，实现标准化巡视，并开展交叉巡视和督查巡视工作，以切实提高巡视质量。

（3）提高故障抢修速度。通过运检班组合并，合理调整抢修值班部署，加强整体抢修力量。在工作日和重要保电工作期间，便于直接调动运检人员参与故障查找和处理，提高响应速度。在节假日期间便于人力配备，减轻抢修值班人员负担。

（4）提升业扩工作响应速度。运检班组合并后，网格长和运维人员力量加强，可以和网格化的运检人员相匹配，结合运行工作及时完成一般中低压用户的接入工作。除用户专线外，一般中低压用户接入点均由网格长编制接入方案，低压用户由运检班长审定，中压用户由运检组审定。从而改变目前所有中压用户都由运检组专职编制接入方案的局面，有效提升业扩工作响应速度，也有利于网格内线路负荷管控和设备运维。

（三）“台区经理”制的业务融合管理

下沙供电所实行全能型台区经理制。原低压营业电费班拆解为白杨和九堡供电服务站，设置低压客户服务网格，完成抄表员向台区经理转型并新培养全能型台区网格长 6 名，真正实现计量、业扩、抄催等低压等营销业务的末端融合，如

图 10-2 所示。

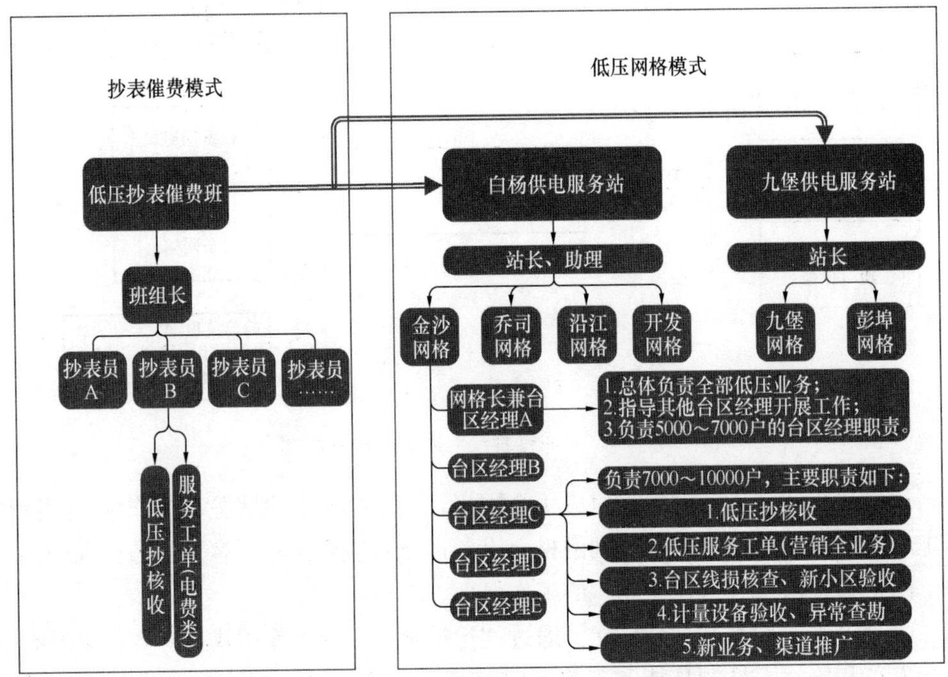

图 10-2 “台区经理”制的业务融合管理模式

(四)“阳光业扩”政电联动服务策略

1. 政电联动，服务关口前移

为实现从“企业等电用”向“等企业用电”转变，下沙供电所主动前移服务关口，政电联动服务辖区企业，超前获取项目用电需求。一是线下获取：对接钱塘新区行政审批局、下沙片区三大产业功能平台（杭州医药港、杭州大创小镇、杭州综合保税区），当企业项目准入以后，主动获取项目信息，或通过城乡重点项目建设规划会、地块配套设施研讨、项目扩初评审会，以及走访客户等方式，明确企业用电需求，录入“阳光业扩”储备项目流程。二是线上流转：贯通浙江政务服务网投资项目在线审批监管平台 3.0，实时获取平台赋码的企业项目信息，动态精准触发“阳光业扩”储备项目流程。

2. 延伸投资，压减办电成本

客户经理收到业扩储备项目信息后，进一步核实项目的用电需求、行业类别、用地性质、投资主体、意向接电时间、正式及临时用电容量需求等内容，对用电需求不明的项目指导企业用电容量测算。

根据《国网杭州供电公司关于印发10（20）千伏电气设施延伸投资出资实施细则》和《国网杭州供电公司“不忘初心、牢记使命”营商环境再提升“十大服务举措”》文件要求，对辖区10（20）kV高压接入工业企业、商业企业（不含商业综合体、商业地产企业）、农业企业等，不包括建设项目施工临时供电以及政府投资项目的永久供电，延伸投资界面至客户红线，压减客户办电成本。

（五）业扩配套建设关口前移式策略

对于有业扩配套工程的业扩项目，要同步编制业扩配套工程方案，通过编制“阳光业扩”储备项目的业扩配套工程方案，确保业扩配套工程建设关口前移。

1. 优化流程，业扩配套建设提速

结合客户意向接电时间和电网工程合理工期，与客户商定配套电网工程完成时间和双方责任界面，倒排里程碑计划，前移建设关口。对内健全标准，优化流程，加快配套电网工程建设进度，满足客户高效快速接电需要。

客户经理应充分利用“阳光业扩”储备项目信息，加强业扩储备项目跟踪，为项目的启动、落地、投产提供有力支撑。业扩配套工程涉及政府或客户土建工程的，由客户经理开展土建跟踪，在意向接电时间前90天或在约定的土建工程完成前10天，提醒客户提交土建工程竣工报验申请，验收合格后完成物资需求提报和物资采购。确保满足配套工程项目的物资供应需求，在意向用电时间前30天触发配套工程施工预警，统筹做好业扩配套工程实施，明确物料领用、停电计划安排、现场施工等各环节时限，确保在意向接电时间前完成配套工程施工。客户经理实时掌握客户意向用电动态信息，滚动更新项目进度，并按照项目进度调整里程碑计划，直至客户申请正式用电。

2. 立等可取，用户高效快速接电

临时用电受理时，核实相关信息，匹配“阳光业扩”储备项目库，对已完成方案审批的临时用电业扩储备项目，受理时立即接入方案；正式办电受理时，核实相关信息，匹配业扩储备项目库，对已完成方案审批的正式用电业扩储备项目，受理时立即接入方案。

客户经理负责进行用户业扩全程跟踪，利用线上渠道为客户主动推送项目进程、提供典型设计、标准化验收卡，缩短纵向业务流程，破除横向协同壁垒，缩短业扩全流程时间，确保2000kV安及以下高压业扩内部办电时长不超过35天（扣除法定节假日）；全口径高压业扩全流程平均接电时长不超过50天；高压业扩全过程时长不超过120天，满足客户高效快速接电要求。

3. 业扩配套增效案例

用户杭州忆萱堂网络科技有限公司项目通过浙江政务服务网投资项目在线审

批监管平台 3.0 审批后，触发“阳光业扩”储备项目流程。客户经理在收到用户信息后，组织现场查勘，核实用户的用电需求、行业类别、用地性质、投资主体、意向接电时间、正式及临时用电容量需求等内容。

用户临时用电需求 1200kV·A，正式用电需求 6500kV·A，下沙供电所通过“网上电网”系统定位到用户的项目地址，获取该地址周边开闭所空余间隔，周边存在光城站和中自站两座手拉手环网开关站，分别有 2 个和 7 个空余间隔，截至 2020 年 8 月，上级线路分别为光城 6584 线负载率 27.77%、工房 6585 线负载率 29.64%，用户项目距离光城站 0.17km，距离中自站 0.2km。通过“网上电网”在线比选，确定临时用电接入方案为光城站 11 号间隔。用户正式用电负荷投资达到红线政策，将在用户红线范围内新设开关站，此项目存在业扩配套工程。

明确接入方案后，客户经理以预答复的形式答复用户临时和正式用电接入方案。目前用户正式用电业扩配套工程已通过“阳光业扩”储备系统完成可研初设一体化方案编制、评审、批复。

（六）数智化管理创新与应用

1. 配电自动化分级改造提升

根据自动化异常积累多、现场投运不及时等问题，2020 年，下沙供电所大幅推进自动化全覆盖工作，建立了新建开关站自动化同步投运、自动化故障分级消缺工作。经过半年努力，自动化覆盖率由 85.75%提升至 96%，遥控使用率在 95%以上，成功率在 90%以上，有效提高供电可靠性。

2. 防外力破坏数字化评价体系

根据辖区内道路外破高发的现实，综合统筹辖区防外力破坏人员力量，大数据汇总 95598 工单、迁改和工程建设等渠道收集的外破风险点，建立风险点隐患发现、信息汇总、现场质量监管和工作质量评价的供电可靠性提升方案（图 10-3）。

3. 信息融合，电网资源信息可视

下沙供电所运用“网上电网”可视化、数字化、智能化等新技术为电网赋能、赋值、赋智，充分利用电力大数据优化接入方案。“网上电网”实现了电网资源业务中台“营销应用”场景的建设，动态更新开闭所、配电站空余间隔，公用配电变压器及线路可开放容量等电网资源信息，实现电网资源信息共享可视化，可开放容量可视化，确保可开放电网资源真实有效、及时准确。

4. 公开透明，接入方案经济合理

下沙供电所接入方案的编制遵循“安全可靠、经济合理”原则。依托“网上

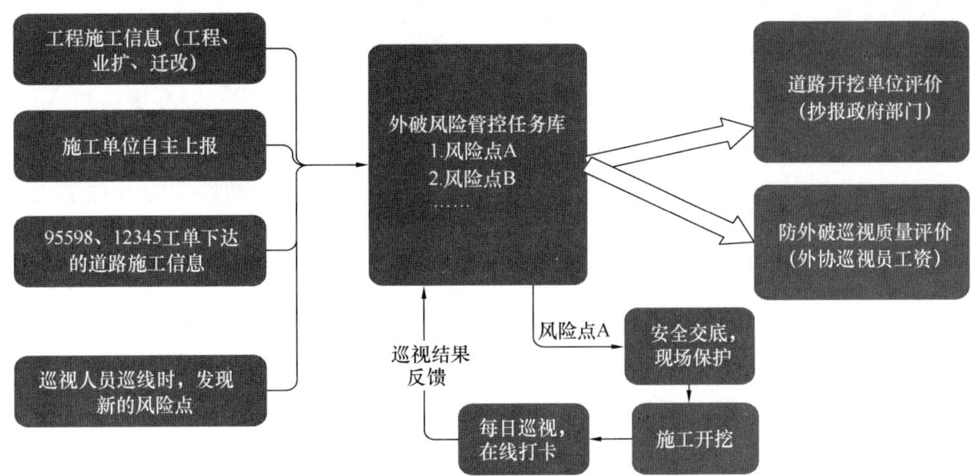

图 10-3　防外力破坏数字化评价体系

电网”电网资源可视化，综合考虑客户用电需求及增长趋势，设备通道路径造价等因素，辅助生成接入方案，实现接入电方案客户在线比选，提高方案编制效率，避免人为干预保障，确保接入方案制定公平、经济、合理。“网上电网”电网资源信息的公开透明有效保障客户知情权、选择权。

（七）多元融合的安全管理

下沙供电所重视安全管理，通过数智化技术弥补人力资源不足，实现供电所4G/5G视频监控、电子工作票、远程作业管控等新业务的推广。强化作业计划刚性管理，低压小散作业全部录入市公司生产作业现场管控平台APP，对不录入计划、未开工作业的实行就地停工整顿，实现对低压小散作业100%动态管控。开展生产作业安全风险管控评价指标体系，加强管控APP全过程应用，对计划上报不及时、不准确的严肃绩效考核。所有需要作业风险评估的项目必须上传勘察单，较大风险、多点作业的还需上传施工方案，所有现场工作票、班前（后）会记录拍照上传。

经过努力，下沙供电所在“安全生产”方面的排名，在县公司10大供电所内排名A段，在市区单位排名第一。

三、下沙供电所多元融合运营经验

下沙供电所通过多元融合运营模式改革，主要包括：企业文化建设、权责关系管理、生产运行同质化、末端业务融合、社会力量融合、业务数智化应用等，有效克服了人力资源瓶颈，在提质增效方面取得良好效果。供电所成立以来，重点在互浸式管理、优化班组配置、数智创新方面开展工作。

面对用户多、设备多、职工少的现状，下沙供电所树立“互浸互融、重点穿透、属地负责”的新理念，不断优化机制，深挖内部潜力，多元融合，培养一岗多能的供电所服务员和供电所技术员，拓展培养服务员和技术员的跨专业能力，交叉岗位职责，实现专业细分管理在供电所层面的柔性融合，实现“运抢合一”；革新业扩服务模式，逐步实现“阳光业扩”，运用“网上电网”可视化、数字化、智能化等新技术为电网赋能、赋值、赋智，充分利用电力大数据优化接入方案。

下沙供电所主动前移服务关口，政电联动服务辖区企业，超前获取项目用电需求、应用“网上电网”资源可视优化接入方案，编制储备项目方案、延伸投资界面，超前布局电网配套工程，实现从“企业等电用”向“等企业用电”转变，有效提升用户“获得电力”便利度和获得感，持续提升电力营商环境。

由于超大型供电所较为特殊，数量也很少，缺少相关运营模式的研究，在缺少经验指导的情况下，下沙供电所多元融合运营模式改革还处在探索阶段，仍然存在优化的空间。

（一）提升硬件建设、弥补人力不足

下沙供电所目前最大的短板是人力资源不足。下沙供电所现有职工 104 人，与标准的供电所人员配置相比，缺口高达 120 人，但是其规模指数大大超过普通供电所，甚至超过城区供电所。人力资源短板不仅表现在数量上，还表现在技能配置上。因为下沙供电所是由营业部改建而来，与营业部相比，供电所是供电业务的末端，业务差异很大，所以原营业部的人员来从事供电所的业务，在专业技能上存在不足。

最有效的弥补人力资源不足的方式就是用机器代替人工，或者辅助人工。将机械的业务交给机器，或者改进辅助工具，帮助人工提升效率。无论机器还是辅助工具，都属于硬件。下沙供电所目前硬件存在陈旧的问题，而且部分硬件是根据职工人数配置，而非业务体量。为了提质增效，弥补人力资源不足，亟须提升硬件建设，如：投入智能语音催费机器人、建设智慧移动仓储、配备 5G 无人机设备巡检、添加多元融合高弹性电网“全感知”台区等新技术装备、打造未来社区智慧能源平台载体、增加交通工具，等等。

（二）利用智能载体、打造指挥中枢

建设标准化供电所监控室，配置监控电脑、监控显示屏等数据监控所需设

备，充实供电所监控员岗位，建立供电所运检、营销、服务专职技术支撑体系，确保满足供电所“智慧中枢”工作需求。建立健全系统平台数据，做好供电所综合业务监控平台对应关系维护、人员信息维护及在线监控，保障综合业务监控指数100%。做好异常处理预警，做好异常明细督办，做好二级及以上督办的各类异常台区经理通知工作，确保不发生三级及以上预警异常。做好供电所营销精益化管控、营业业扩、电能计量指标监控；供电所供电服务指挥调度；生产车辆申请计划以及营销、采集、供配电系统中数据交互支撑。

（三）推进绩效改革、优化权责管理

多元运营模式改革不仅是生产运行或业务融合，更重要的是建立与之相配套的责权关系，权责关系的匹配与落实需要完整的绩效体系的支撑。

下沙供电所推进业务多元融合过程，采用“属地化”管理，推行“台区经理”制度，相应的绩效体系注重台区经理考核，制定了专门的台区经理绩效考核办法。同时为了推进绩效考评信息化，考核指标注重可量化的常规机械性指标，对于主动性、责任心及创造性等难以量化的指标则没有考核，不利于责权关系的落实及供电所长期提质增效。

建议引进卓越绩效模式，帮助供电所提高整体能力和整体绩效。此类绩效模式在设计之初需要耗费较多的人力、物力，但形成之后，就会良性发展，为供电所重新塑造完善的经营管理框架和先进的组织文化，实现绩效提升。江苏部分供电所已引入卓越绩效管理，并取得成功。为了配合卓越绩效管理，绩效指标体系设计上考虑宏观和微观两层指标体系，并将常规机械性指标和主观能动性指标一起纳入指标体系设计之中。

第六节　电信行业案例分析

案例　垃圾短信退订难与隐私保护监管的困境①

长久以来，垃圾短信问题给电信用户造成了严重困扰。垃圾短信是指未经用户同意，向用户发送其不愿意收到的短信息，或用户不能根据自己的意愿拒绝接

① 本案例由朱志东（硕士毕业于浙江财经大学，现为上海财经大学在读博士生）撰写。

收的短信息①，其中包含了未经用户同意向用户发送的广告营销短信。近年来，随着电商活动的日益增加，营销类垃圾短信泛滥问题随之加剧。原引相关报道②③，2021 年，在工业和信息化部的多次专项治理工作之后，虽然营销类垃圾短信泛滥问题大为好转，但是该问题也呈现出了许多新的态势，其中，营销类垃圾短信退订难的问题持续地困扰着电信用户；根据调查④，大多数营销短信都包含："回复 T 或者 TD 短信退订"的提示，但是这些提示的内容是对电信用户的严重误导，比如，当短信告知用户，退订方式是"回复 TD 即可退订"时，其真正的退订指令是"复 TD 即可"这五个字，而非"TD"两个字。更有甚者，在收到用户回复后，因为确认该号码是有效的，非但不停止发送，反而增加对该用户发送短信的频率。并且，垃圾短信非但难以被全部退订，用户在非自愿地接收到营销类垃圾短信时，若想要避免被同一主体反复侵扰，还需要在收到垃圾短信后，以短信形式回复"T"或者"TD"，并对每次发送"退订"短信承担 1 角钱的费用⑤。

营销类垃圾短信退订难，本质上反映了当下电信用户在保护自身隐私权的过程中所面临的困境。Brown（2016）⑥ 从负外部性、认知偏误以及用户群体的相对弱势这三方面阐述了隐私保护的经济学原理。下文将应用这一理论框架对垃圾短信退订难题展开具体分析，并对隐私保护监管中所面临的问题加以简单的探讨：

（1）首先，从经济学理论上来看，让电信用户去承担退订费用，是没有效率的。要理解这一结论，就需要先理解"隐私权"的定义，和"打扰成本（nuisance cost）"这一经济学概念。"隐私权"最早的定义来自于 Warren & Brandeis（1890）⑦，其将隐私定义为"个人免受外界的打扰的权利"，这一定义也被我国

① 信息来源是百度词条对垃圾短信的定义，网址：https：//baike. baidu. com/item/%E5%9E%83%E5%9C%BE%E7%9F%AD%E4%BF%A1/446099

② 引自中国消费者报 20211028 期《今年双 11，你被垃圾短信骚扰了吗》原文网址：https：//zxb. ccn. com. cn/shtml/zgxfzb/20211028/181056. shtml

③ 引自新京报《双十一"营销短信"轰炸难题何解?》，原文网址：https：//www. bjnews. com. cn/detail/163647412514539. html

④ 引自新浪财经《垃圾短信背后的监管难题：套路层出不穷 回复还需慎重》，原文地址：https：//finance. sina. com. cn/manage/mroll/2018-05-04/doc-ifyuwqfa6292452. shtml

⑤ 根据笔者的调查，对于普通电信用户，国内短信价格在 0.1 元/条，当然也存在按月支付的短信套餐，金额不同则数量限制不同。只是近年来，由于互联网即时通信服务的兴起，开通短信套餐的用户逐渐减少，下文将提到，这也是目前垃圾短信越发泛滥的原因之一。因此，此处的表述不失一般性。

⑥ Brown，I. The Economics of Privacy，Data Protection and Surveillance [J]. in Johannes，M. B. and M. Latzer，eds：Handbook on the Economics of the Internet，Edward Elgar Pub，2016：247-261.

⑦ Warren，S. D.，and L. D. Brandeis. The right to privacy [J]. Harvard Law Review. 1890，Vol. 4，No. 5：193-220

《中华人民共和国民法典》所借鉴，其明文禁止他人通过电话、短信等方式侵扰他人的私人生活安宁。理解这一定义是重要的，因为它是理解隐私经济学领域诸多研究的关键，比如，在以精准广告为背景的隐私经济学研究中，常将这种外界对个人安宁的打扰刻画为一种“打扰成本”①，来作为隐私权被侵犯时个人所遭受的损失。按照以上解释，垃圾短信就是一种对个人隐私权的侵犯，电信用户是受到损害一方，即“打扰成本”的承担者。而在垃圾短信退订问题上，一方面，用户承受了隐私被侵犯而造成的“打扰成本”，另一方面，对于促销电商来说，盲目发送大量营销短信是有利可图的②，其本质上是在发送低效的广告，只是其承担了发“广告”的费用，却不对用户的隐私损失进行补偿，反而让用户再付出更多额外的成本③来避免被其打扰。从经济学的角度来说，发送垃圾短信的行为是具有负外部性的，发送垃圾短信之人的私人成本小于其社会成本，而在电信用户已经为无休止的垃圾短信付出“打扰成本”之后，再由电信用户承担垃圾短信的退订费用，只会加剧负外部性的程度。这里还可以用科斯定理对该问题进行分析：法律赋予个人的隐私权实际上是在界定产权，这里可以理解为，在初始产权分配时，用户在自己的手机上有不被广告短信打扰的权利。发送短信的一方可以通过谈判来获得用户准许其发送短信的权利，当不存在交易成本时，谈判的结果一定是有效率的。但是，考虑到包括垃圾短信退订费用在内的高昂交易成本（退订难度大即意味着交易成本高），市场结果是没有效率的。

（2）基于“同意原则”的隐私保护监管在实践中难以达到预期效果。从本案例来看，营销类垃圾短信的退订难，从侧面反映了在当下隐私保护监管中“同意原则”的局限性。造成这一结果的原因是多方面的，其中最重要的就是理解用户的“认知偏误（congnitive biases）”④。虽然早有多项法规保障用户拒绝接收营销短信的权利，比如 2012 年的《关于加强网络信息保护的决定》和 2015 年施行的《通信短信息服务管理规定》第 18 条，但在现实中，因为“认知偏误”的存在，电信用户很难就法规赋予的“同意”权去进行决

① 若读者对该研究领域有兴趣，推荐阅读：Acquisti，A.，C. R. Taylor，and L. Wagman. The economics of privacy（Review）[J]. Journal of Economic Literature. 2016，Vol. 54，No. 2：442-492.

② 引自人民网《营销类短信泛滥背后秘密》，原文网址：http：//media. people. com. cn/n1/2017/1118/c40606-29653820. html

③ 虽然消费者未必选择以回复“TD”的方式解决问题，也可以使用垃圾短信拦截器等工具，但是，一是其不能完全屏蔽垃圾短信，二是各类拦截器需要用户费心搜寻，并反复设置。此外，虽然用户有相关渠道可以举报问题，但是，面对数量众多的垃圾短信，用户如选择逐一举报，需要付出的时间和精力过多。因此笔者认为，从经济学视角看，不管采取何种方式应对垃圾短信，电信用户都在承担这一成本。

④ 因为隐私泄露本身难以察觉，并且给人造成的损害 也是存在滞后性的。正是因为察觉隐私泄露的困难性与损失发生的滞后，个人对隐私泄露造成的损失是难以评价的，甚至大部分人完全无法察觉是因为隐私泄露给他们带来了损害，这便是认知偏误。

策：首先，在签订大多数网络服务的隐私合约时，用户往往只是合约的被动接受者，大部分用户无法完全阅读完合约的文本，也就不能预见一些隐私条款在未来是否会给其带来损害，其次，即便能够完全阅读并理解合约中的各项条款，用户也很难准确判断当下发生的损害是否跟此前签订的合约有关，很多用户甚至早已忘记了自己曾经签过那些合约。具体到营销类垃圾短信的案例①，很多电商平台，把商家向用户发送短信的权利融合进了隐私条款，当用户打开 App 并在同意隐私条款选项上"打钩"时，就是在合约上默认"同意"接受其平台商家的营销短信，而很多用户甚至不知道自己的合约上附带此条款，也就不会选择取消合约上的该条款。即便是意识到了该问题，用户也未必能通过繁琐的流程对各个合约进行逐一修改。综上所述，营销短信的退订难问题，是基于用户"同意"原则的隐私保护监管在实践工作中遇到的难题。对于"同意"原则进行质疑和批判的声音在学界从未停止，甚至其被讽刺为"皇帝的新衣"（Winfried，2018）②。对此，笔者认为，基于用户"同意"的隐私保护原则本身并无不妥，因为它确实赋予了用户对其隐私进行保护的权益，但是目前的问题在于，用户在面对各类复杂的数字服务时，难以去保障自己的这份隐私权益，在面对诸如营销类垃圾短信难以退订等问题时尤为明显。基于用户"同意"原则的隐私保护规制在现实的监管实践中的确陷入了困境，有效的应对方法目前还有待学术界和监管部门进一步探索，使其能够达成预期的监管效果，并提升针对隐私保护方面的经济效率。

（3）从整体的资源配置角度来看，过度的隐私保护事实上并不利于效率的改进③，但考虑公司（在后文中为电信运营商）往往具备一定市场势力，而用户则是一个个分散的个体，监管部门通常会向弱势的一方倾斜。在本案例中，监管部门应该更多地关注用户权益，加强对电信运营商的管制，因为垃圾短信难以退订的问题，实质上就是电信运营商依仗自身较大"市场势力"，通过侵犯用户隐私权获利的行为所造成的。第一，电信运营商主动为垃圾短信的发送提供了支持：

---

① 引自新华网《双十一"营销短信"轰炸难题何解》，原文网址：http：//www.xinhuanet.com/techpro/20211110/2c4784bc713441aca69015ab5f27dbb9/c.html

② Winfried，V. The GDPR：The Emperor's New Clothes-On the Structural Shortcomings of Both the Old and the New Data Protection Law [J]. SSRN Electronic Journal，2018.

③ 如 Conitzer et al.（2015）、李三希等（2021）所提供的结论。事实上，隐私经济学从不认为极端的隐私保护是有效率的。甚至在早期的隐私经济学研究中，很多研究结论表明，对个人隐私的保护反而会损害经济效率，如 Ponsner（1981）等。（李三希，武玙璠，鲍仁杰．大数据、个人信息保护和价格歧视——基于垂直差异化双寡头模型的分析 [J]. 经济研究，2021，56（1）：43-57；Conitzer，V.，C. R. Taylor.，and L. Wagman. Hide and seek：Costly consumer privacy in a market with repeat purchases（Article）[J]. Marketing Science. 2012，Vol. 31，No. 2：277-292；Posner，R. A. The economics of privacy [J]. American Economic Review. 1981，Vol. 71，No. 2：405-409.）

就技术层面而言，若想要进行大规模的垃圾短信发送，就很难离开三大运营商的端口支持，作为发送垃圾短信重灾区的 106 号段号码，其只有中国移动、中国联通和中国电信三大电信的运营商才能够使用，是专属这三大运营商的特定号段，而且对此类号段的号码，运营商采用的是审批制，商家必须申请号码资源才能进行短信推送①。已有较多事实证明，电信运营商在主动地为垃圾短信的发送者提供便利，具体事件曾多次在 315 晚会上被曝光，最近的一期就是 2020 年。第二，电信运营商从垃圾短信中获得了较大的利润，其自身有动机忽视用户的隐私权，让用户难以退订垃圾短信。据《经济参考报》消息，工业和信息化部曾估算②，仅 2013 年第三季度垃圾短信就为三大电信运营商带来几十亿元的收入。当下，受到微信等互联网即时信息服务的冲击，电信运营商通过用户的短信业务获得的收益大幅下降，因此，运营商的短信业务逐渐将重心转移到企业服务商，比如为企业提供各类入口的认证服务，而在得到资质之后，这些企业则会转包给很多良莠不齐的小服务商进行群发短信，他们为了获取收益，丝毫不在乎电信用户的隐私权，而电信运营商则通过套餐消费、月结、预付费用等计费方式从发垃圾短信的商家身上获利③。第三，消费者能容忍垃圾短信退订难这一问题，是电信运营商拥有较强市场势力的结果：首先，短信的收发功能对电信用户是必需品，而短信服务只能来自于电信运营商，根据《法制日报》的调查④，用户频繁对垃圾短信进行退订，极有可能影响其三大运营商中正常短信的收发功能，这是用户几乎不可能接受的结果，即便垃圾短信的问题十分严重；其次，用户可选择的电信运营商本就有限，且由于存在较高的转移成本，使得用户很难单因垃圾短信的打扰而放弃该运营商。因此，在垃圾短信退订这一问题上，即便运营商的服务是糟糕的，由于用户无法离开运营商提供的短信服务，也只能选择忍让，这正体现电信运营商的市场势力较强，用户让渡了自身正当的隐私权。综上所述，在垃圾短信问题上，电信运营商既主动地放任垃圾短信泛滥，并从其中获取大量利益，又因其较强的市场势力使得用户被迫妥协，因此，监管部门在处理类似这样的问题时，需要更多地维护用户方的隐私权，对电信运营商等大型公司加强管制。

---

① 引自人民邮电报《营销短信退订难？智能化监管或成治理良药》，原文网址：https://www.cnii.com.cn/gxxww/rmydb/202106/t20210624_288226.html

② 引自经济参考报《垃圾短信自有“安身术”》，原文网址：http://www.jjckb.cn/2013-12/20/content_483035.html

③ 引自人民网《营销类短信泛滥背后的秘密》，原文网址请见上文。

④ 引自法制日报《营销类短信频繁骚扰 用户退订投诉反被列入“黑名单”》，原文网址：http://news.cnr.cn/native/gd/20171118/t20171118_524030472.shtml

通过上述三点可以看出，垃圾短信的退订难问题，其本质上是一种市场失灵，即市场自发形成的隐私保护程度是缺乏效率的。对这样一种均衡的解释，笔者认为可以参考 Dimakopoulos & Sudaric（2018）① 一文的结论：一家拥有两种客户（消费者和广告商）的平台作出对消费者进行隐私保护的决策时，其隐私保护的程度很大程度上受到两种客户各自为平台带来利润大小的影响，所以市场自发形成的隐私保护水平很难达到社会最优水平。具体到本文的场景，营销类垃圾短信的退订难问题，便是电信运营商不愿为用户避免被垃圾短信打扰提供有效解决途径而导致的，因为从垃圾短信中获利过多，电信运营商有动机去放任垃圾短信的泛滥，忽视对用户的隐私保护。因此，面对垃圾短信退订难的问题，政府监管不能缺位。事实上，监管部门已经作出了很多尝试，除了上文提到赋予用户拒绝接收营销短信的法规外，也有一些创新性的法规，比如针对电信运营商的端口监管，在 2020 年工业和信息化部的《通信短信息和语音呼叫服务管理规定（征求意见稿）》中提到：短信息服务提供者不得擅自改变电信网码号用途，不得将用于发送业务管理和服务类短信息的端口用于发送商业性短信息，无正当理由不得对用户接收业务管理或者服务类短信息进行限制。而且《中华人民共和国广告法》《中华人民共和国个人信息保护法》中也均有相关规定。此外，用户在面对垃圾短信时，可以选择 12321 网络进行举报，直接让监管部门进行处理。尽管有相应的法律法规，但此类现象依然屡禁不止。营销类垃圾短信退订难，正体现了目前隐私保护监管所面临的困境，在面对日趋复杂的电信与互联网产业对个人信息的收集与使用时，针对用户隐私保护的监管需要更有效的监管工具。

第七节　铁路运输行业案例分析

案例　杭海城际铁路

杭海城际铁路是浙江第一条采用 PPP 模式投资建设的城际铁路，由浙江省交通集团主导投资，省轨道建设集团下属杭海城铁公司进行建设、运营、维护、管理和资产管理。杭海城际铁路是海宁市为适应新型城镇化发展需要和满足人民

---

① Dimakopoulos, P. D., and S. Sudaric. Privacy and platform competition [J]. International Journal of Industrial Organization. 2018, Vol. 61: 686-713.

群众更便捷出行需求，主动接受大城市辐射、积极参与区域一体化、推动经济社会更好更快发展的重要战略举措。作为海宁历史上投资规模最大的交通基础设施项目，对完善综合交通网络、促进产业发展、改善城市面貌，进一步提升城市能级具有重要战略意义。

一、项目基本情况

杭海城际铁路全长 48.1km，总投资 141.92 亿元，设站 13 座，起于杭州余杭高铁站，止于海宁碧云站，其中浙大国际校区站至碧云站区间及碧云站暂时缓建。目前通车的余杭高铁站至浙大国际校区站，全长 46.38km，设站 12 座，全线速度目标值为 120km/h，采用 B 型车 4 辆编组，最多可乘坐 1112 人。该轨道交通工程先行段于 2016 年 12 月 15 日开工，2017 年 9 月全线开工，2021 年 6 月 28 日建成通车，是杭州都市圈最早开通的跨市域轨道交通项目之一。

二、项目投资情况

杭海城际铁路项目由政府方发起，于 2014 年 12 月纳入财政部国家第一批 PPP 示范项目库。项目总投资 141.92 亿元，项目合作期 29 年，建设期 4 年，运营期 25 年，采用 BOT 运作方式，项目回报机制为可行性缺口补助。项目实施机构为海宁市交通运输局，2016 年 11 月通过浙江省政府采购网公开招标，中选的社会方为浙江省交通投资集团、中铁（上海）投资集团有限公司联合体。合同签署后，社会资本方与政府出资代表共同出资成立浙江杭海城际铁路有限公司（项目公司），其中，社会资本方占股 65%、政府方占股 35%，由项目公司负责融资、设计、建造和运营，并向最终用户收费，合作期满后，转交给政府部门。

三、项目建设意义

交通运输网络是区域经济一体化中的先行官，而城际铁路又是区域间人员往来、货运商贸、生产要素高效流动的重要“血脉管网”。海宁杭海城际铁路的开通，将使杭海一体化建设迈上新台阶，城际优势进一步发挥、流动壁垒进一步消除、区域经济差距进一步缩小。

作为杭州都市圈最早开通的跨市域轨道交通项目之一，杭海城际铁路承担起杭州与海宁及周边地区间的城际联系功能，并发挥海宁地区内部公交骨干体系功能，在两市的城市轨道交通中发挥着重要意义，将有效促进海宁融入杭州与经济一体化发展，对于加快海宁市域内发展，使海宁充分接受杭州都市圈外溢效应，使海宁人民加深享受杭州都市圈整体资源、公共服务等具有十分重要的意义。